BEIHEFTE ZUM TÜBINGER ATLAS
DES VORDEREN ORIENTS

Reihe B (Geisteswissenschaften) Nr. 7/3

Répertoire Géographique des Textes Cunéiformes

Band 3

Die Orts- und Gewässernamen der altbabylonischen Zeit

Unter Benutzung der Sammlungen von J.-R. Kupper und W. F. Leemans und unter Mitarbeit von M. Stol bearbeitet

von

Brigitte Groneberg

DR. LUDWIG REICHERT · WIESBADEN 1980

LR

BEIHEFTE ZUM TÜBINGER ATLAS
DES VORDEREN ORIENTS

herausgegeben im Auftrag des Sonderforschungsbereichs 19
von Heinz Gaube und Wolfgang Röllig

Reihe B
(Geisteswissenschaften)
Nr. 7/3

Répertoire Géographique des Textes Cunéiformes

In Zusammenarbeit mit
Jean-Robert Kupper · Wilhelmus François Leemans · Jean Nougayrol †

herausgegeben von
Wolfgang Röllig

Band 3

Die Orts- und Gewässernamen der altbabylonischen Zeit

von
Brigitte Groneberg

WIESBADEN 1980
DR. LUDWIG REICHERT VERLAG

Répertoire Géographique des Textes Cunéiformes III

Die Orts- und Gewässernamen der altbabylonischen Zeit

Unter Benutzung der Sammlungen von J.-R. Kupper und W. F. Leemans und unter Mitarbeit von M. Stol bearbeitet

von

Brigitte Groneberg

WIESBADEN 1980
DR. LUDWIG REICHERT VERLAG

CIP-Kurztitelaufnahme der Deutschen Bibliothek

Répertoire géographique des textes cunéiformes /
[diese Arbeit ist im Sonderforschungsbereich 19, Tübingen, entstanden]. In Zsarb. mit Jean-Robert Kupper . . . hrsg. von Wolfgang Röllig. – Wiesbaden : Reichert.
NE: Röllig, Wolfgang [Hrsg.]; Sonderforschungsbereich Orientalistik mit Besonderer Berücksichtigung des Vorderen Orients <Tübingen>
Bd. 3. Die Orts- und Gewässernamen der altbabylonischen Zeit / unter Benutzung d. Sammlungen von J.-R. Kupper u. W. F. Leemans
u. unter Mitarb. von M. Stol bearb. von Brigitte Groneberg. – 1980.
(Tübinger Atlas des Vorderen Orients : Beih. : Reihe B, Geisteswiss. ; Nr. 7)
ISBN 3-88226-086-6
NE: Groneberg, Brigitte [Mitarb.]

ISBN 3-88226-086-6

Diese Arbeit ist im Sonderforschungsbereich 19, Tübingen, entstanden und wurde auf seine Veranlassung unter Verwendung der ihm von der Deutschen Forschungsgemeinschaft zur Verfügung gestellten Mittel gedruckt.
Gesamtherstellung: Hessische Druckerei GmbH, Darmstadt
Printed in Germany

INHALTSVERZEICHNIS

VORWORT

Die Arbeit an diesem Band des Répertoire géographique wurde im Mai 1974 begonnen. Vorgelegen hatten ältere Sammlungen und Exzerpte aus den 5oer und frühen 6oer Jahren von W.F. Leemans (Material aus Ur, Larsa, Lagaš, Nippur und Kiš), D. Coquerillat (Sippar, Dilbat), D.O. Edzard (Datenformeln). Nur die Ortsnamensammlung aus Mari von J.-R. Kupper war jüngeren Datums und auf einem aktuellen Stand. Nachträge zu diesen Sammlungen lieferten Anfang der 7oer Jahre vor allen Dingen D. Ormsby und Gertrud und Walter Farber.

Als ich die Arbeit am Répertoire übernahm, hatte ich davon auszugehen, daß diese Sammlungen vollständig waren und nur noch die in der Folgezeit erscheinende Literatur nachzuarbeiten war. Um dennoch eine Kontrolle zu ermöglichen, verglich M. Stol im Sommer 1977 das Tübinger Material mit seiner Belegsammlung von Ortsnamen (ausgenommen Mari).

Meine Aufgabe war es, die Zitate der vorliegenden Sammlungen zu ergänzen, zu überprüfen, sie zu ordnen und die Sekundärliteratur zusammenzustellen sowie Lokalisierungsvorschläge zu erarbeiten. Diese Arbeit beschäftigte mich von Mai 1974 bis zum Oktober 1976. Sie wurde für ca. 4 Monate unterbrochen, als ich im Sommer 1975 am Survey des Tübinger Sonderforschungsbereiches am Unterlauf des Ḫābūr teilnahm. Während eines einjährigen Aufenthaltes in Chicago (Herbst 1976 bis Herbst 1977) als Mitarbeiter am Chicago Assyrian Dictionary mußte die Beschäftigung mit dem Répertoire notgedrungen ruhen. Damals hatte ich aber Gelegenheit, einige im Druck befindliche Bücher auszuwerten und meine Lesungen an den Verzettelungen von R. Gallery gegenzuprüfen.

Das vorliegende Répertoire enthält alle Orts- und Flußnamen aus Texten in Monographien und Zeitschriftenaufsätzen, die bis Ende 1977 erschienen sind, außerdem aus Tall ar-Rimāḥ, Kisurra und den Bänden YOS 12 und OBTI. O. Rouaults Buch "Mukanniṣ̌um" (ARMT 18, Paris 1977) gelangte mir zu spät zur Kenntnis.

Anfang 1978 begann der Herausgeber mit der mühsamen Durchsicht des Manuskriptes, im Sommer 1978 Frau Irene Schöne mit der Abschrift der Druckvorlage, die aber durch ihre schwere Erkrankung bis zum Frühling 1979 unterbrochen wurde.

Zu danken habe ich allen Kolleginnen und Kollegen, die mir in echter "coopération assyriologique" mit Sammlungen, Verbesserungen und Nachträgen geholfen haben. Vor allen Dingen verdanke ich M. Stol viele wertvolle Literaturhinweise und Verbesserungsvorschläge.

J.-R. Kupper sandte mir im Sommer 1976 seine Kollationen und Lesungsvorschläge zu den Orts- und Gewässernamen aus Mari und auch M. Birot, M. Stol, Chr. Walker und R. Whiting führten für mich wiederholt Kollationen durch.

Ich danke Ihnen ebenso wie R. Gallery sowie meinen Kollegen im Sonderforschungsbereich 19, Herrn K. Kessler und Kh. Nashef, die in Diskussionen Zitate und Lokalisierungsvorschläge präzisierten. Wie meine Vorgänger, konnte ich dankbar die Verzettelung der Sekundärliteratur des Tübinger Altorientalischen Seminars benutzen.

Frau J. Kikuchi, M.A., war mir bei der Erstellung der Bibliographie und der Indizes behilflich; Irene Schöne, Barbara Brinks und besonders Frau Helga Henkel nahmen das mühselige Schreiben der Druckvorlage auf sich. Ganz besonderen Dank aber schulde ich Frau Dr. D. Krawulsky, die die Umschrift der modernen Orts- und Gewässernamen unter Heranziehung von einheimischen Namenslisten und Kartenwerken den Richtlinien des Tübinger Atlas des Vorderen Orients (Arbeitsheft 2: Tabelle zur Umschreibung topographischer Namen und Begriffe, Tübingen 1977) anpaßte.

Tübingen, im November 1979 B. Groneberg

EINLEITUNG

1. Abgrenzung

1.1.

Für das Repertorium altbabylonischer Orts- und Gewässernamen war durch die schon vorliegenden Bände des Répertoire géographique ein verbindlicher Rahmen gesteckt. Das betraf nicht nur technische Details, wie die Anordnung und Art der Zitierung der Belegstellen oder die Nennung der Koordinaten von lokalisierten Orten nach Längen und Breiten östlich und nördlich von Greenwich und dem dezimalen UTM-grid[1]. Wie in früheren Bänden wurden die Orts- und Gewässernamen aus literarischen Texten altbabylonischer Zeit einem eigenen Band vorbehalten (RGTC 10), Belege aus Königsinschriften aber diesem Band inkorporiert, der sonst nur Zitate aus Briefen, Urkunden und sonstigen Wirtschaftstexten enthält.

1.2.

Dieses Repertorium schließt zeitlich unmittelbar an RGTC 2 an: es beginnt mit Belegen aus Texten der Isin-Larsa-Zeit (Beginn der Herrschaft des Išbi-Erra: ca. 2017 v.Chr.) und endet mit der ersten babylonischen Dynastie (Ende der Herrschaft des Samsuditana, ca. 1595 nach der mittleren Chronologie).

1.3.

Neben den Texten aus dem mesopotamischen Kerngebiet (inklusive *Ešnunna*), stand auch das Material aus *Šušarrā* und *Mari* zur Verfügung, nicht aber die Orts- und Gewässernamen der altbabylonischen Texte aus Elam. Diese sollen in einen Sammelband der geographischen Namen der Randgebiete (RGTC 9) aufgenommen werden.

Trotz ihrer ungewissen chronologischen Einordnung wurden die sogenannten Ḫana-Urkunden[2] für den vorliegenden Band mit ausgewertet.

1.4.

Beabsichtigt war ursprünglich, ähnlich wie bei dem Répertoire analytique der Texte aus Mari (ARMT 15 und 16/1), die Lemmata mit den Schreibungen des Stichwortes zu belegen; entsprechend waren auch im allgemeinen die Sammlungen angelegt, die ich vorgefunden habe. Dadurch wurde die Fülle des Materials aber höchst unübersichtlich. Die Notwendigkeit, Sekundärliteratur auszuwerten und, wenn möglich, Lokalisierungen vorzuschlagen, erzwang ein extensiveres Arbeiten mit den Texten, ohne daß eine gründliche - und wünschenswerte - Bearbeitung der Texte geleistet werden konnte. Die Arbeit am Répertoire wie auch an den begleitenden Landkarten für den Tübinger Atlas des Vorderen Orients muß schon aus finanziellen Gründen einem beschränkenden Zeitplan unterworfen werden.

Als Kompromiß zwischen einem detaillierten Repertorium, welches Zuordnungen von Orts- und Gewässernamen aufgrund prosopographischer Erwägungen, Datierungen und Hinweise über den Herkunftsort der Texte enthalten müßte, und der schlichten Zitierung des Namens in seinen unterschiedlichen Schreibungen, habe ich das Material nach folgenden Gesichtspunkten geordnet:

- Die Stichwörter wurden durch Determinative und Appellative erweitert, z.B. durch: *URU*, *URU*^{ki}, *BÀD*, *ḫalṣu*, *māt(um)*, *GÚ*, *aḫ(i)* usw.

- Die Zuordnung zu einer Person (z.B.: PN von ON, *LUGAL* von ON usw.) wurde zum Ausdruck gebracht.

- Die Erwähnung in Datenformeln wurde herausgehoben,

- ebenso die Erwähnung in Personen- und Götternamen (vgl. die Indizes S. 325 f.).

Durch diese Angaben hoffe ich, eine Grundlage für intensivere Einzelstudien gelegt zu haben.

2. Die Ansetzung des Stichwortes

2.1. Problematik

Ein besonderes Problem war die korrekte Ansetzung des Stichwortes. In der normativen Fassung[3] des Ortsnamens, wie sie das Lemma bieten muß, sollte nicht nur eine grammatisch-funktionale Analyse des Orts- und Gewässernamens erkennbar sein; ich mußte mich auch durch eine lexikalisch-semasiologische Interpretation der akkadischen Stichwörter auf eine inhaltliche Aussage der Namen festlegen. Daß gerade die letzte Fragestellung bei den fremdsprachlichen, nämlich hethitischen, westsemitischen, hurrischen, elamischen Namen oder Substratnamen[4] nicht beachtet werden konnte, versteht sich von selbst. Ausgehend von den akkadischen Ortsnamen und unter bestimmten Fragestellungen versuchte ich aber auch, diese Ortsnamen in der grammatisch-formalen Untersuchung mit einzubeziehen.

2.2. Grammatisch-formale Analyse

Die grammatisch-formale Untersuchung läßt folgende Gruppen erkennen:

Unabhängig von der Sprache gibt es deklinierte und undeklinierte Orts- und Gewässernamen. Akkadische Satznamen und Komposita werden nicht dekliniert. Ebenfalls ohne akkadische Deklinationsendung ist ein Teil der fremdsprachigen Orts- und Gewässernamen bezeugt, bei denen ich aber nicht entscheiden kann, ob sie Einwortnamen sind oder Satznamen oder Komposita. Akkadische Einwortnamen werden in der Regel dekliniert; das kann auch der Fall sein bei Namen unbekannter Herkunft[5] oder bei westsemitischen Namen[6]. Es gibt Namen, die gleichzeitig mit und ohne Deklination verwendet werden[7]. Bei Namen mit akkadischer Etymologie kann der Abfall der Deklination als Status absolutus bezeichnet werden[8].

Unter den Orts- und Gewässernamen meine ich aufgrund ihrer syntaktischen Verwendung und formaler Kriterien folgende Gruppen erkennen zu können, die ich zwar vom Akkadischen ausgehend aufschlüsselte, die aber nicht auf das Akkadische beschränkt zu sein scheinen.

Das sind:

(a) Orts- und Gewässernamen auf *-um*
(b) Orts- und Gewässernamen auf *-ānum*
(c) Orts- und Gewässernamen auf *-tum, -ītum oder -atum*
(d) Orts- und Gewässernamen auf *-ān*
(e) Orts- und Gewässernamen auf *-ā*.

Es bleibt ein Rest von Namen, die zu einer oder mehreren syntaktisch nicht differenzierenden Klassen gehören und bei denen es mir unmöglich war, ein oder mehrere Formative herauszuarbeiten[9].

Im folgenden möchte ich auf die Namengruppen (a) bis (e) kurz eingehen.

(a) Diese Gruppe von Orts- und Gewässernamen ist am zahlreichsten. Namen auf *-um* sind nicht als Orts- oder Gewässernamentyp eines bestimmten geographischen Raumes zu bezeichnen. Etwa ein Drittel von ihnen kann lexikalisch als sinnvolle akkadische Namen bestimmt werden (s. dazu unter 2.2.). Nicht deutbar erscheinen mir – um mit dem Buchstaben A zu beginnen – beispielsweise:

Adum, Agarum, Aḫazum/Aḫazim, Ajinnum, Akkabu(?), Akkadum(!), Akusum, Alašum, Alatrû, Amurrûm, Apium, Appaḫurum, Arallum, Ararum, Arbidum, Arramû, Arraḫru, Arrapḫum, Arrunum, Asarmum, Ašiḫum, Ašnakkum, Aššaknum, Atašum, Atumurum, Azuḫinum.

(b) Orts- und Gewässernamen, die mit *-ānum*, dem im Akkadischen funktional umstrittenen Formativ[10] gebildet werden, lassen sich nur zu einem geringen Teil deuten, was aber für die formale Analyse wichtig wäre. Deutbar sind z.B.: *Ḫarīṣānum =Ḫarīṣ +ānum, Kaspānum =kasp +ānum, Miṣarānum =miṣr +ānum?* (s. unter 2.2.). Eine regionale Verteilung der Ortsnamen scheint nicht vorzuliegen. Es wird letztlich einer genauen distributiven und inhaltlichen Bestimmung der Namen vorbehalten bleiben, ob sich in dem Namen in der Tat das akkadische[11] Formativ verbirgt, oder ob ein Teil dieses von mir vermuteten Elementes Bestandteil der Wurzel ist. Undeutbare Namen sind z.B.:

Buqulānum, Burramānum, Buzānum, Dilānum, Ḫalānum, Ḫazakānum, Ḫirbazānum, Ḫunadānum, Ilbabānum, Kalkuzānum, Kulzalānum, Kuntabānu, Kurḫiānum, Sabbānum, FN Siānum, Silānû, Supānum, Šalutānum, Tigunānum, Zammarānum, Zargānum, Zarḫānum, Zazānum, Zirānum Zunnānum vielleicht auch *Masmiānum Nabsānum und Našilānum* (während *Maḫanum und Qatanum* wohl nicht zu dieser Gruppe gehören, s. sub v.).

(c) Namen des Bildungstyps auf *-tum, ītum* oder *-atum* sind formal Nomina mit femininer Endung. Besonders unter den Flußnamen sind Namen häufig, die Nomen im Femininum Singluar oder Adjektive mit femininer Endung sind. Das mag mit dem akkadischen Wort für Fluß *nārum* zusammenhängen. Der größte Teil dieser Gewässernamen ist deutbar (s. unter 2.2.). Bei diesem Bildungstyp haben nur der Substratname *Purattum* und der Name *Kuruttum* eine mir unbekannte Etymologie.

Bei den Ortsnamen ist diese Bildungsweise nicht so häufig belegt; eine regionale Verteilung kann ich nicht erkennen. Unter den Ortsnamen kann ich folgende Namen nicht deuten:

Alaḫtum, Diniktum, Elaḫut(tum), Mekeltum, Šubartum und *Zarrartum.*

Bei den Ortsnamen ist dagegen häufig die formale Bildung eines Nomens im Femininum Plural. Erkennbar wird das an deutbaren Namen wie z.B. *Adnātum, Būrātum, Kakkulātum, Kuštarātum, Zibnātum* und *Ekallātum* als "Nester, Brunnen, Maischbottiche, Zelte, Rohrzäune" und "Paläste". Ein Grenzfall liegt vor beim Ortsnamen *Išpatum* "Köcher", der im Plural oder Singular stehen kann[12]; der Ortsname *Zibbatum* ist ein Nomen im Femininum Singular.

Die nicht akkadischen Namen sind z.T. mit Sicherheit formal nicht den Nomina im Femininum Plural angeglichen. Sonst wären die Nebenformen *Zubutum* zu *Zubatum* und *Kubutum* zu *Kubatum* nicht zu erklären. Auch der Ortsname *Saggaratum,* der mittelassyrisch *Sangarite* heißt[13], und *Ṭabatum,* das neuassyrisch *Ṭabite* lautet[14] beweisen, daß Ortsnamen, die altbabylonisch auf *-atum* auslauten, nicht unbedingt mit der Endung der Nomina im Femininum Plural gebildet werden.

Namen wie:

Dumatum, Ganibatum, Gubbatum, Gumzatum, Gunatum, Ḫaburatum, Ḫamiqatum, Ḫarratum, Ḫarruwatum, Ḫišatum, Ijatum, Iptijatum, Izrugatum, Karḫatum, Kirijatum, Lalatum, Lubatum, Malḫatum, Manḫatum, Marikatum, Muḫatum, Rabbatum, Raḫatum, Rataspatum, Sadratum, Sanduwatum, Sarbatum, Šalabatum, Šannatum, Zaḫatum, Zamijatum, Zanipatum, Zubatum,

die dem Anschein nach in die Gruppe der Ortsnamen auf *-atum* zu gehören scheinen, gehören möglicherweise zu anderen Bildungstypen[15]. Ein Flußname auf *-atum* ist nur einmal im Namen *Bušatum* belegt.

(d) Eine Reihe von Orten, die alle im nordiraqischen und nordsyrischen Gebiet zu suchen sind[16], enden auf *—+ān*. Da sie alle lexikalisch nicht zu bestimmen sind und mir unbekannten Sprachen anzugehören scheinen, ist die Isolierung eines Formatives *—ān* an sich fraglich. Ich meine es allerdings an einem akkadischen Ortsnamen, der *Dāmiqān* lautet, und in einer Variante als *Dāmiqum* belegt ist - eine Erscheinung, die häufiger noch bei den Ortsnamen auf *—+ā* auftritt - erkennen zu können. Zudem ist ein Formativ *-ān* an westsemitischen Personennamen belegt[17]. Ob es sich allerdings hier um dieses Element handeln kann, ist fraglich. Alle Ortsnamen, die auf *—+ān* auslauten, werden nicht dekliniert. Ich meine, zu dieser Gruppe die folgenden Ortsnamen zählen zu können:

*Alān, Appān, Barḫān, Bišā(n), Bīt-Kapān, Bīt-Zarḫān, Bušān, Dumtān/ēn, Ḫamān, Ḫiddān, Ḫimarān, Lab'ān, Mardamān, Mišlān, Mubān, Pallān, Qattunā(n), Rabān, Ṣillija(n), Šašrān, *Tiḫrān, Zabān, Zalluḫān, Zamijān, Zilḫān, Ḫinijān, Zurubbān.*[18]

(e) Aus dem gleichen geographischen Raum stammen Orte, die auf *—+ā* enden. Auch sie werden nicht dekliniert. Die Ortsnamen *Bišā(n), Qattunā(n)* und *Ṣillijā(n)* sind in beiden Bildungsweisen belegt. Deshalb ist *—+ā* vielleicht in manchen Fällen phonologische Variante zu *—+ān*. Typologisch gehören zu diesen Ortsnamen:

Aškakkā, Burullā, Dabišā, Gublā, Haṣurā, Hurrā, Ilanṣurā, Karanā, Kasapā, Kurdā, Numḫā, Qabrā, Qaṭarā, Razamā, Šudā, Šunā, Tillā, Zanipā.

Auch der hethitische Ortsname *Hattušā*, der altassyrisch häufig als *Hattuš* belegt ist[19], wurde altbabylonisch diesem Bildungstyp angeglichen.

Bei den oben erwähnten Ortsnamen gibt es zu *Burullā* und *Numḫā* eine deklinierte Nebenform *Burullum* und *Numḫum*. In diesem Zusammenhang ist wohl auch auf den Ortsnamen *Burundum* zu verweisen, der in der Datenformel Ḫammurabi 33 als *Buru(n)da* vorkommt, also den gleichen Wechsel von *a* und deklinierter Form aufweist. Auf *-a* endend mit einer deklinierten Nebenform treten sonst noch die Ortsnamen: *Baja: Baja'um, Lubda: Lubdum* und *Nabrarâ:Nabrarûm* auf. Inwieweit aber diese Namen oder andere Ortsnamen, die auf *-a* auslauten, ein Formativ *-a* haben, ist völlig unklar und muß letztlich wieder einer genauen inhaltlichen und distributiven Bestimmung der Ortsnamen vorbehalten bleiben[20].

2.3. Lexikalisch-semasiologische Analyse

Zur Bedeutung akkadischer Orts- und Gewässernamen gibt es bisher noch keine zusammenfassende Untersuchung. Gelegentlich wird der eine oder andere Name gedeutet und in Abhandlungen über Personennamen mit erwähnt[21]; auch auf die historische Umdeutung älterer Fremdnamen wird gelegentlich hingewiesen[22]. Die besonderen Probleme der semitischen Ortsnamenforschung behandelt S. Wild in der Einleitung seines Buches über die "Libanesischen Ortsnamen"[23]. Hier verweist er auch auf die Bedeutung der Ortsnamenforschung in den indogermanischen Sprachen, die sich innerhalb der Sprachwissenschaft zu einem eigenen Zweig entwickelt hat[24].

Ohne eine umfassende Studie vorlegen zu können, möchte ich kurz auf einige semantische Gruppen akkadischer Orts- und Gewässernamen eingehen, die ich durch die Ansetzung des Stichwortes interpretiert habe.

Aus Untersuchungen über deutsche Ortsnamen ist die Wechselbeziehung zwischen Orts- und Personennamen bekannt: "wie Ortsnamen zu Personennamen werden können, so läßt sich auch umgekehrt beobachten, daß lediglich durch eine Funktionsverschiebung also nicht durch einen besonderen Akt der Wortbildung Personennamen oder Personenbezeichnungen den Charakter von Ortsnamen gewinnen"[25] schreibt A. Bach. Das weist darauf hin, daß die Ansetzung des Stichwortes unter seinem eigentlichen Anfangsbuchstaben nicht aber unter dem Lemma *Āl-* bzw. *Nār-* "Stadt" des ... und "Fluß des PN..." in diesem Répertoire richtig ist[26]. Es ist eine Erklärung dafür, daß es unter den akkadischen Ortsnamen eine Anzahl gibt, die wie schon bekannte Personennamen lauten oder den Personennamen ähnlich strukturiert sind. Als Personenname wie auch Ortsname sind belegt z.B. "*Sîn-iqīšam* Sin schenkte mir (...) "oder "*Aḫa(m)nuta* =wir haben einen Bruder gefunden", auch *Aḫumma* "Bruder", *Ennum* "Barmherzigkeit", *Ḫunābum* "Üppiger" und *Šamḫum* "Prächtiger". Folgt man Bach weiter, so benennen "diese Namen ... den Besitz oder den Wohnsitz der genannten Personen an dem betreffenden Ort, selten drücken sie eine andere Beziehung aus". Dieser semasiologische Aspekt wird für das Akkadische noch nachzuprüfen sein.

Ein Teil der Orts- und Gewässernamen sind Preisnamen. Das trifft besonders bei den Gewässernamen zu, die "*Mami-dannat*", *Ḫammurabi-nuḫuš-nišī, Qurdum, Wēdûm, Šarrum,* also "Mami ist mächtig, Ḫammurabi (ist) der Überfluß der Menschen","Stärke, Einziger, König" oder auch *Išartum* "*Gerech-*

tigkeit" lauten können. Zu diesen Preisnamen gehören wohl die Ortsnamen, die Komposita sind aus Bezeichnungen für "Mauer, Festung", akkadisch *"BÀD..."* oder *Dūr-...* plus Königsnamen. Obgleich es zur Zeit nicht bewiesen werden kann, scheint es mir wahrscheinlich zu sein, daß diese Orte umbenannt werden konnten, ein *Dūr-Jaḫdunlim* also zu einem *Dūr-Jasmaḫ-Adad* werden konnte.

Dann läßt sich eine weitere Gruppe von Ortsnamen zusammenstellen, die Tiernamen, Pflanzennamen oder Gesteinsnamen sind. A. Bach und F. Debus betonen[27], daß diese Namen, die auch in indogermanischen Sprachen häufig belegt sind, historisch zu verstehen sind und die aktuellen ökologischen Bedingungen nicht widerspiegeln müssen. Im Altbabylonischen tragen die Orte *Dugdugum, Raqqum* und *Zuqiqīp* die Tiernamen "kleiner Vogel, Schildkröte" und "Skorpion". Pflanzennamen sind *Binnum* "Tamariske", *Kazallu , Meḫru* "M.-Baum", *Šakirû* "Bilsenkraut" *Šunḫum* "Drogenpflanze", *Margūnum* "Harzbusch" und *Zizibânu* "Kümmel". *Marhašu* "Markasit" und *Pusullum* "(eine) Lapislazuliart" sind die mir bekannten Steinnamen. Zu diesen kann wohl auch der durch eine *-ānum* Erweiterung gebildete Ortsname *Kaspānum* von *kaspum* "Silber" gehören und seine Entsprechung als Flußname *"Kaspānītum"*. Zur erweiterten semantischen Umgebung dieser Ortsnamen sind die Namen *Abattum* "gelber Flußkies", *Adnātum* "Nester", *Baṣum* "Sandbank", *Būrātum* "Brunnen", *Lasqum* "Weide", *Ḫibarītum* "Sumpfgebiet" und *Ḫašḫūr* "Apfel" zu rechnen.

Andere Ortsnamen beschreiben Wege, Straßen, Pässe, Baulichkeiten usw.[28]. Das sind der Ortsname *Ekallātum* "Paläste", die Flußnamen *Kisirtum* "Kaimauer", *Irritum* "Uferverbauung" und *Pariktum* "Abgesperrtes. Auch die Ortsnamen mit *-ānum* Erweiterung, wie *Ḫarrānum* "Weg" - vergleiche hierzu den Ortsnamen *Gerrum* "Weg, Feldzug!" - *Ḫarīṣānum* zu *ḫarīṣu* "Stadtgraben" *Ḫurrānum* zu *ḫurrum* "Loch" (hierzu?) gehören zu dieser Gruppe. Für "Grenze" ist *Pulukkum* und *Miṣarānum* belegt. Andere Bezeichnungen für Straße, Paß u.ä. sind *Sūqāqû* "Gäßchen" und *Nērebtum* "Paß, Eingang". Auch der Flußname *Araḫtum* ist formal Femininum zu *urḫu* "Weg".

Eine weitere Gruppe von Ortsnamen sind um das semantische Feld "Wohnen, Setzen, Ort u.ä." gruppiert. Zu ihnen gehören die Ortsnamen *Dunnum* "Gehöft" *Iškun-Ištar*[29] und auch die Namen, die mit den Lexemen *Maškan-...* "Platz des..." und *Šubat-...* "Wohnort des ..." beginnen. Hierzu stelle ich auch den Ortsnamen *Māḫāzum* "Ort des Entnehmens", und in einigen Fällen könnte das Element *Supur-...* in Anbetracht dieser Ortsnamen als "Hürde..." gedeutet werden. In diesem Répertoire werden solche Ortsnamen aber nur unter *Ṣupur-* "Klaue..." aufgeführt, da die ideographische Schreibung *UMBIN* für *ṣupur-...* und die unzweideutige Tatsache des Ortsnamens *Ṣuprum* für eine Deutung dieses Elementes als "Klaue" spricht[30].

Zum Schluß sollen noch kurz die Ortsnamen erwähnt werden, die Gebrauchsgegenstände beschreiben, wie z.B. *Gubrum* "Lanze", *Išpatum* "Köcher", *Šamirum* "Ring" und *Šeḫrum* "Riemen".

Dieser kurze Abriß einer Typologie von Orts- und Gewässernamen konnte und sollte keine umfassende Darstellung der inhaltlichen und formalen Probleme bei der normativen Ansetzung des Stichwortes geben. Zu den einzelnen Orts-und Gewässernamen werden gewiss Verbesserungen nötig sein,da ich sicherlich sprachliche Zugehörigkeiten ebenso übersehen habe wie formale Zusammensetzungen. Nur über diesen ersten Versuch einer Typologie wurden aber an einigen Stellen phonetische und regionale Zusammengehörigkeiten verständlich, wie z.B. die wechselnden Schreibungen der Ortsnamen auf *-a* und *-um*, oder die geographische Konzentrierung bestimmter Ortsnamen. Auf dem Umweg über die Typologie wurde auch erst erkennbar, daß nicht alle Namen, die auf *-atum* enden, pluralisch sind, und daß *-ānum* Formativ bei Ortsnamen sein kann.

Wir wissen nicht, wieweit die phonologische Breite eines Orts- oder Gewässernamens gerade bei weitverstreuten Texten gehen kann; wir wissen ebensowenig, ob nicht mancher Ortsname fremdsprachige Benennung eines im Akkadischen anders lautenden Namens ist. In der geographischen Liste MSL 11,14: 36 wird *Marḫašu* mit *pa-ra-ši-i* geglichen; ist *pa-ra-ši-i* damit-nicht nachvollziehbare - phonetische Variante zu *Marḫašu*, oder anderssprachige Benennung, oder etwa ein Schmähname "Kot"? Ist es möglich, daß eine Schreibung *Alaḫtum* für den Ortsnamen *Elaḫut(tum)* vorliegt oder daß ein Flußname *Šarkum* "Eiter" heißt? Solange solche Fragen ungeklärt sind, bleiben inhaltliche und formale Probleme bei der Ansetzung der Stichwörter immer bestehen.

3. Lokalisierungen

Für einen Philologen ist es sehr schwer, wenn nicht unmöglich, anhand seiner Texte Lokalisierungen vorzunehmen. Wir wissen, daß nicht einmal Textfunde in Siedlungshügeln zu sicheren Lokalisierungen führen müssen[31].

Spaziergänge auf den Landkarten unterschiedlicher Verläßlichkeit, häufig ohne sich in eigener Anschauung ein Bild von den geographischen Verhältnissen gemacht zu haben, führen immer zu spekulativen und nur in seltenen Fällen wahrscheinlichen Lokalisierungen. Das ist aber der methodische Ansatz vieler älterer Lokalisierungsvorschläge und findet sich auch noch in jüngeren Publikationen[32].

Ich habe es als meine Aufgabe betrachtet, Sekundärliteratur möglichst interpretativ anzugeben, ohne einander oft wiederholende Lokalisierungsvorschläge aufzuführen. Zu Ortsnamen im nordsyrischen Gebiet, die häufig auch in hethitischen Texten belegt sind, bitte ich besonders RGTC 6 zu vergleichen, das sehr ausführlich Literatur zitiert.

Eigene Beiträge zu Lokalisierungen habe ich kaum leisten können. Da mir nur dann eine Lokalisierung als wahrscheinlich scheint, wenn schriftliche Angaben und archäologisches Material zusammentreffen, habe ich mich bewußt mit Vorschlägen zurückgehalten, um nicht noch mehr weder durch Surveys noch durch Grabungen erforschte Siedlungshügel für Lokalisierungsvorschläge in die Diskussion zu bringen. Man muß abwarten, ob von archäologischer Seite die oft reichlich vorliegenden Lokalisierungen von altbabylonischen Orten - z.B. im Ḫābūrgebiet - plausibel werden. Aus jüngerer Zeit sind die Informationen aus Texten zu den Ortsnamen so viel stringenter, daß in vielen Fällen wohl eher eine Lokalisierung für diese Zeit zu erwarten ist, die dann Rückwirkungen für die altbabylonische Zeit haben dürfte[33].

Ich habe mich aber bemüht, die Texte soweit auszuwerten, daß zumindest in den gut bearbeiteten Maritexten die Zugehörigkeit zu einem Bezirk *(ḫalṣu)* oder die Lage an Flüssen usw. registriert wird. Auch Angaben über zeitliche Distanzen, wie z.B. zwischen Larsa und Babylon, die in einer Quelle mit zwei Tagen[34], in anderen Quellen aber mit mehr als dem Doppelten angegeben wird[35], habe ich aufgenommen.

Viele Einzelprobleme sind aber noch zu lösen, etwa durch prosopographische Erwägungen und durch exakte Bestimmung von Zeitstellung und Herkunft eines Textes. Es steht zu hoffen, daß mit der schlichten Materialsammlung dieses Bandes die Diskussion um die historische Topographie der altbabylonischen Zeit auf eine breite Basis gestellt und neu belebt werden kann.

Anmerkungen

1 Vgl. RGTC 2, S. XII - XIII, Längen und Breiten wurden nach der "Carte du Liban 1: 253.440 und den britischen Militärkarten "The middle East" (Calcutta 1925)1:253.440 ,sowie den Karten "The middle East "G.S.G.S. 3919 ,1:253.440 Degree Sheet series ,London 1941.1948 ,ausgerechnet.

Für die Berechnung des UTM-grid's stand mir die "Weltkarte D.Survey, War Office and Air Ministry, London 1:500.000"zur Verfügung. Die Koordinatenberechnung nach dem Greenwich-System mußte häufig, da auf der Weltkarte viele Siedlungsplätze nicht eingetragen waren, auf diese Karte übertragen werden. Sie erwies sich dabei aber, sei es an sich oder durch den größeren Maßstab, als sehr ungenau. Dem wurde durch ein "ca." bei den Angaben Rechnung getragen.

2 Vgl. hierzu J.A. Brinkman, Materials and Studies for Kassite History, Chicago (1976) 35ff. und J.-R. Kupper, RlA 4 (1975) 7f. "*Ḫana*".

3 Die Ansetzung des Lemmas erfolgte in der Regel im Nominativ. War aber nur eine Form in einem anderen Kasus oder als Nisbe belegt, wurde der Nominativ mit einem * angesetzt. Wenn mir der syntaktische Bezug des Namens nicht klar war, wurde das Lemma in seiner Schreibung aufgeführt. Nur sumerische Ortsnamen wurden nicht in das Akkadische übersetzt. War aber auch die akkadische Form des Ortsnamens belegt, wurde das Stichwort hier alphabetisch angeordnet. Ein Index von Wortzeichen auf S. 317ff. erleichtert jedoch das Auffinden des ideographischen Namens. Bekannte akkadische Namen wie *Bābilim* wurden stichwortartig so angesetzt und nicht als *KÁ.DINGIR.RA*.

4 Zu Substratnamen und ihrer Umformung im Akkadischen vgl. Fischer Weltgeschichte Bd.2, S. 70; I.J. Gelb, Journal of the Institute of Asian Studies 1 (1955) 1ff.; B. Landsberger, Anfänge der Zivilisation =Monographs of the ANE I/2(1974) 8 - 12. E. Salonen, StOr. 37/3 (1968) und kritisch J. Bauer, Erasmus 23 (1971) 44f. Zu den hurrischen Namen gehört der Ortsname *Agabšeni* und der Flußname *Aranziḫ*, vielleicht auch die Ortsnamen *Aritanaja, Ḫirzibḫi* und *Tinniḫara*. Der Ortsname *Kinaḫnu* ist mit W. von Soden mit dem in Nuzi-Texten gebräuchlichen Wort unbekannter Herkunft *Kinaḫḫu* "roter Purpur" zu verbinden. Hurrisch? Vgl. CAD K S. 379.

Selbst westsemitische Namen sind schwer zu erkennen. Zu *Ja'il* und *Summan* s. H.B. Huffmon, APNMT 207: Y'L und 247f.: SM. *Jazilum* ist vielleicht als *Jaṣi-ilum* zu analysieren, vgl. H.B. Huffmon, APNMT 184 zu *WṢ'*. *Izi-šarrum* könnte ein Mischname sein mit dem akkadischen Element *šarrum* "König" und dem in Mari-Texten immer *i-ZI* geschriebene Element von der gemeinsemitischen Wurzel *WṢ'*. Fraglich sind die Ortsnamen *Bina* (mit westsemitisch *BN* "Sohn"zu verbinden? vgl. H.B. Huffmon, APNMT 175: *BN*[1]) und *Bidda* mit der Var.*Bidaḫ*.Ist *Bidda* wirklich mit dem in ugaritischen Texten vorkommenden Namen *Pidda* zu vergleichen, der von F. Gröndahl, St. Pohl 1,170 zur Wurzel *P'D* gestellt wird, ist das auslautende *ḫ* nicht zu erklären. Diachron ist allerdings der Wechsel von auslautendem *-a* und *aḫ* z.B. beim Ortsnamen *Zalpaḫ* bekannt (Hinweis W. Röllig).

5 Z.B. bei *Adum, Agarum, Ajinnum, Akkadum, Akusum*.

6 Deklinierte westsemitische Namen sind z.B. *Jariḫum*, vgl. *Jariḫ* "Mond, Monat" in Personennamen aus Ugarit bei F. Gröndahl, St. Pohl 1,145: *YRḪ*; ferner das umstrittene *Emutbala/Emutbalum* vgl. H.B. Huffmon, APNMT 229: *MD*.

7 Dazu gehören z.B. die Namen: *Arḫinan(um)*, *Mulḫan(um)* und *Naḫan(um)* ebenso *Elaḫut(tum)*, *Jamḫad(um)*, *Niḫad(um)*, *Šinam(um)* und *Sarbat(um)*.

8 Sichere Belege für diese These sind die beiden Namen *Ḫašḫūr* "Apfel" und *Zuqiqīp* "Skorpion". Vgl. unter 2.2.

9 Unter 120 Stichworten des Buchstabens A befinden sich ca. 25 Namen, die sich keinem dieser Schema, sei es Satzname, Komposita, Name auf *-um*, *-ānum*, *-atum/tum/itum* oder *-ā*, *-ān*, unterordnen lassen. Das sind Namen wie: *Abiḫ* (Bergname), *Adab*, *Admi* (Nominativ!), *Aḫazum/Aḫazim* (sekundäre Deklinationsumformung?), *Aḫut*, *Akšak*, *Alia*, *Alkamina* (unsicher), *Almutû*, *Amaz*, *Amazzik*, *Apiak*, *Aplaḫal*, *Appija*, *Appaz*, *Arbasi*, *Asirsir*, *Ašal*, *Ašdub(ba)*, *Ašemu/Asima*, *Ašuh*, *Ašušik*, *Amal/Awal*, *Azzal*. Hinzukommen *Aḫaka*, wenn nicht akkadisch(? ?) und *Anšan* (wenn nicht zur Gruppe auf *-ān*), und *Ajabî* (oder akkadisch???).

1o Vgl. W. von Soden, GAG § 39, G. Buccellati, Afro-Asiatic Linguistics 3/2; M. Stol, Studies, S. 76 ff. Eine Bearbeitung des Suffixes *-ānum* wurde von W. Farber durchgeführt (unv.). -

11 *-ānum* ist als diminutives Suffix an westsemitischen Personennamen belegt, vgl. H.B. Huffmon, APNMT 135 ff. Es ist auch an westsemitischen Stammesnamen zu finden, s. zu *Amnānum* und *Wilānum*. Die Funktion des Suffixes ist hier umstritten.

12 Da keine Längeschreibung vorliegt, ist *Išpatum* wohl als Singular aufzufassen.

13 Vgl. in AKA I 137 ^{uru} *sa-an-ga-ri-te*.

14 Vgl. bei S. Parpola, AOAT 6,343.

15 Ebenso wie es Ortsnamen gibt, die auf Vokal *+ja('um)* (so?) enden, z.B. *Appaja*, *Jablija*, *Iklaja'um*, ist man versucht, die Namen *Ijatum*, *Iptijatum*, *Kirijatum*, *Zamijatum* als eine Gruppe zusammenzufassen, die auf *(i+?)jatum* enden. Ist *Ḫišatum* = *Ḫiššatum* (mB PNF von *ḫiššatum* (AHw. 349a)? -Vgl. zu den PN, die auf -ja'um enden jetzt N. Pomponio, Or.Ant. 16/4 (1977) 332f.

16 Damit kann das Gebiet gemeint sein, welches zur Zeit der ersten babylonischen Dynastie mit *Šubartum* umschrieben wird. Vgl. zuletzt M. Stol, Studies S. 35.37ff.

17 Vgl. H.B. Huffmon, APNMT S. 135ff. Bei deutbaren westsemitischen Namen kann *-an* auch *AN=ilum* meinen, vgl. zu *Jaḫpila*. Ein Element *-ān*, *-īn* ist bis heute in libanesischen Ortsnamen belegt, vgl. S. Wild, Libanesische Ortsnamen, Beirut 1973, S. 71f. und 98f.

18 Nicht aus diesem Gebiet stammen die elamischen Namen *Anšan* und *Ḫumman*; sind sie ebenso wie der Flußname *Ṭaban* zur gleichen Bildungsweise zu zählen?

19 Freundlicher Hinweis W. Röllig nach vorliegenden Sammlungen von RGTC 5; zu nennen ist z.B. ICK 1,31 B 16.19, u.a.m.

2o Um ein vollständiges Bild zu bieten, nenne ich hier alle Ortsnamen, die auf *-a* auslauten und nicht zu den voraltbabylonischen Namen gehören, wie *Larsa*, *Kutalla* usw. Von diesen kann ein Teil, z.B. *Šušarrā*, *Zunallā* (auch *Akzā* ?) noch zu dieser Gruppe gerechnet werden. Sonst sind belegt:

Abibana, Adalla, Agaga, Aḫaka, Ajara, Akzā, Albana, Allaḫada, Asnā, Biḫura, Birikada, Biskira, Bīt-Akkaka (im Ḫābūr-Gebiet, dazu?), Bīt-Tukla, Burā, Busulaba, Dada, Dag(a)lā, Dildaba, Ersa, Gagā, Ḫadnā, Ḫamšā, Ḫašunā, Ḫatka, Ḫatta, Ḫibarā, Ḫišamta, Ḫuba, Ḫun(u)lā, Ḫurarā, Ḫurrā, Idā, Kallaḫubra, Kamada, Kašuda, Kawala, Kazâ/Kazû, Kikalla, Lādā, Madarā, Makrisā, Mammagira, Mar(r)atā, Mukasā, Namgata, Namlada, Namsa, Narā, Našalā, Nawala, Nirda, Pada, Putra, Ruḫā, Saburatā, Sagirratā, Saḫulda, Saqā, Siḫā, Siḫarata, Sumudara, Susa, Šadaḫa, Šaḫnā, Šakkā, Šarā, Šušā, Terqa, Tunda, Zagna.

21 F. Gröndahl erwähnt Ortsnamen in ihrer Studie über die Personennamen aus Ugarit, St. Pohl 1; auch H.B. Huffmon, APNMT verweist auf Ortsnamen bei der Analyse der Personennamen aus Mari. Bei den akkadischen Ortsnamen vgl. zu den einzelnen Stichwörtern jeweils die Wörterbücher CAD und AHw.

22 Vgl. zu Anm. 4.

23 S. Wild, Libanesische Ortsnamen, Beirut 1973, S. 3ff.

24 Ich habe mich auf folgende Werke gestützt: auf die Ortsnamensammlung und -bestimmung bei A. Bach, Deutsche Namenkunde Bd. II 1: Die deutschen Ortsnamen, Heidelberg 1953; P. Trost, Der Gegenstand der Toponomastik, in: Wissenschaftliche Zeitschrift der Karl-Marx Universität Leipzig 11 (1962) 275ff. und F. Debus, Aspekte zum Verhältnis Name - Wort, in: Probleme der Namenforschung im deutschsprachigen Raum, Darmstadt 1977.

25 A. Bach, ibid. § 332.

26 Etwas inkonsequent erfolgt die Ansetzung der Ortsnamen, die Königsnamen sind. Sie sind unter dem Anfangsbuchstaben *Āl-* bzw. *Nār* zu finden, desgleichen Ortsnamen, die Götternamen sind, obgleich ja die Existenz eines Ortes, der einen Götternamen trägt, z.B. *Aššur*, belegt ist. Ortsnamen, die Personennamentypen entsprechen und verschiedene Determinative oder Appellativa haben, wie z.B. *URU*^{ki} *Kudur-Mabuk* und *Bīt Kudur-Mabuk*, finden sich wieder unter dem Anfangsbuchstaben des Namens.

27 A. Bach, ibid. S. 315; F. Debus, ibid. S. 11. F. Debus nennt das Beispiel eines Berges, Eichenberg, auf dem nur Buchen zu finden sind.

28 Diese Gruppe wird bei A. Bach in vielen einzelnen Kapiteln mit anderer Aufteilung behandelt.

29 Vgl. J. Stamm, MVAeG 44, S. 142[6].

3o Vgl. die Diskussion dieses Lemmas bei S. Dalley, Rimaḫ, zu Text 2:16. Zur ideographischen Schreibung siehe zum Lemma *Ṣupur-Šamaš*.

31 Vgl. ausführlich B. Groneberg, ZA 62/2 [ ] Rez. zu S. Dalley, The Old Babylonian Tablets of Tell al-Rimah.

32 Die Lokalisierungen von H. Lewy sind z.T. unauffindbar, da mir unzugängliche Landkarten benutzt wurden. Solche Angaben stehen im Répertoire immer in Anführungszeichen. An jüngeren Publikationen sind die beiden Aufsätze von A. Goetze, JCS 7 (1953) 51ff. ders. auch JCS 18 (1964) 114ff. und von W.W. Hallo, JCS 18 (1964) 57ff. zu nennen, die ausgehend von einer Tagesstrecke von 25 - 30 km, mit dem Zirkel auf Landkarten Lokalisierungen vornehmen. So wird z.B. von A. Goetze, JCS 6, 58[41] *Saggaratum* mit Šeǧer identifiziert. Šeǧer ist aber ein Dorf bei einem natürlichen Hügel der Uferterrasse des Ḫābūrs, wie schon G. Dossin RA 64 (1970) 19[3] feststellte. Auch der Siedlungshügel "Tall Qauz = Tell Qoz", der von M. Anbar, IOS 3,13[44] für *Japṭurum* ins Spiel gebracht wird, ist völlig unerforscht.

33 Wichtige Informationen bieten da die mittel- und neuassyrischen Königsitinerare. Vgl. W. Röllig, OrNS 47 (1978) 419ff. und K. Kessler, Untersuchungen zur historischen Topographie... Wiesbaden 1979.

34 AbB 4,84,9 und 2,39,19 (Hinweis M. Stol).

35 A. Goetze, JCS 7, S. 54 IV 7' - 12' (fünf Tagesetappen).

ABKÜRZUNGS- UND LITERATURVERZEICHNIS

I. Monographien.

A. = Museumsnummer der Texte im Oriental Institute, Chicago. Zitate aus unpublizierten Texten stellte M.Stol zur Verfügung

AB 11 = Meissner, B., Beiträge zum altbabylonischen Privatrecht. Assyriologische Bibliothek 11, Leipzig 1893

AbB 1 = Kraus, F.R., Briefe aus dem British Museum (CT 43 und 44). Altbabylonische Briefe in Umschrift und Übersetzung 1, Leiden 1964

AbB 2 = Frankena, R., Briefe aus dem British Museum (LIH und CT 2-33), Altbabylonische Briefe in Umschrift und Übersetzung 2, Leiden 1966

AbB 3 = Frankena, R., Briefe aus der Leidener Sammlung. Altbabylonische Briefe in Umschrift und Übersetzung 3, Leiden 1968

AbB 4 = Kraus, F.R., Briefe aus dem Archiv des Šamaš-ḫāzir in Paris und Oxford, Altbabylonische Briefe in Umschrift und Übersetzung 4, Leiden 1968

AbB 5 = Kraus, F.R., Briefe aus dem Istanbuler Museum. Altbabylonische Briefe in Umschrift und Übersetzung 5, Leiden 1972

AbB 6 = Frankena, R., Briefe aus dem Berliner Museum. Altbabylonische Briefe in Umschrift und Übersetzung 6, Leiden 1974

AbB 7 = Kraus, F.R., Briefe aus dem British Museum (CT 52). Altbabylonische Briefe in Umschrift und Übersetzung 7, Leiden 1977

AbPh = Ungnad, A., Altbabylonische Briefe aus dem Museum zu Philadelphia. Sonderabdruck aus Zeitschrift für vergleichende Rechtswissenschaft 36, S. 214 - 353, Stuttgart 192o

R.Adams, Land behind Bagdad = Adams, R., Land behind Baghdad. A history of settlement on the Diyala plains, Chicago 1965

R.Adams, H.Nissen, Uruk Country Side = Adams, R. + Nissen, H., The Uruk countryside. The natural setting of urban societies, Chicago + London 1972

Ahmad = Ahmad, A.K.A., Old Babylonian loan contracts in the Iraq Museum from Tell al-Dhiba'i and Tell Ḥarmal, Bagdad 1964. Neu transkribiert und mit neuen Indices versehen von Walter Farber, München 1969 (unv.)

AHw. = von Soden, W., Akkadisches Handwörterbuch, unter Benutzung des lexikalischen Nachlasses von Bruno Meissner (1868-1947) bearbeitet von Wolfram von Soden, Bd.1ff., Wiesbaden 1959ff.

AMAST = Ancient Mesopotamian art and selected texts. The Pierpont Morgan Library. New York 1976. Texte in: E. Porada, Seal impressions on the cuneiform texts.

AOAT 3/1 = Loretz, O.,, Texte aus Chagar Bazar und Tell Brak, Teil 1., Alter Orient und Altes Testament. Veröffentlichungen zur Kultur und Geschichte des Alten Orients und des Alten Testaments 3/1, Kevelaer + Neukirchen-Vluyn 1969

AOAT 6 = Parpola, S., Neo-Assyrian toponyms. Alter Orient und Altes Testament. Veröffentlichungen zur Kultur und Geschichte des Alten Orients und des Alten Testaments 6, Kevelaer + Neukirchen-Vluyn 197o

AOAT 9 = Wilhelm, G., Untersuchungen zum Ḫurro-Akkadischen von Nuzi. Alter Orient und Altes Testament. Veröffentlichungen zur Kultur und Geschichte des Alten Orients und des Alten Testaments 9, Kevelaer + Neukirchen-Vluyn 197o

AOAT 11 = von Weiher, E., Der babylonische Gott Nergal. Alter Orient und Altes Testament. Veröffentlichungen zur Kultur und Geschichte des Alten Orients und des Alten Testaments 11, Kevelaer + Neukirchen-Vluyn 1971

AOAT 12 = Römer, W.H.Ph., Frauenbriefe über Religion, Politik und Privatleben in Mari. Untersuchungen zu G.Dossin, Archives royales de Mari X, Alter Orient und Altes Testament. Veröffentlichungen zur Kultur und Geschichte des Alten Orients und des Alten Testaments 12, Kevelaer + Neukirchen-Vluyn 1971

AOAT 13 = Dietrich, M., Loretz, O., Die Elfenbeininschriften und S-Texte aus Ugarit. Alter Orient und Altes Testament. Veröffentlichungen zur Kultur und Geschichte des Alten Orients und des Alten Testaments 13, Neukirchen-Vluyn 1976

AOAT 25 = Eichler, B.L., u.a., Cuneiform Studies in Honor of Samuel Noah Kramer. Alter Orient und Altes Testament. Veröffentlichungen zur Kultur und Geschichte des Alten Orients und des Alten Testaments 25, Kevelaer+Neukirchen-Vluyn 1976

APNMT = Huffmon, H.B., Amorite Personal Names in the Mari Texts: A Structural and Lexical Study, Baltimore 1965

A.Archi u.a. Gaziantep = Archi, A. u. Pecorella, P.E. u. Salvini, M., Gaziantep e la sua regione. Uno studio storico e topografico degli insediamenti preclassici, Rom 1971

ARM 1 = Dossin, G., Lettres. TCL 22, Archives royales de Mari 1, Paris 1946

ARM 2 = Jean, Ch.-F., Lettres, TCL 23. Archives royales de Mari 2, Paris 1941

ARM 3 = Kupper, J.-R., Lettres, TCL 24. Archives royales de Mari 3, Paris 1948

ARM 4 = Dossin, G., Lettres, TCL 25. Archives royales de Mari 4, Paris 1951

ARM 5 = Dossin, G., Lettres, TCL 26. Archives royales de Mari 5, Paris 1951

ARM 6 = Kupper, J.-R., Lettres, TCL 27. Archives royales de Mari 6, Paris 1953

ARM 7 = Bottéro, J., Textes administratifs de la salle 110. TCL 28. Archives royales de Mari 7, Paris 1956

ARM 8 = Boyer, G., Textes juridiques et administratifs. TCL 29. Archives royales de Mari 8, Paris 1957

ARM 9 = Birot, M., Textes administratifs de la salle 5. TCL 30. Archives royales de Mari 9, Paris 1960

ARM 10 = Dossin, G., La correspondance féminine. TCL 31. Archives royales de Mari 10, Paris 1967

ARMT 11 = Burke, M.L., Textes administratifs de la salle 111 du palais, transcrits, traduits et commentés. Archives royales de Mari 11, Paris 1963

ARMT 12 = Birot, M., Textes administratifs de la salle 5 du palais (2ème partie) transcrits, traduits et commentés. Archives royales de Mari 12, Paris 1964

ARMT 13 = Dossin + Bottéro + Birot + Burke + Kupper + Finet, Textes divers. Archives royales de Mari 13, Paris 1964

ARMT 14 = Birot, M., Lettres de Yaqqim-Addu, gouverneur de Sagarâtum, transcrites, traduites et commentées. Archives royales de Mari 14, Paris 1974

ARMT 15 = Bottéro, J. + Finet, A., Répertoire analytique des Tomes I à V, Archives royales de Mari 15, Paris 1964

ARMT 19 = Limet, H., Textes administratifs de l'époque des Šakkanakku. Archives royales de Mari 19, Paris 1976

ARN = Kraus, F.R., Altbabylonische Rechtsurkunden aus Nippur, Istanbul 1952

BAL = Borger, R., Babylonisch-assyrische Lesestücke, Rom 1963

K.Balkan, Kassitenstudien = Balkan, K., Die Sprache der Kassiten. Kassitenstudien 1, New Haven 1954

BDHP = Waterman,L.,Business Documents of the Ḫammurapi Period from the British Museum, London 1916

BE 1 = Hilprecht, H.V., Old Babylonian inscriptions chiefly from Nippur. The Babylonian Expedition of the University of Pennsylvania, Series A 1, Part I, Philadelphia 1893.Part II, Philadelphia 1896

BE 6/1 = Ranke, H., Babylonian legal and business documents from the time of the first dynasty of Babylon. Chiefly from Sippar. The Babylonian Expedition of the University of Pennsylvania. Series A: Cuneiform Texts VI/1, Philadelphia 1906

BE 6/2 = Poebel, A., Babylonian legal and business documents from the time of the first dynasty of Babylon. Chiefly from Nippur. The Babylonian Expedition of the University of Pennsylvania. Series A: Cuneiform texts VI/2, Philadelphia 1906

BIN 2 = Nies + Keiser, Historical, religious and economic texts and antiquities. Babylonian inscriptions in the collection of J.B.Nies 2, New Haven 1920

BIN 7 = Alexander, J.B., Early Babylonian letters and economic texts. Babylonian inscriptions in the collection of J.B.Nies 7, New Haven 1943

BIN 9 = Crawford, V.E., Sumerian economic texts from the first dynastie of Isin. Babylonian inscriptions in the collection of J.B. Nies 9, New Haven 1954

Brinkman AnOr 43 = Brinkman, J.A., A political history of post-Kassite Babylonia 1158-722 B.C. AnOr 43, Roma 1968

BRM 4 = Clay, A.T., Epics, hymns,omens and other related texts. Babylonian records in the library of J.Pierpont Morgan ,4 New Haven 1923

CAD = Oppenheim, A.L., The Assyrian dictionary of the University of Chicago, Chicago + Glückstadt 1956ff.

CBT 1 = Figulla, H.H., Catalogue of the Babylonian tablets in the British Museum I. London 1961

CHJ = Boyer, G., Contribution à l'histoire juridique de la 1re dynastie babylonienne, Paris 1928

Coll. Clercq = de Clercq + Ménant, Collection de Clercq.Catalogue cylindres orientaux, cachets, briques, bronzes, bas-reliefs etc, I. Cylindres orientaux. Paris (1885-)1888. II. Cachets, briques, bronzes, bas-reliefs. Paris (1890-) 1903

CT 1 = King, L.W., Cuneiform texts from Babylonian tablets (etc.,) in the British Museum 1, London 1896

CT 2 = Pinches, Th.G., Cuneiform texts form Babylonian tablets in the British Museum 2, London 1896

CT 3 = King, L.W., Cuneiform texts from Babylonian tablets in the British Museum 3, London 1898

CT 4 = Pinches, Th.G., Cuneiform texts from Babylonian tablets in the British Museum 4, London 1898

CT 6 = Pinches, Th.G., Cuneiform texts from Babylonian tablets in the British Museum 6, London 1898

CT 8 = Pinches, Th.G., Cuneiform texts from Babylonian tablets in the British Museum 8, London 1899

CT 29 = King, L.W., Cuneiform texts from Babylonian tablets in the British Museum 29, London 1921

CT 33 = King, L.W., Cuneiform texts from Babylonian tablets in the British Museum 33, London 1912

CT 36 = Gadd, C.J., Cuneiform texts from Babylonian tablets in the British Museum 36, London 1963

CT 44 = Pinches, Th.G., Cuneiform texts from Babylonian tablets in the British Museum 44, London 1963

CT 45 = Pinches, Th.G., Cuneiform texts from Babylonian tablets in the British Museum 45, London 1964

CT 47 = Figulla, H.H., Cuneiform texts from Babylonian tablets in the British Museum 47, London 1967

CT 48 = Finkelstein, J.J., Cuneiform texts from Babylonian tablets in the British Museum 48, London 1968

CT 52 = Walker, C.B.F., Cuneiform texts from Babylonian tablets in the British Museum 52, London 1976

L.Dillemann HMO = Dillemann, L., Haute mésopotamie orientale et pays adjacents, Paris 1962

G.Dossin, Opposition = Dossin, G., La voix de l'opposition en Mésopotamie, Bruxelles 1973

EAK I = Borger, R., Einleitung in die assyrischen Königsinschriften.Das zweite Jahrtausend vor Chr.Handbuch der Orientalistik ,Leiden 1961

Ed-Der (Tell ed-Dēr) Edzard, D.O., Altbabylonische Rechts- und Wirtschaftsurkunden aus Tell ed-Dēr im Iraq Museum, Baghdad. ABAW Neue Folge 72, München 197o

D.O.Edzard ZZB = Edzard, D.O., Die Zweite Zwischenzeit Babyloniens, Wiesbaden 1957

FAI = Laessøe, J., Det første assyriske imperium, et aspekt. Seartryk af Københavns universitets festskrift i anledning af dets arsfest november 1966, København 1966

FT II = Genouillac,H.de , Époques d'UR IIIe dynastie et de Larsa, Fouilles de Telloh II, Paris 1936

Garelli Assyriens = Garelli, P., Les Assyriens en Cappadoce, Paris 1963

Gautier, Dilbat = Gautier,J.E., Archives d'une famille de Dilbat au temps de la première dynastie de Babylone, Le Caire 1908

I.J.Gelb, HS = Gelb, I.J., Hurrians and Subarians, SAOC 22, Chicago 1944

Gelb NPN = Gelb + Purves + MacRae, Nuzi personal names, OIP 57, Chicago 1943

Gordon SCT = Gordon, C.H., Smith College Tablets, 110 Cuneiform texts selected from the College Collection, Northampton (Massachusetts) 1952

Grant CDSmith = Grant, E., Cuneiform documents in the Smith College Library, Biblical and kindred Studies 1, Haverford 1918

Grant Hav. Symp. = Grant, E., The Haverford Symposium on archeology and the Bible, Biblical and kindred Studies 6, New Haven 1918

J.P.Grégoire Arch.ad.sum. = Grégoire, J.P., Archives administratives sumériennes, Paris 1970
F.Gröndahl St.Pohl 1 = Gröndahl, F. , Die Personennamen der Texte aus Ugarit. Studia Pohl 1, Rom 1967
Güterbock OIP 79 = McEwan, C.W. + Braidwood, L.S. + Frankfort, H. + Güterbock + Haines, R.C. + Kantor, H.J. + Kraeling, C.H., Soundings at Tell Fakhariyah, OIP 79, Chicago 1958
Habiru = Bottéro, J., Le problème des Habiru à la 4e rencontre assyriologique internationale. Cahiers de la société asiatique 13, Paris 1954
Harris Sippar = Harris, R., Ancient Sippar. A demographic study of an Old Babylonian City (1894-1595 B.C.), Leiden 1975
Hashimi = al-Hashimi, R., Some Old Babylonian purchase documents in the Iraqi Museum, Bagdad 1964(unv.) s. zu Ahmad.
Hogarth Carchemish I=Hogarth, D.G., Introductory, Carchemish. Report on the excavations at Djerablus on behalf of the British Museum I, Oxford 1914
Holma ZATH = Holma, H., Zehn altbabylonische Tontafeln in Helsingfors, AASF 45/III, Helsingfors 1914
IAK = Ebeling + Meissner + Weidner, Die Inschriften der altassyrischen Könige. Altorientalische Bibliothek 1, Leipzig 1926
Th.Jacobsen AS 6 = Jacobsen, Th., Eshnunna and its inscriptions, Chicago 1934
Jacobsen OIC 13 = Frankfort + Jacobsen + Preusser, Tell Asmar and Khafaje, the first season's work in Eshnunna. OIC 13, Chicago 1932
Th.Jacobsen OIC 20,83 = Jacobsen, Th. apud Frankfort, H., Progress of the work of the Oriental Institute in Iraq, 1934/35. Fifth preliminary report of the Iraq expedition. OIC 20, Chicago 1936
KAH I = Messerschmidt, L., Keilschrifttexte aus Assur historischen Inhalts 1, WVDOG 16, Leipzig 1911
KAH 2 = Schroeder, O., Keilschrifttexte aus Assur historischen Inhalts 2. WVDOG 37, Leipzig 1922
KAV = Schroeder, O., Keilschrifttexte aus Assur verschiedenen Inhalts. WVDOG 35, Leipzig 1920
K.-H.Kessler Topographie = Kessler, K.-H., Untersuchungen zur historischen Topographie Nordmesopotamiens nach keilschriftlichen Quellen des 1. Jahrtausends vor Ch. TAVO Beiheft 26, Wiesbaden 1979.
Kiš I = Langdon, S.H., Excavations at Kish, the Herbert Weld (for the University of Oxford) and Field Museum of Natural History (Chicago) expedition to Mesopotamia I, París 1924
Kisurra = Kienast, B., Die altbabylonischen Briefe und Urkunden aus Kisurra, Wiesbaden 1978
H.Klengel Geschichte Syriens = Klengel, H., Geschichte Syriens im 2. Jahrtausend v.u.Z.: I. Nordsyrien, Berlin 1965, II, Mittel- und Südsyrien, Berlin 1969, III, Historische Geographie und allgemeine Darstellung, Berlin 1970
J.-R.Kupper IRSA → Sollberger, IRSA
J.-R.Kupper Nomades = Kupper, J.-R., Les nomades en Mésopotamie au temps des rois de Mari, Paris 1957
Laessøe Babylon = Laessøe, J., Babylon, København 1966
Laessøe People of Assyria = Lassøe, People of Ancient Assyria. Their inscriptions and correspondence, London 1963
LE = Goetze, A., The Laws of Eshnunna. AASOR 31, New Haven 1956
W.F.Leemans Merchant = Leemans, W.F., The Old Babylonian merchant, his business and his social position. SD 3, Leiden 1950

W.F.Leemans SLB 1/2 = Leemans, W.F., Legal and economic records from the kingdom of Larsa. Studia ad tabulas cuneiformes collectas a F.M.Th. de Liagre Böhl pertinentia 1/2, Leiden 1954

W.F.Leemans SLB 1/3 = Leemans, W.F., Legal and administrative documents of the time of Hammurabi and Samsuiluna (mainly from Lagaba). Studia ad tabulas cuneiformes collectas a F.M.Th. de Liagre Böhl pertinentia 1/3, Leiden 1960

LFBD = Fish, Th., Letters of the first Babylonian dynasty, Manchester 1936

LIH = King, L.W., The letters and inscriptions of Hammurabi, king of Babylon, about B.C. 2000, to which are added a series of letters of other kings of the first dynasty of Babylon. I. II.III.London 1900

J.T.Luke PPMP = Pastoralism and politics in the Mari period: A re-examination of the character and political significance of the major West Semitic tribal groups on the middle Euphrates, ca. 1828-1758 B.C.(Diss.), Ann Arbor, 1965

MAD 2^2 = Gelb, I.J., Old Akkadian writing and grammar. Second edition revised and enlarged. Materials for the Assyrian dictionary, Chicago 1961

MDP 4 = Scheil, V., Textes élamites -sémitiques. Deuxième série. Mémoires de la délegation en Perse... 4, Paris 1902

Mesnil du Buisson, G., Le site archéologique de Mishrifé-Qatna, Paris 1935

MSL 2 = Landsberger, B., Die Serie ur-e-a-naqû. Materialien zum sumerischen Lexikon 2, Rom 1951

MSL 9 = Landsberger, B. + Civil, M., The series *ḪAR-ra* = *ḫubullu* tablet XV and related texts, with additions and corrections to MSL 2.3.5 und 7. Materialien zum sumerischen Lexikon 9, Rom 1967

MSL 11 = The series *ḪAR-ra* = *ḫubullu* tablets XX-XXIV. Prepared by Landsberger, edited by M. Civil and E. Reiner. Materials for the Sumerian lexicon, Rom 1974.

J.P.Muhly, Copper and tin. The distribution of mineral resources and the nature of the metals trade in the Bronze Age, New Haven 1973. = Transactions of the Connecticut Academy of Arts and Sciences. 43 (1973) pp.155-635

Oates, Studies = Oates, D., Studies in the ancient history of Northern Iraq, London 1969

OBTI = Greengus, S., Old Babylonian tablets from Ischali and vicinity (unp.)

OECT 1 = Langdon, St.H., Sumerian and Semitic religious and historical texts. Oxford editions of cuneiform texts. The H. Weld-Blundel collection in the Ashmolean museum. Oxford 1923

OIP 43 = Jacobsen, Th., The Gimil-Sîn temple and the palace of the rulers at Tell Asmar. Oriental institute publications.43.Chicago 1940

Orlin, L. ACC = Orlin, L.L., Assyrian colonies in Cappadocia. Studies in ancient history I, The Hague + Paris 1970

A.Parrot, Archéologie Mésopotamienne = Parrot, A., Archéologie Mésopotamienne. Les étapes, Paris 1946. Techniques et problemes, Paris 1953

PBS 1/2 = Lutz, H.F., Selected Sumerian and Babylonian texts. University of Pennsylvania, the Museum, Publications of the Babylonian section 1/2.Philadelphia 1919

PBS 5 = Poebel, A., Historical texts. University of Pennsylvania, the Museum, Publications of the Babylonian section. 5. Philadelphia 1914

PBS 8/2 = Chiera, E., Legal and administrative documents from Nippur, chiefly from the dynasties of Isin and Larsa. University of Pennsylvania, the Museum, publications of the Babylonian section, Philadelphia 1914

PBS 13 = Legrain, L., Historical fragments. University of Pennsylvania, the Museum, publications of the Babylonian section, Philadelphia 1922

Pinches Berens = Pinches, Th.G., The Babylonian tablets of the Berens collection. Asiatic society monographs 16, London 1915

PRAK = de Genouillac, H., Premières recherches archéologiques à Kich. Fouilles francais d'el 'Akhymer, mission d'Henri de Genouillac, 1911-1912 I, Paris 1924. II, Paris 1925

IV R[1] = Rawlinson, H.C., The cuneiform inscriptions of Western Asia: A selection from the miscellanious inscriptions of Assyria, prepared ... by Sir H.C. Rawlinson ..., assisted by George Smith ..., London 1875

IV R[2] = Rawlinson, H.C., The cuneiform inscriptions of Western Asia: A selection from the miscellanious inscriptions of Assyria, prepared... by ... Sir H.C. Rawlinson ... second edition by Th.G.Pinches, London 1891

F.Reschid AND = Raschid/Reschid, Rashid, Faw/uzi, Das Archiv des Nūr-Šamaš und andere Darlehungsurkunden aus der altbabylonischen Zeit, (Diss.) Heidelberg 1965

RGTC 1 = Edzard, D.O. + Farber, G. + Sollberger, E., Die Orts- und Gewässernamen der präsargonischen und sargonischen Zeit. Répertoire géographique des textes cunéiformes, Wiesbaden 1977

RGTC 2 = Edzard, D.O. + Farber, G., Die Orts- und Gewässernamen der 3. Dynastie von Ur. Répertoire géographique des textes cunéiformes, Wiesbaden 1974

RGTC 5 = Nashef, Kh. u.a., Die Orts- und Gewässernamen der mittelassyrischen und mittelbabylonischen Zeit. Répertoire géographieque des textes cunéiformes, Wiesbaden 19[ ] (in Vorbereitung)

RGTC 6 = del Monte, G. + Tischler, J., Die Orts- und Gewässernamen der hethitischen Texte. Répertoire géographique des textes cunéiformes, Wiesbaden 1978

RIAA = Speleers, L., Recueil des inscriptions de l'Asie antérieure des musées royaux du cinquantenaire à Bruxelles. Textes sumériens, babyloniens et assyriens, Bruxelles 1925

Rimāḥ = Dalley, S. + Walker, C.B.F. + Hawkins, J.D., The Old Babylonian tablets from Tell al Rimah. British School of archaeology in Iraq, Hertford/Engl. 1976

RlA = Reallexikon der Assyriologie, Bd.1ff., Berlin/Leipzig 1932ff.

ŠA = Jean, Ch.-F., Šumer et Akkad. Contribution à l'histoire de la civilisation dans la Basse-Mésopotamie, Paris 1923

SAK = Thureau-Dangin, F., Die sumerischen und akkadischen Königsinschriften = VAB 1, Leipzig 1907

Salonen AASF B 149 = Salonen, A., Agricultura Mesopotamia, Helsinki 1968

Scheil Sippar = Scheil, V., Une saison des fouilles à Sippar, Kairo 1902

SD 5 = Kraus, F.R., Ein Edikt des Königs Ammi-ṣaduqa von Babylon. Studia et documenta ad iura Orientis Antiqui pertinentia. Leiden 1958

M.Seif, Wirtschaftsurkunden aus Iščali = Über die altbabylonischen Rechts- und Wirtschaftsurkunden aus Iščālî. (Diss.), Berlin 1938

ShT = Laessøe, J., The Shemshara tablets, a preliminary report, København 1959

SLT = Chiera, E., Sumerian lexical texts from the temple school of Nippur = OIP 11, Chicago 1929

E.Sollberger, IRSA = Sollberger, E. + Kupper, J.-R., Inscriptions royales sumeriennes et akkadiennes. = Littératures Anciennes du Proche-Orient.3. Paris 1971

J.J.Stamm, MVAeG 44 = Die akkadische Namengebung. Leipzig 1939

J.Starcky, Palmyre= Starcky, J., Palmyre, Paris 1952

St.Mar. = Parrot, A., Studia Mariana, publiées sous la direction de André Parrot, Leiden 1950

Stol,Studies = Stol, M., Studies in Old Babylonian history, Istanbul: Nederlands Historisch-Archaeologisch Instituut, 1976

Strassmaier Warka =Strassmaier, J.N., Texte altbabylonischer Verträge aus Warka. Von den Tontafeln des Britischen Museums copiert und autographiert, Berlin 1882

Stuneck, Hamm. = Stuneck, M.A., Hammurabi Letters from the Haskell Museum Collection. PH.D. dissertation, University of Chicago,19277

SVJAD = Riftin, A.P., Starovavilinskie juridiceskie i administrativnie dokumenti v subranijach SSSR, Moskau + Leningrad 1937

Taxation = Ellis M. de J., Taxation and land revenues in the Old Babylonian period. (Diss.), Ann Arbor 1970

TCL 1 = Thureau-Dangin, F., Lettres et contrats de l'époque de la première dynastie babylonienne. Musée du Louvre, département des antiquités orientales, textes cunéiformes, Paris 1910

TCL 10 = Jean, Ch.-F., Contrats de Larsa. Musée du Louvre, département des antiquités orientales, textes cunéiformes, Paris 1926

TCL 15 = de Genoullac, H., Textes réligieux sumériens du Louvre. Musée du Louvre, département des antiquités orientales, textes cunéiformes, Paris 1922

TCL 17 = Dossin, G., Lettres de la première dynastie babylonienne. Musée du Louvre, département des antiquités orientales, textes cunéiformes, Paris 1933 - 34

TCL 18 = Dossin, G., Lettres de la première dynastie babylonienne. Musée du Louvre, département des antiquités orientales, textes cunéiformes, Paris 1933 - 34

TEBA = Birot, M., Tablettes économiques et administratives d'époque babylonienne ancienne conservée au Musée d'Art et d'Histoire de Genève, Paris 1969

TIM 1 = Al-Zeebari, A., Old Babylonian letters, part 1. Texts in the Iraq Museum, Baghdad 1964

TIM 2 = v.Dijk, J., Old Babylonian letters and related material. Texts in the Iraq Museum. Cuneiform texts, Wiesbaden 1964

TIM 3 = v.Dijk, J., The archives of Nūršamaš and other loans. Texts in the Iraq Museum. Cuneiform texts, Wiesbaden 1965

TIM 5 = v.Dijk, J., Old Babylonian contracts and related material. Texts in the Iraq Museum. Cuneiform texts, Wiesbaden 1968

TIM 7 = Edzard, D.O., Altbabylonische Rechts- und Wirtschaftsurkunden aus Tell ed-Dēr bei Sippar. Texts in the Iraq Museum. Cuneiform texts, Wiesbaden 1971

TJAUB = Szlechter, E., Tablettes juridiques et administratives de la IIIe dynastie d'Ur et de la Ire dynastie de Babylon, conservées au Musée de l'Université de Manchester et à Cambridge, au Musée Fitzwilliam,.à l'institut d'Études Orientales et à l'-Institut d'Égyptologie, Paris 1963

TJDB = Szlechter, E., Tablettes juridiques de la 1er dynastie de Babylon, conservées au Musée d'Art et d'Histoire de Genève, Paris 1958

TLB 1 = Leemans, W.F., Old Babylonian legal and administrative documents. Tabulae cuneiformes à F.M.Th. de Liagre Böhl collectae, Leiden 1954 - 1964

TLB 4 = Frankena, R., Altbabylonische Briefe. Tabulae cuneiformes à F.M.Th. de Liagre Böhl collectae Leidae conservatae, Leiden 1965

TMHNF 5 =Bernhardt, I., Sozialökonomische Texte und Rechtsurkunden aus Nippur zur Kassitenzeit. Texte und Materialien der Frau Professor Hilprecht Collection (bezw. Sammlung) im Eigentum der Friedrich Schiller Universität Jena, Berlin 1976

Tocci St.Sem. 3 = Tocci, F.M., La Siria nell'età di Mari, Studi semitici, Rom 1970

Trade = Leemans, W.F., Foreign trade in the Old Babylonian periods revealed by texts from Southern Mesopotamia, SD 6, Leiden 1960

TSifr = Jean, Ch.-F., Tell Sifr. Textes cunéiformes conservés au British Museum, réédités, Paris 1931

UCP 9/4 = Lutz, H.F., Old Babylonian letters. University of California publications in Semitic philology, Berkeley 1929

UCP 10/3 = Lutz,H.F.,Real estate transactions from Kish.Universityornia of California publications in Semitic philology, Berkeley 1932

UCP 10/1 = Lutz, H.F., Legal and economic documents from Ashjâly. University of California publications in Semitic philology, Berkeley 1931

UET 1 = Gadd, C.J. + Legrain, E. + Smith, S., Royal inscriptions. Ur excavation texts, London 1928

UET 5 = Figulla, H.H., letters and documents of the Old-Babylonian period. Ur excavation texts, London 1953

UET 8 = Sollberger, E., Royal inscriptions part II. Ur excavation texts, London 1965

Unger, Babylon = Unger, E., Babylon, die heilige Stadt, nach der Beschreibung der Babylonier, Berlin + Leipzig 1931

Ungnad, A., HG = Koschaker + Ungnad, A., Hammurabis Gesetze. Übersetzte Urkunden mit Rechtserläuterungen,Bd.1-6, Leipzig 1923

VAB 6 = Ungnad, A., Babylonische Briefe aus der Zeit der Ḫammurabi-Dynastie. Vorderasiatische Bibliothek, Leipzig 1914

K.R.Veenhof, AATT = Veenhof,K.R., Aspects of Old Assyrian trade and its terminology. SD 10, Leiden 1972

VS 1 = Messerschmidt, L. + Ungnad, A., Vorderasiatische Schriftdenkmäler der königlichen Museen zu Berlin, Bd. 1, Leipzig 1907

VS 7 = Ungnad, A., Altbabylonische Urkunden. Vorderasiatische Schriftdenkmäler der königlichen Museen zu Berlin, Bd. 8, Leipzig 1909

VS 9 = Ungnad, A., Altbabylonische Urkunden. Vorderasiatische Schriftdenkmäler der königlichen Museen zu Berlin, Bd. 9, Leipzig 1909

VS 13 = Figulla, H.H., Altbabylonische Verträge. Vorderasiatische Schriftdenkmäler der königlichen Museen zu Berlin, Bd. 13, Leipzig 1914

VS 16 = Schröder, O., Altbabylonische Briefe. Vorderasiatische Schriftdenkmäler der königlichen Museen zu Berlin, Bd. 16, Leipzig 1917

VS 18 = Klengel, H., Altbabylonische Rechts- und Wirtschaftsurkunden. Vorderasiatische Schriftdenkmäler der königlichen Museen zu Berlin.18.Berlin 1973.Neue Folge 2
Winckler, AOF = Winckler, H., Altorientalische Forschungen I, erste Reihe, Leipzig (1883-)1897
WL = Walters, St.D., Waters for Larsa. An Old Babylonian archive dealing with irrigation, New Haven + London 1970
C.L.Wooley,Carchemish = Wooley,C.L.,Carchemish,report on the excavations at Jerablus on behalf of the British Museum, part II, London 1921
Yadin, Hazor = Yadin, Y. u.a., The James A. de Rothschild expedition at Hazor. Hazor I: An account of the first season of excavations at Hazor, 1955, Jerusalem 1958
Hazor II: An account of the second season of excavations, 1956, Jerusalem 1960
Hazor III-IV: An account of the third and fourth season of excavations, 1957-1958, Jerusalem 1965
YBC = Museumsnummer der Yale Babylonian Collection, New Haven. Zitate aus unpublizierten Texten wurden von M.Stol zur Verfügung gestellt
YOS 1 = Clay, A.T., Miscellaneous inscriptions in the Yale Babylonian collection, Yale Oriental series, Babylonian texts, New Haven 1915
YOS 2 = Lutz, H.F., Early Babylonian letters from Larsa, Yale Oriental series, New Haven 1917
YOS 5 = Grice, E.M., Records from Ur and Larsa dated in the Larsa dynasty, Yale Oriental series, New Haven 1919
YOS 8 = Faust, D.E., Contracts from Larsa dated in the reign of Rîm-Sin, Yale Oriental series, Babylonian texts, New Haven 1941
YOS 9 = Stephens, S.J., Votive and historical texts from Babylonia and Assyria, Yale Oriental series, Babylonian texts, New Haven 1937
YOS 12 = Feigin, S.I., Legal and administrative texts of the reign of Samsu-iluna, Yale Oriental series, Babylonian texts. New Haven + London 1979. Introduction and indices by A.L.Oppenheim (Zitat nach Manuskript im Oriental Institute in Chicago, überprüft und kollationiert von M.Stol)
YOS 13 = Finkelstein, J.J., Late Old Babylonian documents and letters. Yale Oriental series, Babylonian texts, New Haven + London 1972

II. Aufsätze aus Zeitschriften*, Sammelbänden und Festschriften

Abdullah, A.K., Sumer 23(1967)189ff.: The paramount god and the old name of Al-Dhiba'i
AfO 4 (1927), 38
Al-A'dami, K., Sumer 23(1967)151ff.: Old Babylonian letters from Ed-Der
Albright, W.F., JAOS 45 (1925)193ff.: A Babylonian geographical treatise on Sargon of Akkads empire
Anbar, M., IOS 3(1973)1ff.: Le début du règne de Šamši-Adad Ier
Anbar, M., IOS 5(1975)1ff.: La région au sud du district de Mari
Anbar, M., RA 69(1975)124ff.: Textes de l'époque babylonienne ancienne
Arnaud, D., RA 66(1972)33ff.: Quelques nouvelles briques inscrites de Larsa

Arnaud, D., RA 67(1973)191: 6: Notes brèves
Astour, M.C., AOAT 22(1973)17ff.: Ugarit and the Aegean
Astour, M.C., JNES 22(1963)220ff.: Place names from the kingdom of Alalaḫ in the North Syrian list of Thutmosis III: a study in historical topography
Astour, M.C., RA 67(1973) 74: Note toponymique à la tablette A 1270 de Mari
Baqir, T., Sumer 2/2(1946)22ff.: Tell Harmal, a preliminary report
Baqir, T., Sumer 4(1948)103ff.: A date list of *Ishbi-Irra* from an unpublished text in the Iraq Museum
Baqir, T., Sumer 5 (1949), 136ff.: Supplement to the date formula from Harmal
Bauer, J., WdO 7(1973/74)9f.: Altsumerische Beiträge
Barnett, R.D., JHS(1963)1ff.: Xenophon and the Wall of Media
Biggs, R.D., Festschrift Oppenheim [From the workshop of the Chicago Assyrian Dictionary. Studies presented to A.Leo Oppenheim] Chicago 1964,1ff.: An inscription of *Ilum-gamil* of Uruk
Bilgic, E., AfO 15(1945-51)1ff.: Die Ortsnamen der kappadokischen Urkunden im Rahmen der alten Sprachen Anatoliens
Birot, M., BiOr. 31(1974)272b: Rez.zu: I.J.Finkelstein, Late old Babylonian documents and letters = YOS 13
Birot, M., RA 49(1955)15ff.: Textes économiques de Mari
Birot, M., RA 62(1968)17ff.: Textes d'époque babylonienne ancienne
Birot, M., RA 66(1973)131ff.: *Simaḫlanê*, roi de Kurda
Birot, M., Syria 35(1958)9ff.: Un recensement des femmes au royaume de Mari
Birot, M., Syria 41(1964)25ff.: Les lettres de *Jasim-sumû*
Birot, M., Syria 45(1968)241ff.: Découvertes épigraphiques à Larsa
Birot, M., Syria 50(1973)1ff.: Nouvelles découvertes épigraphiques au palais de Mari, Salle 115
Borger, R., AfO 23(1970)1ff.: Vier Grenzsteinurkunden Merodachbaladans I von Babylonien
Borger, R., OrNS 27(1958)407f.: Einige altbabylonische Köningsinschriften aus Kiš
Borger, R., ZA 62(1972)136: Rez.zu: S.Parpola, Neo Assyrian Toponymns = AOAT 6
Bottéro, J., RA 43(1949)1ff.: Les inventaires de Qatna
Bottéro, J., RA 52(1958)163ff.: Lettres de la salle 110 du palais de Mari
Brandes, M.A., WdO 6(1971)121: Rez.zu: Archäologie und Altes Testament, Festschrift für Kurt Galling,Tübingen 1970
Brinkman, J.A., AOAT 25(1976)41ff.: Cuneiform texts in the St.Louis public library
Burke, M., RA 55(1961)147ff.: *Ganibatim* ville du Moyen Euphrate
Butz, K., WZKM 65/66(1976-77)1ff.: Konzentrationen wirtschaftlicher Macht im Königreich Larsa. Der *Nanâ-Ningal* Tempelkomplex in Ur
Cazelles, H., Hommages à A.Dupont-Sommer [Festschrift A.Dupont-Sommer] Paris 1971, 17ff.: *Tal'ayim, Ṭala et Muṣur.*
Charpin, D., RA 72(1978)139ff.: Nouveaux textes de la Dynastie de *Manana* (1)
Ciğ, M., Belleten 26(1962)20ff.: Fünf Tontafeln mit neuen Daten aus der altbabylonischen Periode bezw. Varianten bereits bekannter alter Datenformeln
Civil, M., JCS 21(1967)24ff.: *Šū-Sîns* historical inscriptions: collection B
Condamin, A., ZA 21(1908)247ff.: Une nouvelle inscription de *Šamšī-Adad*
Crawford, I.E., Iraq 22(1960)197ff.: The location of *Bàd-Tibira*
Cros, G., RA 6(1904)69ff.: Un nouveau roi d'Ur

Dietrich, M.-O. Loretz, OLZ 61(1966)243f.: Rez.zu: H.B.Huffmon, Amorite personal names in the Mari texts: A structural and lexical study = APNMT
v. Dijk, J., AfO 23(1970)63ff.: Remarques sur l'histoire d'Elam et d'Ešnunna
v. Dijk, J., JCS 19(1965)1ff.: Une insurrection générale au pays de Larsa avant l'avénement de *Nūr-Adad*
v. Dijk, J., Sumer 13(1957)65ff.: Textes divers du musée de Bagdad II
Dossin, G., AAS 11/12(1961/2)197ff.: Le site de la ville de *Kaḫat*
Dossin, G., ⟶ Lods, A
Dossin, G., CRRAI 14(1966)77ff.: Sur le prophétisme à Mari
Dossin, G., CRRAI 18(1970)53ff.: Le *madarum* dans les "Archives Royales de Mari"
Dossin, G., MAM II/3 = apud A.Parrot, Mission archéologique de Mari II/3. Le palais, documents et monuments avec des contributions de M.-Th.Barrelet, G.Dossin et de P.Ducos, J.Bouchud, Paris 1959
Dossin, G., Mél Duss. = Festschrift Dussaud [Mélanges syriens offerts à Monsieur René Dussaud par ses amis et élèves] Paris 1939, 891 ff.: Benjaminites dans les textes de Mari
Dossin, G., RA 35(1938)174ff.: Signaux luminaux au pays de Mari
Dossin, G., RA 36(1939)46ff.: *Jamḫad* et *Qatanum*
Dossin, G., RA 42(1948)21ff.: Le vocabulaire de Nuzi SMN 2559
Dossin, G., RA 64(1970)97ff.: La route de l'étain en Mésopotamie au temps de *Zimri-Lim*
Dossin, G., RA 65(1971)37ff.: Deux listes nominatives du règne de *Sûmu-Jaman*
Dossin, G., RA 66(1972)111ff.: *Adaššum* et *kirḫum* dans les textes de Mari
Dossin, G., RA 61(1967)97ff.: Un panthéon d'Ur III à Mari
Dossin, G., RA 68(1974)25ff.: Le site de *Tuttul-sur-Baliḫ*
Dossin, G., RA 69(1975)23ff.: Tablettes de Mari
Dossin, G., RHA 35(1939)70ff.: Une mention de *Ḫattuša* dans une lettre de Mari
Dossin, G., RSO 32(1957)35ff.: *Kengen*, pays de Canaan
Dossin, G., SD 2 = Festschrift Koschaker [Festschrift P.Koschaker, Symbolae ad iura Orientis Antiqui pertinentes Paulo Koschaker dedicatae], Leiden 1939, 112ff.: Un cas d'ordalie par le dieu fleuve
Dossin, G., Syria 19(1938)105ff.: Les archives épistolaires du palais de Mari
Dossin, G., Syria 20(1939)97ff.: Les archives économiques du palais de Mari
Dossin, G., Syria 32(1955)1ff.: L'inscription de fondation de *Jaḫdun-Lim*, roi de Mari
Dossin, G., Syria 33(1956)63ff.: Une lettre de *Jarim-Lim*, roi d'Alep, à *Jašub-Jaḫad*, roi de Dîr.
Dossin, G., Syria 48(1971)1ff.: Documents de Mari
Dossin, G., Syria 50(1973)278ff.: Une mention de Cananéens dans une lettre de Mari
Edzard, D.O., Sumer 13(1957)172f. und t.1-4(nach p.188): Die Königsinschriften des Iraq-Museums
Edzard, D.O., Sumer 15(1959)19ff.: Königsinschriften des Iraq-Museums II
Ellis, M de J., JCS 24(1971/72)43ff.: Old Babylonian economic texts and letters from Tell Harmal
Ellis, M de J., JCS 26(1974)133f.: The division of property at Tall Harmal
Falkenstein, A., AfO 21(1966)50f.: Zur Lage des südbabylonischen *Dūrum*
Falkenstein, A., BagM 2(1963)1ff.: Zu den Inschriftenfunden der Grabung in Uruk-Warka 1960-1961

Falkenstein, A. Festschrift Friedrich 147ff.: *Akiti*-Fest und *akiti*-Festhaus. Festschrift Johannes Friedrich zum 65. Geburtstag am 27. August 1958 gewidmet, Heidelberg 1959

Falkenstein, A., ZA 52(1957)342ff.: Rez.zu: Pl.Delougaz, Pottery from the Diyala region = OIP 53(1952)

Falkner, M., AfO 18(1957-58)1ff.: Studien zur Geographie des alten Mesopotamien

Falkner, M., AfO 18(1957-58)214ff., 472: Hazor

Feigin, S., JAOS 59(1939)106f.: *Upî* near Ishchali

Figulla, H.H., Iraq 15(1953)88ff.: Accounts concerning allocation of provisions for offerings in the *Ningal*-temple at Ur

Figulla, H.H., MAOG 4(1928-29)290ff.: Ein Kaufvertrag mit einem noch nicht vollständig bekannten Datum Ammiditanas

Finet, A., AIPHOS 14(1954/57)123ff.: Les medicins au royaume de Mari

Finet, A., RA 60(1966)17ff.: *Adalšenni*, roi de Burundum

Finet, A., Syria 41 siehe Kupper, J.-R.

Finkel, I.L., RA 70(1976)45ff.: An early old Babylonian legal document

Finkelstein, J.J., JCS 9(1955)1ff.: *Šubartu* and Subarians in old Babylonian sources

Finkelstein, J.J., JCS 13(1959)39ff.: The year dates of Samsuditana

Finkelstein, J.J., JNES 21(1962)73ff.: Mesopotamia

Finkelstein, J.J., RA 63(1969)45ff.: The edict of *Ammiṣaduqa*: a new text

Fish, Th., MCS 2(1952)77ff.: First Babylonian dynasty tablets (in Manchester Museum)

Friedrich, Th., BA 5/IV(p.413ff.): Altbabylonische Urkunden aus Sippara, Leipzig 1906

Gadd, C.I., Iraq 7(1940)22ff.: Tablets from Chagar Bazar and Tall Brak, 1937-38

Gelb, I.J., AJSL 55(1938)66ff.: Studies in the Topography of Western Asia

Gelb, I.J., Glossa (Journal of Linguistics) 2 (1968)93ff.: The Word for Dragoman in the Ancient Near East

Gelb, I.J., JNES 7(1948)267ff.: A new clay-nail of *Ḫammurabi*

Gelb, I.J., JNES 20(1961)266f.: Rez.zu D.O.Edzard, Die zweite Zwischenzeit Babyloniens, Wiesbaden 1957 = ZZB

Gelb, I.J., Lingua = La lingua degli Amoriti, Rendiconti ANL VIII/13 (1958)143ff.

Genouillac, H.,de, RA 7(1910)151ff.: Ancienne stèle de victoire

Gibson, J.C.L., JNES 20(1961)217ff.: Observations on some important ethnic terms in the pentateuch

Gibson, McG., Iraq 34(1972)113ff.: The archaeological uses of cuneiform documents: patterns of occupation at the city of Kiš

Goetze, A., JCS 4(1950)83ff.: *Sîn-iddinam* of Larsa, new tablets from his reign

Goetze, A., JCS 5(1951)98ff.: The year names of *Abiešuḫ*

Goetze, A., JCS 7(1953)51ff.: An Old Babylonian itinerary

Goetze, A., JCS 17(1963)77ff.: Old Babylonian letters in American Collections II-IV

Goetze, A., JCS 18(1964)114ff.: Remarks on the Old Babylonian itinerary

Goetze, A., JNES 12(1953)114ff.: *Ḫulibar* of *Duddul*

Goetze, A., Sumer 14(1958)3ff.t.1 und 24: Fifty Old Babylonian letters from Tell Harmal

Goetze, A., JCS 21(1957)106ff.: Old Babylonian letters in American collections I: Catholic University of America (Washington D.C.)

Gordon, E.I., JCS 21(1967)70ff.: The meaning of the ideogramm *^{d}KASKAL.-KUR*= "Underground water course" and its significance for Bronze Age historical geography

Gragg, G., AfO 24(1973)51ff.: The fable of heron and the turtle. S.70ff.: The marsh locations

Grayson, K.D., BiOr.33(1976)134ff.: Studies in Neo-Assyrian history.The ninth century B.C.
Grintz, J.M., JNES 21(1962)186ff.: On the original home of the semites
Güterbock, H.G., AS 16(1965)197ff.: A votive sword with an Old Assyrian Inscription
Güterbock, H.G., JCS 18(1964)1ff.: Sargon of Akkad mentioned by Hattušili I of Ḫatti
Hallo, W.W., JCS 18(1964)57ff.: The road to *Emar*
Harris, R., AS 16(1965)217ff.: The journey of the divine weapon
Harris, R., JCS 9(1955)31ff.,59ff.,91ff.: The archive of the Sîn temple at Khafajah (Tutub)
Heinz, J.G., Biblica 52(1971)543ff.: Prophetie in Mari und Israel
Herzfeld, E., RA 11(1914)131ff.: *Ḫana* et *Mari*
Hrouda, B., ZA 54(1961)201ff.: Tell Fecherije. Die Keramik
Ingholt, M., Sumer 13(1957)214ff.: The Danish Dokan expedition
Jacobsen, Th., AfO 12(1937/39)363ff.: The inscription of *Takil-ili-šu* of *Malgium*
Jacobsen, Th., Iraq 22(1960)174ff.: The waters of Ur
Jacobsen, Th., JCS 9(1955)72ff. → Harris, R., JCS 9...
Jean, Ch.F., ArOr.17/1(1949)320ff.: Pharmacopée et parfumerie dans quelques lettres de Mari
Jean, Ch.F., RA 26(1929)101ff.: Nouveaux contrats de Larsa
Jean, Ch.F., RA 35(1938)122ff.: Lettre adressée au roi de Mari *Zimrilim* par son ambassadeur auprès de la cour de Carkemiš
Jean, Ch.F., RA 39(1942-44)63ff.: Lettres de Mari
Jean, Ch.F., RA 42(1948)53ff.: Lettres de Mari IV, transcrites et traduites
Jean, Ch.F., RES 1938 128ff.; 1939,62ff.: Excerpta de la correspondance de Mari
Jean, Ch.F., RES 1937,107ff.: La langue des lettres de Mari
Jean, Ch.F., Sém.1(1948)17ff.: *Arišten* dans les lettres de Mari
Johns, C.H.W., PSBA 33(1911)98ff.: The *Manana-Japium* Dynasty of Kiš
Kessler, K.-H., ZA 69/2[ ] (im Druck)
Kienast, B., JCS 19(1965)41ff.: Zu einigen Datenformeln aus der frühen Isinzeit
Klengel, H., AOF 5(1977)63ff.: Sklaven aus *Idamaraz*
Klengel, H., JCS 23(1970)124ff.: Drei altbabylonische Urkunden betreffend Felder von *Ugbabtum*-Priesterinnen
Klengel, H., Klio 40(1962)5ff.: Das Gebirgsvolk der *Turukkû* in den Keilschrifttexten altbabylonischer Zeit
Kraus, F.R., JCS 3(1951)1ff.: Nippur und Isin nach altbabylonischen Rechtsurkunden
Kraus, F.R., OLZ 50(1955)515ff.: Rez.zu H.H.Figulla und W.J.Martin, Ur Excavation Texts 5, London 1953 = UET 5
Kraus, F.R., RA 70(1976)165ff.: Akkadische Wörter und Ausdrücke. X-XI, S.172f.: Nawûm
Kraus, F.R., ZA 51(1955)45ff.: Provinzen des neusumerischen Reiches von Ur
Kühne, H., AfO 25(1974/77)249ff.: Zur historischen Geographie am unteren Ḫābūr. Vorläufiger Bericht über eine archäologische Geländebegehung
Kupper, J.-R. apud Finet, A., Syria 41(1964)117ff.: *Jawi-ilâ,* roi de *Talḫayum*
Kupper, J.-R., RA 41(1947)145ff.: Un gouvernement provincial dans le royaume de Mari

Kupper, J.-R., RA 42(1948)35ff.: Nouvelles lettres de Mari relatives à *Ḫammurabi* de Babylone
Kupper, J.-R., RA 43(1949)79ff.: *Uršu*
Kupper, J.-R., RA 52(1958)36ff.: Notes géographiques
Kupper, J.-R., RA 53(1959)97ff.: Sceaux-cylindres du temps de *Zimrilim*
Kupper, J.-R., RA 65(1971)171ff.: Dieux hurrites à Mari
Laessøe, J., AS 16(1965)189ff.: IM 62100: A letter from Tell Shemshāra
Laessøe, J., JAOS 88(1968)120ff.: The quest for the country of *Utûm*
Laessøe, J., Sumer 15(1959)15ff.: The Bazmusian tablets
Laessøe, J., Sumer 16(1960)12ff.: The second Shemshāra archive
Laessøe, J. und Knudsen, E.E., ZA 55(1963)9f.: An Old Babylonian letter from a Hurrian environment
Lambert, W.G., Iraq 38(1976)57ff.: An Old Babylonian letter and two amuletts
Landsberger, B. und Balkan, K., Belleten 14(1950)218ff.: Die Inschrift des assyrischen Königs *Irišum,* gefunden in Kültepe 1948
Landsberger, B., JCS 8(1954)31ff.,47ff. und 106ff.: Assyrische Königsliste und dunkles Zeitalter
Landsberger, B., ZA 35(1924)213ff.: Über die Völker Vorderasiens im dritten Jahrtausend
Langdon, St. und D.B. Harden, Iraq 1(1934)113ff.: Excavations at Kish and Barghuthiat 1933
Langdon, St., JRAS 1934,45ff.: Babylonian and Hebrew Demonology with reference to the supposed borrowing of Persian Dualism in Judaism and Chritianity
Langdon, St.H., PSBA 33(1911)185ff. und 232ff.: Tablets from Kiš
Langdon, St.H., RA 20(1923)9ff.: The eyes of Ningal
Leemans, W.F., Festschrift Böhl [Symbolae biblicae et Mesopotamicae Francisco Mario Theodoro de Liagre Böhl dedicatae], Leiden 1973,281ff.: Quelques remarques à propos d'un texte concernant l'administration des terres vieux-babylonienne
Leemans, W.F., JEOL 10(1945-48)432ff.: *Marduk-apla-iddina* II zijn tijd en zijn geslacht
Leemans, W.F., JESHO 1/1(1957)138ff.: Miscellanae. The contribution of the nomads to the Babylonian population. Rez.zu: J.-R.Kupper, Les nomades en Mésopotamie au temps des rois de Mari
Legrain, L., RA 10(1913)41ff.: Collection Louis Cugnin, textes cunéiformes. Catalogue,transcription et traduction
Lenzen, H.J., UVB 8(1937)20ff.: Die historischen Schichten von Eanna
Levy, S.J., Sumer 3(1947)50ff.: Harmal geographical list [ersetzt durch Landsberger...MSL 11]
Levy, S.J., Sumer 4(1948)56ff.: A *Lipit-Ištar* votive text in Akkadian
Levy, S.J., Sumer 4(1948)132f.: A small text
Lewy, J., AIPHOS 13(1953)293ff.: *Šubat-Enlil*
Lewy, J., Eretz Israel 5(1958)21 f.: The Biblical institution of *d^e^ror* in the light of the Akkadian documents
Lewy, J., HUCA 32(1961)31ff.: Amurritica
Lewy, J., OrNS 21(1952)1ff., 265ff., 393ff.: Studies in the historical geography of the Ancient Near East
Lewy, H., OrNS 25(1956)324ff.: The historical background of the correspondence of *Baḫdilim*
Lewy, H., OrNS 27(1958)1ff.: *Šubat-Šamaš* and *Tuttul*
v. Liere, W., AAS 7(1957)91ff.: *Urkiš*, centre réligieux hurrite
v. Liere, W., AAS 13(1963)108ff.: Capitals and Citadels of Bronze-Iron Age Syria and their relationship to land and water
Lloyd, S., Iraq 5(1938)123ff.: Some ancient sites in the Sinǧar district

Lods, A., Studies Robinson [Studies in Old Testament prophecy presented to Professor Theodore H.Robinson by the Society for Old Testament Study on his sixty-fifth birthday August 9th 1946, Edinburgh 1950] 103ff.: Une tablette inédite de Mari intéressante pour l'histoire ancienne du prophétisme sémitique, Kopie von G.Dossin
Luke, J.T., JCS 24(1971)20ff.: Observations on ARMT XIII 39
Malamat, A., JAOS 82(1962)143ff.: Mari and the bible: some patterns of tribal organization and institutions
Marzal, A., JNES 30(1971)186ff.: The princial governor at Mari: his title and appointment
Matouš, L., ArOr. 20(1952)288ff.: Zur Chronologie der Geschichte von Larsa bis zum Einfall der Elamiter
Mayrhofer, M., OrNS 40(1971)1ff.: Notizen zu Fremdnamen in ägyptischen Quellen
Meek, Th.J., AJSL 33(1916/17)203ff.: Old Babylonian business and legal documents (the RFH collection)
Mesnil du Buisson, G., Syria 7(1926)289ff.: Les ruines d'el-Mishrifé, au nord-est de Homs
Meissner, B., BA 2(1893),557ff.: Altbabylonische Briefe
Meissner, B., MAOG 1/II(1925)3ff.: Studien zur assyrischen Lexikographie
Millard, A.R., Iraq 32(1970)167ff.: Fragments of historical texts from Niniveh
Millard, A.R., JCS 25(1973)211ff.: Cypriote copper in Babylonia c.1745 B.C.
Moortgat, A., AAS 7(1957)17ff.: Archäologische Forschungen der Max Freiherr von Oppenheim Stiftung im nördlichen Mesopotamien 1956
Moortgat, A., ZA 48(1944)152ff.: Nur hethitische oder auch hurritische Kunst?
Morgan, B., MCS 2(1952)31ff.; 44ff.; MCS 3(1953)16ff.; 33ff.; 36ff.; 56ff.; 72ff. und 76ff; MCS 4(1954)24ff.: Die Datenformeln der ersten Dynastie von Babel
Munn-Rankin, J.M., Iraq 18(1956)68ff.: Diplomacy in Western Asia in the early second millenium B.C.
Nashef, Kh., WZKM 67(1978)29f.: Zur Frage des Schutzgottes der Frau
Nissen, H.J., AS 20(1974)9ff.: Geographie
Nougayrol, J., Iraq 25 (1963)110ff.: Guerre et paix à Ugarit
Nougayrol, J., RA 41(1947)23ff.: Textes et documents figurés; S.42ff.: Un nouveaux roi de *Ḫana*
Oates, D., Iraq 30(1968)115ff.: The excavątions at Tell al-Rimah 1967
Oppenheim, A.L., JNES 11(1952)129ff.: The archives of the palace of Mari
Oppenheim, A.L., RA 63(1969)95: 6: Notes brèves
Otten, H., MDOG 94(1963)1ff.: Neue Quellen zum Ausklang des hethitischen Reiches
Owen, D., Mesopotamia 10/11(1975-76) 5ff.: Cuneiform texts in the collection of Professor Norman Totten, Part II.
Parker, B., Iraq 23(1961)15ff.: Administrative tablets from the northwest palace, Nimrud
Pettinato, G., OrAnt.9(1970)97ff.: Unveröffentlichte Texte des Königs *Sînkāšid* von Uruk
Pettinato, G., OrNS 38(1969)148ff.: Rez.zu: J.v.Dijk, Cuneiform texts. Old Babylonian contracts and juridical tablets = TIM 4
Pinches, Th.G., PSBA 19(1899)158ff.: Two archaic and three later Babylonian tablets
Pinches, Th.G., PSBA 39(1917)4ff., 55ff., 89ff.: Some texts of the Relph collection with notes on Babylonian chronology and Genesis XIV
Phoenix III. Builletin uitgegeven voor het Vooraziatisch-Egyptische Genootschap "Ex Oriente Lux", Leiden April 1957
Poebel, A., AfO 9(1933/4)241ff.: Eine sumerische Inschrift Samsuilunas über die Erbauung der Festung *Dūr-Samsuiluna*

Poebel, A., JAOS 57(1937)359ff.: The city *"Aktab"*

Poebel, A., JNES 1(1942)247ff.: The assyrian king list from Khorsabad

Postgate, J.N., Sumer 32(1976)77ff.: Inscriptions from Tell al-Wilayan

Postgate, N., Iraq 35(1973)173ff.: Appendix: Tell Ṭāya tablets 1972-73

Reade, J.E., Iraq 30(1968)234ff.: Tell Taya (1967): Summary report

Reiner, E., JCS 15(1961)121ff.: The year dates of *Sumu-jamūtbāl*

Reiner, E., JCS 25(1973)1ff.: How we read cuneiform texts

Reiner, E., JNES 33(1974)221ff.: A Sumero-Akkadian hymn of *Nanâ*

Reiner, E., RA 67(1973)57ff.: The location of *Anšan*

Renger, J., AfO 23(1970)73ff.: Zur Lokalisierung von *Karkar*

Renger, J., HSAO [Festschrift A.Falkenstein, Heidelberg 1967] 137ff.: Götternamen in der altbabylonischen Zeit

Röllig, W.: Zalpa in: Studien zur Religion und Kultur Kleinasiens [Festschrift für Friedrich Karl Dörner zum 65. Geburtstag am 28. Februar 1976], Leiden 1978,762ff.

Römer, W.Ph., AOAT 1(1969)279ff.: Einige Beobachtungen zur Göttin *Nini(n)-sina* auf Grund von Quellen der Ur-III-Zeit und der altbabylonischen Periode

Römer, W.Ph., WdO 4(1967/68)12ff.: Studien zu altbabylonischen hymnisch-epischen Texten (3)

Rouault, O., RA 64(1970)107ff.: *Andariq* et *Atamrum*

Roux, G., RA 52(1958)233ff.: Le père de *Gungunum*

Rowton, M.B., Iraq 31(1969)68ff.: The *Abu Amurrim*

Rowton, M.B., JCS 21(1967)267ff.: Watercourses and Water rights in the official correspondence from Larsa and Isin

Rowton, M.B., JNES 32(1973)201ff.: Urban autonomy in a nomadic environment

Rutten, M., RA 52(1958)208ff.; 53(1959)77ff.; 54(1960)19ff.; 147ff.: Un lot des tablettes de *Mananâ*

Saggs, H.W.F., Iraq 17(1955)126ff.: The Nimrud letters 1952 - Part II

Saggs, H.W., Iraq 28(1966)177ff.: The Nimrud letters, 1952 - Part VIII

Saggs, H.W., Iraq 30(1968)154ff.: The Tell al-Rimah tablets, 1965

Sasson, J., JCS 25(1973)59ff.: Biographical notices on some royal ladies from Mari

Scheil, V., OLZ 8(1905)350ff.: Le roi *Sîn-irībam*

Scheil, V., RA 12(1915)199ff.: Textes et dates de *Rīm-Sîn*

Scheil, V., RT 17(1895)27ff.: Notes d'épigraphie et d'archéologie assyriennes

Scheil, V., RT 20(1898)64f.: Le nouveaux roi *Rīmānum*

Scheil, V., RT 34(1912)105ff.: Les événements éponymiques du règne de Hammurabi

Schollmeyer, A.F., MAOG 4(1928-29)187ff.: Urkunden aus der Zeit der III. Dynastie von Ur, der I.Dynastie von Isin und der Amurru-Dynastie

Schroeder, O., WVDOG 51(1928)55f.: Der Palast Singaschids; Die Inschriften

Simmons, St.D., JCS 13(1959)71ff.; 105ff.; JCS 14(1960)23ff., 49ff., 75ff., 117ff., JCS 15(1961)49ff. und 81ff.: Early Old Babylonian tablets from Harmal and elsewhere

Smith, S., AnSt. 6(1956)42ff.: *Uršu* und *Haššum*

Smith, S., Sumer 2(1946)19ff.: *Diniktum*

v. Soden, W., JNES 27(1968)214ff.: Die Spirantisierung von Verschlußlauten im Akkadischen: ein Vorbericht

v. Soden, W., OrNS 21(1952)75ff.: Rez.zu: Archives royales de Mari Bd.I und III = ARM 1.3: Zu den politischen Korrespondenzen des Archives de Mari.

v. Soden, W., OrNS 22(1953)196ff.: Rez.zu: Archives royales de Mari Bd. II.V.IV = ARM 2.5.4.: Neue Bände der Archives Royales de Mari

v. Soden, W., WdO 1(1950)397ff.: Verkündung des Gotteswillen durch prophetisches Wort in den altbabylonischen Briefen aus Mari
v. Soden, W., ZA 43(1936)233f.: Lexikalisches Archiv: Die akkadische Synonymenliste "D"
Sollberger, E., Iraq 31(1969)90ff.: Old Babylonian worshipper figurines
Sollberger, E., JCS 5(1951)77ff.: Thirty-two tablets from the reign of *Abi-ešuḫ*
Sollberger, E., RA 63(1969)29ff.: Samsuilunas bilingual inscriptions C and D
Speiser, E., BASOR 70(1938)3ff.: Progress of the joint expedition to Mesopotamia
Spycket, A., RA 44(1950)206ff.: Notes Bibliographiques = Sumer (Baghdad) V (1949)
Steele, F.R., AJA 52(1948)425ff.: The code of Lipit-Ishtar
Steible, A., ArOr. 43(1975)346ff.: Ein Terrakottakegel von *Sînkašid* aus *Dūrsînkašid?*
Stephens, F.J., JCS 1(1947)267ff.: A new inscription of *Enlil-bani*
Stephens, F.J., JCS 7(1953)73ff.: The provenience of the gold and silver tablets of Assurnasirpal
Stephens, F.J., RA 34(1937)183ff.: A cuneiform tablet from Dura-Europos
Stol, M., BiOr. 28(1971)365ff.: Rez.zu: St.D.Walters, Waters for Larsa: An Old Babylonian Archive Dealing with Irrigation, New Haven + London 1970 = WL
Stol, M., JCS 25(1973)215ff.: Rez.zu: Jacob J.Finkelstein: Late Old Babylonian documents and letters, New Haven + London 1972 = YOS 13
Stol, M., RA 65(1971)95f.: KUM = kas$_x$
Thureau-Dangin, F., MAIB 43/II(1951)229ff.: La chronologie de la première dynastie babylonienne (examen critique des solutions récemment proposées). Sep.Paris 1942
Thureau-Dangin, F., Mél.Duss. [Festschrift G.Dussaud] 1939,157f.: La statue cabane
Thureau-Dangin, F., RA 9(1912)121ff.: Une inscription de *Kudur-mabuk*
Thureau-Dangin, F., RA 31(1934)83ff.: Notes Assyriologiques
Thureau-Dangin, F., RA 33(1936)169ff.: Textes de Mari
Thureau-Dangin, F., RT 32(1910)42ff.: Notes assyriologiques; II 44 Inscription de Warad-Sin
Thureau-Dangin, F., Syria 5(1924)265ff.: Cinq jours de fouilles à Asharah
Unger, E., ArOr(1931)21ff.: Topographie der Stadt Dilbat
Ungnad, A., BA 6/III (1907)3ff.: Die Chronologie der Regierung Ammiditanas und Ammiṣaduqas nach Datenlisten des Berliner Museums
Ungnad, A., ZA 36(1925)89ff.: Urkunden aus der Zeit des Reiches von Larsa und der Hammurabi Dynastie
Waetzold, H., ZA 65(1975-76)267ff.: Rez.zu: D.O.Edzard - G.Farber, Répertoire géographique des textes cuneiformes, Bd.2, Wiesbaden 1974 = RGTC 2
Walker, C.B.F., AfO 24(1973)120ff.: Cuneiform tablets in the collection of Mr.E.M.Dring
Walker, C.B.F., AfO 24(1973)122ff.: Cuneiform tablets in the country museum and art gallery, Truro, Cornwall
Walters, St.D., RA 67(1973)36ff.: The year names of *Sumu-el*
Weidner, E., AfO 9(1933/4)89ff.: Feldzüge Šamši-Adads V gegen Babylonien
Weidner, E., AfO 15(1945-51)75ff.: *Simurrum* und *Zaban*
Weidner, E., AfO 16(1952/3)1ff.: Das Reich Sargons von Akkade
Weidner, E., AfO 17(1954-56)383ff.: Rez.zu: A.Poebel, The second dynasty of Isin according to a new king list tablet, Chicago 1955 = AS 15
Weidner, E., AfO 21(1966)35ff.: Assyrische Erlasse aus der Zeit Adadniraris III

Weidner, E., ZA 43(1936)114ff.: Ilušumas Zug nach Babylonien

Weiss, H., JAOS 95(1975)434ff.: *Kiš, Akkad* and *Agade*

Westenholz, A., JNES 34(1975)288ff.: Rez.zu: J.J.M.Roberts, The earliest semitic pantheon: a study of the semitic deities attested in Mesopotamia before UR III, Baltimore + London 1972

Whiting, R., JCS 28(1976)180ff.: *Tiš-atal* of Niniveh and *Babati*, uncle of *Šū-Sîn*

Wilcke, C., WdO 5(1969-70)1ff.: Zur Geschichte der Amurriter in der UR-III-Zeit

Wilcke, C., WdO 8(1975-76)254ff.: Zu den spät-altbabylonischen Kaufverträgen aus Nordbabylonien

Wilcke, C., ZA 62(1972)35ff.: Der aktuelle Bezug der Sammlung der sumerischen Tempelhymnen und ein Fragment eines Klageliedes

Zaccagnini, C., OrAnt.13(1974)25ff.: *Šattiwaz(z)a*

* Die Abkürzungen der Zeitschriften und Festschriften entsprechen den Abkürzungen in R. Borger, Handbuch der Keilschriftliteratur, Bd. II, Berlin - New-York 1975 S. XIff.

Davon weichen folgende Abkürzungen ab:

Belleten	=	Bell.
Biblica	=	Bib.
CRRAI	=	CRRA
MAM	==	Mission archéologique de Mari... s. zu G.Dossin.

Die folgenden Zeitschriften sind noch nicht bei R. Borger verzeichnet:

AOF	=	Schriften zur Geschichte und Kultur des Alten Orients 11: Altorientalische Forschungen 1ff. Berlin 1974 ff.
IOS	=	Israel Oriental Studies, Tel Aviv: 1(1971)ff.

Allgemeine Abkürzungen

FN	=	Gewässername
GN	=	Götternamne
PN	=	Personenname
PN	=	namentlich genannte Person aus ON
Adj.	=	Adjektiv
coll.	=	kollationiert
n	=	nördlich
n	=	beliebige Anzahl
nBr	=	nördliche Breite nach Greenwich
ö	=	östlich
öL	=	östliche Länge nach Greenwich
s.	=	siehe
s	=	südlich
unv.	=	unveröffentlicht
w	=	westlich
⟶	=	Verweis auf Stichwort im Buch
¶	=	Referenzteil mit Sekundärliteratur und Lokalisierungsvorschläge
=	=	identifiziert mit
*	=	Stichwort syntaktisch nicht im Nominativ belegt
**	=	verbesserte Lesung des Stichwortes
sur!	=	angenommene oder korrigierte Lesung
sur?	=	unsichere Lesung
"*sur*"	=	Ortsname nur in Umschrift belegt
"*Tall Rimah*"	=	genaue Schreibung nicht nachprüfbar

ORTSNAMEN

A

A.AMBAR.MAŠ.DAK

A.AMBAR.$^{!}$MAŠ.DAK$^{?}$ Jacobsen JCS 9,118:101,2

¶ Fraglich ob ON; *A.SUK.MAŠ.DAK* zu lesen? oder ungewöhnliche Schreibung ^{I7} *IDIGINA* (?).

Abā ⟶ Ḫabum

Ab-x

"AB-x^{ki}" Falkenstein BagM 2,29:11

AB-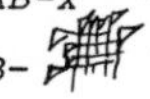*^{ki}* UET 5,167,5

¶ Im Gebiet von Uruk: A.Falkenstein, BagM 2,29 (fraglich, ob beide Belege auf den gleichen Ort zu beziehen).

Abattum

a-ba-at-tum Goetze JCS 7,53 III 3$^{!}$; Hallo JCS 18,60,39

a-ba-at-tim^{ki} ARM 1,120,5$^{?}$; ARMT 14,83,37; 84,14'

a-ba$^{!}$-tim^{ki} ARM 4,1,11$^{!}$

LUGAL a-ba-(at-)tim^{ki} Dossin Syria 32,7 III 8 (Var.S.20)

LÚ a-ba$^{?}$-tim$^{?ki}$ ARMT 7,225,9

¶ Als Station des aB Itinerars wurde A. lokalisiert am ⟶ FN Baliḫ: H.Lewy, OrNS 27,10^{2}; eine Station oberhalb von Maskana (⟶ Emār) am Euphrat: A.Goetze, JCS 18,119; W.W.Hallo, JCS 18,79f.; A. Goetze, loc.cit.Anm.62, schlägt den in islamischer Zeit bedeutenden Euphratübergang Qalᶜat an-Naǧm vor. Aufgrund der Lage von Tuttul, das sicherlich am Baliḫ lag (⟶ Tuttul), dürfte der Euphratübergang sö von ⟶ Emār, vielleicht in der Nähe von Tabqa bei dem ebenfalls in islamischer Zeit wichtigen Übergang Qalᶜat Ǧaᶜbar gelegen haben (38°32'öL/35°52'nBr.); im Lande ⟶ Rabbû.

Abibana

^{uru}a-bi-ba-na^{ki} OBTI 311,9'

Abiḫ

]a-bi-ba-na[OBTI 320,11'

Abiḫ

a-bi-iḫ šà-du-im   Weidner ZA 43,115,31

PN: *mu-tu-a-bi-iḫ*   ARM 5,2,12'

PN: *"mu-tu-a-bi-ḫi-im"*   Gadd Iraq 7,40a

¶ Gebirge Abiḫ = Ǧabal Ḥamrīn. Erstidentifikation von F.Thureau-Dangin, RA 31,84ff. Vgl. I.J.Gelb, AJSL 55,67-68 für Belege aus aA, präsarg. und Ur III Zeit. S. RGTC 2,38 mit ausführlicher Literatur. Lage: 43°35' öL/35°2' nBr bis 45° öL/34°5' nBr = LD 7080 - NC 0070.

ÁB.NUN.ME.DU

ÁB.NUN.ME.DU^{ki}   UET 5,212,1; 883,1.3

URU^{ki} ÁB.NUN.ME.DU   UET 5,487,20

¶ Lies *āl-abraqqim?* Vgl. auch D.O.Edzard, ZZB 55[251].

*Abum

LUGAL (ša) māt a-bi-im^{ki}   ARMT 14,125,16; Dossin Syria 20,109

"LUGAL a-bi-im^{ki}"   Dossin Syria 20,109

LÚ a-bi-im^{ki}   ARM 210 Rs.2$^{?!}$; 7,211,2

] a-bi-im$^{?}$ ARM 7,168,6$^{!?}$; 209,9

¶ Die Lokalisierung von aB A. hängt ab von der Gleichsetzung mit ⟶ aA Abum. Zur Bibliographie vgl. M.Falkner, AfO 18,2f. und K.R. Veenhof, AATT 240f. Es wurden vorgeschlagen: ⟶ Ḫarrān: E.Bilgic, AfO 15,23; eine Lage s des oberen ⟶ FN Ḫabur: A.Goetze, JCS 7, 67; P.Garelli, Assyriens, 92f. ("zwischen Mardin und Ḫarrān"); eine Lage weiter ö vom Ḫābūr: K.R.Veenhof, AATT 240f.

Abumma

^{uru}a-bu-um-ma^{ki}   TEBA 69 IV 24; Anbar RA 69,126:BM 13916,18; Meek AJSL 33,240:RFH 31,3.

Adab

UD.NUN^{ki}   AbB 4,143,8; 144,10; 152,7; 5,12,9$^{!}$; ABPh 142,11:A 571; BAL II 6:CH III 67; Kisurra 163,6; SVJAD 57,4; Stuneck Hamm. 1, 12,6; 35,10; 37,31; TCL 11,179,4; TIM 2,83,6$^{?}$; UET 5,39,6; YOS 2,19,22; 12,77,5; Meek AJSL 33,237:RFH 27,10

É UD.NUN   YOS 9,68,5

kār UD.NUN^{ki} RIAA 228,11

PN UD.NUN^{ki} Kisurra 104,32

Datum: *UD.NUN*^{ki} Rīm-Sîn 6 (RlA 2,161:208)

¶ RGTC 2,3 = Bismāya: 31°57' nBr/45°37' öL = NA 5833; vgl. W.F. Leemans, Trade 169 zur vermutlichen Handelsstr. von Adab nach ⟶ Ešnunna über ⟶ Maškan-šāpir. ⟶ Nabrarā.

Adad-rabi ⟶ IŠKUR-rabi

Adalla

^{uru}*a-da-al-la* Rimāḫ 226,2

Adamaraz ⟶ Idamaraz

**Addatum ⟶ Adnātum

Admi

ad-mi Goetze JCS 7,53 III 11

ad-mi-im^{ki} ARM 1,103,10'

LÚ^{meš} *ad-ma-a-i*^{ki} ARMT 13,139,17

¶ J.Lewy, OrNS 21,265[2]: = "Atmeh?" (Açma?) 57 km ö von Mardin; W. van Liere, AAS 7,94: = Tall"Ḫuera"; A.Goetze, JCS 7,61f.: am n Rand der großen mesopotamischen Ebene; vgl. M.Falkner, AfO 18,2-3. Sicherlich nicht = Tall"Ḫuera", weil der Tall keine aB Besiedlungsschicht aufweist. ⟶ Ḫuburmeš, Ḫarizānum, Niḫriya.

Adnātum

$^{uru!}$*ad-[n]a-tum*^{ki} TEBA 69 II 32 (Stol Studies 60[33])

Datum: *ad-na-tum-ma*$^{(ki)}$ Abī-ešuḫ 1 (RlA 2,186:194 und Goetze JCS 5, 102-103;Walker AfO 24,124:7,13)

¶ M.Stol, Studies 60[33].

Adûm

a-du-ú Goetze JCS 7,54,10.32!

a-di$^{!}$*-i-im*^{ki} Birot Syria 50,4,Anm. 4:72-2,36 (Zeichen *di* nicht sicher)

a-ti-im^{ki} ARM 5,50,4.14!

ālim^{ki} *a-ti-i[m]*^{ki} ARM 5,50,10!

Adurû

¶ A. ist im aB Itinerar als Station nach ⟶ Zanipā angegeben (zwischen ⟶ Tarḫuš und ⟶ Aššur). A.Goetze, JCS 7,64a, vermutet die Übereinstimmung von aB A. mit aB ⟶ Admi und schlägt eine Lage w des Tigris, ungefähr an den Engen von al-Fatḥa vor; vgl. des weiteren: B.Parker, Iraq 23,60: am Tigris, identisch mit nA Adiu/Adia, nicht weit von Niniveh; E.Forrer, RlA 1,36: = Dehok; J.E. Reade, Iraq 30,237[5]: = Tall Addāya; M.Birot, Syria 50,5: n von Ekallatum, am r Ufer des Tigris, der dort überschritten wird.

Adurû ⟶ É.DURU$_5$.....

Adurbalu, Adurbelum

a-du-ur-ba-lu Goetze Sumer 14,25:7,25

šībūt ... a-du-ur-be-lu-um Simmons JCS 15,81:138,10

a-du-ur-ba-la-⌜*aḫ*?⌝ OBTI 120,5 (Greengus: - *ia* ?)

¶ ⟶ Turbala? Erwähnt mit ⟶ Šaduppûm.

Adur-bisa

a-du-ur-bi-sà^{ki} CT 52,122,9

É.DURU$_5$-bi-sà^{ki} AbB 2,176,7.23

É.DURU$_5$-bí-sà^{ki} AbPh 108,13.41; 113,13

kār É.DURU$_5$-bí-s[à^{ki}*]* YOS 13,197,10

LÚ É.DURU$_5$-bi-sà^{ki} AbB 3,34,32

¶ E.Ebeling, RlA 2,275b: vielleicht in der Nähe von Sippar. Lesung mit Sameh gesichert durch lexikalische Listen (M.Stol, JCS 25,223: V).

Adurû-būdī ⟶ Ea-būdī

Agabšeni

a-ga-ab-še-ni^{ki} Rimāḫ 322 VI 1

Agagā

a-ga-ga^{ki} TIM 2,7,8; OBTI 131,1; 132,3

a-ga-ga-a OBTI 101,4; 254,5; 259,4

a-ga-ga OBTI 256,4

¶ = Bīt-Akkaka?

Agarum

LÚ a-ga-rum Phoenix III 91:54,4

¶ Text aus al-Baḫrain; fraglich ob ON.

AGA.UŠ^{meš}

^{uru}AGA.UŠ$^{meš.ki}$ BRM 4,53,39

māt AGA.UŠ Dossin Syria 48,2,1

^{uru}AGA.UŠ$^{meš.ki}$ ra-x-pa(?)$^{ki(?)}$ BRM 4,53,40 (dazu?)

¶ In Südbabylonien? vgl. ⟶ PA.AGA.UŠ.

A.ḪA ⟶ ḪA.A

Aḫaka

PN LÚ ^{uru}a-ḫa-ka YOS 12,227,28

Aḫa(m)nuta

^{uru}a-ḫa-nu-ta AbB 4,119,6

^{uru}a-ḫa-nu-ta^{ki} AbB 2,29,27; TCL 1,1,29'; 11,156 Rs.17; UCP 9/4, 25,7

URU^{ki} a-ḫa-nu-ta TSifr 29/29a,2; YOS 2,112,33; Goetze JCS 4,108c,4

LÚ ^{uru}a-ḫa-am-nu-ta$^{(ki)}$ ša ARARMA^{ki} AbB 2,42,10.13

PN: *a-ḫa-nu-ta* AbB 4,137,3

¶ W.F.Leemans, Trade 80 und Anm.1-2: nicht zur Stadt Larsa sondern eher zum Reich von Larsa.

*Aḫazum , Aḫazim

māt(am) a-ḫa-zi-im ARM 1,69,7.5'

māt a-ḫa-zi-im^{ki} ShT 45,13

LÚ a-ḫa-za-ju^{ki} ARM 1,106,6

LÚ aḫ-za-a-ju^{ki} FAI 86,5

¶ ⟶ Nurrugum, Qabrā, Turukkû, Zaslum.

Aḫimaraṣ ⟶ Dimat-Aḫimaraṣ

Aḫlamû

PN ...ša aḫ-la-mu$^{?}$ ARMT 11,79,6

Aḫumma

DUMU^{meš}*...aḫ-la-ma-ju* Dietrich-Loretz OLZ 61,243:BM 14078,4

¶ Nomadenstamm A., vgl. J.-R.Kupper, Nomades 108; für A. in kass. Zeit und später vgl. J.Brinkman, An.Or 43,277[1799]; J.C.R.Gibson, JNES 20,230f. mit Anm.51. - Die Belege widerlegen die Behauptung (CAD A$_1$ 193 und AHw 21a), daß A. nur die aramäische Sprache bezeichne; vgl. auch M.Dietrich, O.Loretz, OLZ 61,243.

Aḫumma

URU^{ki}*a-ḫu-um-ma* YOS 5,106,8.10; Hallo JCS 18,59,4

¶ M.Stol, Studies 40[20a].

Aḫunā

a-ḫu-na-a^{ki} ARM 2,53,14; ARMT 14,92,10$^{?}$.19.22; 55,6

[a]-ḫu-na-a Goetze JCS 7,53 III 5$^{!}$

LÚ a-ḫu-na-a^{ki} ARM 1,118.10'$^{!}$.12'; 7,165,12$^{!}$; 112,11; 159,2'$^{?}$; 207, 14; 211,19; 219,55

¶ A.Goetze, JCS 7,61a: im Gebiet von Sirrīn; H.Lewy, OrNS 27,13: im Gebiet des Ḫunaiz; vgl. zu beiden Lokalisierungen M.Falkner, AfO 18, 34; W.v.Liere, AAS 7,95: im Balīḫtal; J.Finkelstein, JNES 21,84[36]: am ö Ufer des Euphrat; A.Goetze, JCS 18,119b: = Tall Ḥāšib. - A. liegt zwischen ⟶ Zalpaḫ und ⟶ Tuttul am oder in der Nähe des FN Balīḫ.

Aḫut

a-ḫu-ut^{ki} CT 2,11,13.14

¶ E.Ebeling, RlA 1,60a.

*Ajinnum

a-i-ni-im^{ki} FAI 86,22

a-i-in-na-am^{ki} ARM 1,121,5

¶ ⟶ Zamijatum, am Ufer des ⟶ FN Zâbum.

Ajabî

a-ia-bi-i^{ki} Dossin Syria 19,122,10

¶ Zwischen Rabiqum und Mari: G.Dossin, Syria 19,114; ⟶ Jablija; ⟶ Ḫarbê.

Ajarā

uru *a-a-ra-a* TCL 11,174 Vs.7.23!

uru *a-a-ra-a*^{ki} TCL 11,174 Rs.3.14; VS 13,104 V 1

¶ Am Ufer des Tigris.

*Akkabu

[ur]u *ak-ka-bi KI.TA* AbB 6,24,6'

rabiān *uru* *a-ka-be*$^{!ki}$ YOS 12,27,11

¶ Lesung gegen B.Landsberger, JCS 8,62.63 **Takkapi. Zu streichen ist Takkapi ki.ta: VS 16,186,10, vgl. AbB 6,186.

Akkadum, Akkade

a-ka-du-um TA 1930-T575:7-8 (Stol Studies 64)

[ak-k]a-di-im ARM 6,76,18?

]ak-ka-di?*-im*^{ki} Rimāḫ 6,10 Rs.5'

a-kà-dè$^{(ki)}$ ARM 1,36,5; BAL II 6:CH IV 51; EAK 1,9 I 15

a-kà-de^{ki} ARM 5,34,5

^{d}*NIN a-kà-de* St.Mar.43,19

LUGAL ak-kà-dè^{ki} EAK 1,9 I 12

LUGAL ak-ka-di-im ARM 6,76,21

A.GÀR ak-k[a]-[d]i VS 9,163,4

DUMU^{meš} *a-ka-di* OBTI 138,6

a-ka-ti-i IAK S.6:1,2,2 (=KAH 2,4); Goetze Sumer 14 t.15:29,6; Weidner ZA 43,115,50 (Var.:*-e*)

DUMU^{meš} *ak-ka-di-i* Ellis JCS 24,50:21,5

LÚ ak-ka-di-i SD 5,26f A I 9'![II 23].III 9.19

LÚ ak-ka-du-ú SD 5,30 A III 1/B 7

*giš**MÁ*$^{(ḫi.a)}$ *a-ka-di(-a)-tum* UET 5,193,1; 227,1; 231,2

Ì.SAG ak-ka-di-tim Dossin RA 64,36:32,1

PN: ^{f}*ta-ra-am-ak/a-ka/kà-di/dè*$^{(ki)}$ VS 13,75/75a,4.7/8.15; BE 6/1, 101,1.26

¶ A. wird erwähnt zusammen mit ⟶ Idamaraz, ⟶ Jamutbalum, ⟶ Numḫā (M.Stol, Studies 64); H.Weiss, JAOS 95,442ff.,451:4 = Īšān Mizyad; vgl. RGTC 1,9; vgl. zur Schreibung *Akkadê/î* R.Borger, ZA 62, 136; ⟶ Šumerum u Akkadum.

Akšak

ak-ša^{ki} al-A^{c}dami Sumer 23 pl.5:IM 49253,4

ak-s[a?-a]k^{ki} TIM 2,92,8

Akšak

LÚ ak-[ša$^{!}$*-ak?]* YOS 12,555,2

ÚḪ^{ki} *(=*A_{12}*.KÚŠU)* AbB 1,82,9; CT 52,175,6; TIM 7,135,5'; 152,12; 157, 15 (oder PN?); 198,30.31; SVJAD 103,3 (nur Umschrift); WL 25,17.18

LÚ ÚḪ^{ki} CT 48,2,12 Rs.9

DAM.GAR ÚḪ^{ki} YOS 12,168 Siegel; 433,8

Datum: *ÚḪ*^{ki} Itūr-Šamaš h: (Kisurra 139,3')

PN: *ak-ša-ia* AB 11,81,16; BDHP 3,5; 55,6; CT 8,19a,4; 20a Rs.28; 23c,19; VS 13,28,23

PN: *ak-ša-a-a* Jacobsen JCS 9,108:64,6

PN: *ak-ša-a-ia* CT 8,31a,6

PN: *ak-ša-a-ma-tum*$^{?}$ CT 8,20a,31

PN: *ak-ša-ak-še-mi* UCP 10/3:2,9

PN: *iddi-ak-ša-ak* AOAT 3/1,34,13

PN: *ak-ša-ak-idinnam* VS 9,152,5

PN: *ak-ša*^{ki}*-idinnam* PBS 8/2,111,3

PN: *ÚḪ*^{ki} CT 48,2,Rs.16.20$^{?}$; VS 8,61,8

PN: *ÚḪ*^{ki}*-ia* AB 11,102,29; 103,23; BDHP 40,8; 46,15; CT 4,20a,25; 49a,2.3; 6,21c,9; 48a,19; TCL 1,203,5; VS 13,7,Rs.5.13 (<*ki*>)

PN: *ÚḪ*^{ki}*-abī* BDHP 4,29

PN: *ÚḪ*^{ki}*-abīšu* CT 4,11a,31

PN: *ÚḪ*^{ki}*-idinnam* AB 11,48,21; 49,27; 86,9; BDHP 44,4; BE 6/1,28,3; 61a,22; 61b,28; 44,25; CT 4,7,22; 34,15; 6,48a,17; 8,15a,22; 26a,12; 50a,27; 48,11 Rs.6; 62 Rs.4; 82 Rs.6; PBS 8/2,222,17$^{?!}$; 248,24; TCL 1,104,29$^{!}$; UCP 10/1,84,4; VS 8,66,1.10; 9,116,14; 13,56 Rs.8; Friedrich BA 5/4:58,7; Simmons JCS 13,106,4:7

PN: *ÚḪ*^{ki}*-ipṭura* Harris JCS 9,116,93:4

PN: *ÚḪ*^{ki}*-x* CT 4,17b,21; 48,2 Rs.16

PN: *ÚḪ*^{ki}*-irībam* CT 6,38a,27

PN: *ÚḪ*^{ki}*-iqīša* CT 6,15 III 11

PN: *ÚḪ*^{ki}*-māgir* AB 11,72,6; CT 8,50a,7; VS 9,144,27; 145,30

PN: *ÚḪ*^{ki}*-nada* VS 9,50,12

PN: *ÚḪ*^{ki}*-nāṣir* BDHP 55,19; 69,9.15 (Coll.Wiseman); CT 6,21c,19; 8, 26a,11

PN: *ÚḪ*^{ki}*-rabi* CT 2,39,5; RIAA 257,4; SVJAD 5,8; UCP 10/1,110,16; VS 8,23,19; 73,23.25

PN: *ÚḪ*^{ki}*-šemi* BDHP 38,5$^{!}$; CT 2,44,30; 4,16a,31; UCP 101,9,13; 106, 1; 108,5; VS 8,73,23; 9,83,11; 84,14

PN: *iddin-ÚḪ*^{ki} CT 2,16,20; Langdon PSBA 33 t 28,27

PN: *imgur-ÚḪ*^{ki} AbB 4,19,8.16; BE 6/1,37,18; 50b,21; CT 6,34b,1; 8, 9a,27; 33,28,11; 48,62,Rs.5; TCL 1,87,19!; 121,19; UCP 10/1,13, 12; 7,13; 52,25; Simmons JCS 13,112:21,20

PN: *ÌR.ÚḪ*$^{!ki}$ Ellis JCS 26,15b,10

PN: *lamassī-ÚḪ*^{ki} CT 2,25,4; 26,6

PN: *mār-ÚḪ*^{ki} Goetze JCS 11,29:18,1

PN: *pù(KAXKÁR?)-zur*$_8$*-ÚḪ*^{ki} CT 48,83 Vs.2

PN: *pù(KA)-zur*$_8$*-ÚḪ*^{ki} BDHP 24,7; CT 2,26,2; 46,7; 6,31a,10; 34b,5; 8, 18b,4.5; 48,83 Vs.2; VS 9,18,3

PN: *^{d}Sîn-LUGAL.ÚḪ*^{ki} TCL 1,179,3

PN: *sumu-ÚḪ*^{ki} CT 2,46,11; 8,39b,22; 47,16; VS 13,9,13; Goetze JCS 11,23:10,14

PN: *ṣillī-ÚḪ*^{ki} BDHP 43,6; CT 8,6b,4?!,19

PN: *zimru-ÚḪ*^{ki} AbB 4,23,17.25

fraglich: *ÚḪ*^{ki}*-m[a?]* VS 7,169,2

PN: *ÚḪ*^{ki}*-i[* TCL 1,187,5

PN: *ÚḪ*^{ki}*-[* CT 2,7,28

¶ RGTC 2,6-7 und St.D.Walters, WL 28 mit Lit. Vielleicht = Tall Abī Ǧāwan 30 km oso vom jetzigen Zusammenfluß von Tigris und Diyālā; Lage: 44°49' öL/33°8' nBr = MB 6367. Identifizierung von Upi = Opis und Akšak ist abzulehnen nach J.A.Brinkman, AnOr 43,111[608]; vgl. zuletzt G.Gragg, AfO 24,70-72. Zum PN-Typ vgl. J.J.Stamm, MVAeG 44,84.

Akul-ṣilal

[URU^{k}*]*$^{i?}$ *a-ku-ul-ṣi-la-al* TCL 10,133,47

a-ku-ul-ṣi-l[a]-al$^{[ki?]}$ A 32093 Rs.17

A.ŠÀ a-ku-ul-ṣi-la-al CT 29,5a,5

¶ F.R.Kraus, OLZ 50,518[5].

Akusum

ālu a-ku-súm SU.BIR$_4$^{ki} YOS 13,124,5

a-ku-sú SU.BIR$_4$^{ki} YOS 13,117,10 (Birot BiOr.31,272b)

<u>Daten</u>: ^{uru}*a-ku-us*^{ki}. Sumu-el 4 (Walters RA 67,36)

[ur]^{u}*a-ku-ús*^{ki} Var. dazu (ibid.)

a-ku-sà^{ki} Var. dazu (Walters RA 67,35)

a-ku-súm^{ki} Var. dazu (ibid.)

a-ku-su^{ki} Var. dazu (ibid.)

Akzā

BÀD a-ku-súm/si$_{20}$ Mananâ (Rutten RA 52,212; Charpin RA 72,28 m)

KÁ ^{d}*INANNA a-kú-sum* Naqimmu (Rutten ibid.; Charpin RA 72,30 e)

a-ku-súm^{ki} Kiš x$_2$ (Rutten RA 52,213; Charpin RA 72,32)

¶ D.O.Edzard, ZZB 109 mit Anm.545: in N.-Babylonien, vgl. S.126; F.R.Kraus, ZA 51,61 mit Anm.13: w von Babylon und dem Euphrat bei Ḫillā.

Akzā

ak-za-a^{ki} TIM 1,7,13; 2,14,24

A.ŠÀ ak-za-a^{ki} TIM 1,16,14

Āl-Abisarē

URU^{ki} *a-bi-sa-re-e* TCL 11,155,21; YOS 5,175,32; 184,16; 12,73,1

¶ Vgl. F.R.Kraus, JCS 3,57 zu *A.ŠÀ Abisarē*, nach D.O.Edzard, ZZB 109[541]: Ad(ab) 558 Rs.3.

Āl-Abraqqim ⟶ ÁB.NUN.ME.DU

*Alaḫtum

a-la-aḫ-tim^{ki} ARM 9,9,7; 10,176,9.11.14; Lods Studies Robinson 104, 27

Alān

a-la-AN Hallo JCS 18,60,27

¶ Vgl. W.W.Hallo, JCS 18,75; W.v.Liere, AAS 7,92ff. ibid.94: = Tall ᶜAilūn an der türkischen Grenze; W.W.Hallo, JCS 18,75b: = Tall Ḥanwa am Mittellauf des Wādī al-Aᶜwaǧ.

Alašum

a-la-ši-im Millard JCS 25,211,15

Adj.: "*a-la-šu-ú*" Dossin Syria 20,111

"*a-la-ši-i*" Dossin Syria 20,111

¶ E.Weidner, AfO 17,419 vermutet noch zwei A., einmal A. = Zypern und zum anderen A. = Stadt in Nordsyrien, vgl. dazu auch G.Dossin, RA 42,32; J.Nougayrol, Iraq 25,120[60] spricht sich für A. = Zypern aus; zur Identifizierung von A. mit Zypern s. H.Otten, MDOG 94,5 und vgl. zuletzt M.Astour, AOAT 22,18[17].

Alatrû

a-la-at-ru-ú^{ki} ARM 1,39,7

a-la-at-re-e[ki] ARM 1,39,5; 4,28,5

¶ ⟶ Haššum, Panazum, Šudā.

Albana

al-ba-na[ki] YOS 13,288,4!; 308,6

kār al-ba!-[na][ki] YOS 13,288,9?

Āl-Bārîm ⟶ MÁŠ.ŠU.GÍD.GÍD

Āl-Damiq-ilīšu

BÀD.GAL [d]*da-mi-iq-i-li-šu-mi-gir-*[d]*nin-urta* PBS 5,73 II 9-10.

Daten: *BÀD.GAL mi-gir-*[d]*nin-urta* Damiq-ilīšu (RlA 2,149:204; ARN 13 Rs.7)

BÀD.GAL [d]*da-mi-iq-[ì-lí-šu]* Var. dazu (PBS 5,72)

BÀD.GAL-ì-si-in[ki]*-na* Var. dazu (PBS 8/1,16,32)

BÀD [d]*da-mi-iq-ì-lí-šu* Var. dazu (BIN 7,64,21)

URU[ki] *dam-qí-ì-lí-šu* Rīm-Sîn 25 (RlA 2,163:227)

URU[ki] *da-mi-iq-ì-lí-šu* Var. zu Rīm-Sîn 25 (YOS 8,44,34)

¶ Mauer von Isin, so F.Weissbach, RlA 2,106-107; Lage der Stadt ist unbekannt; = Teil von Isin (?).

Āl-Damua

A.GÀR[uru] [d]*da-mu-ú-a*[ki] TCL 11,145,5.6

[uru] [d]*da-mu-ú-a* TCL 11,185,12'

¶ E.Ebeling, RlA 2,116a: bei Larsa.

ĀL.GIBIL.UTU.È

URU.GIBIL.[d]*UTU.È* VS 13,24,2

¶ ⟶ É-GIBIL.

Āl-Gula

URU[ki] [(d)]*gu-la* BE 6/1,14,3; CT 2,8,3

BÀD [uru]*gu-la BÀD*[ki] BAL II 47,53 (s. Gelb MAD 2^2,210 zu p.72: [uru]*gu-la-ba*ₓ)

Alia

Alia

a-li-a-e^{ki} ShT 78,8

¶ Identisch mit mA Alaia?: J.Laessøe, Sumer 15,17f.; vgl. E.Ebeling, RlA 1,66b.

Āl-IŠKUR-emūqašu

URU^{ki} ^{d}*IŠKUR-e-mu-qá*$^{!}$*-šu* TCL 10,127,10 (Stol)

Alkaminia (?)

al-ka$^{?}$*-mi-ni-ia* Goetze JCS 7,53 IV 5'

¶ A.Goetze, JCS 7,64b, liest: *AL.KA?ṣilli*^{lí}*-a* und lokalisiert den Ort w des Tigris, n von Sippar.

Allaḫada

al-la-ḫa-da^{ki} ARM 2,122,8

¶ A.Goetze, JCS 7,63: identisch mit ⟶ Lādā? (*al-la(ḫa)da*); ⟶ Lādā lag nach W.W.Hallo, JCS 18,83a am Tigris; H.Lewy, OrNS 25,349[2] vermutet A. = Eluḫad (⟶ Elaḫuttum), A.Finet, ARMT 15,120: A. in der Gegend von ⟶ Karanā. - A. ist eine Ortschaft des Landes ⟶ Andarik. Vgl. J.Sasson, JCS 25,63[21].

Āl.LUGAL.X.È

URU^{ki} *LUGAL-X-È* OBTI 306 Rs.10

*Almutû

[X]-al-mu-ut$^{!ki}$ TEBA 69 IV 3 (hierzu?)

LÚ a-al-mu-ti-i ARM 9,244,8

al-mu-ti-i ARMT 14,78,10

ḫāb al-la-mu-ti-i Habiru 178,9

¶ ⟶ Jaḫmumum, Sutû. Einer der Stämme der Sutäer?

Āl-Nanâ

URU-^{d}*na-na-a* TCL 11,185,15'

KASKAL ^{d}*na-na-a* Grant Hav.Symp. 360:3,1

Āl-rēdê ⟶ AGA.UŠ

Āl-šarrāki ⟶ URU.SAG.RIG$_7$

Āl-UTU.È.A

URU^{ki} ^{d}UTU.È.A SVJAD 137 II 22.24; III 6'?
uru(?)^{d}UTU.È.A SVJAD 137 III 3'

Āl-UTU.ŠÚ.A

URU^{ki} ^{d}UTU.ŠÚ.A SVJAD 137 I 26.27 (Stol)

Āl-Warad-Sîn

^{uru}ÌR-^{d}Sîn(ZU.EN)^{ki} TCL 10,66,14
URU^{ki}-ÌR-^{d}Sîn TCL 10,123,26; TLB 1,38,12; 63,11; Grant CDSmith 266, 2; 269,19'; Pinches Berens 102 Rs.8; Scheil RA 12,199,3
URU^{ki}-ÌR-^{d}Sîn^{ki} TIM 5,54,10; UET 5,658,22; Meek AJSL 33,225:RFH 8,9

Āl-Zugallītum

URU^{ki}-^{d}zu-gal-li-tum TLB 1,63,9

¶ ⟶ Zabalum; vgl. zum GN *Zugal* und zu PN mit dem Element *Zugal* M.Anbar, RA 69,124.

Amal ⟶ Awal

**Amatum ⟶ Abattum

Amaz

URU^{ki}a-ma-az^{ki} ARM 2,109,10
^{uru}a-ma-àz^{ki} ARM 10,84,5.6[.33]
]a-ma-az^{ki} ARM 7,219,25
[a]-[ma$^{?!}$]-az^{ki} SD 5,32:A25 (hierzu?)
LÚ a-ma-az^{ki} ARM 9,45,5
LÚ^{meš}a-ma-za-ju^{ki} ARM 2,109,11

¶ J.Lewy, OrNS 21,393 = zwischen al-Hanūqa und Tall al-Manāhir;

Amazzik

identisch mit aA Amaz?: ibid.272. A.Goetze, JCS 7,67: zwischen ⟶ FN Ḫabur und ⟶ Adum ; M.Falkner, AfO 18,35 und S.3 mit Lit.: am Ḫābūr; vgl. AOAT 12,13[5]. Zu aA Amaz s. K.R.Veenhof, AATT 242. Identisch mit nA Amasaki = Masak? Vgl. hierzu E.Ebeling, RlA 1,93a: in der Nähe von Nusaybin. A. gehörte zeitweise zu Zimrilims Reich. Es wurde von Šupram, König von Šudā ,geplündert.

Amazzik

a-maz-zi-i[k]$^{ki?}$ Rimāḥ 244 I 14

¶ ⟶ Amaz?

Amna[

DUMU^{meš} *am-na[* ARM 5,41,8

¶ Nomadenstamm? Brief des Hasidānu von ⟶ Karanā an Jasmaḫ-Adad

Amnānum, Awnānum

māt am-na-ni-im Dossin Syria 32,7,7

LUGAL am-na-nu-um CT 21,126,4; 15,7; 17b,6; Edzard Sumer 13,187,6; Falkenstein BagM 2,51,6; Lenzen UVB 8,24,3; Pettinato OrAnt.9,106E, 6; 107F,6; Schroeder WVDOG 51,56:1-3,4

LÚ am-na-ni-i^{ki} ARM 1,42,31

aw-na-nu-[um] ARM 3,50,12

LÚ aw-na-an ARM 7,164,2'; ARMT 7,212,22!

LÚ^{meš} *aw-na-na-ju* ARMT 14,89,4

ṣābim aw-na-na-i^{ki} ARMT 14,64,10'

PN: *mu-ut-am-na-an* Thureau-Dangin Syria 5,274:AO 9051,2

¶ Die A. gehören zum Stammesverband der ⟶ Jaminiten (ARM 3,50); vgl. auch J.-R.Kupper, Nomades 49ff und D.O.Edzard, ZZB 106f. Sie siedelten in der Gegend von ⟶ Sip(p)ir zur Zeit des Jaḫdunlim auch in der Gegend von ⟶ Tuttul am ⟶ FN Balīḫ. Vgl. besonders M.B.Rowton, JNES 32,214.

Amnān-jaḫrur

am-na-an-ia-aḫ-ru-ur Falkenstein BagM 2,56f III 39.IV 9

ṣābē, ummānātum (ša) am-na-an-ia-aḫ-ru-ur Falkenstein BagM 2,56f I 2.29.III 30.IV 20

¶ ⟶ Jaḫrur

Amnān-šadlaš ⟶ Šadlaš

Amurrû(m)

a-mu-ru-um CT 2,34,3

māt a-[m]u-ri-im^{ki} Dossin RSO 32,38

A.GÀR a-mu-ur-ri-i$^{(ki)}$ AB 11,42,1.21

A.ŠÀ a-mu-ri-tum VS 13,3,2

a-mu-r[i-im] Al- Aʾdami Sumer 23,pl.1,6

LÚ a-mu-(ur-)ru-ú SD 5,20 III 1; 30 B I 7

LÚ a-mu-ur-ri-i SD 5,18 I 9'; 19 II 24!; 20 III 9.20!

PN a-mur!-ru-ú TCL 1.109.2

DUMU^{meš} *a-mur-ru-um* CT 2,50,21

a-mu-ur-ri-i Meek AJSL 33,227:A 105

LUGAL^{meš} *a-[mu-]ur-ri-i* Dossin RSO 32,37

LÚ a-mu-u[r-ri-im] ARM 7,227,12'

1 *SAG.ÌR a-mu-ri* CT 52,128,5'

a-mu-ur-ru-um YOS 2,118,10

ga-ju a-mu-rum Birot RA 49,17 II 45

a-bi a-mu-ur-ri-im UET 5,62,11.15.22.; AbB 5,200,18'

LÚ^{meš}*GAL a-mu-ri-im* ARM 7,215,34

LÚ rab a-mu-ur-ri ARMT 14,S.261:k A 277

Datum: *a-mu-ru-um* aus Sippar (?: erwähnt ist Lipit-Ištar:CT 4,22c,12)

PN: *a-mu-ru-um m. und f.* CT 4,48b,4; 50a,7; 6,42a,5; 8,38,35; 39a, 31; 46,12.49

PN: *a-mu-ru-u* PBS 8/1,98,9

PN: *a-mu-ri-tum* AbB 6,47,13; ARM 9,291 III 24'; ARMT 13,1 XIII 18; CT 52,129,22'

PN: *a-mu-ur-ri-tum* CT 52,129,13'

Adj.: *2* U_8*.UDU.ḫi<a>* *a-mu-ri-tum* YOS 8,1,32

3 U_8*+SAL a!-mu-ur-ru* ARMT 9,242,12

KUR MAR.TU^{ki} Winckler AOF 1,198,7

LUGAL Dagan KUR MAR.TU Kiš I t 34:3,4 (Borger OrNS 27,407 "uru"$_5$)

LUGAL MAR.[TU] Winckler AOF 1,197 II 3

in Titeln:

AD.DA KUR.MAR.TU CT 21,33,4; PRAK 1 B 45,1; B 53,1; UET 1,122,6; 123,6; 299 I 8; 300 I 15; Thureau-Dangin RA 9,122 I 8; RT 32,44

AD.DA MAR.TU Rowton Iraq 31,72,6.34

GAL.MAR.TU Ellis JCS 24,60 Rs.18

LÚ^{meš} *GAL.MAR.TU*$^{(meš)}$ ARM 9,46,5; 10,29,23; 60,15?!; 122,1'; ARMT 14, 22,11, 24,9!; 106,8'.10'!.20'; 108,6; 110,7; 112,23.29; YOS 12,426,3

Amurrû(m)

rabiān MAR.TU UET 8,65 I 27'; Birot Syria 45,243:1; Smith Sumer 2/2, 20,2

PA.MAR.TU BE 6/1,99,3; 116,6[!?]; 119 Rs.I 16; BE 6/2,89,3; CT 4,1a, 16; 6,29,30; 8,3a,39; 52,99,8; 103,9; PBS 8/2,252,29; TIM 5,41,4; VS 7,52 Rs.1; 55,1-2; 59,3.7 pp. YOS 12,425,8'; Anbar RA 69,118b,11

PA.PA.AN.MAR.TU VS 16,146,9

DUB.SAR.MAR.TU VS 7,145,6[!].[7[?]]

als koll. Bezeichnung der nomadischen Bevölkerung:

DUMU (KUR) MAR.TU ARN 20 I 6; PBS 8/2,169 I 9; UCP 9/4,22,8.20

in Feld/Flurbezeichnung:

A.GÀR *(d)MAR.TU* BE 6/1,42,1; AB 11,74,2; PBS 8/2,253,2.16; 262,7; Scheil Sippar 99:10,12; 77,9; 89,3

A.GÀR.AN.AN.MAR.TU AbB 4,48,8 (hierzu?)

als Bezeichnung für den Westen, Wegbezeichnung:

KASKAL MAR.TU CT 47,60,7; 43,6; TLB 1,181,3; Rutten RA 53,83,3

ḫarrān dMAR.TU AB 11,75,3

Daten: *URUki MAR.TU* Išbi-Erra 5 (Baqir Sumer 4,106,2; vgl. Kienast JCS 19,45ff)

ḪUR.SAG (GAL) KUR MAR.TU(ki) Samsuiluna 26 (RlA 2,184b)

ḪUR.SAG.GAL.KUR MAR.TU.A Var. dazu (OBTI 314,23)

ṣābē KUR [MAR].TU(-a) Samsuiluna 36 (RlA 2,185a)

MAR.TU Ilšu-ilija Bilalama (OIP 43,175:55); Bilalama (OIP 43,177ff: 64-68); Bilalama (OIP 43,180:70); Bilalama/Ur-Ninmara (OIP 43,182:81)

in der Schreibung Marti:

uru!ma-ar-ti?!ki (AN.AN.MAR.TU) VS 13,13,14

¶ Zur Bezeichnung *āl-Marti* vgl. Edzard, ZZB 23 und Anm.94; unter dem "Land der Amurrû" ist einerseits das ganze transtigridische Gebiet zu sehen, andererseits auch das Gebiet unterhalb des Bezirkes von Qatnā: J.-R.Kupper, Nomades, 178. *MAR.TU* als Bezeichnung für einen Weg bei Sippar (?) liegt vor bei: *KASKAL MAR.TU*; vgl. M.Stol, Studies 88f. - Amorräer war der Oberbegriff für viele Nomadenstämme: J.-R.Kupper, Nomades, 178; - zu *Amurrû* als Gentiliz vgl. CAD A_2 94f. - Zum Titel *abī-amurrim* vgl. M.B.Rowton, Iraq 31,68-73. - Zum Titel *PA.MAR.TU* s. CAD A_2 95 und M.Anbar, RA 69,119,33, vgl. M. Stol, Studies 88f. Zum Gegensatz von ⟶ Akkadum und A. vgl. J.J. Finkelstein, RA 63,53[1]; M.Stol, Studies 84f,87ff zum Königstitel MAR.TU; Vgl. besonders RGTC 2,118ff; J.-R.Kupper, Nomades 168ff, E.Weidner, AfO 16,18. - Zum GN vgl. WdM 1,97f; zum PN-Element H.B. Huffmon, APNMT 168.

Amurrû-bani

uru.dMAR.TU-ba-niki TLB 1,194,19

*Amur(a)sakum

a-mu-ur-sà-ki-i[m^{ki}] ARM 4,42,10; 52,5$^{!}$.8$^{?!}$

a-mur-sà-ak-k[i]-im^{ki} ARM 1,90,4

a-mu-ur-a-sa-ki^{ki} ARM 4,53,14.19

¶ Da in Verbindung mit ⟶ Nurrugum genannt und zum Einzugsgebiet der Turukkäer gehörend, wohl am Tigris gelegen und nicht identisch mit ⟶ nA Amasaki, falls dieses zu Recht in der Nähe von Nusaybin angesetzt wird. Vgl. ⟶ Amaz.

Andarik

an-da-ri-ik ARM 2,43,15.28; Rimāḫ 143,18; 153,5

an-da-ri-ik^{ki} ARM 1,52,36; 72,8'$^{?}$; 132,10; 2,32,7.18$^{?}$; 41,8$^{!}$.13.16$^{?!}$; 109,49; 128,18.25; 130,19; 5,67,[23?]; 6,25,12$^{?}$; 70,9'; 7,136,4; 10,100,14; 158,4; 156,3.6.11; ARMT 14,109,13; Rimāḫ 68,7$^{!}$; 98,10; 100,6.20; 150,8; 164,7'$^{?}$; 192,4; 202,6; Bottéro RA 52,167; 311,9; Dossin Syria 20,106; RA 66,129,11.15.22.23; Jean RÉS 1939,64

^{uru}an-da-ri-ik^{ki} ARM 10,84,22.25

māt an-da-ri-ik^{ki} ARM 1,132,6.17; 4,31,9

LÚ an-da-ri-ik$^{(ki)}$ ARM 7,104 I 2'; 113,5; 159,2; 165,14; 176,2; 209,7; 211,5; 219,42.50; Rimāḫ 216,4

LUGAL an-da-ri-ik^{ki} Dossin Syria 20,109

^{d}Šarrat an-da-ri-ik^{ki} Rimāḫ 140,5

¶ A. wird im Gebiet von ⟶ Šubartu in Nordmesopotamien vermutet: H. Lewy, OrNS 25,331² und O.Rouault, RA 64,108f.; im n von ⟶ Ešnunna: J.-R.Kupper, Nomades 39; am mittleren Tigris, nö von ⟶ Ekallātum: A.Finet, ARMT 15,121; ö von ⟶ Karanā und sw von ⟶ Ḫarbē und s oder sw von ⟶ Kasapā, s angrenzend an Babylonien: M.Falkner, AfO 18,36 mit Bibliographie 3f.; vgl. J.-R.Kupper, RA 53,98; A. wird parallel genannt zu ⟶ (māt) Ḫarbê; Schafzuchtgebiet; angrenzend an ⟶ Karanā; bewohnt von halbnomadischen ⟶ Jamutbaläern. Zur geschichtlichen Entwicklung vgl. O.Rouault, RA 64,107ff.

AN.É.BA.NA

AN.É.BA.NA^{ki} ARM 7,266,5'$^{!}$; 8,93,3

¶ Lesung umstritten, vgl. aber J.Bottéro, ARMT 7,146².

AN.KAL.LUM.KAL.AN

AN.KAL.LUM.KAL.AN^{ki} Jacobsen JCS 9,73:12,13

Anšan

an-ša-an^{ki} BIN 9,302,3; CT 21,1,12; PBS 5,68 I 10'; UET 1,100,9;

AN.ZA.GAR/GÀR-

Datum Gungunum 5 (RlA 2,155:98)

"*LUGAL an-ša-an*^{ki}" Dossin Syria 20,109; RA 64,97^{3,4}

UGNIM an-ša-[an^{ki}*]* Edzard Sumer 15,pl.3:IM 58333 II 4

¶ Vgl. RGTC 2,11: = Tall-e Māliyān nach E.Reiner, RA 67,57ff. Lage: 52°25' öL/30°01' nBr = XP 3622.

AN.ZA.GAR/GÀR- ⟶ Dimat-

AN.ZA.GÀR

AN.ZAG.GAR^{ki} CT 2,44,10

AN.ZA.GÀR^{ki} AbPh 7,5; TIM 5,50,5; VS 16,25,11

URU^{ki} *AN.ZA.GÀR* Taxation 50,4; Simmons JCS 15,82:139,6

ṣābē AN.ZA.GÀR$^{(ki)}$ TIM 2,82,16; 55,7

wāšib AN.ZA.GÀR OBTI 309,10.[14?]

¶ Vermutlich sind verschiedene Städte gemeint; vgl. die vielen ON, die mit dem 1.Element ⟶ Dimat-: AN.ZA.GÀR gebildet werden; vgl. CAD D 146f. s.v. *dimtu* "Wachturm, befestigtes Areal".

AN.ZA.GÀR.UR.ZÍR

AN.ZA.GÀR.UR.ZÍR^{ki} AbB 5,264,6'; YOS 2,62,14!

Datum:Sumu-la-el 27 (RlA 2,176:41,vgl. LIH 101,44).

Aparḫā

a-pa-ar-ḫa-a^{ki} Dossin SD 2,117

[LÚ a]-ba-ar-ḫa-ju^{ki} ARM 10,178,6

¶ ⟶ Ḫaduraḫa.

Apija⟶Dimat-Apija

Apiak

a-pi₅-ak^{ki} BIN 9,453,6

¶ Vgl. zu häufigen Ur III Belegen RGTC 2,12f: w von ⟶ Marada.

Apium

ERIM a-PI-um OBTI 314,16

Aplaḫalal

URU[ki] *ap-la-ḫa-la-al*! TCL 11,186,3

*Appaḫurum

PN ap-pa-ḫu-ri-im[ki] ARMT 7,268 III 2'

Appān

ap-pa-an[ki] ARM 2,48,18; 98,4'; 6,5,9; 76,12?; 8,11,10; ARMT 12,143,4
dIŠKUR ša ap-pa-an[ki] Dossin RA 69,26,5
LÚ ap-pa-an(ki) ARM 5,56,6!; 7,180 III 13'; 225,4'; 226,44; 268 I 6'; 8,19,12'; 9,253 I 2
Datum: *dIŠKUR ša ap-pa-an*[ki] Zimrilim (St.Mar. 58:23.24)
a-ap-[pa-an[ki]*]* Var. dazu (St.Mar.ibid.)

¶ Nicht lokalisierbar, erwähnt im Zusammenhang mit ⟶ Ḫutnum und ⟶ Ḫumzān. - Es ist möglich, daß es sich um einen Ort im Bezirk von Mari handelt, da von Arbeiten am Kanal ⟶ IGI.KUR die Rede ist (ARM 6,5), die von Leuten aus ⟶ Appān und ⟶ Ḫumzān ausgeführt werden sollen. Der Kanal ⟶ IGI.KUR versorgt ⟶ Mari mit Wasser und scheint durch den Distrikt ⟶ Terqa zu laufen vom ⟶ FN Ḫabur ausgehend (?) ⟶ FN IGI.KUR. Appān liegt entweder an diesem Kanal oder am Euphrat (?) (ARM 2,98).

Appaja

ap-pa-ia[ki] ARM 5,37,5'
ap-pa-a-ia[ki] ARM 5,37,6'
uruap-pá-a-ia Rimāḫ 226,3; [319,16]

¶ Bei ⟶ Karanā und ⟶ Qaṭarā

Appaz

urua-a[p]-pa-[a]z[ki] TIM 2,71,6

Apqum (ša dIŠKUR)

ap-qí-im[ki] ARM 5,43,13
ap-qum Hallo JCS 18,59,20
ap-qum ša dIŠKUR Goetze JCS 7,52 II 1

Apqum ša Baliḫā

¶ Zur Identität von A. mit A. ša ^{d}IŠKUR vgl. W.W.Hallo, JCS 18,73; A.Goetze, JCS 7,57; F.J.Stephens, JCS 7,73f vermuten A. = Tall Abī Māriya; vgl. zu Schürfungen in Tall Abī Māriya S.Lloyd, Iraq 5,128. 135f; D.O.Oates, Iraq 30,128; Lage: 42°35' öL/36°25' nBr. = KF 8536; - Vgl. M.Falkner, AfO 18,5.

Apqum ša Baliḫā

[a]p-qum ša ^{d}KAS.KUR Goetze JCS 7,53 III 7

ap[-qu]-u ša ba-li-ḫa-a Hallo JCS 18,60,33

¶ Zusammenfassende Literatur und Lokalisierungsvorschläge bei M. Falkner, AfO 18,5 und W.W.Hallo, JCS 18,77-78. A.Goetze, JCS 7,61 vergleicht A. mit nA Baliḫu. W.W.Hallo, JCS 18,78 = Tall Ǧadla; A. Goetze, ibid. 119: = Tall Abyad (38°58' öL/36°41' nBr. = DA 9762). Zum archäologischen Befund von Tall Ǧadla (38°56' öL/36°39' nBr. = (cr.) DA 9455); vgl. B.Hrouda, ZA 54,221.

*Araitum

a-ra-i-tim^{ki} ARM 2,55,28

LÚ^{meš} a-r[a]-a[t?-ti?]-im ARMT 13,139,20

Arallum

a-ra-al-lum Datum:unbek. Zuordnung, Ḫammurabi 37? (VS 9,154,25)

¶ Vgl. zu A. (Ḫarallu) M.Stol, Studies 41f.

*Ararum

a-ra-ri-im BE 6/1,1,2

¶ ⟶ Ḫarḫarrî.

Arbasi(?)

^{uru}ar-ba-s[i?] VS 13,104 IV 29

Arbidum, Ḫarbidum

ar-bi-du^{ki} SLT 252,3

^{uru}ar-bi-du-um^{ki} Legrain RA 10 t V 53,6

PN wāšabti ar-bi-du-um^{ki} Legrain RA 10 t V 53,2

ḫa-ar-bi-du-um TCL 1,65,20.41

ḫa-ar-bi-du-um^{ki} TCL 1,65,5.27

ḫa-ar-bi$^{?}$-d[u]-um^{ki} Birot RA 62,21:HE 191,29'

Ardanan

A.ŠÀ ar-da-na-an^{ki} Ellis JCS 24,50:22,4

¶ Vgl. aAkk. Ardanan apud Gelb u.a. NPN 207 sub *ati* (M.Stol); RGTC 1,18.

Arḫinān(um)

ar-ḫi-[n]a-nim^{ki} Rimāḫ 245 I 12

A.ŠÀ ^{uru}*ar-ḫi-na-<nu>-nim* Rimāḫ 294,6

^{uru}*ar-ḫi-na-an*^{ki} Rimāḫ 316,5

LÚ ar-ḫi-na-nim^{ki} Rimāḫ 297,6

Aritanaja

^{d}*Išḫara ša a-ri-ta-na-ia*^{ki} Rimāḫ 200,3

Arkum

Datum: *ar-ku-um*^{ki} Samsuiluna 35 (RlA 2,185:180)

a[r]?-k[u?]^{ki} Var. dazu (VS 13,105 Rs.15)

¶ ⟶ Awal.

Arrabi[

DUMU ar-ra-bi[ARM 5,41,4!.17

¶ Eine Ortschaft des Distriktes von ⟶ Karanā: A.Finet, ARMT 15, 121.

Arraḫru

MÍ SU.BIR$_{4}$^{ki} ^{uru}*ar-ra-aḫ-ru*^{ki} YOS 13,382,3

¶ Im Land Šubartu.

Arramu

SAG.MÍ ^{uru}*ar-ra-mu*^{ki} ...*māt SU.BIR*$_{4}$^{ki} YOS 13,35,2

¶ J.J.Finkelstein, JCS 9,2; vgl. RGTC 2,15 ⟶ Arami??; im Lande Šubartu.

Arrapḫum

^{uru}*ar-ra-ap-ḫe*^{ki} YOS 13,107,8

*Arru

ar-ra-ap-ḫi-im^{ki} AbB 2,87,6; ARM 1,136,5; 2,42,11'; 4,25,20; 6,15,15; 23,22; ShT 34,29; de Genouillac RA 7,155 I [6].II 10

URU^{ki} *ar-ra-ap-ḫa-am*^{ki} Laessøe AS 16,191,8

māt ar-ra-ap-ḫi-im^{ki} Laessøe Babylon fig 4b,12

māt ar-ra-ap-pí-ḫi-im^{ki} Laessøe Babylon fig 4b,23'

bīt^{d}*IŠKUR ar-ra-ap-ḫi-im*^{ki} ARM 1,75,17; FAI 86,19

LÚ ar-ra-ap-ḫu-um^{ki} AbPh 134,8.16

LÚ/DUMU... ar-ra-ap-ḫi-im$^{(ki)}$ AbB 3,1,6.11; ARM 6,15,12; 7,210,8!

DUMU^{meš} *šiprē ar-ra-ap-ḫa-ji* ARM 6,18,9'

PN: *mu-tu-ar-ra-ap-ḫi-im* AOAT 3/1,34,1

¶ Im Nordostteil Kirkūks, s. RGTC 2,16; vgl. E.Weidner, AfO 16,12; A.Goetze, RA 46,156; J.-R.Kupper, Nomades, 92f; D.Oates, Studies 39[7]. M.C.Astour, JNES 22,233[114] vermutet ein zweites Arrapḫe im syrischen Gebiet. Bei den aB Belegen dürfte es sich nur um A. ö des Tigris handeln. Lage: 44°25' öL/35°28' nB = ME 4627.

*Arru

a-ar-ri ARM 2,24,23'

¶ Kein ON und = ajarru (Nebenform zu jarru?). Zur Lesung der Zeile vgl. W. von Soden, OrNS 22,196. S. aber sub ⟶ Bāṣum.

*Arrunum

ar-ru-ni-im^{ki} ShT 78,20

¶ ⟶ Zutlum.

Arumalik

a/ḫa$^{?}$*-ru-ma*$^{?}$*-lik*$^{?ki?}$ TCL 1,140,2 (Coll.Birot)

¶ ⟶ FN Ḫarumalik.

Asam ⟶ Ḫasam

Asarmum

^{uru}*a-sar-mu-um*^{ki} CBT 1,14090

Asirsir

a-si-ir-si-ir VS 7,67,8 (Text aus Elam)

¶ ⟶ Ḫummān, ⟶ Simaš, ⟶ Susā; E.Ebeling, RlA 1,168a: zum

elamischen Distrikt von Simaš und Susa.

Asnā

ālam as-na$^{!}$*-a*^{ki} ARM 2,42,6

¶ ⟶ FN Idiglat.

Ašal

a-ša-al^{ki} ARM 5,43,8

a-ša-la-[ju^{ki}*?]* Rimāḫ 10,4'

LÚ a-ša-la-ju-tum^{ki} Rimāḫ 160,4

¶ Zwischen ⟶ Apqum(ša IŠKUR) und ⟶ Ešnunna?; ⟶ Sanduwatum, ⟶ Talmuš, ⟶ Zanipā.

Ašar-Laba

a$^{?}$*-šar-*$^{d?}$*la*$^{?}$*-ba*^{ki} TCL 1,164,2

¶ M.Birot schlägt die Lesung *a?!-šar-(GIŠ.ŠAR)-*^{d}*la??-ma*^{ki} vor.

AŠAŠIR, AŠIR

^{uru}*A.ŠÀ.ŠIR*^{ki} TSifr 72/72a,1; 73,1

^{uru}*A.ŠIR*^{ki} TSifr 73a,1 (!)

URU$^{ki?}$*ŠÀ.ŠIR*^{ki} TSifr 74,1

¶ Die Parallele 73//73a macht deutlich, daß mit den Schreibungen A.ŠÀ.ŠIR // A.ŠIR der gleiche Ort gemeint ist.

Ašdub(ba), Ašdaba

aš-da-b[a]$^{[k]i}$ VS 18,100,26$^{!}$

aš-dub-ba^{ki} AbB 2,20,5$^{!}$; 4,156,10; ŠA 182,6; TCL 10,97,[3].12$^{!}$; 103,9; 107,6; TEBA 69 III 13; UCP 9/4:4,8; YBC 4470 Rs.4

^{uru}*aš-dub-ba*^{ki} TCL 11,190,6; 18,109,21; ŠA 196,4

URU^{ki}*aš-dub*$^{ki?}$ YOS 5,152 a/b,5

Datum: ^{d}*NIN.MAR*^{ki} *ša aš-dub-ba*^{ki} Rīm-Sîn 3 (RlA 161a:205; TEBA 23,6)

¶ Bei Larsa: E.Ebeling, RlA 1,167a; D.O.Edzard, ZZB 145[766]; RGTC 2, 18.

*Ašemû

a-še-me-e AbB 4,59,7

*Ašiḫum

¶ In Lagaš; nicht identisch mit ⟶ Ašima; Flurname?

*Ašiḫum

a-ši-ḫi-im^{ki} ARM 1,26,17.18

LUGAL a-š[i!-ḫi-im^{ki}*]* ARM 2,78,36 (Korr. Birot Syria 50,8²)

¶ Vgl. zusammenfassend M.Falkner, AfO 18,5.37. Sie unterscheidet drei A., von denen eines nahe bei ⟶ Uršum, eines am ⟶ FN Ḫabur, und das dritte im Lande ⟶ Izallu lag. Für aB A. vgl. J. Lewy, OrNS 21,2: ="Azech" bei Ǧazīrat ibnʿUmar (Cizre); A. Goetze, JCS 7,58: am ⟶ FN Ḫabur, unweit von ʿArbān = Tall ʿAǧāga; vgl. aA Ašiḫum: P.Garelli, Assyriens 90-91 = aA Usuḫinim?. A. ist dritte Station auf dem "Itinerar" des Šamši-Adad von ⟶ Šubat-Enlil nach ⟶ Mari und zwei Tagesreisen von ⟶ Šubat-Enlil entfernt.

Ašima

a-ši-ma^{ki} ARM 5,67,4

¶ Eine Tagesreise von ⟶ Karanā entfernt, nicht identisch mit ⟶ Ašemû.

Ašlakkā

áš-la-ak-ka^{ki} ARM 2,37,4.5

áš-la-ka-a^{ki} ARM 2,113,17; 10,74,10!; 157,8

áš-la-ak-ka-a^{ki} ARM 10,74,8; ARMT 13,143,12; Finet RA 60,19,7

áš-la-ka-a ARMT 13,144,35

^{uru}*aš-la-ak-ka*^{ki} *(birīt nārim)* YOS 13,246,2

ālim^{ki} *áš-la-ka-a*^{ki} ARM 10,74,15

DUMU^{meš}*áš-la-ka-a*^{ki} Habiru 22:27

n LÚ áš-la-ak-ka-a^{ki} ARM 7,110,2

PN: *áš-la-ka* AOAT 3/1,42,7

PN: *áš-la-ak-ka* AOAT 3/1,45,6

Datum: *áš-la-ka-an*^{ki} Zimrilim (ARMT 11,12,6)

áš-la-ka-a^{ki} Var. dazu (ARMT 11,17,8; 13.8; 14.9; 15.6; 16,13)

aš-la-ka-a^{ki} Var. dazu (St.Mar.54:2.3 (Var.: *aš-la-ka-an*^{ki}/*aš-la-ka-a*))

¶ J.J.Finkelstein, JCS 9,1ff: im unteren Ḫābūrdreieck; A.Finet, ARMT 15,121: n des Ḫābūrdreiecks; W.W.Hallo, JCS 18,75a: identisch mit ⟶ Ašnakkum. - Gegen die Identität mit ⟶ Ašnakkum spricht die Nominalform von A. auf *-ā* (indeklinabel) und von ⟶ Ašnakkum auf *-um* (deklinabel); A. wurde zweimal von Zimrilim eingenommen; ⟶ Elaḫut; möglicherweise in ⟶ Šubartu, sicherlich im Gebiet, welches *birīt nārim* genannt wird (J.J.Finkelstein, JNES 21,83); ⟶ Idamaraz, ⟶ Naḫur, ⟶ Tarnip.

Ašnun ⟶ Ešnunna

Aššaknum

^{uru}*aš-šak-nu-um* Holma ZATH 4,13

Ašnakkum

aš-na-ak-kum Goetze JCS 7,53 III 21

aš-na-ak-ki Goetze JCS 7,52 II 7$^{!}$; Hallo JCS 18,60,27

aš-na-ak-ki-im^{ki} ARM 2,33,10'.15'; 2,79,16$^{?!}$; 5,51,15, Habiru 21:26, 28; Dossin Syria 19,123

aš-na-ki-im ARM 2,135,17; ARMT 14,102,6$^{!}$.10; 116,5$^{!}$; Rimāḫ 219,8' (Kupper)

KASKAL aš-na-ak-ki-i[m]$^{k[i]}$ ARM 2,100,6

LUGAL aš-na-ak-ki-im^{ki} ARM 2,62,12'

LÚ aš-na-ak-ki-im ARM 7,210,17; 9,259,4; ARMT 14,113,8$^{?!}$

LÚ aš-na-ak-k[i] ARM 7,211,14

LÚ ša aš-na-ki-im^{ki} ARM 3,46,9; ARMT 14,114,7

Datum: *MADA aš-na-kum*$^{(ki)}$ Narām-Sîn (?) (OIP 43,192,114)

aš-na-ak-kum Var.dazu (BIN 7,80,21,vgl. Simmons JCS 13,77:(r))

¶ Zur zusammenfassenden Bibliographie vgl. M.Falkner, AfO 18,6; A. wird lokalisiert von J.-R.Kupper, Nomades 7f.8[1]: am linken Ufer des ⟶ FN Ḫabur; J.Lewy, AIPHOS 13,308ff: s des unteren ⟶ Zâbum (A. als die von Narām-Sîn eroberte Stadt); A.Goetze, JCS 7,59: zwischen dem Ğaǧǧaǧ und dem oberen Ḫābūr; W.W.Hallo, JCS 18,74f mit W.v.Liere, AAS 13,120: = Šāġar Bāzār. - A. wird erwähnt zusammen mit ⟶ Ḫurrā, ⟶ Kirdaḫat, ⟶ Naḫur, ⟶ Talḫajum, Wohngebiet der ⟶ Ḫanäer. Im Datum zusammen mit ⟶ Tarnip genannt. - Vgl. auch ⟶ Ašlakkā. - Zu weiteren Belegen von A. s. Ch.-F. Jean, RÉS 1937,102.

Aššur

aš-šu-ur Hallo JCS 18,59,15

aš-šu-ur^{ki} AbB 2,107,7; ARM 2,42,10'.14'$^{!}$; Goetze JCS 7,52 I 27$^{!}$

aš-šur^{ki} AbB 2,23,7; 6,202,3; Rimāḫ 98,11

^{uru}*aš-šur*^{ki} CT 52,76,11

^{uru}*a-šur*$_{4}^{ki}$ BAL II 6:CH IV 58

ālim a-šur$_{4}^{ki}$ BAL II 9:58

ālīja a-šur$_{4}^{ki}$ KAH I 2 III 11.17 IV 2.10

a-šur$_{4}^{ki}$ KAH I 2 II 13

ālim a-šu-ur Rimāḫ 122,11

Aštaba

ālim [a-šu]-ur^{ki} Rimāḫ 120,14

..*ṣābē... aš-šu-ru-ú*^{ki} ARM 2,39,32$^{!}$; ARMT 14,128,6.9$^{!}$

2 MÍ NAR aš-šu-ri-tim[ARM 2,119,3'

¶ = Qal^{c}at aš-Šarqāṭ; E.Unger, RlA 1,170ff., s. RGTC 2,19. Lage: 35°28' nBr./43°14' öL = LE 4132. In PN dürfte das Element *a-šur/aš-šu-ur* der GN ^{d}*Aššur* sein, aber vgl. den PN: *a-šur*$_{4}$^{ki}*-bani* YOS 13, 35,6,7; - der Ausdruck *ENSÍ AŠŠUR* in assyrischen Königsinschriften (K.Grayson, ARI S.7ff.), meint wohl "Vizeregent des Gottes *Aššur*".

Aštaba ⟶ Aštabala

Aštabala, Ištabala

aš-ta-ba-la^{ki} TCL 1,112,14

KASKAL aš-ta-ba-la$^{!ki!}$ CT 2,37,6$^{!}$ (Coll.Walker)

^{uru}*[aš?]-ta-ba[-la?]* VS 9,208,3

^{uru}*iš-ta-ba-li*^{ki} BRM 4,53,63

LÚ aš-ta-ba-la$^{k[i]}$ OBTI 43,6

Daten: *aš-ta-ba-la* Narām-Sîn v. Ešnunna (Baqir Sumer 5,77:8; 143:5; Ahmad 60,5)

aš-ta-ba-la^{ki} Apil-Sîn (CT 48,117,34,Hülle)

¶ D.O.Edzard, ZZB 163[876]; ⟶ Ṣupuršamaš; R.Harris, Sippar 233[110].

Ašuḫ

SAG.MÍ ^{uru}*a-šu-uḫ*^{ki} YOS 13,89,2

¶ Nordbabylonische Variante des in Mari-Texten auftretenden ⟶ Ašiḫum?: W.F.Leemans, Trade 110[3]; J.J.Finkelstein, JCS 9,1,nimmt eine Identität mit nuzizeitlichem ⟶ Ašuḫiš an.

Ašušik

"*a-šu-ši-ik*^{ki}" Habiru 20:21,4; 22,8'

¶ ⟶ Ašlakkā.

A[ ]tān^{ki}

a-[xxx]-ta-an^{ki} Dossin RA 66,129,18

¶ ⟶ Karanā.

Atašum

uru a-ta-šum ki AbB 1,127,22; TCL 11,156 Vs.25
a-ta-šum ki BRM 4,53,67; CT 45,29,1?
GÌR.NITA a-ta-šum ki Ellis JCS 26,152,23
PN a-ta-ša-ji-tim CT 52,29,6
PN(?)[ ]a-ta-ši ki Legrain RA 10,t5,4 (dazu?)

Atum ⟶ Adum

*Atumurum (?)

a?-[t]u-mu-ri-im ki ARM 4,38,19'
¶ ⟶ Ḫurrunim, ⟶ Zaḫikima.

Awal, Amal

a-wa-al AbB 3,60,7
a-wa-al ki Weidner ZA 43,115,59
Datum: *a-ma-al ki* Samsuiluna 35 (RlA 2,185:180)
a-wa-al Var. dazu? (BE 6/2,89,23)
LÚ a-wa-al ki OIP 43,125[43]:A 21914,2 Rs.2; OBTI,[86,10]; 227,3.8
LÚ a-wa-al OBTI 227,10
¶ D.O.Edzard, ZZB 90[443]; RGTC 2,20 (⟶ Awan); R.M.Whiting, JCS 28, 180[16]: im Osttigrisland; Awān dagegen nicht = A., sondern bei Susa.

Awīl-ilī

uru a-wi-il₅-ì-lí VS 13,104 II 19
a-wi-il₅-ili(AN) TIM 5,71 I 2

*Azuḫīn(um)

a-zu-ḫi-in[-nim ki] Rimāḫ 145,9
LUGAL a-zu-ḫi-ni-im ki Dossin Syria 20,109 (hierzu ARM 2,78,37?)
LÚ a-zu-ḫi-nim ki ARM 2,109,48; 7,112,9; 219,31.38.46; ARMT 14,106, 10'.17'; 108,8; 109,6
a-zu-ḫi-na-ju ARMT 12,747,7

Azzal

¶ M.Falkner, AfO 18,6f. 35: = aA Uzuḫinum, eine Station vor ⟶ aA Tarakum?; A.Goetze, JCS 7,67: am ⟶ FN Ḫabur. Die aB Belege deuten nicht auf eine Lage am ⟶ FN Ḫabur. Identisch mit mB Azuḫinni in der Nähe von Nuzi/Arrapḫa?; vgl. I.J.Gelb, HS 63, so auch C. Zaccagnini, Or.Ant.13/1,33. Vgl. S.Dalley, Rimāḫ Nr. 119 zu 9.

Azzal

az-za-al^{ki} ARM 7,180 II 15'

B

Babaja

LÚ ba-ba-ia^{ki} OBTI 157,3

Ba-bi-gi-ir-rum ⟶ Gerrum

Ba-bi-KIB.NA ⟶ Gerrum

Bābilim

KÁ.DINGIR.RA^{ki} AbB 1,6,20; 13,14; 18,12; 22,37; 33,40; 68,5; 84,10.23; 85,16$^{!}$; 88,8; 102,7.21; 107,5; 109,18'.19'; 117,7; 122,10; 128,9.10.3'.7'; 132,4; 2,9,19; 14,8.11; 16,10; 21,5; 22,7'.25; 24,6'.10'; 25,1'.15'; 32,8; 33,8.27.31; 34,11.18.23.26.28.31; 37,13; 39,12.19; 40,8.14; 41,12; 42,32; 43,27; 48,15.18; 49,[15].18; 52,14.18; 53,8.15.22; 56,16; 61,7'; 64,16; 67,7; 68,22; 69,3'; 70,4; 71,6.11.20; 72,6; 73,5.7'; 74,3.24; 75,7.13.[22].24; 77,3; 78,18; 83,30; 84,11.13; 85,33; 88,7'; 94,15; 96,18.20.26; 98,3; 99,3.9; 101,26; 106,25; 112,18; 122,5; 151,17; 172,10.14.19; 178,11; 179,15; 181,12; 3,3,30; 19,24; 22,22; 82,27; 65,24$^{!}$; 72,5$^{!?}$; 77,19; 80,4'; 100,4'; 4,5,6; 17,6; 84,9; 118,7.8; 155,17.[3']$^{?}$; 5,14,6'$^{!}$; 41,5; 56,15'; 82,4; 87,3'; 137,17; 171,15; 225,9; 267,19; 271,6$^{!}$; 278,3'; 6,2,11; 6,11.13.20$^{!}$; 7,4; 17,7$^{!}$; 24,13'$^{!}$; 36,10; 52,10; 66,16.12'$^{!}$; 79,5; 81,11; 91,11; 92,15; 96,9; 103,21; 117,7; 125,13; 128,6; 155,3'.14'; 158,21$^{!}$; 161,13; 180,6; 181,9'.21'.35'; 190,5; 201,14; 202,2.10; ABPh 16,6.12; 52,8; 61,10; 76,11; 77,29; 81,14; 95,13; 100,29; 108,19; 110,10; 111,26$^{!}$; 114,19$^{!}$; 119,28; 125,9$^{!}$.22.34; 126,9; 131,8$^{?!}$; 133,7.21; 134,14; ARM 1,22,37; 2,21,5; 24,6'.10'; 25,1'.15'; 34,31; 43,27; 70,4; 71,6.11; 72,6; 73,5; 74,10$^{!?}$; 77,3; 3,19,24; 4,5,6; 17,6; 5,14,[6']$^{?!}$; 41,5.10$^{?!}$; 6,14,16; 15,11; 16,5; 20,17$^{!}$.22$^{!}$; 21,5.13;

23,20!; 26,6; 68,18'; 78,16.24?!; 9,127,9!; 253 IV 20; 286,3; 10, 84,21; ARMT 13,10,10!; 23,8; 27,14; 30,15; 34,6; 45,18?!; 47,12; 114, 9; 14,64,9; 65,15!; 70,5.14!.14'; 72,5.10.12; 13.31; 76,23.25.27; 97,11; 124,6'; BAL II 4,16:CH I 15; 5:CH II 6; 6:CH IV 43; CH V 5; BAL II 47,14.74; BDHP 32,10.Rs.7; BE 6/1,103,23; 110,11; BIN 2,97, 3; 103,19; 7,5,5.11?![.14]; 22,11!; 223,6; CHJ 106,7; 124,6; 129,3; CT 2,1,20.23.50; 6,28.31; 4,2,7; 26c,14; 28,18.20.26; 32b,3; 33a,18. 24; 36a,26; 6,8,25; 29,7; 39a,24; 8,40a,2; 45,22,4; 46,6; 58,8; 60, 34; 48,64 Vs.7 Rs.4.6; 80 Vs.4; 52,4,26; 37,12; 39,9; 42,10; 78,8; 81,18?!; 82,18; 93,10; 102,6; 106,11; 108,7'; 116,15!; 128,17'; 135, 11'.12'; 145,16'; 148,9'; 155,7.17; 156,11; 157,9.14; 161,17; 162,13; 163,6.12.19; 164,1.19.20; 168,8'; 172,3.17; 173,8.18; 175,5'; 178,1. 8; 183,12; 184,3.5.9; 189,4; ed-Der S.8:IM 49227,18.24.28.37; LFBD 886,9; 905,5; 906,9; 908,6; 913,10.12; LIH 57 II 32 // 58 II 28; PBS 1/2,12,31?!; 8/2,198,12; PRAK 1,B31,4; B283,6.7.8; 2,C80,5; Rimāḫ 35,10; 60,7; 67,4; 68,5; 69,16; 70,5!; 132,26; 161,12; 260,9!; Stun-eck Hamm. 1,19,18; 36,12; 37,26; Gordon SCT 48,3; 61,9?!; SD 5,21 A III 21; 23 IV 39; ŠA 172,10; Harris Sippar 381:BM 78577; 80744,4; 80437,3; TCL 1,164,11; 80,14;, 17,14,6; 26,6.27 (<*ki*>); 29,19.28!; 40,19; 55,8; 70,10.21; 18,98,3'; 104,15; 105,19; 115,7; 123,9; 124, 14; 133,13; 151,33; TEBA 43,21; 64,16; TIM 1,17,4; 2,109,23; 112, 20; 143,20; 5,59,8.12; 7,30,2; TLB 1,91,9; 98,27'; 106,5 (*KASKAL*); UET 1,138,21; 144,[17]; 5,116,9!; 682,5.30; 8,85,11; VS 8,26,8; 13, 13 Rs.7; 18,76,13; YOS 2,123,13; 21,3; 12,59,20; 67,9; 77,4; 250, 6; 264,7; 388,5; 13,43,22; 107,5!(*KÁ.GAL?*), 117,8; 142,16; 143,5; 156,10; 160,4; 162,21, 170,13; 173,3!; 248,2, 406,3; 409,2!; 412 Rs.3!; 425,3; 512,7; 523,12; Birot RA 66,133,7; Dossin RA 66,116b,8; Syria 48,2,14.15; Goetze JCS 7,52 I 10; 53 IV 7; Meissner BA 2,579, 21; Simmons JCS 14,28:60,5

sehr fragmentarische Belege:

K[Á?].DIN[GIR.RA^{ki}?] YOS 13,5,1!

KÁ.DINGIR.<RA>^{ki} CT 2,1,2; 6,2

KÁ.DI[NGIR.RA^{ki}?] CT 48,76,11

kār KÁ.DINGIR.RA^{ki} BIN 2,105,5; CT 45,22,10; TLB 1,154,18; YOS 13, 36,6; 291,10; 503,8; Sollberger JCS 5,79b,7; 97a,18?!(*K[Á]*)

^{uru}KÁ.DINGIR.RA^{ki} Rimāḫ 42,19; 135,6!; ŠA 172,16

ālam KÁ.DINGIR.RA^{ki} Dossin Syria 33,65,12

bīt Ištar KÁ.DINGIR.RA^{ki} VS 7,84,2.4

NIN.DINGIR ᵈMarduk KÁ.DINGIR.RA^{ki} VS 18,18,11.13.16.22.26

LUKUR ᵈMARDUK KÁ.DINGIR.RA^{ki} TJAUB t.41:H 41 Rs.5'

dajjāne/DUMU/LÚ/(DUMU^{meš}*) šiprē/mākis/ṣābē/LUGAL KÁ.DINGIR.RA*^{ki} AbB 1,120,10'; 5,130,5; 6,12,5; AB 11,40,8; 100,5; ABPh 89,9.12.39; ARM 1,93,7; 2,22,22.25.26; 25,4; 33,3.12'; 34,38; 39,32; 71,14; 74,3; 122,5; 3,55,8; 72,5; 4,17,6; 26,14.19.21; 5,56,7.11.15; 6,14,12; 17,5; 18,14.3'; 21,11; 27,11'.19'.21'; 28,13; 33,3; 34,5.8; 63,5; 78,13!.21; 70,6'; 7,212,3; 9,46,6; 288,2; 10,133,3.26!?; 177,7; ARMT 12,747,2; 13,34,9; 57,4; 114,16; 123,7; 14,73,4; 97,7; 126, 9; BAL II 47,33; BDHP 22,9; BE 6/1,26,3; 103,25; BIN 7,35,13 (<ki>); CT 1,45,11; 8,6b,8; 24b,19; 40a,7.15.23; 47,67,6; 83,17; 52, 115,12'; 134,9' 153,5; Gautier Dilbat 13,5!;LIH 57,3//58,3;61,16; 63,5; 95,3; 100 Vs.3; PRAK 1 B 434,4; 262,10; Rimāḫ 252,2; 253,2; 255,4; 259,5; TEBA 71 III 10 (*PN*...); TLB 1,127,4 (*LÚ TUG ša*..); 154,6 (hierzu?); VAB 6,218,6.21; VS 7,128,43; 13,32,5; 43,5!; 48,7; 49 Rs.3; YOS 2,25,3; 12,535,3; 13,91,25; 323,4; 374,7 (*PN*...); Borger OrNS 27,407,3; 408,4; Dossin RA 64,99,3; 66,116b,18; 129,10; Syria 19,117; Falkenstein BagM 2,56f. III 25; Gelb JNES 7,258 I 18. II 4; Kupper RA 42,45 Rs.11'; 46,19'.21'; Langdon RA 20,10,4; Poebel AfO 9,246 I 3; Sollberger Iraq 31,90,8; 92,5; JCS 5,86:MAH 16506 + 16215,18; Thureau-Dangin RA 33,172,49

ṣābē āli KÁ.DINGIR.RA^{ki} ARM 2,34,28

awīlim KÁ.GAL KÁ.DINGIR.RA^{ki} CT 48,80,4

DUMU.MÍ KÁ.DINGIR.RA^{ki} CT 4,15c,11

KÁ.DINGIR.RA-ju^{ki} ARM 4,5,20

KÁ.DINGIR.RA-i$^{?!}$ ARM 7,271,3

Daten: *KÁ.DINGIR.RA*^{ki} Zimrilim (St.Mar.56:11.12); Samsuiluna 26 (RlA 2,184:171); Abī-ešuḫ h (RlA 2,186a:191; TCL 1,147,31)

BÀD.(GAL.)KÁ.DINGIR.RA^{ki} Sumu-abum 1.2 (RlA 2,175:1.2); Sumu-la-el 5.6 (RlA 2,175:19.20); Apil-Sîn 16 (RlA 2,177:80)

BÀD(MAḪ.GIBIL)KÁ.DINGIR.RA^{ki} Apil-Sîn 2 (RlA 2,176-177:66)

ᵈINANNA KÁ.DINGIR.RA^{ki} Apil-Sîn 11 (RlA 2,177:75); Apil-Sîn 13 (RlA 2,177:77); Ḫammurabi 14 (RlA 2,179:116)

ᵈUTU KÁ.DINGIR.RA^{ki} Apil-Sîn 17 (RlA 2,177:81)

(É)ᵈNANNA(...)KÁ.DINGIR.RA^{ki} Ḫammurabi 3 (RlA 2,178:105); Samsuiluna 5 (RlA 2,182:150); Samsuditana 10 (RlA 2,191:278; Finkelstein JCS 13,42)

(Heiligtum) *ᵈEnlil KÁ.DINGIR.RA*^{ki} Ḫammurabi 18 (RlA 2,179:120)

Bāb-naḫlim

(É) *^{d}IŠKUR KÁ.DINGIR.RA^{ki}* Ḫammurabi 28 (RlA 2,179:130); Samsuiluna 27 (RlA 2,184:172); Abī-ešuḫ k (Goetze JCS 5,103[56]:MLC 259)

^{d}Enlil EN KÁ.DINGIR.RA^{ki} Samsuditana 8 (Finkelstein JCS 13,42:MLC 915)

neues Datum: *^{d}INANNA NIN KÁ.DINGIR.RA^{ki}* Samsuditana (CT 48,40,2)

PN: *mār-KÁ.DINGIR.RA^{ki}* BE 6/1,94,10; SVJAD 137 I 2,95:Bj 88,2,3; Langdon PSBA 33,t 36:XI 22; Ungnad ZA 36

PN: *Liwwer(!)-KÁ.DINGIR.RA^{ki}* VS 7,35,13; 138,10

LÚ ba-bi-la-ju^{ki} ARM 10,59,4

ba-bi-la-ju-um^{ki} Dossin RA 66,121,10

TIN.TIR^{ki} AbB 5,27,[6'].19'; LIH 59,20; PBS 13,58,7; Scheil OLZ 8, 350,3

LÚ TIN.TIR^{ki} TCL 10,58,2; 62,2.11! (*<TIN>.TIR^{ki}*)

LUGAL TIN.TIR^{ki} LIH 59,12

Daten: *BÀD TIN.TIR^{ki}* Sumu-la-el 6 (RlA 2,175:20)

UGNIM TIN.TIR^{ki} Sîn-idinnam 4 (RlA 2,159:180)

^{d}INANNA TIN.TI[R^{ki}] Apil-Sîn 15 (RlA 2,177:79)

¶ = Babylon: E.Unger, RlA 1,331. Lage: 44°26' öL/32°33' nBr = MB 4601; vgl. E.Unger, Babylon (1931); RGTC 2,22.

Bāb-naḫlim

KÁ-na-aḫ-lim^{ki} Dossin RA 65,55 XIII 54

LÚ^{meš} KÁ-na-aḫ-lim^{ki} ARM 6,37,6; 9,253 I 13

LÚ^{meš} ba-ab-na-aḫ-la-ju^{ki} ARMT 14,104,4

¶ Am ⟶ FN Ḫabur?; ⟶ Qattunān; ⟶ Ešnunna.

Bāb-Šaḫan

^{uru}KÁ-^{d}MUŠ(Šaḫan)^{ki} YOS 13,205,2

Bāb-Šamaš ⟶ KÁ.UTU

BÀD ⟶ auch Dūr-

BÀD ...

BÀD-AN??[...] OBTI 147,9

BÀD X-^{ki} AbB 4,45,7; 123,7

BÀD, BÀD.A, BÀD.AN

BÀD^{ki} AbB 1,97,2'; ABPh 4,7; Pinches Berens 102 Rs.10; TCL 10,66,16; Falkenstein BagM 2,57 III 3

BÀD.GAL BÀD^{ki} YOS 9,23,12

BÀD.AN^{ki} MDP 4,3; TCL 10,56,4; TIM 1,16,12; 2,92,6; Trade 147,3.15; YOS 5,207,33; 9,62,6

[LUG]AL BÀD.AN^{ki} OIP 43,155,55:As.30:T 255 Rd.3; RIAA 4,4!

LUGAL (GÌR.NITA)/ŠAGIN BAD.AN^{ki}*-ma* CT 21,1,8; YOS 9,62,6; Pettinato Or.Ant.9,106E,2.7; 107F,2.7

LÚ BÀD$^{ki(meš)}$ AbB 1,14,11.19; Kisurra 153,23; YOS 5,124,4

LÚ BÀD.AN^{ki} OIP 43,197[94]:As 30:T 222; Goetze JCS 4,109a,17

PN: *Ṭāb-BÀD*^{ki} TCL 10,130,23

PN: *BÀD*^{ki}*-gamil* VS 13,64 Rs.8; 64a Rs.4

Daten: *BÀD.AN*^{ki} unbekannte Zuordnung (OIP 43,191,113:As 30:T 236); unbekannt Zuordnung (OBTI 55,1'); Rīm-Sîn 20 (RlA 2,162:222)

BÀD.A^{ki} Varianten dazu (YOS 5,203 Rd.5; 8,38,30)

BÀD^{ki} Var. dazu (YOS 8,37,32)

¶ Mit A.Falkenstein, BagM.2,27ff. mit Anm.109 ist BÀD.AN^{ki} mit BÀD.(A) identisch, vgl. auch die Varianten zum Datum Rīm-Sîn 20. Nach RGTC 2,23 ist BÀD.AN/BÀD, bei Rīm-Sîn und Ḫammurabi erwähnt, identisch mit Tall ᶜAqar bei Badra (45°56' öL/33°7' nBr. = NB 8865).– S. zu diesem B. W.F.Leemans, Trade 173ff., E.Unger, RlA 2,199ff.; A.Goetze, JNES 12,177[18]; A.J.Brinkman, AnOr.43,212[1320]; Th.Jacobsen, Iraq 22,176 "am Zubi Kanal". Dieses B. vermutet jetzt P.Michalowski, Mesopotamia 12,83ff. in der Nähe von Uruk, vielleicht = Umm al-Wāwīya, und lehnt die Identifizierung dieses B. mit Tall al-Laḫm (s. RGTC 2, 36, sub Dūrum; A.Falkenstein, AfO 21,50f.; vgl. noch H.Steible, ArOr. 43,346ff.: Dūrum = Dūr-Sîn-kašid-) ab, und nimmt an, daß in Tall al-Laḫm (46°23' öL/30°47' nBr.) ⟶ (UR III zeitliches) KISIGA (s. RGTC 2,36) anzunehmen ist.

Die akkadische Lesung Dūrum für BÀD(A./AN) ist aB nicht belegt; die Gleichung von KISIGA mit Dūrum ist falsch, ⟶ Damru. Es ist anzunehmen, daß B. in Texten aus Ešnunna = Tall ᶜAqar meint, während B. in Texten aus Larsa vermutlich mit P.Michalowski, ibid., näher bei Uruk zu suchen ist.

Die Gleichsetzung von B. mit Dîr ist aB einmal belegt, wenn der Brief Jarimlim's an Jašubjaḫad (G.Dossin, Syria 33,66) Dîr ö des Tigris meint und nicht ⟶ Dîr, welches vermutlich einen Tagesmarsch ö von Mari liegt (ARMT 13,33), bei ⟶ Zalmaqum und ⟶ Mišlān. M.Birot, RA 66,136 vermutet mit G.Dossin dieses Dîr in "Haute Mésopotamie", während er ein drittes Dîr unweit der Stadt Abū Kemal sö von Mari lokalisiert.

*BÀD.BAR

*BÀD.BAR

BÀD.BAR$^{(ki)}$ Datum:Bilalama v. Ešnunna (OIP 43,179,69)

¶ ⟶ KÁ-Ibaum. Deutung als ON von Th.Jacobsen OIP 43,179, verglichen mit ⟶ Bīt-barru (s. dazu D.O.Edzard, ZZB 72[344]). Vermutliche Lesung BÀD.BAR.(KI) KÁ-Ibaum "die äußere Mauer von ⟶ KÁ-Ibaum" und kein ON.

BÀD-Biškiki(?)

BÀD-bi-iš-k[i-ki?]^{ki} Jacobsen JCS 9,72:7,14

BÀD.BÚR.RA

BÀD.BÚR$^{!}$*.RA*^{ki} Meek AJSL 33,242,9:RFH 38,2 (Coll.R.Whiting); UET 5, 645,8

BÀD.GIBIL$^{?}$

wāšib BÀD.GIBIL OBTI 309,17

BÀD-ÌR.AN[?

BÀD.ÌR.AN[? YOS 8,100,6

BÀD-IŠKUR

BÀD-^{d}*IŠKUR*^{ki} ARM 1,43,8'

¶ ARMT 15,123: am Balīḫ; vgl. RlA 2,241b zu mA B.; ⟶ Tuttul.

BÀD-KÁ-IŠKUR

BÀD KÁ-^{d}*IŠKUR* Datum:Ibnī-sadu'ī (Kisurra 193A,3)

BÀD-Kasišunu

BÀD$^{(?)}$*-ka-si-šu-nu* Holma ZATH 4,11

¶ Lesung zweifelhaft.

BÀD-KI.GUL(?)...

BÀD.KI.GUL(?) CBT 1,14021

BÀD.LUGAL

BÀD.LUGAL^{ki} Stuneck Hamm. 1,17,14.

¶ Einziger aB Beleg, vgl. aber zu Dūr-Šarri in kass./mB Zeit und später, E.Ebeling, RlA 2,249.

BÀD.LUGAL-Isin

BÀD.LUGAL-ì-si-in^{ki} VS 13,43,2

BÀD.MÀ

BÀD.MÀ^{ki} Datum: unbekannter Zuordnung (Johns PSBA 33,101 K)

¶ Vgl. St.D.Simmons, JCS 14,85 (2).

BÀD-MedurAN

BÀD-me-d[u$^{!}$*]-ra-an* Datum: Ipīq-Adad (OBTI 63,18)

BÀD-Mudi

BÀD-mu-di OBTI 140,10

Badrum

^{uru}*ba-ad-rum*^{ki} Grant CDSmith 263,15; SVJAD 137 I 10$^{?!}$.17.18.19; TLB 1,212 Tafel 8, YOS 12,414,6; 415,6; 420,6

b[a-a]d-ri-i[m^{k}*]*^{i} Rimāḫ 157,13

A.ŠÀ ^{uru}*ba-ad-rum*^{ki} TLB 1,212 Umschlag 8

A.ŠÀ ba-ad-ri^{ki} Rimāḫ 156,7

LÚ ^{uru}*ba-ad-ri*^{ki} Rimāḫ 201,4

¶ W.F.Leemans, JESHO 1/1,140[1] liest *Baṣirum*, ⟶ Baṣime.

BÀD-Rutumme

BÀD-rù-tu$^{?}$*-um-me* Datum: Ipīq-Adad? (OIP 43,127[47])

¶ Nicht nachprüfbar, da keine Grabungsnummer angegeben.

BÀD-ŠUBUR.RA

BÀD-ŠUBUR.RA

BÀD ŠUBUR?*-ra*^{ki} TCL 11,247,8 (Coll.Birot)

BÀD-Šū-DIDLI

BÀD-šu-DIDLI^{ki} AbB 1,82,12

¶ Lies: BÀD.ŠU.DIM$_4$? Vgl. MSL 11,62:18,131 III 42.

BÀD.TIBIRA

BÀD.URUDU.NAGAR^{ki} AbB 2,11,7; 30,7; 56,6; 60,5; CHJ 106,18; 122,10; Gordon SCT 40 Vs.5; TCL 10,123,31; 11,244,6.37 Rs.4.22; 17,54,7!; 18,122,11!.15!?, TEBA 69 III 10,, UCP 9/4,2,9; VS 13,104 I 23.II 10. 12; YBC 4299 Rs.2, 6293 unt.Rd.; YOS 2,39,6; 8,59,6; 62,5; 12,77,7; Goetze JCS 17 79a,9; Pinches PSBA 39 pl.10:23,16

URU^{ki} *BÀD.URUDU.NAGAR*^{ki} Gordon SCT 40 Rs.1

BÀD.URUDU!*.NAGAR*?ki? VS 18,89,1 (M.Stol)

^{d}*DIDLI BÀD.URUDU.NAGAR*^{ki} ŠA 184,5

GÌR.ÌR.BÀD.URUDU.NAGAR^{ki} AbB 4,5,8

PN/DUMU.MEŠ/LÚ BÀD.URUDU.NAGAR^{ki} TCL 11,218,5!; 17,54,7 (Stol); Goetze JCS 17,79a,3

PN: ^{uru}*BÀD.URUDU.NAGAR*^{ki} YOS 12,275,15

¶ RGTC 2,24; = al Madāʾ in oder Tall al-Madīna: I.E.Crawford, Iraq 22,197ff; Th.Jacobsen, ibid. 174ff. Lage: 31°20' nBr./45°55' öL = NV 8867.

BÀD.UGU.KUN.ZI(.DA)

BÀD.UGU.KUN.ZI(.DA) BIN 7,154,7; 153,9

BÀD.KUN.ZI BIN 7,156,12

¶ An der Mündung des ⟶ FN Isin; vgl. BIN 7,154. Lesung "KUN" geht zurück auf St.D.Walters, WL S.129ff. ON?

BÀD.UTU

BÀD.^{d}*UTU*^{ki} CT 45,60,35; ed-Der 118,4; UCP 9/4:26,11

*[ur]u**BÀD.*^{d}*UTU* AbB 1,13,22

URU^{ki} *BÀD*$^{?}$.^{d}*U[TU]* YOS 5,168,2

¶ E.Ebeling, RlA 2,219 a zu 2): bei Sippar.

BÀD.ZI.AB.BA ⟶ Barsipa

BÀD-x-ri/ḫu?

BÀD-x-ri/ḫu?? Goetze JCS 7,53 IV 3'

¶ ⟶ Magalā, ⟶ Sippir?

*Baḫānum

ba-ḫa-nim^{ki} BDHP 65,6

BAḪÁR

^{uru}*BAḪÁR*^{ki} BRM 4,53,51

Baja, Baja'um

^{uru}*ba-ia*^{ki} AbB 5,86,9'

PN: *mār-*^{uru}*ba-ia*^{ki} AB 11,57,2; CT 4,11a,6.20 (<*ba*>); 38a,29

mār-^{uru}*ba-ia* BE 6/1,58,3.7; 8,24a,24$^{!}$

mār-^{uru}*ba-a-a*^{ki} CT 6,45,2.4; 48,38,6

mār-^{uru}*ba-a*^{ki} VS 9,56,3.5

dazu: *mār-ša-ba-ia* CT 4,39b,3; 6,36b,7 (?)

mār ^{uru}*ba-ia-um*^{ki} VS 13,20a,8

Bakkaram

[b]a$^{?}$*-ak-ka-ra-am*^{ki} ARM 5,2,5

[b]a$^{?}$*-ak-ra-am*^{ki} ARM 5,2,8.10$^{!}$

Bakum

^{uru}*ba-kum*^{ki} PBS 8/1,32 I 16 II 8 IV 2

Balmunamḫe

URU^{ki}*bal-mu-nam-ḫé* YOS 8,173,2

AN.ZA.GÀR (ša) bal-mu-nam-ḫé YOS 5,181,13; 8,42,13

¶ Bei Larsa?; D.O.Edzard, ZZB 110[547]; ⟶ KA.AN.

Baniatān

ba-ni-a-ta-an^{ki} TCL 1,130,1; 131,1$^{!}$

Baninê (?)

ba$^{?!}$*-ni-ne-e*^{ki} Birot Syria 50,4^{4}:72-2.39

¶ Identität mit ⟶ Bunineju wahrscheinlich. M.Birot, Syria 50,5: am linken Ufer des Tigris.

Baqasum

ba-qa$^{?!}$*-sú?-um*^{ki} BRM 4,53,70

¶ ⟶ Gubbatum; vgl. die Ortschaft: *ba-qa-šu* bei B.Meissner, MAOG 1/2,44,46.

*Baraḫsum

ba-ra-aḫ-si-im^{ki} CT 21,1,16

ba-ra-[aḫ-si-im] Edzard Sumer 15,pl.3:IM 58 333 II 7

¶ RGTC 2,25; ⟶ Anšān, ⟶ Elam, ⟶ Marḫašu, ⟶ Simaš.

Barḫān

bar-ḫa-an^{ki} ARMT 14,39,8.20$^{!}$; 62,8

LÚ$^{(meš)}$ *bar-ḫa-an*^{ki} ARMT 14,62,4.27

¶ Zum Distrikt Saggaratum.

Barsipa

bar-zi-pa^{ki} AbB 5,262,4; YOS 12,383,19; 13,122,12

bar-zi-pa^{ki} LIH 94,33

^{uru}*bar-zi-pa*^{ki} BAL II 5 III 12; PRAK 1 B 262,12

bar-si-pa^{ki} YOS 12,273,13

kār bar-zi-pa^{ki} SD 5,21 III 22

KASKAL bar-zi-pa^{ki} BIN 9,391,3$^{?}$; 415,18; 479,3

A.ŠÀ bar-zi-pa^{ki} BIN 9,452,13

dajjāne... <bar>-zi$^{?}$*-pa*$^{k[i]}$ VS 13,32,5

LÚ bar-zi-pa^{ki} CT 52,153,6; PRAK 2 D 12 Rs.7??

BÀD.ZI.AB.BA. PBS 8/1,100,36

Daten: *bar-zi-pa*^{ki} Sumu-la-el 28 oder Apil-Sîn 1 (RIAA 256,14)

bar-zi^{ki} Sumu-la-el 28 (RlA 2,176:42; CT 6,9,43)

BÀD bar-zi^{ki} Apil-Sîn 1 (RlA 2,176:65; CT 6,9 II (9))

¶ = Birs Nimrud. Lage: 32°23' nBr/44°22' öL = MA 3983: E.Unger, RlA 1,403ff und RGTC 2,26; zur Identifizierung mit "BAD -zi'aba" vgl. E.Unger, ibid.

Baṣime

URU^ki ba-ṣi-me(?) Pinches Berens No.102,34

¶ Text möglicherweise verderbt. Lesung ⟶ *Ba-ad-rum* möglich?

Bāṣum

^uru ba-ṣu^ki AbB 2,86,33
^uru [ba]-ṣu^ki AbB 2,84,5.6
^uru ba-ṣum^ki CT 48,6; 52,128,9; TIM 2,101,5
^uru [ba]-ṣí^ki CT 52,152 Rs.2'
ša(-)ba-ṣí-im^ki ARM 2,22,19.27!
ša(-)ba-ṣí-im ARM 2,24,22' (v.Soden OrNS 22,196)
Daten: *BÀD ^uru ba-ṣum^ki* Ḫammurabi 21 (RlA 2,179b:123; ZZB 153)
^uru ba-ṣí^ki Var.dazu (RlA ibid.)
^uru ba-ṣum^ki Samsuiluna 18 (Morgan MCS 3,35f.: Lewy HUCA 32,57[156]: = Sîn-muballiṭ 18)

¶ Etymologisch zusammenhängend mit ***bāṣum*** "Sandbank" und im Kontext nicht immer eindeutig als ON auszumachen (vgl. W. von Soden OrNS 22,196). Lage von B. unbekannt, möglicherweise mehr als eine Ortschaft dieses Namens (eine bei ⟶ Ḫalab, ⟶ Emar und eine weitere bei ⟶ Bābilim?). B. bei Babylon wurde von Ḫammurabi gegründet (AbB 2,84); vgl. nA ⟶ Bīt Bazi? - Vgl. R.Borger, AfO 23,22f; zu Bazi vgl. J.Brinkman, AnOr.43,158[956], s. ferner CAD B 135.

BA.ŠAG$_5$.GA

(ŠÀ)BA.ŠAG$_5$.GA! Jacobsen JCS 9,119:105,13 (Kh.1935,70) (Coll.Whiting)

¶ Vermutlich ON, obgleich im gleichen Text *šà* als Relativpronomen verwendet wird(Z.6) und deshalb auch ein PN möglich wäre.

Bašarum

ṣābē ^uru ba-ša-rum^ki AbB 5,235,6

Bašimi

ba-ši-mi^ki Datum:Gungunum 3 (RlA 2,155:96)

BE-ku-a

¶ Vgl. RGTC 2,26-27 mit Belegen aus der UR III Zeit und Lokalisierungsvorschlägen; im östlichen Elam.

BE-ku-a

URU^{ki} *BE-ku-a* TCL 18,155,10

Bēltum

^{uru}*be-el-tum*^{ki} VS 13,104 III 25

*Bešannum

BE-ša-an-n[im]^{ki} AOAT 3/1,35,32

Bidaḫ, Bidda

^{uru}*bi-da-aḫ*^{ki} TCL 1,237,38 (Ḫana)

bi-da-ḫa^{ki} ARMT 14,1,15

bi-da-aḫ^{ki} ARMT 14,69,10

Datum: *bi-id-da* Išiḫ-Dagan v. Ḫana (Nougayrol RA 41,44,8')

¶ Vgl. J.Nougayrol, RA 41,43[3]; in der Nähe des ⟶ FN Ḫabur?, vgl. ⟶ Dūr-Jaḫdunlim, Qattunān, Saggaratum; s. J.Lewy, Eretz Israel,5,23^{+}-24^{+28} und vgl. zum Namenstyp F.Gröndahl St.Pohl 1,170f.

Bidara ⟶ Qaṭarā

Bigiami

^{uru}*BI-gi-a-mi*^{ki} Rimāḥ 327,7

Biḫura

dajjāne ^{uru}*bi-ḫu-ra* OBTI 25,28

*Bikasû

bi-ka-si-i^{ki} TCL 18,86,27; YOS 2,68,5; 12,271,8

Binā

bi-na-a[ki] AbB 4,19,5.17
bi-n[a[?]*-a*[ki?]*]* AbB 4,78,10
URU[ki] *bi-na-a* YOS 5,196,13

¶ RGTC 2,27 (nur ein Beleg).

Binānû

BI-na-nu-ú Hallo JCS 18,59,17

¶ Nach Photo ist die Lesung *am!-na-nu-u* ausgeschlossen. B. liegt zwischen ⟶ Ekallatum und ⟶ Saqā.

*Binnum

[uru]*bi-in-nim*[ki] AbB 4,99,7

¶ E.Ebeling, RlA 2,30a. [*A.ŠÀ GIŠ.ŠINIG* wohl nicht hierzu].

Bira[t]

[uru]*bi-ra-a[t*[(?)]*]* TCL 18,144,4 (Coll.Birot)

Birbā

ālim b[i-i]r-ba-a[ki] Dossin Syria 50,278,5

¶ G.Dossin, Syria 50,281: im oberen Mesopotamien.

Birbirum

A.ŠÀ bi-ir-bi-rum[ki] AbB 6,114,19; LFBD 15:899,8.12[!]
A.ŠÀ [uru]*bi-ir-bi-ri-im* LFBD 16:900,5; 17:901,23[!]

¶ E.Ebeling, RlA 2,30b.

*Birdu

AN.ZA.GÀR bi-ir[?]*-d[i]*[?] Ellis JCS 24,58:46 Rand (Stol)
di-im-ti [I]*bi-ir-di* Ellis JCS 24,52:28,8-9
ḫalaṣ bi-ir-d[i][!?] CT 52,128,8

Birikada

[b]i-ri-ka-da[ki] OBTI 252,2

Biru(n)dum

Biru(n)dum ⟶ Burundum

Bisir

KUR bi-si-ir ARM 5,27,26

bi-si-ir ARM 6,44,6

PN: *mūt(u)-bi-si-ir* ARM 1,15,16 und öfter vgl.ARMT 15,152

¶ = Ğabal Bišrī, J.R.Kupper, Nomades 47[2]; D.O.Edzard, ZZB 35[147] und S.33; RGTC 2,126. - Silberfundort.

Biskira

BÀD bi-is-ki-ra Datum:Ḫammi-dušur (Ahmad 39,17; 45,10)

Bišān

bi-ša-an[ki] ARMT 14,14,5

bi?-[š]a-a?[ki] ARM 4,76,34

Bīt-Akkaka

É-ak-ka-ka[ki] ARM 2,106,7; ARMT 14,1,5.9; 2,7; 77,13; 81,19.34

"*É-ak-"gà"-ak-ka*" Birot Syria 35,22[2]

¶ Identisch mit ⟶ Agagā? Vgl. ⟶ Dūr-Jaḫdunlim, Jâ'il, Narā, Tillazibi; am ⟶ FN Ḫabur?

Bitalal

KUR BI-ta-la-al AbB 3,3,25

Bīt-ašar ⟶ Ea-šar

Bīt-ḫul ⟶ Eḫul

Bīt-Ḫuqqum

É-ḫu-uq-qum ARM 8,6,11'!

PN suqāqum ša É[it]*-ḫu-uq-qum* ARM 8,6,13'

Bīt-Ibarim

É-i-ba-ri-im AbB 4,150,23

Bīt-Itiri

A.ŠÀ É-i-ti-ri UCP 10/3:2,1

Bīt-Jaetim

A.GÀR ša É-ia-e-tim ARMT 14,23,13

¶ Vgl. die Ortschaften ⟶ Narā, ⟶ Zanipatum; B. liegt am ⟶ FN Ḫabur.

Bīt-Jama[...]

É.ia-ma[X(?)] ARM 2,123,12

Bīt-Japtaḫar-na

[É-i]a-ap-ta-ḫa-ar-na ARM 2,92,32
É-ia-ap-ta-ḫa-ar-n[a] ARM 3,1,5

¶ Am ⟶ FN Išīm-Jaḫdunlim.

Bīt-Kapān

É-ka-pa-an ARM 2,82,6.11.14; 7,207,16'; ARMT 13,37,2'; 102,9!.14; 14,44,6; 75,24

¶ Zwischen ⟶ Qattunān und ⟶ Saggaratum, am ⟶ FN Ḫabur (ARMT 13,102). Station zwischen ⟶ Kurdā, Mari (? ARM 2,82), ⟶ Aḫunā, Lakušir, Meptûm, Razamā.

Bīt-Kikkirim

PN É-ki-ik-ki-ri-im ARM 8,93,2

Bīt-Namratum

É-nam-ra-tum Kisurra 124,4

Bīt-Nārim

É-na-ri-im ARM 7,163,5

Bīt-Nurrija

É-nu-úr-ri-ia Kisurra 98,12

¶ ON?

Bīt-Rabi

PN É-ra-bi^{ki} Scheil RT 20,64,1

¶ Lesung *PN É-ra-bi-qi*$^{?}$ (⟶ Rabiqu?).

Bīt-Sakati

A.GÀR É-sa-ka-ti^{ki} TJAUB t 44:H 58,2

Bīt-Sîn

É-^{d}*Sîn(EN.ZU)-na*^{ki} TCL 10,52,2

É-^{d}*Sîn(EN.ZU)* OBTI 233,2

Bīt-Šataḫtin-el

É-ša-ta-aḫ-ti-in-èl Kisurra 98,10

¶ ON?

Bīt-Šēlibum

É.DUB É-še-li-bu-um^{ki} UCP 10/1,72,6

¶ Von M.Seif, Wirtschaftsurkunden aus Iščâlî, S.47 als Speichername aufgefaßt.

Bīt-Šū-Sîn

É-šu-^{d}*Sîn(EN.ZU)-na* TBL 1,63,20

<u>Datum</u>: *É-šu-*^{d}*Sîn-na*^{ki} Rīm-Sîn 18 (RlA 2,162:220; Stol Studies 22:18)

"*É-*^{d}*šu-*^{d}*Sîn*" Falkenstein BagM 2,28

¶ Nach A.Falkenstein, loc.cit. nicht mehr im Territorium von Uruk; D.O.Edzard, ZZB 178[974].

Bīt-Tiltim

A.ŠÀ É-ti-il-ti-im UCP 10/3:2,4

Bīt-Tukla

É-tu-uk-la ARM 9,5,5; 190,4; ARMT 11,42,4; 48,4; 12,104,7; 555,5; 13,1 XIV 59'

Bitutu

bi-tu-tu^{ki} AbB 2,114,6

¶ E.Ebeling, RlA 2,52b ⟶ nA Bittutu in Bīt-Jakīn.

Bīt-Zarḫān

É-za-ar-ḫa-an^{ki} ARM 3,5,[46]; ARMT 13,123,22; 14,37,10

É-za-ar-[ḫ]a(!)-[an^{ki}*]* ARM 3,69,5 (vgl.ARMT 15,158)

LÚ É-za-ar-ḫa-an^{ki} ARM 8,67,2'

¶ Am ⟶ FN Išīm-Jaḫdunlim, zwischen ⟶ Terqa und ⟶ Saggaratum; vgl. J.R.Kupper, RA 41,160: im Distrikt von Terqa.

Bukira(?)

PN ^{uru}*bu-ki-ra*$^{?}$ VS 13,104 IV 13

BULUG ⟶ Pulukkum

Būlum

^{uru}*bu-ú-l[um?]* TCL 11,185,21'

šībūt ^{uru}*bu-lum*^{ki} AbB 6,142,2

LÚ ^{uru}*bu-lum*^{ki} YOS 12,274,26

¶ E.Ebeling, RlA 2,75b: = Buli; vgl. RGTC 2,28.

Bunineju

BAD ^{uru}*bu-ni-ne-ju*^{ki} Rimāḫ 59,6

^{uru}*bu-ni-ne-ji*^{ki} Rimāḫ 96,4; 261,14

bu-ni-ne-ji^{ki} Rimāḫ 254,11; 255,17; 256,4'; 257,10; 258,7; 259,11

bu-ni-ne-j[u]^{ki} Rimāḫ 83,6'.21

Buqulānum

¶ Bei Karanā?; ⟶ Baninê; ⟶ Ḫ̮AR.

Buqulānum

^{uru}*bu-qú-la-nu-um* CT 47,30,6

Burā

bu-ra-a^{ki} AB 11,48,10; [Hülle CT 45,20,10]; BDHP 61,2'; CT 6,44a,1; 47,47,1

bu-ra$^{k[i?]}$ BDHP 41,1

A.GÀR bu-ra-a^{ki} BE 6/1,119 III 21.25.28 Rs.II 1.4; BE 6/2,110,2

¶ E.Ebeling, RlA 2,76b: Flurname in Babylonien bei Sippar; ⟶ FN Buri; ⟶ Ḫ̮uba.

**Burajaimdi ⟶ Imdi

Būrātum

^{uru}*bu-ra-tum* CT 8,41a,1

¶ E.Ebeling, RlA 2,77a = nA Burati bei Sippar.

Burḫ̮a[ ]

LÚ bu-ur-ḫ̮a[..] CT 45,87,7

*Burramānum

bur-ra-ma-nim Datum: aus Ḍibā'ī (Baqir Sumer 5,143:2)

Būr-Sîn

URU^{ki} *bur-*^{d}*Sîn(EN.[ZU])* YOS 8,127,1

Burullum, Burullā

bu-ru-ul-la-[a?]^{ki} ARM 1,5,33

bu-r[u-ul]-li-im^{ki} ARM 5,67,31

bu-ru-ul-le-e^{ki} ARM 1,109,8

^{uru}*bu-r[u?-la?]-a*^{ki} TCL 11,231,13

LÚ bu-ru-li-[i]m^{ki} ARMT 14,108,11

¶ Von M.Falkner, AfO 18,7b werden zwei verschiedene Ortschaften B. angenommen, ein B. ö des Tigris und ein B. am ⟶ FN Ḫabur. Vgl. auch E.Weidner, AfO 21,41 und A.R.Millard, Iraq 32,173[18]. Eine Ortschaft B. gehört mit ⟶ Razamā zu einem Distrikt (ARM 5,67), ⟶ Haburatum. Wieweit ein zweites B. ö, in der Rama-Ebene als Hauptstadt des Landes ⟶ Utêm hiervon zu trennen ist (J.Laessoe, JAOS 88,122) hängt davon ab, wieweit ö des Tigris ⟶ Utêm und Ḫaburatum zu suchen sind.

Burundum, Buruda

ālum bu-ru-un-du^{ki} Finet RA 60,19,12

bu-ru-un-di^{ki} Jean Sém.1,23:D2,[24]

[b]u-ru-un-di-i[m^{ki}*]* Finet RA 60,19,29

LÚ bi-ru-un-di^{ki} ARM 7,212,9'

LÚ [b]i$^{?}$*-ru-di*$^{!}$*-im*^{ki} ARM 7,219,23

Datum: *bu-ru-da*^{ki} Ḫammurabi 33 (Stol Studies 33a; CT 48,73 Umschlag Rs.9)

bu-ru-un-da Var. dazu (Stol Studies 33b; CT 48,74 Rs.7)

¶ A.Goetze, JCS 7,68b mit P.Garelli, Assyriens 94: in der Gegend von Gaziantep; M.Falkner, AfO 18,35: zwischen Raʾs al-ʿAin und Viranşehir; vgl. A.Finet, RA 60,23 und M.Stol, Studies S.35; - aA Burundum ist wahrscheinlich nicht identisch mit aB B.: vgl. E.Bilgic, AfO 15,29; aB B. ist aber = mA Burundu.

Buruštab(?)

bu-ru-uš$^{?}$*-tab*$^{?ki}$ AbB 4,104,5

Busulaba (?)

bu-su-la-ba TJDB t.36:16.287,2

Buš ⟶ Ḫabuz

Bušān

ālam bu-[u]š-a-an ARMT 13,144,34

¶ ⟶ Ašlakkā, ⟶ Karḫatum.

Buzānum

bu-ZA-nu-um Goetze JCS 7,53 III 18

Buzānum

¶ A.Goetze, JCS 7,62b: = Guzana (Tall Ḫalaf?); W.W.Hallo, JCS 18, 82b: Buzana kann nicht = Guzana sein, weil Tall Ḫalaf keine aB Besiedlungsschicht aufweist [vgl. A.Moortgat, ZA 48,155; M.A.Brandes, WdO 6,121].

D

Dabiriš

LÚ da-bi-ri-iš^{ki} Dossin Mél.Duss.2,994

¶ → Ilum-Muluk, → (Mārē)-Jaminā, →Rasajum (49:13)

Dabiš(ā), Tabišā

"da-bi-ša-a^{ki}" Dossin MAM III 318

da-bi-iš[ ] ARM 7,182 II 3

LÚ da-bi-iš^{ki} ARM 7,225,3$^{!}$; 9,248,11'

LÚ ta-bi-ša-a^{ki} ARM 7,210,12'

¶ → Kaḫat, → Nagar.

Dada

^{uru}da$^{?}$-da Legrain RA 10 pl.V:53 Rs.3

Dag(a)lā

^{uru}da-ag-la-a^{ki} BRM 4,53,66

^{uru}da-ga-lá^{ki} TCL 11,156 Vs.6

A.GÀR da-ga-lá^{ki} TCL 11,156 Vs.13

Dagilīn

da-gi-li-in ARM 6,2,9

¶ → Mišlān, → FN Ḫaqat.

Damara

A.GÀR ^{uru}*da-ma*$^{!}$*-ra*^{ki} Stephens RA 34,184,1.[11?]

¶ Im Bezirk von → Terqa? M.Anbar, IOS 3,20[65]: = Dura-Europos, da die oben erwähnte Tafel aus Dura-Europos stamme.

*Damedu

?] da-me-di-ju^{ki} ARM 8,100,27

Dāmiqān,*Dāmiqum

da-mi-qa-an^{ki} ARM 3,20,29

LÚ da-mi-qí-im^{ki} ARM 9,253 II 4

¶ → Dumtān, → Hišamta, → Zamijān.

Dāmiqum → Dāmiqān

Damru

DU$_{10}$*-GAR*^{ki} Stunneck Hamm. 4,6; 16,10.14.31; YOS 2,51,27; 52,12.21. 35; 117,21.22; 124,17; 140,19; Oppenheim,Letters Einband:A 3524,10

DUMU/šībūt DU$_{10}$*.GAR*^{ki} TCL 17,33,6$^{?!}$.15; 37,25$^{??}$

PN: *mār-DU*$_{10}$*.GAR*^{ki} TLB 1,119,3

PN: *iddin-DU*$_{10}$*-GAR*^{ki} A 3544,3

PN: *Sîn-ana-DU*$_{10}$*.GAR*^{ki}*-lippalis* YOS 2,32,5 (Coll.Harris JCS 14,129[13])

¶ Lesung *Damru* gesichert nach MSL 9,171: BM 49649. Nicht identisch mit nB *Kisik* = *EZENxKÙ*.

*Daragum

[LÚ] da-ra-gi-im^{ki} Rimāḫ 246,30

Dēr → Dīr

Dibubu

^{uru}*di-bu-bu*^{ki} YOS 2,118,7

¶ Lesung nicht sicher= *URU*$^{ki(!)}$*Bubu*^{ki}? ;J.R.Kupper, Nomades, 168-169: bei → Kiš?

Dila[

URU^{ki} di-la-[UET 5,845,10

¶ ⟶ Dilānum?

Dilānum

^{uru}di-la-nu-um^{ki} LFBD 16:900,8

^{uru}di-l[a]-n[u-um$^{ki?}$] A 32093,7

^{uru}di-la-nu-um LFBD 16:900,13; Meek AJSL 33,240:RFH 31,7

A.ŠÀ di$^{!}$-la-nu-u[m^{ki}] AbB 6,114,21

Dilbat

dil-bat^{ki} AbB 6,171,9; BAL II 5:CH III 20; Gautier Dilbat 36,1; TCL 1,133,3; TEBA 33,18; TIM 1,5,9; VS 7,109,12; 130,18; 149,1.11; 153,1; 184 I 14.V 11; 185 IV 3; 203,14,23,29; YOS 13,221,2; 224,4; 249,14

kār dil-bat^{ki} Gautier Dilbat 7,5$^{(!)}$; VS 18,7,9; YOS 13,53,8

PN/šībūt/ṣābē/dajjāne/wākil/šāpir/LÚ dil-bat^{ki} VS 7,7,8; 54,10; 118, 3; 113,24; 130,18; 167,2; 183 VI 26; 18,19,8'; 23,27; TJDB t.26:16 174,2; YOS 13,32,17; 60,12; 156,4; 256,17; 519,24

LÚ KÁ.GAL dil-bat$^{ki.meš}$ VS 7,54,10

PN: *dil-bat^{ki}-abī* Gautier Dilbat 14,13

PN: *dil-bat^{ki}-ia* VS 7,185 III 2

Daten: *dil-bat^{ki}* Datum Sumu-atar? (Simmons JCS 15:133,13)

(BÀD)dil-bat^{ki} Sumu-abum 9 (RlA 2,175:9 Stol Studies 28[9])

BÀD dal-bat^{ki} Sumu-la-el (CT 8,44b,30)

¶ = Tall Dulaihim oder Muḫaṭṭaṭ: E.Unger, RlA 2,218b ff. Funde aus "Dehlem" und/oder Muḫaṭṭaṭ stammen aus altbab. oder neubab. Zeit, Fundort und Lage sind aber umstritten, vgl. E.Unger, Topographie der Stadt Dilbat, ArOr.3/1,21ff und RlA 2,218b.; vgl. W.F.Leemans, Merchant, 107f, bes. Anm.262; F.R.Kraus, ZA 51,60 mit Anm.6 und D.O. Edzard, ZZB 123[643] zur Lokalisierung von Dilbat = Tall Dulaihim (Dilhim/Dehlim) ohne Angabe von Gründen. S. zur Lage von Tall Dilehem AfO 4,38 bei Ibrāhīm am Šaṭṭ ad-Daġāra (= 32°3' nBr./45°19,5' öL?) ⟶ FN Dilbat.

Dildaba

URU^{ki} di-il-da-ba Meek AJSL 33,240:RFH 31,2

URU^{ki} di$^{!}$-il-da-ba YOS 8,97,4

di-il-da-[ba?] AbB 1,62,8$^{?}$

Dilmun

Dilmun ⟶ Tilmun

Dîm

A.ŠÀ ^{uru}di-i-im ABb 6,114,23

Dimat-Aḫimaraṣ

AN.ZA.GÀR-a-ḪI-ma-ra-aṣ OBTI 305,25.29
¶ Lesung *a-ṭà-ma-ra-aṣ*?

Dimat-Aḫūni

AN.ZA.GÀR-a-ḫu-ni^{ki} BRM 4,53,64
¶ Im Bezirk von Lagaš.

Dimat-Apija

PN AN.ZA.GÀR-a-pi-ia VS 13,104 II 5

Dimat-Awīl-IŠKUR

AN.ZA.GÀR-a-wi-il-^{d}IŠKUR SVJAD 118,16

Dimat-Barmi

AN.ZA!GÀR-bar$^{?}$-m[i] OBTI 321,4
PN wāšib AN.ZA.GÀR-bar-me OBTI 306 Rs.5
¶ ⟶ Maškan-barmi?

Dimat-Bīt-Ibarim

AN.ZA.GÀR.É-i-ba-ri-im AbB 4,150,23

Dimat-Enlil

AN.ZA.GÀR-^{d}en-líl^{ki} CT 48,7,3$^{?!}$.9; Harris Sippar 382:BM 80509,1 Rs.4

BÀD.AN.ZA.GÀR-en-líl(-lá)^{ki} BAL II 47,41
LÚ AN.ZA-GÀR-^{d}*en-líl*^{ki} VS 9,141,3

¶ Vgl. ⟶ UR III zeitliches Dimat-Enlil: RGTC 2,31, in der Nähe von Nippur; E.Ebeling, RlA 2,227a.

Dimat-Enlil-abī

AN.ZA.GÀR-^{d}*en-líl-a-bi* SVJAD 118,6

¶ ⟶ Dimat-Enlil?

Dimat-etel-pî-Marduk

AN.ZA.GÀR-e-tel-KA-^{d}*Marduk(AMAR.UTU)* YOS 13,351,7

Dimat-ilī-ašranni

AN.ZA.GÀR-ì-lí-aš-ra-an-ni AbB 4,4,6; YOS 8,88,12!.19.35.52
KÁ ì-lí-aš-ra-an-ni YOS 8,88,30.48

Dimat-ilī-tūram

AN.ZA.GÀR-ì-lí-tu-ra-am A 7547 ob.Rd.

Dimat-Kattim

AN.ZA.GÀR-ka-a-at-tim TCL 17,1,17
AN.ZA.GÀR-ka-at-tim YOS 2,94,4
AN.ZA.GÀR^{ki}*-ka-at-tim* TCL 17,7,4

Dimat-Kunanu

AN.ZA.GÀR-ku-na-nu VS 13,104 III 19; YOS 8,100,3(!)
AN.ZA.GÀR-ku-na-nu-um^{ki} AbB 1,47,1

Dimat-Sîn

di-ma-at-^{d}*Sîn(EN.ZU)* CT 48,59,6

Dimat-Sîn-gimlanni

Dimat-Sîn-gimlanni

AN.ZA.GÀR-^{d}Sîn(EN.ZU)-gi-im-la-an-ni SVJAD 118,11
URU^{ki} ^{d}Sîn(EN.[ZU])-[gi]m-la-an-ni UCP 9/4,29,8

Dimat-Ṭab-ṣillašu

AN.ZA.GÀR-ṭà-ab-ṣí-la-šu^{ki} BRM 4,53,20

Dimat-Warad-ilīšu

AN.ZA.GÀR-warad(ÌR)-ì-lí-šu TCL 11,185,9

Dimtu ⟶ AN.ZA.GÀR

Diniktum

di-ni-ik-tim^{ki} ARM 6,27,6'; TIM 2,7,10; Dossin Syria 33,66 Anm.5: A 642; A 3605
di-ni-ik-tim TIM 1,7,11
URU^{ki} di-ni-ik-tim TIM 1,28,39.44
kār di-ni-ik-tim^{ki} Dossin Syria 33,67,23
ekal URU^{ki} di-ni-ik-tum TIM 2,16,8
URU^{ki} di-ni-ik-tum TIM 1,28,8.16; 2,12,22.43; 16,3.5.64$^{!}$; TLB 1,55, 6.9$^{!}$.10$^{?!}$; Rowton Iraq 31,72,27:A 7536
ālim ša URU^{ki} di-ni-ik-tum Rowton Iraq 31,72,33:A 7536
di-ni-ik-tum^{ki} Goetze JCS 4,108b,4; v.Dijk Sumer 13,109,10' (AfO, 23,66,15)
LUGAL di-ni-ik-tim^{ki} Dossin Syria 33,66,19:A 1314
LÚ di-ni-ik-tum^{ki} Goetze JCS 4,108a,5; 109a,11; 110a,15; 110b,5 (<ki>)
KN rabiān MAR.TU ša di-ni-ik-tim^{ki} Smith Sumer 2,20,3; Adams Land behind. Bagdad Nr.851.
Datum: *di-ni-[ik-tum?]* Ikūn-pī-Sîn (Jacobsen JCS 9,120:110)

¶ Lage umstritten. S.Smith, Sumer 2,19ff. = "Tall Hurma" bei Baġdād (Ziegelinschrift); R.Adams, Land behind Bagdad, 165: = Tall Nr.851 (45°20' öL/32°50' nBr = NB 3131) s. noch A.Zeebari, ABIM S.22; G. Dossin, Syria 33,66[5]. A.Goetze, JCS 18,115b: D. = Tall Muḥammad bei Tall Ḥarmal (dieser = "Tall Hurma?"). Vgl. W.F.Leemans, Trade, 67f. 76; J.v.Dijk, AfO 23,69 und E.Reiner JNES 33,235.

Dîr

1.

di-ir^{ki} ARM 6,6.14.16; 30,4; 7,33,5; 274,3'; 9,47,5; 10,160,10; ARMT 11,192,5; 12,7,16; 33,4; 50,13!; 390,11; 456,11; 605,4; 712,7; 13,33,9; 14,54,21; Birot RA 66,133; Dossin Mél.Duss.986; RA 35,183²; 64,104,19

naḫlum ša di-ir^{ki} ARM 6,3,5.9; 6,6; 7,5

[di]-i-ir^{ki} ARMT 13,21,4'

LÚ di-i-ir^{ki} ARMT 14,114,16

LÚ$^{(meš)}$ *di-ir*^{ki} ARM 9,253 II 7; ARMT 13,31,24?!; Dossin RA 61,103,14: A 2.

LÚ di-ra-ju-um^{ki} ARMT 14,88,8; Dossin RA 61,103,14:A 2.

2.

ālam di-ir^{ki} Dossin Syria 33,65,16

PN di-i-ir^{ki} TCL 1,1,20

GN: *^{d}di-ri-tum* Dossin RA 69,25,4

^{d}di-ri-tim ARM 6,74,5.5'; 7,5,2; 64,4; 70,2; 83,4; 263 IV 11'; 10,9, 6; 142,31; ARMT 13,29,13; St.Mar.43,10

Datum: *^{d}di-ri-ti* Zimrilim (St.Mar.57:19)

PN: *^{d}di-ri-tum-ka-pí* ARMT 13,1 VI 45

PN: *^{d}di-ri-tum-um-mi* ARMT 13,1 VIII 8; Gadd Iraq 7,37b

PN: *qí-iš-ti-^{d}di-ri-tum* ARM 10,9,5

PN: *ia-ku-un-di-ri* CT 48,115,4

PN: *ia-ku-un-di-rum* Var.Hülle (ibid.)

¶ Vgl. zur Lokalisierung ⟶ BÀD. Dîr 2. könnte syllabische Schreibung für BÀD(A.AN) = Tall ᶜAqar bei Badra sein, ⟶ Diniktum. Zu D. (1) vgl. H.Lewy, OrNS 25,328²; s. zur Göttin *Dīrītum* ibid.

*Dizum

PN (...)ša di-zi-im^{ki} ARM 8,97,4

DUB.BAR

URU^{ki} *DUB.BAR* UET 5,213',2

DU_6-Enlila

DU_6-EN.LÍ[L].LÁ Kisurra 153,5

¶ ⟶ Ḫalā.

DU_{10}-GAR ⟶ Damru

Dugdugum

URU^{ki} *du-ug-du-gu-um* Brinkman AOAT 25,42,4
^{URU}*du-ug-du-gu*^{ki} A.32093 Rs.14

¶ Ortschaft im Lande Larsa.

Duggu

PN ^{uru}*du-ug-gu* VS 13,104 IV 1

DU$_6$-Išḫara

PN ^{uru}*DU*$_6$-^{d}*iš-ḫa-ra* AbB 2,29,26

DU$_6$-Ištazri

LÚ DU$_6$*-iš-ta-AZ-ri-i* AbB 2,17,7

*Dumatum

ṣāb māt du-ma-tim ARM 1,23,11$^{?}$.20

¶ ⟶ Qatnā.

Dumtān, Dumtēn

du-um-te-en$^{[k]i}$ ARM 3,38,17$^{!}$; ARMT 13,124,9'
du-um-ta-an^{ki} ARM 3,20,28

¶ Im Distrikt von Terqa; ⟶ Ḫanna, ⟶ Ḫimarān, ⟶ Ḫišamtā, ⟶ Zurubbān. Einzugsgebiet der Jaminiten.

DUMU.MÍ.LUGAL

^{uru}*DUMU.MÍ.LUGAL*^{ki} TCL 11,231,3, VS 13,104 III 26

DUMU-Simʾal ⟶ Simʾal

Dunnibābāni

PN āšibtu du-un-ni-ba-ba-ni^{ki} Legrain RA 10 t5:84,6

Dunne-sāʾidi^{ki}

^{uru}*du-un-ne-sà-iʾ-di*^{ki} CT 4,23c,3
du-un-ni-sà!-i-di^{ki} AbB 6,64,19
du-un-ni-sà-i-d[i] YOS 13,138,14

¶ E.Ebeling, RlA 2,240a; AHw. S.1010b; Es gibt einen Karawanenweg von ⟶Sip(p)ir nach ⟶ D.; Vgl. R.Harris Sippar, 253[62]: nicht weit von Sippar.

Dunnum, Dunnim

1.

^{uru}*du-un-nim* CT 4,7b,1

du-un-nim CT 4,17b,2

2.

^{uru}*du-un-nu-um*^{ki} TCL 11,175,4; 190,2

^{uru}*du-un-nu (ša* ^{uru}*ḫa-an-si-pa-ta-nu)* TCL 11,174 Vs.11; VS 13,104 IV 16

URU^{ki} *du-nu[-um?]* TCL 10,55 Vs.5.24

URU^{ki} *du*$^{?}$*-un*$^{?}$*-nim* TCL 10,30,2

Datum: *du-un-nu-um*^{ki} Gungunum 22 (RlA 2,156:115)

LÚ du-un-nu-um^{ki} TCL 11,157,6

3.

du-un-nim^{ki} ARMT 13,107,6$^{!}$; ARMT 14,11.12; Finet AIPHOS 14 t.I 9.20

du-nu-um-ma^{ki} AIPHOS 14 t.I 22

LU du-un-ni-im^{ki} ARM 7,226,39

4. unsichere Zuordnung:

du-un-nim^{ki} YOS 13,122,2

PN du-un-nu-um^{ki} YOS 12,26,9

Daten: *du-un-nu-um*^{ki} Rīm-Sîn 29 (RlA 2,163:231)

BÀD du-nu-um Mananâ (Simmons JCS 14,77)

GAL.BÀD du-nu Var. dazu (Simmons ibid.)

du-nu-um Var. Rīm-Sîn? (UET 5,407,18)

¶ Vgl. zur Bibliographie L.Matous, ArOr.20,305[47] und D.O.Edzard, ZZB 102 mit Anm.494. Von den aufgeführten ON könnten liegen: 1. bei ⟶ Iškun-Ištar; 2. bei ⟶ Larsa; 3. bei ⟶ Lasqum am ⟶ FN Balīḫ; 4. bei ⟶ Isin. Vgl. D. in mA Texten aus Tall Faḫḫārīya bei H. Güterbock, OIP 79,87f; ⟶ Manuḫatān, ⟶ Mubān. Zum Lemma D. s. CAD D 185 4b) 2'; beachte SVJAD 137 III 2': *dunnum* ^{uru}*šu-pi-ša*^{ki}.

Dūr-Abī-ešuḫ

BÀD-a-bi-e-šu-uḫ^{ki} CT 52,118,26

Dūr-Ammiditana

BÀD-am-mi-di-ta-na AbB 6,14 Rd.1'; 191,13

BÀD-am-mi-di-ta-na^{ki} CT 52,94,15; 35.36 (RlA 2,189:246,247); Datum Ammiditana 16 (RlA 2,188:227)

¶ Durch das Datum Ammiditana 16 ausgewiesen als am ⟶ FN Silaku

Dūr-Ammiṣaduqa

gelegen; durch die Daten der Jahre 35 und 36 am ⟶ FN Mē-Enlil. Vgl. E.Ebeling, RlA 2,241b.

Dūr-Ammiṣaduqa

BÀD-am-mi-ṣa-du-qá AbB 2,82,14

BAD-am-mi-ṣa-du-qá^{ki} CT 52,114,13

<u>Datum</u>: Ammiṣaduqa 11 (VS 7,91,9, RlA 2,190:259)

¶ Am Ufer des ⟶ FN Šarkum, (und?) am ⟶ FN Purattum?

Dūr-Apil-Sîn

BÀD-a-píl-^{d}*Sîn(EN.ZU)* Goetze JCS 7,52 I 13

BÀD-a-pil-^{d}*Sîn(EN.ZU)* Hallo JCS 18,59,5

BÀD-a-pil-^{d}*Sîn(EN.ZU)*^{ki} AbB 6,185,8; TCL 17,33,13.18; 39,7$^{?!}$; VS 18, 17,23

¶ Zwischen ⟶Sip(p)ir und ⟶ Ḫibarītum am Tigris: D.O.Edzard, ZZB 152[801]; ungefähr 25-30 km n von Abū Ḥabba am ⟶ FN Irnina: W.W.Hallo, JCS 18,67.

Dūr-Baši-AN

BÀD-ba-ši-AN CT 2,23,4

Dūr-Daduša

BÀD-da-du-ša <u>Datum</u>:Daduša (Simmons JCS 15,81:137)

¶ G.Dossin, Syria 19,115.

Dūr-Dimat-Dada

BÀD.AN.ZA.GÀR-^{d}*da-da* <u>Datum</u>:Sîn-muballiṭ 7 (RlA 2,177:89)

¶ D.O.Edzard, ZZB 153 mit Anm.804.

Dūr-Etellum

BÀD-e-tel-lum^{ki} AbB 4,102,5

^{uru}*BÀD-e-tel-lum*^{ki} AbB 4,148,9

BÀD-e-te-el-lum^{ki} AbB 4,108,7.22

BÀD-e-te-el-li-im^{ki} AbB 4,42,6.11'!

[BÀ]D-e-te-lum^{ki} AbB 4,29,5

BÀD-e-te-el-lum Meek AJSL 33,240:RFH 31,1
¶ Jaḫ̮rutta, Kār-Šamaš, Resūa.

Dūr-Ḫ̮A[...]

BÀD-Ḫ̮A-[SVJAD 140,2

Dūr-Ḫ̮ammurabi

BÀD-ḫ̮a-am-mu-ra-bi$^{k[i]}$ AbB 1,96,7

Dūr-Igitlim

^{uru}*BÀD-i-gi-it-li-im*^{ki} Datum:Ḫ̮ammu-rapiḫ̮ von Ḫ̮ana (RlA 2,192:6; BRM 4,52,34)
¶ Am ⟶ FN Ḫ̮abur-ibal-bugaš; ⟶ Dūr-Išarlim.

Dūr-Imgur-Sîn

BAD-im-gur-^{d}*Sîn(ZU.EN)* Datum:Ur-Ninurta v. Isin (ARN 2,8)
¶ ⟶ FN Imgur-Sîn.

Dūr-Ipīq-IŠKUR

BÀD-i-pi-iq-^{d}*IŠKUR*^{ki} ARM 4,26,27
¶ ⟶ Maškullija.

Dūr-Išarlim

^{uru}*BÀD-i-šar-li-im*^{ki} Datum:Ḫ̮ammu-rapiḫ̮ v. Ḫ̮ana (BRM 4,52,33)
¶ ⟶ Dūr-Igitlim.

Dūr-Išḫ̮ara

BÀD-^{d}*iš-ḫ̮a-ra*^{ki} OBTI 79,2; 317 II 5'
BÀD-iš-ḫ̮a-ra OBTI 147,1

Dūr-Ištar-tarâm-Išbi-Erra

BÀD-ištár-tá-ra-am-iš-bi-èr-ra Datum:Išbi-Erra 14 (Baqir Sumer 4, 106,11; Stephens RA 33,24:4; Kienast JCS 19,45ff)

Dūr-Jaḫdunlim

BÀD^{ki}*-ia-aḫ-du-un-li-im* ARM 2,32,6; 7,164,5'; 10,142,25-26

"*BÀD*^{ki}*-ia-aḫ-du-un-li*^{ki}" Birot Syria 35,22 Anm.2

BÀD^{ki}*-ia-aḫ-du-li-im*^{ki} ARM 3,5,43$^{!}$

BÀD-ia-aḫ-du-li-im ARM 8,90,5; 9,101,15; ARMT 11,95,5-6; 12,379, 4-5; Dossin RA 65,55 XIII 27; Thureau-Dangin RA 33,52 II 19

[BÀD-ia-aḫ-du]-li-im$^{?}$ ARM 3,79,1

BÀD^{ki}*-i[a]-[aḫ-du-li-im?]* ARM 7,190,6'

BÀD^{ki}*-ia-aḫ-du-li-im* ARM 2,101,25; 107,23.11; 125,6; 7,190,4; 277, 5; ARMT 14,2,12; 8,7; 36,9$^{!}$; 46,8.20.23; 48,33; 54,15; 56,12$^{!}$; 69, 8$^{!}$; 70,7.8; 77,28; 83,4; 86,31; 89,11'$^{!}$; 104,17'

ālum BÀD^{ki}*-ia-aḫ-du-li-im* ARMT 14,46,17

BÀD^{ki}*bēlīne ia-aḫ-du-un-lim* ARM 3,4,15

BÀD^{ki} *bēlīne* ARM 3,4,17

ekal BÀD^{ki}*-ia-aḫ-du-li-im*^{ki} ARMT 13,51,9;

LÚ^{meš} *BÀD-ia-aḫ-du-li-im* ARM 9,253 I 27

PN LÚ "Dūr"-ia-aḫ-du-li-im^{ki} ARMT 13,96,14

SI.LÁ BÀD^{ki}*-ia-aḫ-du-li-im* ARMT 14,47,21

<u>Daten</u>: *BÀD*^{ki}*-ia-aḫ-du-li-im* Zimrilim (St.Mar.58:28; ARMT 11,228,16)

BÀD-ia-aḫ-du-li-im Var. dazu? (ARMT 11,197,6'; 198,9; 199,9; 200,13$^{!}$; 201,10; 202,9; 203,13; 204,10; 205,9; 206,8; 207,9; 208,8; 209,11; 210,10; 211,8; 212,9$^{!}$; 213,16; 214,10$^{!}$; 215,8; 216,6; 217,16; 218, 8; 219,8; 220,10; 221,9; 222,15; 223,15; 224,9; 225,11; 226,16; 227, 10; 229,9; 230,12; 231,11; 232,4'; 233,7'; 234,15; 235,4'; 236,9; 237,8; 238,8; 239,10; 240,8; 241,7; 242,17; 243,17; 244,11; 245,6'; 246,14; 247,13'; 248,8; 249,14; 250,17; 251,9$^{?!}$; 252,15$^{!}$; 253,3'; 254,8$^{??}$)

¶ Nicht lokalisierbar, vermutlich ö vom ⟶ FN Ḫabur; eine Tagesreise oder weniger von ⟶ Saggaratum entfernt. ⟶ FN Išīm-Jaḫdunlim . J.-R.Kupper, RA 41,161 glaubt, daß es an der Grenze der Distrikte ⟶ Terqa und ⟶ Saggaratum liegt, an einer Seitenwendung des Flusses ⟶ Ḫabur.

Dūr-Jasmaḫ-Adad

BÀD-ia-áš-ma-a[ḫ]-^{d}*IŠKUR* ARM 1,32,4

BÀD^{ki}*-ia-áš-[m]a-aḫ-*^{d}*IŠKUR* ARM 5,81,11

BÀD bēlīja ARM 5,28,9.14; 65,22

¶ A.Finet, ARMT 14,123[1]: Nahe bei Saggaratum? Vielleicht Umbenennung von ⟶ Dūr-Jaḫdunlim. ⟶ Mari, ⟶ Saggaratum, ⟶ Terqa.

Dūr-Kudur-Mabuk

BÀD-ku-du-ur-ma-bu-uk^{ki} AbB 4,87,6

Dūr-Lībūr-Išbi-Erra

BÀD-li-bur-^{d}*iš-bi-èr-ra* <u>Datum</u>:Išbi-Erra 11 (Baqir Sumer 4,106,9; Kienast JCS 19,45ff.)

Dūr-Mātim

"*BÀD*^{ki}*-ma-tim*" Falkenstein BagM 2,28

Dūr-Mūti

BÀD du-ur-mu-ti <u>Datum</u> Apil-Sîn 5 (RlA 2,177:69, CT 4,47a,46)
BÀD-mu-ti^{ki} Var. dazu (Johns PSBA 32,280)
¶ D.O.Edzard, ZZB 152^{800}; W.W.Hallo, JCS 18,67:18.

Dūr-Nabium

BÀD-^{d}*na-bi-um* BE 6/1,83,6

Dūr-Qurqurri ⟶ BÀD.TIBIRA

Dūr-Rīm-Enlil

BÀD-ri-im-^{d}*en-lil* <u>Datum</u>:Išbi-Erra x+13 (Baqir Sumer 4,112,13)

Dūr-Rimuš

BÀD-ri-muš TJDB 16.163 A 8.B 4'; UCP 10/1,1,5; 9,10; 16,5; 17,5; 18,13; 20,4; 34,5; 48,4; 55,5; 89,41; 104,7; Jacobsen JCS 9 79:27,7; 81:33,6
BÀD ^{uru}*ri-muš*^{ki} TIM 3,118,9
URU^{ki} *BÀD-ri-muš* UCP 10/1,66,6
URU^{ki} *BÀD-ri-muš*^{ki} UCP 10/1,110,40
"*BÀD-ri-[m]u-[u]š*$^{k[i]}$" Nougayrol Syria 39,190,2:AO 21.117
LÚ BÀD-ri-mu-uš^{ki} OBTI 305,41.45!
<u>Daten</u>: *BÀD-ri-muš* Ḫammi-dušur(Simmons JCS 13,78-79 w 3)

Dūr-Samsuiluna

BÀD du-ri-mu-uš Var. dazu (Simmons JCS 13,82 (dd))

BÀD^{ki} *ri-muš* unbek. (Ahmad 28,17)

BÀD-$^{(uru)}$*ri-muš*^{ki} Sîn-abūšu 16 (Reschid AND 8)

¶ Lage noch nicht ermittelt. Frühere Identifizierung mit Šaġālī ist abzulehnen, weil Šaġālī = ⟶ Nērebtum, R.Harris, JCS 9,33[15] und D.O.Edzard, ZZB 120[615]. - Vgl. J.Nougayrol, Syria 39,189[4].

Dūr-Samsuiluna

BÀD-sa-am-su-i-lu-na$^{(ki)}$ OBTI 311,7'

Datum:Samsuiluna 24 (RlA 2,184:169)

BÀD-sa-am-su-i-lu-na-a Poebel AfO 9,247 III 4

wāšib BÀD-sa-am-su-i-[lu-na^{ki}*]* OBTI 320 Rs.3'

¶ Am Ufer des ⟶ FN Durul; E.I.Speiser, BASOR 70,7ff: = Ḫafāǧī B+C; vgl. A.Parrot, Archéologie Mésopotamienne 383 und A.Falkenstein, ZA 52,346; zusammenfassend vgl. OIP 43,123[26].

Dūr-Sîn

BÀD-^{d}*Sîn(EN.ZU)*^{ki} AbB 5,224,9; Gautier Dilbat 46 Rs.8

¶ St.Langdon, D.B.Harden, Iraq 1,118[2]: ö von Kiš; F.R.Kraus, ZA 51, 58[1]: ⟶ Dūr-Sîn, Kiš, Marad, Girtab werden zusammen erwähnt; E. Unger, RlA 2,252f.

Dūr-Sîn-abūšu

BÀD-Sîn(XXX)-a-bu-šu Datum Sîn-abūšu 4/5 (TIM 3,32,17; 33,16)

¶ F.Reschid, AND 13: im Gebiet des unteren Diyālā; ⟶ FN Sîn-abūšu.

Dūr-Sîn-kašid

BÀD-Sîn(XXX)-ka-ši-id VS 13,104 III 29

BÀD ša ^{d}*Sîn(EN.ZU)-ka*$^{!}$*-ši-i[d]* AbB 1,46,17

¶ A.Falkenstein, BagM 2,38f: ausführliche Namensform für ⟶ Dūrum (vgl. ⟶ BÀD.(AN)), vgl. E.Ebeling, RlA 2,253a.

Dūr-Sîn-muballiṭ

BÀD-^{d}*Sîn(EN.ZU)-mu-ba-lí-iṭ* AbB 1,67,15; LIH 95,56; TIM 2,24,18; YOS 2,2,15

BÀD-Sîn(XXX)-mu[-balliṭ] SVJAD 140,3

[BÀD-Sîn(EN).ZU]-mu-ba-lí-iṭ Legrain RA 10 t.V 84,4
Datum: *BÀD-^{d}Sîn-mu-ba-lí-iṭ* Sîn-muballiṭ 10 (RlA 2,177:92; VS 8,31, 32)

¶ E.Ebeling, RlA 2,253a: am Ḫammurabi-Kanal.

Dūr-Summukri

BÀD-su-um-mu-uk-ri^{ki} BRM 4,53,41

Dūr-Sumu-epuḫ

BÀD^{ki}-su-mu-e-[p]u-[u]ḫ Dossin RA 64,100,38

¶ G.Dossin, RA 64,101[1]: s von Aleppo oder Jamḫad?; M.Astour, RA 67, 74[10]: zum Lande Jamḫad?

Dūr-Sumu-la-el

BÀD-su-mu-la-èl^{ki} TCL 1,5,14$^{?}$, 6,8
ṣābē BÀD-su-mu-la-èl^{ki} TLB 1,180,13

¶ W.F.L.Leemans, SLB 1/3,105; E.Ebeling, RlA 2,253b; ⟶ FN Sumu-la-el.

Dūr-Ṣillī-Ninurta

BÀD-ṣi-lí-^{d}Nin-urta^{ki} Datum unbekannter Zuordnung (Grant Hav.Symp. 236:6,15)

Dūr-Šamaš ⟶ BÀD.UTU

Dūr-Šarri ⟶ BÀD.LUGAL

**Dūrum ⟶ Dīr

Dūr-Uṣī-ana-Erra

BÀD-ú-ṣi-a-na-èr-ra^{ki} BAL II 47,54

Dūr-Zababa

BÀD-^{d}za-ba$_{4}$-ba$_{4}$^{ki} VS 16,114,5.[8] (Fehllesung AbB 6,114,5.8)
¶ ⟶ Kikalla.

Durudum

URU^{ki} *du*$^{!}$*-ru-du-um* TCL 10,30,11

Dūr-Zamurim

BÀD-za-mu-ri-im^{ki} Gadd Iraq 7 t I:A 932,5

¶ ⟶ Ekallātum.

DU$_{6}$-Zababa

DU$_{6}$*-*^{d}*za-ba*$_{4}$*-ba*$_{4}$ PRAK 2 D 31,6

E

e ⟶ Flüsse

É ⟶ auch ⟶ Bīt

Ea-būdī

PN é-a-bu-di^{ki} TEBA 71 Vs III 13

É.AN.NA

URU^{ki}*É.AN.NA* PBS 8/2,146,1$^{!?}$.10.15.22.28.35

Ea-rabi

$^{ur[u]}$*é-a-ra-bi*^{ki} SVJAD 137 III 1'

Ea-šar

^{uru}*é-a-šar*^{ki} TEBA 69 III 22
LÚ ^{uru}*é-a-šar* AbB 4,54,5
¶ "Ea ist König": M.Birot, TEBA 107 Anm.7; in der Region von Larsa.

Ebiḫ ⟶ Abiḫ

É.^{d}BIL.GI ⟶ É.GIBIL

Ebla ⟶ Eblaḫ

Ebla(ḫ)

eb-la-ḫi-i^{ki} CT 2,15,1$^{!}$; TCL 1,187,2
eb-la-ḫi$^{ki!}$ CT 47,4,18

É.DANNA

eb-la-aḫ Goetze JCS 7,53 IV 9'

LÚ eb-la^{ki} BIN 9,417,2

šībūt eb-la-ḫi-i^{ki} VS 13,32,7

¶ ⟶ Jablija. Das Eblaḫ des Itinerars liegt zwei Stationen vor ⟶ Razamā.

É.DANNA

É.DANNA Datum:Gungunum 19 (RlA 2,156:112; YOS 5,105,17)

¶ Vgl. L.Matouš, ArOr.20,305; D.O.Edzard, ZZB 102 mit Anm.492.

Edannunilibšinnu

e-dan-nu-ni-li-ib-ši-in-nu^{ki} Dossin RA 66,122,12'

¶ Zum Land ⟶ Kaḫat.

Edannulliš

e-dan-nu-ul-li-iš Dossin RA 66,123,14'

¶ Zum Land ⟶ Kaḫat.

É.DUMU.MÍ.Šulgi

É.DUMU.MÍ-šul-gi AbB 2,65,8 (*[É]*).24.34

É.DUMU.MÍ-^{d}*šul-g[i]* YOS 13,12,3

¶ Bei ⟶ Sip(p)ir.

É.DURU$_5$-ekûm(?)

É.DURU$_5$*-e-ku-um*$^?$*/ra*$^?$ UET 5,107,12

¶ PN?

É.DURU$_5$-gabiba

É.DURU$_5$*-ga-bi-ba*^{ki} AbB 3,2,37; 24,16; 25,8.10

É.DURU$_5$-ḪIZA

É.DURU$_5$*.ḪI.ZA*^{ki} A 32094,6.22

¶ Zu ⟶ É.DURU$_5$.Ì.SA?

É.DURU$_5$.Ì.SA, É.DURU$_5$.NANNA.Ì.SA

É.GAL.É.DURU$_5$.Ì.SÀ^{ki} WL 35,22

Datum: *É.DURU$_5$.^{d}NANNA.Ì.SA$_6$^{ki}* Sumu-el 14 (RlA 2,157,145; UET 5,761, 23; WL 88,15; Figulla Iraq 15,96a,24)

É.DURU$_5$.^{d}NANNA.Ì.SÀ^{ki} Var. dazu (WL 106,10; 113,1)

É.DURU$_5$.Ì.SÀ^{ki} Var. dazu (WL 21,18; 22,3'; 23,9; 24,16)

É.DURU$_5$.^{d}RI.Ì.SÀ$^{ki!}$ Var. dazu (UET 5,624,9; Walters RA 67,37[1])

¶ An der Mündung des Isin Kanals?: St.D.Walters, WL 164f; ders. RA 67,36-37.

É.DURU$_5$.NÌG.GI.NA

É.DURU$_5$.NÌG.GI.NA BE 6/2,49,1

É.DURU$_5$-Šulgi

É.DURU$_5$-^{d}šul-gi^{ki} TCL 11,159,7; VS 16,158,18$^!$ (Lesung Stol); YBC 4370 Rs.3

^{uru}É.DURU$_5$-^{d}šul-gi^{ki} TCL 11,176,3; TEBA 13,2; TIM 2,3,16$^{?!}$

URU^{ki}É.DURU$_5$-^{d}šul-gi^{ki} TCL 11,171,17

LÚ É.DURU$_5$-šul-gi^{ki} AbB 4,88,6.11.17

PN ^{uru}É.DURU$_5$-šul-gi^{ki} TEBA 69 I 21

¶ E.Ebeling, RlA 2,276a: bei Larsa; ⟶ FN É.DURU$_5$-Šulgi.

Egaba

^{uru}e-ga-ba^{ki} TLB 4,54,7.10

É.GIBIL

^{uru}É.^{d}GIBIL^{ki} A 32093 Rs.11; TCL 1,11,11.23

URU^{ki} É.GIBIL$^{ki!}$ Meek AJSL 33,243:RFH 39,10

Egikkirim

e-gi-ik-ki-ri-im^{ki} AbB 4,36,9

¶ ⟶ Zibnātum.

É.GIŠ.GIGIR

URU^{ki}É.GIŠ.GIGIR Pinches PSBA 39 t VII 1

¶ Vgl. ARMT 19,254,3f.(UR III).

Eḫul

É-ḫu-ul[ki] ARM 2,24,24'

¶ ⟶ FN Irnina.

É.Japtaḫarna ⟶ Bīt Japtaḫar-na

Ekallātum

é-kál-la-tum Hallo JCS 18,59,16

é-kál-la-tim[ki] AOAT 3/1,14,2; ARM 1,7,12.16; 13,34; 35,21; 42,16'!; 61,14?!.16; 75,16.23!; 87,6'!; 91,11; 126,10; 2,25,17!; 4,81,5; 5,41,13?!; 6,14,21; 23,20; 27,5; 79,5.14; 7,42,3; 10,47,10?!; ARMT 13,139,7.4'!; 14,124,7'; CT 52,11,10; 15,12; Dossin Syria 48,2,7; Goetze JCS 7,52 I 28; Kupper RA 42,45,5

é-kál-la-tim AbB 2,46,7; ARM 1,33,9; v.Dijk Sumer 13,111,38 (=AfO 23,67,42)

māt é-kál-la-tim ARM 2,18,4; ARMT 14,235:A 80,7

ālum é-kál-la-tum[!ki] ARM 5,14,12'

"*ālam*[ki] *é-k[ál]-la-tim*[ki]" Dossin Syria 19,121

[uru]*é-kál-la-tim*[ki!] Rimāḫ 42,17

É.GAL[ḫi.a.ki] ARM 2,39,38

LÚ é-kál-la-tim[ki] ARM 6,14,18; 7,212,6; ARMT 14,52,5

DUMU[meš] *é-kal-[l]a-tim* ARM 2,126,6; 10,60,11; ARMT 14,127,6

LÚ É.GAL[ḫi.a.ki] ARM 2,39,32

DUMU šiprē é-kál-la-ta-ju[ki] ARM 2,108,5; 6,18,10'; 79,12!

LÚ[meš] *é-kál-la-ta-ju* ARM 7,191,5'

[é]-kál-la-ta-i[ki] ARMT 14,89,4!

Daten: *é-kál-la-tim*[ki] Daduša (Baqir Sumer 5,78,10; TIM 5,65,14)

é-kál-la-tum[ki] Ḫammurabi 33 (CT 48,74,14,vgl. Stol Studies p. 33ff)

¶ J.-R.Kupper, RA 42,38; D.O.Edzard, ZZB 107[530]: am Tigris, s der Mündung des unteren Zāb; vgl. D.O.Edzard, ZZB[890]: zwischen unterem Zāb und Diyālā; W.W.Hallo, JCS 18,72 und D.O.Oates, Studies 38[5] schlagen Tall Ḥaikal (am Tigris) vor (Lage: 43°10' öL/35°35' nBr = LE 4540). Vgl. J.van Dijk, AfO 23,69; - s. aber M.Birot, Syria 50, 4: E. am linken Ufer des Euphrats! Genannt sind ⟶ Ninu(w)a, Šubat-Enlil, Ilanṣurā, Bābilim, (māt) Jaḫrur . Nach Rimāḥ 42 sicher am Tigris; oberhalb von ⟶ Aššur.

Elaḫut(tum), Eluḫtum

e-la-ḫu-ut^{ki} ARM 1,137,8

e-lu-ḫu-ut^{ki} Finet RA 60,20,27

e-la-ḫu-ut-tim$^{(ki)}$ ARM 2,123,5; Dossin CRRAI 18,63,49

e-lu-uḫ-tim^{ki} ARM 10,122,3'

māt e-la-ḫu-ut-tim-ma^{ki} Dossin CRRAI 18,63,47

n LÚ e-lu-uḫ-ta-iu ARMT 12,747,6; 13,144,40

n LÚ e-la-ḫu-ta-ju ARM 2,123,27

LUGAL e-lu-ḫu-ut^{ki} ARM 2,111,5

LÚ e-la-ḫu-ut-ta-ia-am ARM 2,123,19

"*LÚ e-lu-uḫ-ta-ia-am*^{ki}" Jean RES 1937,104

"*LÚ i-la-ḫu-ut-tim*^{ki}" Dossin RA 35,184

LÚ e-la-ḫu-u[t]-ti[m]$^{[ki]}$ ARM 2,123,7; Dossin CRRAI 18,63,53

LÚ e-lu-uḫ-tim^{ki} ARMT 14,94,6

i-lu-ḫu-ta-ju ARM 10,77,8

LÚ e-lu-uḫ$^{!}$*-tu-ú* Rimāḥ 260,4

LÚ e-lu-uḫ-ti-i Rimāḥ 261,6$^{!}$

Datum: *e-lu-uḫ-tim* Zimrilim (St.Mar.55,9a.b, ARM 9,13,6-9)

e-la-aḫ-tim Var. dazu (ibid.)

lu-ḫu-ti^{ki} Var. dazu (ibid.)

unsicher: *[u]ḫ-ti[* ARM 2,109,3

¶ A.Goetze, JCS 7,67-68; J.-R.Kupper, Nomades 254[2]: nahe bei Derek bis hinunter zum Euphrat zwischen Gerger und Samosata; M.Falkner, AfO 18,8-10 und 35 mit P.Garelli, Assyriens 93: zwischen Viranşehir und Derek; E.Unger, RlA 2,359a: = "Salah", s von Mardin. Eine Gleichsetzung mit ⟶ Luḫaja wird von M.Falkner abgelehnt. Für die aA Zeit scheint ⟶ Luḫaja die gent.-Form, Eluḫut aber die Nominalform zu sein: P.Garelli, Assyriens 92[1]; K.R.Veenhof, AATT 242[375]. Vgl. noch zur Lokalisierung von E.F.M.Tocci, StSem. 3,42: zwischen Karkemiš und dem Meer, aber mehr zum Norden hin (!). Aufgrund der aB Textbelege ist ⟶ Luḫaja sicherlich von E. zu trennen. ⟶ Luhaja liegt am ⟶ Araḫtum/ ⟶ Aṣitum-Kanal in der Nähe von Babylon, während E. im Einzugsgebiet der heranrückenden Ḫurriter im n Syrien oder der s Türkei liegt, vgl. ⟶ Naḫur, ⟶ Ašlakkā, ⟶ Ḫaḫḫum, ⟶ Ḫurrā. Zur Zeit des Zimrilim war E. feindliches Ausland.

Elalija, Ilalija

^{uru}*i-la-li-ia*^{ki} BRM 4,53,75

^{uru}*e-la-li-ia*^{ki} TCL 11,151,25

¶ Vgl. ⟶ Ilalae in Texten aus Šamšāra.

Elam

e-la-am-tim AbB 5,144,4; ARM 6,22,13; 9,286,8

e$^{!}$*-la-am-tim-ma* TIM 2,97,29

e$^{?}$*-lam-tim*$^{?}$ TLB 1,38,24'$^{?}$

"*SUKKAL e-la-am-ti-tim*" Dossin Syria 20,109[1]

LÚ e-la-am-t[im] ARM 9,149,14

SI.LÁ/LÚ/DUMU$^{(meš)}$*šiprē e-la-mi-i* ARM 2,73,7.13; 9,217 V 23; ARMT 13,31,7

LÚ e-la-mu-ú ARM 7,221,5; 9,288,1; ARMT 14,124,5'

"*LÚ elamû*" Dossin Syria 33,66[5]:A 642

Daten: *tilla/ūt (LÚ) e-la-am-tim/ti* Zugehörigkeit unbekannt (St.Mar. 56:13.113c.13a; ARM 8,66,23f,; 9,28,8-10; 29,10-12 u.ö.; ARMT 11,49, 15; 50,7; 51,9; 52,10; 54,13; 55,11; 12,110ff.oft.)

PN: *e-la-mu-um* Jacobsen JCS 9,104:108 Ix + 4

PN: *e-la-mi-tum* PBS 8/1,98,1 (oder Herkunftsbez.?)

NIM BIN 9,152,6

(ummān) NIM^{tim} ARM 6,51,6[.13].6'; 52,7.14.18.27; CT 21,1,13

NIM$^{ki.ti}$ VS 7,67,2

NIM$^{ki.}$*(-ma)* CT 6,39a,2.6.11.20.26

NIM.MA AbB 2,77,8; ARM 6,21,7; 27,7'

NIM^{ki} Poebel AfO 9,246 I 28; Rowton JCS 21,269:A 7535,25; Sollberger RA 63,42,28

NIM.MA^{meš} ARM 6,27,5'.12'

KUR NIM$^{!?\ ki.}$*(-ma)* UET 5,97,19

LÚ NIM$^{(meš)}$ ARM 2,23,20; 4,20,15; VS 13,13,11

LÚ NIM^{tim} Dossin Opposition 187,25

ṣābē /LÚ/PN NIM$^{ki.}$*(-ma)* AbB 4,107,9; 2,115,6; CT 48,78,6; TJAUB t.8: FM 17,11; TIM 2,92,10.16; 5,71 I 1; TLB 1,65,5; UCP 9/4,25,28; VS 18,1,46

LUGAL NIM^{ki} BIN 7,65,24

LÚ SUKKAL NIM^{meš} ARM 4,20,29

LÚ NIM$^{ki.meš}$ TCL 10,127,2.14$^{?!}$

DUMU šiprē/LÚ/SUKKAL/ṣābum NIM.MA$^{(meš)}$ ABPh 86,11; ARM 2,26,5; 6, 19,4.6; 22,10!; 66,4; ARMT 13,32,9.[11]; VS 13; 14,3.6; 68,7' YOS 12,380,18

LÚ/SUKKAL/ṣābum/ ... NIM.MA^{ki} AbB 2,85,18; 6,79,3; ARM 5,30,5; 14,

104,10; 122,10.15?.27.38; TCL 10,115,22'; 11,185,31'! (Coll.Birot); VAB 6,150,10.17; 177,6!?; VS 18,1,56

SAG.ÌR/GÈME/PN NIM.MA^{ki} ARMT 14,101,8'; CT 52,86,19; TJDB 16351,4

SUKKAL NIM.MA^{tim} ARM 2,72,29; 73,28; 74,5.9!.4!.5'!

LUGAL ša NIM.MA^{tim} Laessøe AS 16,192,50

ṣābum NIM.MA ARM 14,124,5'

UDU NIM.MA ABPh 12,6

Daten: ^{kur}*NIM*$^{(ki)}$*-ma* Sîn-iqīšam 5 (RlA 2,159:189; Stol Studies S.26)

^{kur}*NIM.MA* Var. dazu (UET I 266 I 9)

NIM Išbi-Erra 13 (Baqir Sumer 4,106f,10.20); Nūraḫum (?) (OIP 43, 184:84 Datierung R.Whiting)

UGNIM/ERIM NIM.MA^{ki} Ḫammurabi 30 (RlA 2,180:132)

UGNIM/ERIM NIM^{ki}*(-ma)* Var. dazu (RlA 2, ibid.)

UGNIM NIM ù LÚ SU.A^{ki} Išbi-Erra 13 (Baqir Sumer 4,106f, vgl. Kienast JCS 19,45ff)

¶ RGTC 1,42ff; 2,45. E.Unger, RlA 2,388; ⟶ Ḫaltammatum.

Elip, Ilip

^{uru}*i-li-ip*^{ki} YOS 13,11,3

ì-lip^{ki} YOS 13,281,5; 317,4

KI.BAL.MAŠ.DÀ.KI ABPh 83,3!; YOS 13,105,3

KI.BAL!.MAŠ?.DA? TEBA 32,2

Daten: *e-li-ip* Sumu-abum 3 (VS 8,1-2,25f; Reiner JCS 15,123[7])

BÀD.KI.BAL.MAŠ.DÀ.KI Var. dazu (RlA 2,175:3)

^{d}*INANNA.KI.BAL.MAŠ.DÀ.KI* Ḫammurabi 17 (RlA 2,179; 119; CT 45,21,30)

É ^{d}*INANNA KI!.BAL!.MAŠ.DÀ*^{ki} Apil-Sîn x (CT 47,2a Rs.8)

¶ E.Reiner, JCS 15,124: in der Nähe v. Sippar; vgl. zuletzt D.O. Edzard, RlA 5,52. - D.Charpin, RA 72,22 vermutet E. in "Tall Nr.248" bei McG.Gibson, Kiš S.182, pl.2.9.

É.LUGALA

É.LUGAL.LA^{ki} AbB 4,61,13? ([xxx]xLUGAL.LA.KI); TEBA 69 III 30

PN?: *É.LUGAL.KI* WL 114,8

¶ M.Birot, TEBA S.107: in der Umgebung von Larsa.

É.MAḪ

URU^{ki} *É.MAḪ* TCL 10,115,26' (Coll.Birot)

Emār

Emār ⟶ Imār

Emitu

PN ^{uru}*e-mi-tu* VS 13,104 II 28.IV 10.V 4
DUMU^{meš} *e-mi-[tu*$^{?ki?}$*]* CT 52,145,12'

É.MU.DI/KI

É.MU.DI/KI Jacobsen JCS 9,118:101,6

Emutbalum ⟶ Jamutbalum

ENEGI ⟶ IM

É.NIM.MA

^{uru}*É.NIM.MA* UET 5,16,18$^{?}$; 72,32; 595,7
PN$^{?}$: ^{d}*NIN.É.NIM.MA-ba-ni* UET 5,709,3
¶ M.Stol, Studies S.20.

É.NIN.MAR

URU^{ki}*É.*^{d}*NIN.MAR*^{ki} Meek AJSL 33,243: RFH 39,9
Datum: *É.*^{d}*NIN.MAR*^{ki} Rīm-Sîn 8 (RlA 2,161:210; YOS 5,201,10)
¶ É. = Gu'abba: C.Wilcke, ZA 62,47[23]a

Enlil(e)garra

^{d}*en-líl-[gar-ra?]* AbB 4,90,8$^{?!}$dazu? (⟶ Nippur?)
A.ŠÀ ^{d}*en-líl-gar-ra* BE 6/2,28,12
[A.ŠÀ?]^{d}*en-líl-li-gar-ra* BE 6/2,1,2
LÚ ^{d}*en-líl-gar-ra*^{ki} AbB 2,42,21

Ennum

PN ša en-nu-um$^{k[i]}$ TLB 1,154,10

EREŠ

EREŠ(NAGA)^{ki} Datum: Sîn-muballiṭ 15 (RlA 2,178:97)

BÀD EREŠ(NAGA)^{ki} Var. dazu (Meek AJSL 33,224:RFH 6,19)

¶ D.O.Edzard, ZZB 153[806].

Eridu

^{uru}*NUN*^{ki} BAL II 5:CH I 64

NUN^{ki}*(-ga)* BE 1,18,7; 19,5; CT 36,3,7; OECT 1,17 II 4; TCL 15,72 f. II 44; UET 1,102,10; 117,6; 131,13; 138,14; 139,16; 140,21; 295,7; 8,84,18; 85,6; VS 1,29,6; YOS 1,27,7; 9,22,6; 26,8; Stephens JCS 1, 268,11

KASKAL NUN^{ki} UET 5,783,26

^{d}*Enki šà NUN*^{ki} SVJAD 61,4

^{d}*Enki NUN*^{ki} UET 5,502,44; 525,4

Daten: *NUN*^{ki} Ḫammurabi 33 (RlA 2,180:135)

É ^{d}*Enki NUN*^{ki} Nūr-Adad f (RlA 2,158:166; Matouš ArOr 20,300; UET 1,254; vgl. v.Dijk JCS 19,18)

PN: *NUN*^{ki}*-liwwir* Pinches PSBA 33 t.X:23,16.17.18; SVJAD 36,10 mit Siegel; UET 5,191,43; 200,6; 212,21; 401,3.8.12; 523,22

amat-NUN^{ki} UET 5,416,12

išib-^{d}*Enki-NUN*^{ki}*-ga-ke*$_{4}$ YOS 12,57 Siegel

ÌR-NUN^{ki} CT 52,89,6.12

KI.NUN^{ki}*.DÙG* UET 5,170,14

^{d}*x-NUN*^{ki}*-na-ṣi-ir-ma* UET 5,33,3

wuššur-NUN^{ki} UET 5,496,15

¶ = Abū Šahrain; vgl. E.Unger, RlA 2,464ff; RGTC 2,48. Lage: 30°48' nBr:46°3' öL = PV 0110. - vgl. zu *NUN*^{ki} in OECT 3,65,8 = AbB 4,143, 8 ⟶ Adab.

Ersa

ga-ju e-er-sa Birot RA 49,19 V 53

¶ J.-R.Kupper, Nomades 20: Ḫanäerstamm.

Ešnunna, Ašnunna, Išnunna

èš-nun-na^{ki} AbB 1,49,5; 130,33; ABPh 143,13; Ahmad 23,9; ARM 1,12, 17; 27,14.21!.31; 35,7; 37,25; 42,39; 72,4; 2,26,6; 73,29; 128,

21; 135,14?!, 4,73,18; 6,23,20; 27,15; 37,7; 51,5; 52,6.27; 8,75,12; 9,254,4; 10,99,7.17; ARMT 14,50,15; 104,5.10; 106,[10]; 123,34; 103,[10]; BIN 7,52,12; 58,13; CBT 1,13962; CT 8,37b,7; Habiru 23:30,24; Harris Sippar 382:BM 81641,10; OBTI 167,11!; 108,3; 305,47; 316,[2?]; 307 [Rs.I 13?]; Rimāḥ 119,9; TIM 1,26 Rs.7.7a.16; 2,102,15; TCL 10,123,8; UCP 10/1,43,2, 91,10; UET 5,78,8; VS 13,40,6?!; YOS 2,143,9; 12,325,2; Dossin RA 64,104,11; Syria 33,66[5]:A 624; CRRAI 18,57,17!; 59,15.18.27!; Finkelstein JCS 9,2 Anm.15,1; Goetze Sumer 14, t 3b,13; 4a,4; 10a,12; 17a,[11].15; Jacobsen AS 6,9,44; Rowton JCS 21,269,18'

uru èš-nun-na TIM 1,20,14.41

uru èš-nun-na ki YOS 12,325,2; TIM 2,104,14

URU ki èš-nun-na ki TLB 1,55,2

"ālam èš-nun-na ki" Dossin Syria 33,67[5]:A 3605

māt (ki) èš-nun-na ki ARM 10,155,9!, 2,26,7'?!; Dossin CRRAI 18,57, 6!.10!

"bīt d Tišpak ina è[š]-nun-na ki" Dossin Syria 19,121

d Tišpak ù èš-nun-na ki YOS 2,143,6

kār èš-nun-na ki VS 8,81,7; 82,5

KASKAL èš-nun-na ki TCL 10,54,8

èš-nun-na TIM 2,16,53; Dossin RA 64,97[3,5]?!

Außergewöhnliche Schreibungen: *èš-[n]un-[n]a-ak* ARMT 14,82,19

èš-nun-na-ak OBTI 15,15

èš-nun-na-ak ki Taxation 70,4 [= JCS 24,70,4]

"éš(KU)-nun ki" Jean Sém.1,23 D I 47

aš-nun-[na?] YOS 13,203,21

iš-nun-na ki Kisurra 104,40

LÚ èš-nun-na ki ARM 1,27,5; 37,20.26; 42,40; 50,8; 72,1'; 76,4; 110,5.23; 123,3; 129,15; 2,4,6; 21,17; 24,15.22!; 28,6; 33,6!; 34,22?!; 40,12; 42,9'.16'.17'; 43,5; 44,40; 49,8!.10!; 128,9.12.17; 4,20,15; 26,9.32; 73,11!.14!.19; 74,7?!; 78,5'.14'.29'!; 88,5?!; 5,59,7; 6,17,3; 27,16; 33,12!; 66,4; 70,16'; 7,123,15;172,5;173,3;10,80,11; ARMT 13,46,9.18.19.5'.6'.7; 130,7; 14,104,10; 106,3!.6!.7!; 130,7; Habiru 24:32,6; LFBD 3,11; VS 13,50,3; 51,4; Rimāḥ 2,5.8.16. Rs.7; 5,27?!; Dossin Mél.Duss.991,15; 992,19; Syria 19,120; 20,117; RA 66,119,29; Scheil RT 20,64,3

MÍ èš-nun-na ki.meš YOS 2,127,14

DUMU$^{(meš)}$ *šiprē LÚ*$^{(meš)}$/*ṣābē èš-nun-na*^{ki} ARM 6,51,6'; ARMT 14,84,7; Dossin RA 66,119,25; 121,19; 129,17; Syria 19,122

LÚ šiprē/KIN.GI$_4$*.A èš-nun-na*^{ki} TCL 10,54,5; 123,5

NAM.LUGAL èš-nun-na^{ki} LE I 3

šarri èš-nun-na^{ki} v.Dijk Sumer 13,111,52 (= AfO 23,67,56)

LUGAL èš-nun-na^{ki} KAH 2,3,3; OIP 43,139:14.15; TIM 1,16,9; VS 1,113, 2$^{?!}$; Baqir Sumer 2/2,25 Anm.1,5; Dossin Syria 20,109

ENSÍ ès-nun-na^{ki} OIP 43,139:16; 140,[17]

eš(!)-nun-na-j[u] ARMT 12,747,13 (*ju* = *ki*?)

LUGAL iš(!)-nun-na^{ki} Sollberger RA 63,36,116

LÚ èš-nun-na Dossin CRRAI 18,59,3$^!$; 57,8.14$^!$

PN: *i-tùr-èš-nun-na*$^{!ki!}$ Friedrich BA 5/4,62,6

Daten: *èš-nun-na* Rīmānum (IV R 35:8,3); Ḫammurabi 30 (RlA 2,180: 132); 38 (RlA 2,181:140)

MADA èš-nun-na Var. zu Ḫamm.38(RlA 2,181 ibid.)

UGNIM èš-nun-na^{ki} Ḫammurabi 32 (RlA 2,180:134; VS 9,41 Rd.) oder = Samsuiluna 10? (Stol Studies 51)

URU^{ki}*èš-nun-na* Variante Samsuiluna 10 (Stol Studies 51:YOS 12,315)

Á.DAM/MADA èš-nun-na^{ki} Sîn-idinnam 6/4 (Stephens RA 33,26:39; UET 5,770,18. Datierung Jahr 4 nach Figulla Iraq 15,182b,18)

Ašnunna: *áš-nun-na*^{ki} OBTI 24,25

áš-nun-na<*ki*> CT 6,29,3.5

URU^{ki} *áš-nun-na*^{ki} YOS 13,408,2

māt áš-nun-na$^{[ki?]}$ YOS 13,199,5

māt áš-nun-[na^{ki}*]* TJAUB t.36:G 28,3

ṣābē áš-nun-na$^{ki.me-eš}$ Poebel AfO 9,246 II 13

ENSÍ áš-nun-na^{ki} OIP 43,135:2.3; 136:5.6.7.8; 137:9.10.11.12.12a; 138:13a; 146:16; 147,[17].19; VS 1,114:VA 3139,4

LÚ.KÚR áš-nun-na^{ki} CT 52,137,12'

išak áš-nun^{ki} OIP 43,135:4; 146:15; 148:21.21a$^!$.22.23

ENSÍ áš-nun^{ki} MDP 14,24,7

LÚ áš-nun^{ki} Goetze JCS 4,109a,14.31

Daten: *ENSÍ áš-nun-na*^{ki} Kirikiri (OIP 43,173:45 = Jacobsen AS 6,4, 11b); Bilalama (OIP 43,177:62); Azūzum (OIP 43,180:73); Ur-Ningišzida (OIP 43,185:91); Šarrija (OIP 43,187:98); Belakum (OIP 43,187: 100); Ur-Ninmar (Jacobsen AS 6,5,20a)

ENSÍ áš-nun^{ki} Bilalama (OIP 43,180:70); Uṣur-awassu (OIP 43,180:71); Var. zu Kirikiri:(OIP 43,173:45 = Jacobsen AS 6,4,11a)

É-dUTU

BÀD áš-nun^ki (-ka) Nūraḫum (R.Whiting; OIP 43,173:56 = Jacobsen AS 6,4,11)

UGNIM MADA áš-nun-na^ki Samsuiluna 20 (RlA 2,183:165; PBS 5,100,14)

¶ = Tall Asmar: H.Frankfort, OIC 13,1ff, Lage: 44°44' öL/33°29' nBr = MC 7405, vgl. ⟶ Ašnun in Ur III: RGTC 2,18f. - S. noch D.O. Oates, Studies S.25, u.ö.; Th.Jacobsen, AS 6,1ff.; RGTC 1,80ff.

É-dUTU

É-dUTU OBTI 182,2

G

Gabbini(?)

gab-bi$^{!}$*-ni*$^{!ki!}$ Jacobsen JCS 9,118:100,4
¶ *DU*$_8$.*DU*$_8$.*lí*^{ki}? (M.Stol).

Ga[bxx]šunu?

BÀD$^{??}$*-ga-a[b*$^{?}$*xx*$^{?}$*]-šu-nu* TCL 11,248,[4].17 (Coll.Birot,ON fraglich)

Gabum

PN ^{uru}*ga-bu-um* VS 13,104 IV 5
¶ ⟶ FN Gabûm.

Gagā?

^{uru}*ga*$^{?}$*-ga-a*^{ki} PRAK 2 pl.38:D 25 Rs.2

*Gadašum

"*ga-da-ši-im*^{ki}" Birot Syria 50,4 Anm.4:72-2,34
¶ M.Birot, Syria 50,4f.

Gaeš

ga-eš^{ki} CT 21,30,9
¶ Am Rande von Ur gelegen: A.Falkenstein, Festschrift Friedrich 149; 169[11]; RGTC 2,51.

Gala[

URU^{ki} *ga-la*$^{?}$*-x[* TLB 1,63,6

*Gamlu(mma)

*Gamlu(mma)

URU^{ki} ga-am-li-im-ma$^{!?}$ Rimāḫ 121,20
URU^{ki} ga-am-li Rimāḫ 121,16

*Ganibatum

ga-ni-ba-tim^{ki} ARM 3,35,10; Burke RA 55,148:A 1205:6.15.16; A 413, 15-16
ga$^{?}$-ni-ba-ti-im^{ki} ARM 10,100,4
ga-ni-b[a-t]am^{ki} ARMT 14,27,16
LÚ^{meš} ga-ni-ba-ta-i^{ki} Burke RA 55,148:; 413,11; ARMT 14,27,11
ga-ni-ba-ta-i ARMT 11,271,4

¶ = Galabatha des Itinerars des Isidor von Charax: M.Burke, RA 55, 148ff und ARMT 11,132; zwischen ⟶ Terqa und ⟶ Imār am Euphrat; = modern Raqqa?

GÁ.NUN.EDIN.NA

GÁ.NUN.EDIN.NA$^{k[i?]}$ Pinches PSBA 39 t.10,12.19
GÁ.NUN.EDIN.NA YOS 8,173,1

Garatami

uru$^{!}$ [g]a$^{!}$-ra-ta-a-mi$^{ki??}$ TCL 10,66,13 (Coll.Birot)
¶ D.O.Edzard, ZZB 110[546].

*Gardidu

URU^{ki}ga-ar-di-di TCL 10,109,5.14$^{?}$

Garina[

PN ^{uru}gá$^{?}$-ri$^{?!}$-na-x^{ki} VS 13,104 III 22

Garnānum

gàr-na-nu-um^{ki} TCL 1,65,18
^{uru}gàr-na-nu-um^{ki} TCL 1,65,38

ĜAR.ŠA.NA

ĜAR.ŠA.NA^{ki} BIN 9,266,6

¶ Vgl. RGTC 2,52 zum häufigen Vorkommen des ON in UR III.

Gasur

ga-súr^{ki} KAH 2,1,5

¶ Das vorliegende Zeichen *súr* ist nicht (wie von Poebel angegeben) *sur*$_{11}$, sondern das Zeichen *súr* wie in *surdû* (vgl. AHw 1062a); s. A. Poebel, JNES 1,259.

*Gaššum

ga-aš-ši-im^{ki} ARM 2,1,26

¶ A.Finet, ARMT 15,124: in der Umgebung von Mari. Sammlungsort der Ḫanäer, ⟶ Šunêm.

Gerrum

Š[À]^{bi} *ge-er-rum* Goetze JCS 7 53 III 27
ŠÀ^{bi} *gir*$_{x}$*-rum(KIB*^{rum}*)*^{ki} Goetze JCS 7,54,5

¶ Die Lesung *girri*$_{x}$ = *KIB* geht zurück auf A.Goetze, JCS 7,63b; A.Goetze liest noch *ba!-bi-girri* und verbindet den Ort mit Beberaci der Tabula Peutingeriana; Beberaci = See Ḫātūnīya. - W.W.Hallo, JCS 18, 83b[25] mit Lit.: am Tigris gelegen.

GIBIL

^{uru}*GIBIL*^{ki} TCL 1,237,1 (Ḫana)
URU^{ki} *GIBIL* YOS 13,90 Vs.11
URU^{ki} *GIBIL*^{ki} Datum:unbekannter Zuordnung (OIP 43,174:51)

¶ G. in TCL 1,237 gehört zum Gebiet von ⟶ Terqa.

Gipar

gi$_{6}$*-pàr*^{ki} Datum:Kisurra 142,4'

¶ Unbekanntes Datum, vgl. B.Kienast, Kisurra §22.

GÍR.KAL

GÍR.KAL^{ki} VS 7,185 III 12; 187 IX 10

¶ Lesung GÍR.KAL analog zum ON MSL 11,131 III 29 (M.Stol).

GÍR.LUM

GÍR.LUM

GÍR.LUM^{ki} AbB 6,181,5

¶ RGTC 2,55 ⟶ Ĝirlumtura.

GÌR.NI.GÁL

URU^{ki} *GÌR.NI.GÁL* TCL 11,247,6 (Coll.Birot)

Girni-isa

^{uru}*gìr-ni-ì-sa*$_6$^{ki} TEBA 69 III 3$^{??}$.IV 6$^?$
URU^{ki} *gìr-ni-sa*$_6$$^!$ YOS 8,88,36.53; YBC 4348,4
LÚ ^{uru}*gìr-ni-ì-sa*$_6$^{ki} AbB 2,42,19

¶ M.Birot, TEBA S.107: in der Provinz Larsa?

Gir(š)u

gi-ir-ši-i Var. zu BAL II 8:CH III 42
^{uru}*gír-su*^{ki} TCL 17,43,7
gír-su^{ki} BAL II 6:CH III 42; FT II t LVIII:AO 13000,3 (Zeichen weder "*su*" noch "*zu*"); TCL 1,11,8, 11,247,2; UET 1,127,9; 131,16$^?$; 138, 15; 139,15; 8,84,17; 85,7; YOS 12,35,4; Edzard Sumer 13,185 pl.3: IM 22890,2
PN ša ^{d}*Ningirsu gír-su*^{ki} AbB 2,29,4
LÚ gir-su$^{?!ki!}$ TIM 3,141,5$^!$; VS 18,72,19; 73,[4?]
gala.mah.gír-su^{ki} Cros RA 6,69,9
PN gír-su^{ki} AbB 2,29,39
PN [gír]-su(!)^{ki} TEBA 69 IV 18
A.GÀR gír-su$^{ki(?)}$ SVJAD 137,1.13

¶ Vgl. RGTC 2,60 zu UR III zeitlichem Girsu; = Tello (Tall al-Lauḥ) 46°10' öL/31°31' nBr = PV 1192.

GIR$_{13}$.TAB

GIR$_{13}$*.TAB*^{ki} BIN 9,478,2; Poebel JAOS 57,367,2; Datum:Išbi-Erra 2.3 (BIN 9,127,12; vgl. Kienast JCS 19,45f.)

¶ Vgl. RGTC 2,61; F.R.Kraus, ZA 51,55,60; zum Datum s. BIN 9 S.20; vgl. zuletzt G.Gragg, AfO 24,70.

^{giš}GIŠIMMAR

URU^{ki} ^{giš}GIŠIMMAR TCL 10,30,5; [55 Vs.6?]

¶ ⟶ FN ^{giš}GIŠIMMAR; ⟶ FN Idiglat.

Gubbatum

gu-ub-ba-tum^{ki} BRM 4,53,69.71?

Gublā

"*gu-ub-la^{ki}*" Dossin Syria 20,109.111

"*gu-ub-la-a^{ki}*" Dossin Syria 20,109.111

"*gu-ub-la-a-ju^{ki}*" Dossin RA 36,51

"Adj.: *gu-ub-la-ju*" Dossin Syria 20,111

"*gu-ub-la-ji-tum*" Dossin Syria 20,111

¶ = Byblos, heute Ǧubail: 35°38' öL/34°7' nBr = YC 4378.; vgl. RGTC 2,66; vgl. zuletzt W.Röllig, RlA 3,673ff, ⟶ Jamḫad, ⟶ Qaṭānum

Gubrum

gu-ub-rum^{ki} BRM 4,53,29.48

^{uru}gu-ub-rum KI.TA AbB 2,149,13

A.GÀR ^{uru}gu-ub-rum^{ki} AbB 4,98,6

LÚ gu-ub-rum^{ki} AbB 2,42,7

PN gu –ub-[rum?x] AbB 2,29,23

¶ Bei ⟶ Lagaš, am ⟶ FN E(n)tena.

GÚ.DU$_8$.A

GÚ.DU$_8$.A^{ki} AbB 3,49,11; 22,14; ABPh 112,6; SLT 252 Rs.3'

^{uru}GÚ.DU$_8$.A^{ki} LFBD 11:895,7

^{uru}GÚ.DU$_8$.A^{ki} BAL II 5:CH III 3

kār GÚ.DU$_8$.A^{ki} AbB 3,27,26; TLB 1,160,14

GÚ.DU$_8$.A^{ki} URU^{ki} TLB 1,126,2

É ^{d}LUGAL.GÚ.DU$_8$.A^{ki} BIN 7,64,3

A.GÀR/A.ŠÀ (ša) ^{d}LUGAL-GÚ.DU$_8$.A^{ki} BE 6/1,119 Vs.III 29.Rs.II 2; CT 8,8d,2; 33,36,3; TCL 1,154,2

LÚ GÚ.DU$_8$.A^{ki} ShT 39,45

LÚ .. GÚ.DU$_8$.A^{ki} PRAK 2 t.41:D34,4

(ÌR) ^{d}*LUGAL-GÚ.DU*$_8$*.A*^{ki} BDHP 56,2$^{?!}$; TJDB t.35:16281 Siegel; TSifr 35 Siegel (2); 38a Siegel (1); 75 Siegel (1); VS 7,10/11 Siegel (2)$^{!}$; 13,16,4$^{?!}$

ÌR^{d}*LUGAL.GÚ.D[U*$_8$*.A*^{ki}*?]* Sollberger JCS 5,82a Siegel (2); 80a Siegel (4); 84a Siegel (2)

PN: *GÚ.DU*$_8$*.A*^{ki}*-mušallim* VS 7,37,19

<u>Daten</u>: *BÀD GÚ.DU*$_8$*.A*$^{(ki)}$ Sumu-la-el 27 (RlA 2,176:41)

BÀD GÚ.DU$_8$*.<A*^{ki}*>* Variante dazu (RIAA 257 Rs.7)

GÚ.DU$_8$*.A*^{ki} unbekannte Zuordnung (Baqir Sumer 5,79,19)

^{d}*LUGAL.GÚ.DU*$_8$*.A*^{ki} Sîn-muballiṭ 16 (RlA 2,178:98; VS 8,48,18; CT 6, 14b,21)

¶ Vermutlich = Tall Ibrāhīm: RGTC 2,67f; Lage: 44°36' öL/32°45,5' nBr = MB 6424. - Zum GN ^{d}*LUGAL-GÚ.DU*$_8$*.A* vgl. E. von Weiher, AOAT 11, 9^{3} (s. S.108a); - vgl. noch R.Harris, Sippar 149.

GÚ.EN.NA

^{uru}*GÚ.EN.NA*^{ki} AbPh 16,7

¶ Vgl. CAD G 120 b.

Gulaba ⟶ Āl-Gula.

Gumzatum

URU^{ki} *gu-um-za-tum* A 32094,6

Gunatum

^{uru}*gu-na-tum* AbB 4,62,6; VS 13,104 II 8

Gungunu

URU^{ki} *gu-un-gu-nu* TCL 11,185,36'

Gur-durarum

URU^{ki} *gur-du-ra-rum* TCL 11,247,3 (Coll.Arnaud)

Guru-IŠKUR

gu-ru-^{d}*IŠKUR* ARMT 11,132,4$^{!}$("*gu*<*ru*>"); 712,3 (vgl. ARMT 12,186[1]); ARM 9,114 V 33'!

ku-ru-^{d}*IŠKUR*^{ki} ARMT 11,104,7

PN gu-ru-^{d}*IŠKUR*^{ki} ARMT 13,38,7

PN gu-ru-^{d}*IŠKUR* ARMT 7,155,6; 12,559,6$^{?}$

Gutium ⟶ Qutûm

GU.ZA.LÁ

URU^{ki} *GU.ZA.LÁ* YOS 8,109,1$^{!}$.case 1; Goetze JCS 4,84,9

Ḫ

ḪA.A

LÚ ḪA.A^{ki} *(.E.NE)* UET 5,206,8
ERIM ḪA.A^{ki} UET 5,430,8; 476,7
^{d}*Ištar A.ḪA*^{ki} CT 52,8,4; 96,4
PN: *ḪA.A*^{ki} UET 5,677,23

¶ RGTC 2,107: Lesung gewöhnlich A.ḪA: s. jetzt ausführlich RGTC 1,95f.

Ḫabba

ḫa-ab-ba^{ki} ARM 1,70,12

*Ḫabe[?

ḫa-be(?)[UCP 10/1,109,1

Ḫabri

^{uru}*ḫa-ab-ri* Rimāḥ 330,9

Ḫabum, Abā

KUR a-sa-am ù a-ba-a Hallo JCS 18,60,30
KUR^{i}*˙ ḫa-bi-im* ARMT 13,143,2'

¶ Nach G.Dossin und J.-R.Kupper, ARMT 13, S.172,2': zu ⟶ Apum; ⟶ Talḫajum; W.W.Hallo, JCS 18,76:44f hält A. für einen Berg.

*Ḫaburatum

ḫa-bu-ra-tim^{ki} ARM 1,109,9; 5,67,31!
^{uru}*ḫa-bu-r[a-tim*^{ki}*]* Rimāḥ 306,10

māt ḫa-bu-ra-tim^ki^ FAI 86,59

LÚ ḫa-bu-ra-ta^?^*-a-ju* Rimāḫ 251,6

¶ aB Ḫ. wurde lange Zeit mit aA Ḫabura und Ur III zeitlichem Ḫabura verbunden: vgl. zu aA Ḫabura H.Lewy, OrNS 21,266: nahe beim vulkanischen Tall Kaukab, und zu Ur III zeitlichem Ḫ. M.Civil, JCS 21,38; RGTC 2,72: n von Mardin. A.Goetze, JCS 7,66f vermutet deshalb aB Ḫ. n von Tall ʿAǧāǧā. Nach neueren Belegen ist aber aB Ḫ. von Ur III zeitl. Ḫabura sicher zu trennen und mit M.Birot, Syria 50,9[2], am Tigris zu suchen, ⟶ Burullum, ⟶ Karanā, ⟶ Razamā.

Ḫabuz

ḫa-ab-bu-uz^ki^ LFBD 9:893,8.12

ḫa-bu-uz^[ki]^ TJAUB t.41:H 41,1

erṣet ḫa-bu-uz^ki^ TJAUB t.29:G 51,3

erṣet ḫa-bu-[uz] AMAST pl.13:MLC 2656,2

LÚ ^uru^*ḫa-bu-uz*^ki^ LFBD 2:885,14

LÚ ḫa-bu-uz^ki^ AbB 6,69,8; LFBD 13:897,6

Datum: *BÀD ḫa-bu-uz*^ki^ vermutl.Sumu-la-el 31 (BIN 2,74,16; TIM 5,33, 28!; Rutten RA 52,213; RlA 2,176:45)

¶ Vgl. zum Datum auch F.J.Stephens, JCS 14,84a oben. Nach E.Szlechter TJAUB S.10:3 liegt Ḫ. unweit vom Euphrat.

Ḫadnā

ḫa-ad-na^ki^ Rimāḫ 202,4

māt ḫa-[a]d-na^ki^ ARM 2,50,5

¶ ⟶ Kurdā, ⟶ Razamā.

Ḫaduraḫā

a-lam^ki^ *ḫa-du-ra-ḫa-a*^ki^ Dossin SD 2,117

¶ ⟶ Aparḫā.

Ḫaḫḫarum ⟶ Ḫarḫarītum

Ḫaḫḫum

ḫa-aḫ-ḫi-im^ki^ Finet RA 60,20,28

URU^ki^ *(šu)ḫa-aḫ-ḫu*! VS 9,146,2

MÍ ḫa-aḫ-ḫ[u!] CT 45,45,2

¶ Vgl. aA Haḫḫum und heth. Ḫaḫḫa; zur Lit. vgl. zuletzt K.Veenhof,

Ḫalā

AATT 243. Ḫ. liegt nach (a) P.Garelli. Assyriens 109f und A.Goetze, JCS 7,68f in der Ebene von Elbistan; näher am Euphrat sonst aber wie (a): K.Veenhof, AATT 243; nach C.Orlin, ACC 39ff und Anm.53: circa 100 km nö von Malatya; vgl. auch zum heth. Ḫaḫḫa ("Olive"), A.Archi u.a., Gaziantep S.41; ⟶ Ašlakkā, ⟶ Burundum, ⟶ Naḫur, ⟶ Talḫajum, ⟶ Zalmaqum.

Ḫalā

māt ḫa-la-a Kisurra 153,4 (Gen.)

¶ ⟶ DU₆-Enlila.

Ḫalab

ḫa-la-ab^{ki} ARM 2,68,4; 71,22; CT 45,109,8; 52,1,6 ($^{[ki]}$); Dossin RA 64,99,4.17$^{!}$; Syria 20,107.108

māt ḫa-la-ab^{ki} ARM 5,63,12

^{uru}*ḫa-la-ab* TJDB t.40,9:16343,9

^{d}*Adad bēl ḫa-la-ab*^{ki} ARM 10,156,10$^{?!}$; Dossin Syria 19,115³; Lods Studies Robinson 104,41.3'

^{d}*Adad ša ḫa*$^{!}$*-la-ab*^{ki} ARMT 14,9,6; Datum Zimrilim (St.Mar.57:20)

ḫa-la-ba-ji AbB 2,84,14

ḫa-la-bi^{ki} Dossin Syria 19,115³

LÚ^{meš}*/PN ḫa-la-ba*^{ki} TJAUB t.27:G 47 Rs.13; VS 7,95,4

LÚ ḫa-la-ba^{ki} AbB 6,24,5.12$^{?!}$.14.19

ḫa-la-ba-ia CT 2,20,14 (CAD E,393b)

LÚ^{meš} *ḫa-la-ab*$^{!ki}$ VS 18,85,15

"*LUGAL ḫa-la-ab*^{ki}" Dossin RA 36,47

PN: *púzur-ḫa-la-ab* BIN 9,324,2

¶ H.Klengel, RlA 4,50ff = Ḫalab aufgrund der Namensgleichheit; ⟶ Jamḫad. Lage: 37°9' öL/36°13' nBr = CA 3507.
- Vgl. noch G.Dossin zu Belegen nur in Umschrift in RA 36,47ff.

Ḫalabit

ḫa-la-bi-it ARM 3,24,9

Daten: *ḫa-la-bi-it*^{ki} Sumujamum (St.Mar.52:8; Dossin RA 64,22:4,9); Rubûm (TIM 3,5,20)

¶ F.Reschid, AND S.9: Ḫ. der Mari-Texte ist von Ḫ. bei Ešnunna zu trennen. A.Finet, ARMT 15,124: Ḫ. (aus Mari) liegt im Distrikt von Terqa.

*Ḫalānum, Ḫalana

māt ḫa-la-a-nim Rimāḫ 137,20
DUMU.MEŠ ḫa-la-na^{ki} Rimāḫ 155,9$^{!}$

Ḫalḫalla

ḫa-al-ḫa-la$^{?}$ CT 8,20a,7; 39b,2
ḫal-ḫal-la CT 47,64a Rs.3; 65,8
ḫal-ḫal-la^{ki} BDHP 40,1; CT 6,20a,2.10; 33a,6; 21c.7; 47,29,2; 65a, 7$^{!}$; Harris Sippar 382:BM 81128,2 (Coll.Walker)
^{uru}*ḫal-ḫal-la*^{ki} CT 8,6b,12; 47,56,2; 68a,9
ālim ḫa-al-ḫa-la^{ki} Nougayrol JCS 21,230,5
A.GÀR ḫal-ḫal-la^{ki} CT 45,34,9
erṣet ḫal-ḫal-la CT 52,46,8
LÚ/rabiān ḫal-ḫal-la^{ki} CT 47,78,24; 68a,19
PN: *ḫa-al-ḫa-lum* SVJAD 44,19

*Ḫalitu

ḫalaṣ ḫa-li-ta$^{[k]i}$ ARM 5,45,9

*Ḫaltammatum

ḫa-al-ta-[a]m-ma-tim ARM 10,78,23

¶ A.L.Oppenheim, RA 63,95: elamischer Name für Elam; vgl. A.Salonen, AASF B 149:325: *NIM=ḫaltam* , s.auch J.P.Grégoire, Arch.ad.Sum.201 Elam.

*Ḫamadānum

LÚ ḫa-ma-da-nim^{ki} Rimāḫ 246,27; 247,9$^{?!}$

Ḫamān

ḫa-ma-an^{ki} Dossin Syria 32,8,28

¶ Ḫanäerstadt, von Jaḫdunlim zerstört, → Abattum, → Jamḫad → Samānum, → Tuttul.

*Ḫamiqatum

ḫa-mi-qa-tim^{ki} ARM 6,62,26$^{!}$
(ša) ḫa-mi-qa$^{!}$*-[tim]* Rimāḫ 145,13

Ḫammiramum

LÚ ḫa-mi-qa-tim^{ki} ARM 2,36,8

¶ ⟶ Idamaraz.

Ḫammiramum

URU^{ki} *ḫa-am-mi-ra?-mu-um* CBT 1,12865

Ḫamšā

ḫa-am-ša-a^{ki} ARM 1,4,20

Ḫan[

ḫa-an[ ]^{ki} ARM 7,225,8

¶ Ergänzt von A.Bottéro, ARMT 7,225,8: *ḫa*$^{!}$*-a[n-n]a*^{ki}.

ḪA.NA, Ḫanû

ḪA.NA ARM 1,6,26.41; 2,12,6.28; 53,17; 59,4.11; 67,8'; 3,65,7; 67, 11; CRRAI 18,59,7; Dossin Syria 32,8,28; 48,2,2

ḪA.NA^{ki} ARM 1,37,39.41; 60,19$^{?}$; v.Dijk Sumer 13,109 (= AfO 23,66, 30)

ḪA.NA$^{ki.meš}$ ARM 1,37,37

ḪA.NA^{meš} ARM 1,37,35; 42,5.10.28; 82,14; 2,1,10.24; 23,16; 25,13, 4'.10'.11'.17'; 27,5; 33,12'.17'; 37,7.13.17; 48,6.8; 67,7'; 80,7; 98,9'; 118,4.5; 3,14,7; 4,40,6.9$^{!}$; [57,9$^{?}$]; 78,26'.[30'$^{?}$]; 5,81,5; 6,28,7$^{?!}$; 67,12; 69,7'.8'; ARMT 13,102,21; 103,[8$^{?!}$]; Dossin Mél. Duss.984; Syria 19,122; Jean RA 35,183[2,9]

LÚ ḪA.NA^{meš} ARM 2,14,8'; 53,10; 3,15,11.24; 4,80,4; 10,31,14.5'; ARMT 13,33,5; 14,78,7.18$^{?!}$; 80,4.6.14.18$^{!}$.19; 81,7; 82,19.21; 92, 19; 112,9; 120,15; 121,7; Finet RA 60,24-25,2.7.13; Thureau-Dangin RA 33,172,5.7.11.13

LÚ^{meš}*ḪA.NA* ARM 1,87,4; 3,46,14; Rimāḥ 9,13'

LÚ ḪA.NA ARM 2,5,5; 14,9; 7,198 III 20'; 227 Rs.8'; 10,91,3'; ARMT 14,53,6; 114,15; Finet RA 60,25 Rd.3

LUGAL (ša) māt ḪA.NA Thureau-Dangin RA 33,49 I 5; Dossin Syria 32, 4,19; MAM 2/3,253

ab/a-bu-ú ḪA.NA Thureau-Dangin RA 33,51 I 16; Dossin Syria 32,8,29

ḪA.NA^{meš} *ia*$_8$*-ma-ḫa-mu-um* ARM 5,81,9

LÚ ḪA.AN^{meš} Thureau-Dangin RA 33,172,9

LUGAL KUR ḪA.NA Stephens RA 34,184 Siegel; TCL 1,237 Siegel 2

KUR ḪA.NA^{ki} Thureau-Dangin Syria 5,276,2

ḫa-nu-ú ARM 2,124,12

LÚ ḫa-nu-ú ARM 2,79,13.[18]; 7,225,13.19; 226,17.[34]; ARMT 14,77,8; Birot RA 49,19 V 58

LÚ^{meš} *ḫa-nu-ú* ARMT 13,30,5

(ṣābē)LÚ ḫa-nu-um ARMT 14,79,5; 82,5; SVJAD 117,20

LÚ ḫa-nu Finet RA 60,24,8

ḫa-ni-i ARM 6,68,6'; 8,10,4'

ḫa-ni ARMT 13,139,2'

LÚ ḫa-ni-i ARM 2,123,16; Birot RA 49,19 V 62; VII 46 (*ša temenni ša nūbalim*); Dossin Syria 20,106

[LÚ?] ḫa-ni^{meš} ARM 10,170,16

LÚ $^{(meš)}$*ḫa-ni-i* ARM 1,128,5; 134,5.15; 5,51,5; Rimāḥ 267,21

ḫa-né-e-em ARM 10,5,5

ḫa-ni-i-im ARM 5,51,11; 6,67,10$^?$

ḫa-nam-ma-a Dossin RA 35,183,7

[LÚ] ḫa-na-a[-a] Gadd Iraq 7,49:957; Dossin Mél.Duss.989 unten.

Daten: *ḫé-na*^{ki} Ibal-pi-el II (Baqir Sumer 5,81:30a)

ḫe-na Ibal-pi-el II (Baqir Sumer 5,83:10)

ḫé-na Ibal-pi-el II (Simmons JCS 13,75g)

¶ Halbnomadische Bevölkerung: J.R.Kupper, RlA 4,74f und Name des Landes Ḫana am mittleren Euphrat (⟶ RGTC **5**, s.v.). Zur Schreibung *ḫé-na* vgl. J.R.Kupper, Nomades, S.38[1]. - Der Stamm der Ḫanäer wurde von Jaḫdunlim zusammen mit ⟶ Tuttul (am Baliḫ?) und ⟶ Mari besiegt. ⟶(Mārē)-Jaminā und ⟶Jamḫamum. Zur Zeit von Šamši-Adad und seinen Söhnen wohnen die Ḫ. in ⟶ Haššum (ša Membida) (ARM 1,37), ⟶ Qattunān (ARM 1,82), ⟶ Zilḫān (ARM 2,27), ⟶ Mari (ARMT 13,30), ⟶ Ṣuprim (ARMT 13,30) und in der nawêm (vgl. F.R.Kraus, RA 70,172ff.) des Distriktes von ⟶ Kaḫat (ARM 2,59). Zur Zeit Zimrilims werden sie im Distrikt von ⟶ Terqa erfaßt (ARM 3,14) und schließen Frieden mit ⟶ Idamaraz (ARM 2,37). - Vgl. zu Belegen in Umschrift noch Ch.Jean, RÉS 1937,109; 1938, 128[2+3]; RA 39,67[3].

Ḫanat

^{d}*ḫa-na-at*^{ki} ARM 1,56,9; ARMT 13,43,10; Dossin Syria 20,106
^{d}*ḫa-na-at* ARMT 14,124,4
ḫa-na-at^{ki} AbB 2,88,14; ARM 6,71,3$^{!}$.2'$^{!}$; ARMT 11,250,13; 13,31,25; Burke RA 53,146[1]
bīt ^{d}*ḫa-na-at*^{ki} ARM 8,85,48
PN: *zimrī-ḫa-na-ta* AbB 2,88,16.17 (Huffmon APNMT 201)

¶ E.Unger, RlA 1,104-105: = ʿAna am mittleren Euphrat; Lage: 34°27' nBr/42°0' öL = GU 7319; s. D.O.Edzard , ZZB 37[160]; D.Oates, Studies, 55[1] (hist. Überblick), vgl. zuletzt M.Anbar, IOS 5,11ff; A.Parrot, Archéologie Mésopotamienne 2,372-374; Identität fraglich, nur aufgrund von Namensgleichheit. ⟶ Bābilim, Jablija, Ekallātum, Larsa.

Ḫanna

ḫa-an-na^{ki} ARM 3,19,12; [20,19!?]; 38,13
ḫa$^{!}$*-an-na*$^{?!}$*[ ]*^{ki} ARMT 7,219,15
LÚ ḫa$^{!}$*-a[n-n]a*$^{ki!}$ ARMT 7,225,8$^{!}$

¶ Zum Distrikt ⟶ Ḫimarān ⟶ Ḫišamta, ⟶ Zurubbān.

*Ḫanigalbat

Turgumanni ša ṣābē ḫa-bi-in-gal-ba-ti-i Gelb Glossa 2,97

¶ E. von Weiher, RlA 4,105ff.

Ḫanizarrum

ḫa-ni-za-ru-um ShT 78,4 (s.S.83)
LÚ^{meš}*ḫa-ni-za-ru[* FAI 104,12

¶ ON oder Berufsname? Aufzählung von Leuten des Landes ⟶ Utêm; vgl. AHw.321a.

Ḫanzat

LÚ ḫa-an-za-at^{ki} ARM 7,112,2$^{?!}$; 164,4; 208,5; 210,10$^{!}$; 219,35$^{?!}$.56

¶ Erwähnt in Lieferlisten mit ⟶ Aḫunā, Arrapḫā, Ḫarrānum, Ilanṣurā Kurdā, Niḫrija, Šudā.

Ḫanzipatānu (?)

URU^{ki} *ḫa*$^{!}$*-an*$^{!}$*-zi-pa-ta*$^{!!}$*-nu*$^{?}$ YOS 8,164,11
^{uru}*dunnu ša ḫa-an-zí-pa-t[a?]-nu*$^{?}$ TCL 11,174 Vs.11

¶ Lesung in beiden Fällen nicht eindeutig; vgl. aber MSL 11,20,15: Hanzibatum?

Ḫapḫap

ḫa-ap-ḫa-ap^{ki} Stuneck Hamm. 7,15

ḫa-ap-ḫa-ap-pi Goetze JCS 7,53 IV 8

¶ Zwischen → Bābilim und Larsa; → Eblaḫ, → Razamā, → Šanasapi.

Ḫarallum → Arallum

ḪAR

KUR.RA ^{d}*ḪAR* Rimāḫ 112,5

KUR ^{d}*ḪAR* ARM 4,42,18

KUR^{i} ^{d}*ḪAR* Dossin Syria 48,4,14'

¶ → Bunineju (?).

*Ḫarbānu(m)

URU^{ki} *ḫar-ba-ni-i*^{ki} BDHP 27,8 (Coll.Walker)

^{uru}*ḫar-ba-ni*^{ki} Rimāḫ 335,3'

LÚ ḫar-ba-nim^{ki} Rimāḫ 246,3

Ḫarbê

ḫa-ar-bé-e^{ki} ARM 1,132,18; 4,74,7.11; 6,15,17; Dossin Syria 19,122

ḫa-ar[-bé-e^{ki}*]* ARM 4,88,6.9; Rimāḫ 9,2

[ḫa-ar-b]é-e^{ki} ARM 4,81,11

māt ḫa-ar-bé-e^{ki} ARM 1,132,7

ḫa-ar-ba-ju ARM 5,22,17; 41,24

TUR.MEŠ ḫa[-ar-bé-e^{ki}*]* Dossin RA 61,20

¶ M.Falkner, AfO 18,36: einen Tagesmarsch n von Hīt am Euphrat; → Andarik (beide werden als "*māt elītim*" bezeichnet); → Ešnunna, → Jablija; - vgl. M.Anbar, IOS 5,9-10.

Ḫarbidum → Arbidum

*Ḫarḫarrû

ḪAR-ḪAR-ri-i^{ki} AbB 4,28,8

¶ Ararum (?).

Ḫarḫarītum

^{uru}*ḫar-ḫar-r[i-tu]m* AbB 4,127,7

Ḫarīnum(?)

KASKAL ḫa-ar-ḫa-r[i$^{?}$*-ti]m* TCL 1,63,5 (Coll.Birot)

ḫar-ḫar-ri-tum CT 2,7,5

¶ —> Ḫarḫarrû; —> FN Ḫarḫarītum.

Ḫarīnum(?)

^{uru}*ḫa-ri*$^{!}$*-nu*$^{?}$*-um*$^{!ki}$ TCL 18,88,9 (Coll.Birot)

¶ Nach Coll. Birot vielleicht auch *za*$^{?}$*-ar*$^{?}$*-nu-um*$^{?!k[i^{?!}]}$.

*Ḫarizānum

ḫa-ri$^{!!}$*-za-nim*^{ki} ARM 1,103,18

ḫa-ri-za-na-yi^{ki} ARM 1,103,12

¶ Vgl. A.Finet, ARMT 15,125 (—> Ḫarṣi, —> Ḫarruṣi); —> Ḫurmiš.

Ḫarmatum

^{uru}*ḫar-ma-tum (ša)* ^{uru}*KIŠ*^{ki} YOS 12,56,52.65

Ḫarparikum

ḫar$^{!}$*-pa-ri-kum* Rutten RA 52,222:7,2

ḫar-pa-ri-kum Rutten RA 52,216:2,2

Ḫarrānum

É ^{d}*Sîn ša ḫa-ar-ra-nim*^{ki} Dossin Mél.Duss.986

LÚ ḫa-ra-nim^{ki} ARM 7,219,45

LÚ ḫa-ar-ra-nim^{ki} ARM 7,112,4$^{?!}$; 176,4$^{!}$; 208,7$^{??}$

KASKAL Goetze JCS 7,53 III 8 3 III 8

KASKAL$^{nim.ki}$ ARM 5,75,8'

¶ = Ḫarrān, vgl. N.Postgate, RlA 4,122ff. Lage: 36°50' nBr/39°1' öL = EA 0379.

*Ḫarrašum

[LÚ ḫa]-ar-ra-ši-im^{ki} Rimāḥ 247,5'

*Ḫarratum

ḫa-ar-ra-tim^{ki} ARM 4,1,7

¶ A.Finet, ARMT 15,125: in der Umgebung von → Saggaratum; → Jamaḫamu.

Ḫarruwatum

PN LÚ ḫa[!]*-ar-ru-wa-t[um]*^{ki} ARMT 14,51,21

¶ → = Ḫarratum?

Ḫarsamnā

ḫa[r]-sa-am-na-a^{ki} Dossin RHA 35,71,8

[ḫa]r-su-um-na^{ki} ARMT 7,266,3'

ḫa-ar-sa-am-na-ju Dossin RA 35,120

¶ In Anatolien? → Ḫattuša, → Ḫuburmeš, → Kaniš; vgl. heth. Ḫuršam(m)a, H.Otten, RlA 4,521.

Ḫarsi, Ḫarrusi

ḫa-ar-sí Goetze JCS 7,53 III 24

ḫa-ar-ru-si Goetze JCS 7,54b,2

¶ W.W.Hallo, JCS 18,83a: nahe bei Nuṣaybin; A.Moortgat, AAS 7,94; W.v.Liere, AAS 13,120: = Tall Ḥamīdīya. Von den dort erwähnten Tulul ist Tall Šāġar Bāzār der einzige mit altbabylonischen Besiedlungsschichten.

Ḫasam, Asam

ŠÀ^{bi} *KUR a-sa-am* Hallo JCS 18,60,30

KUR ḫa-sa-am ARM 1,97,14

ḫa-sa-am ARM 1,97,18.20

PN: *zi-im-ri-ḫa-sa-am* Gadd Iraq 7,42b

¶ Vgl. zuletzt mit Lit. W.W.Hallo, JCS 18,76:44; H. = Berg Aisuma (gr.) = modern Karacali Dağ (L.Dillemann, HMO 34); zwei Doppelstunden von Šubat-Šamaš entfernt; → Mammagira, → Šudā.

Ḫaṣurā

ḫa-ṣú-[r]a^{ki} ARM 6,78,14[!]

ḫa-ṣú-ra-a^{ki} ARM 6,23,23; 78,5; 7,236,6'

*Ḫašum

LUGAL ḫa-[ṣ]ú-ra-a[ki] Dossin RA 64,99,22

ḫa-ṣú-ra-iu[ki] ARMT 12,747,3

LÚ ḫa-ṣú-ra-a[ki] ARM 6,78,10.15

¶ = Hasor von Nephtali = Tall al-Qadah: AfO 18,471ff. 214ff; Y. Yadin, Hazor I-IV, 1972; B.Hrouda, RlA 4,135; vgl. J.R.Kupper, Nomades 179[1]; Lage: 35°34'öL/33°1' nBr.=YB 4252.

*Ḫašum

LÚ ḫa-š[e?]-[em[ki]*]* ARMT 7,113,12

¶ Haššum.

Ḫašḫūr

ḫa-aš-ḫu-ur[k[i]] OBTI 152,5; 139,17!

ḫa-aš-ḫu-ur OBTI 137,6.14; 138,10, 229,20

¶ ON? Vgl. zum Lemma *ḫašḫūru* "Apfel" AHw 333f. und CAD Ḫ 139f.

*Ḫaššum

ḫa-aš-ši-im[ki] *(1)* ARM 6,20,8

ḫa-[ši]-im[ki] *ša me-em-bi-da (2)* ARM 1,37,32

LÚ ḫa-aš-ši-im[ki] ARM 1,24,3'.5'.12'.15'

LÚ ḫa-aš-ši-im ARMT 7,113,13

LÚ ḫa-ši-[im[?ki?]*]* ARM 1,1,4

¶ Ḫaššum und Ḫaš m werden von mir unterschieden aufgrund des Textes ARMT 7,113. Von J.-R.Kupper, Nomades 11[2] werden ⟶ Ḫaššum (1) und ⟶ Ḫašem ša Membida (2) voneinander getrennt. M.Falkner, AfO 18, 11 faßt sie wiederum als éine Ortschaft auf. J.-R.Kupper, Nomades 11[2] und RA 43,81 vermutet Ḫ. n von Aleppo im Land Kommagene; M. Falkner, AfO 18,11 sucht Ḫ. am rechten Euphratufer in der Nähe von ⟶ Karkemiš und ⟶ Uršum; S.Smith, An.St.6,42f und G.Güterbock, JCS 18,4-5 vermuten Ḫ. am ö Euphratufer [Güterbock: in der Nähe von Birecik!]. Vgl. - nA und heth. ⟶ Ḫaššuwa. Vgl. noch A.Archi u.a., Gaziantep, 44. In aB Texten wird Ḫ. (1) genannt zusammen mit ⟶ LÚ Rabbatim, ⟶ LÚ Uršim, ⟶ LÚ Karkemiš. Ḫ. (2) wird erwähnt im Zusammenhang mit ⟶ Qattunān. In Ḫ. (2) werden Ḫanäer gesammelt.

Ḫašuna

⌜ḫa-šu-na⌝[⌜ki⌝] OBTI 317 II 6'

Ḫaštarriju

ḫa-aš-ta-ar-ri-ji[ki] AOAT 3/1,14,8

¶ ⟶ Ekallātum

Ḫašur

[uru]*ḫa-šu-úr*[ki] TEBA 69 I 9

URU[ki] *ḫa-šu-úr* TCL 11,146,33

¶ M.Birot, TEBA S.107: in der Umgebung von Larsa.

Ḫatītum

LÚ ḫa-ti-tum Goetze JCS 4,109b,6

Ḫatka, Ḫatki

ḫa-at-ka[ki] ARM 1,138,5; 131,6!

PN ḫa-at-ki[ki] ARM 7,180 III 27'

¶ ⟶ Ḫurarā, ⟶ Sunḫum, ⟶ Tarram.

Ḫatta

ḫa-ta ARMT 11,183,7

[d]*ḫa-at-ta* ARM 10,160,6.20

¶ M.Burke, ARMT 11,137. ON?

Ḫattuša

[ḫ]a[?]*-[a]t-tu-ša*[ki] Dossin RHA 35,71,9

¶ K.Bittel, RlA 4,162ff: = Boğazköy; ⟶ Ḫarsamnā, ⟶ Kaniš.
Lage: 40°9' nBr/34°32' öL = XK 3931.

*Ḫazakān(num)

ḫa-za-ka-an-nim[ki] Gadd Iraq 7,43a

ḫa-za-ka-nim[ki] AOAT 3/1,39 Rs.13

ḫa-az-za-ka-aŋ-nam[ki] ARMT 14,120,14

ḫa-za-ka-an[ki]! ARM 4,44,5

LÚ ḫa-za-[ka-an-n]a[ki] ARM 7,91,7.

Ḫazazar

Ḫazazar

ḫa-za-za-ar^ki^ (Gen.) Dossin RA 64,99,23

¶ G.Dossin, RA 64,102: in der gleichen Region wie → Haṣurā, → Muzunnum, → Lajišum. M.Astour, RA 67,74 = heth. Ḫašašar.

Ḫazi

ḫa-⌈zi⌉!ki! Rimāḫ 245,14

Ḫaziri

ḫa-zi-ri Goetze JCS 7,59 III 10

¶ Zwischen → Admi und → Saḫulda. Nach A.Goetze, JCS 7,61b: identisch mit nA Ḫuzirīna (= Sulṭān Tepe).

Ḫena → ḪA.NA

Ḫeḫerinim → Erinim

*Ḫeššum

ḫe-eš-ši-im^ki^ ARM 1,22,27; 2,10,6

ḫe-eš-ši^ki^ ARM 4,28,19

ḫi-iš-ši-im^ki^ ARM 1,10,21'

ḫi-iš-ši-im-ma^ki^ ARM 1,10,20'

ḫi[-iš-ši-im^ki^*]?* ARM 1,10,17'

¶ M.Falkner, AfO 18,12: Haššum ist mit → Uršum und → Karkemiš zu verbinden, während Ḫ. ö von Šubat-Šamaš zu suchen ist bei → Mammagira und → Šapanazum. H.Güterbock, JCS 18,5: beide Orte, Ḫaššum und Ḫ., liegen ö vom Euphrat, eine Gleichsetzung beider Orte ist wahrscheinlich; → heth. Ḫaššuwa. Vgl. → Ḫaššum; Lage von Ḫ. unbekannt; → Mammagira, → Šapanazum, → Šubat-Šamaš, → Šudā.

Ḫibarā

ālam ḫi-ba-ra-a^ki^ ARM 1,92,11

¶ A.Finet, ARMT 15,125: → Ḫibarītum?; → Qabrā, → Wilānum.

Ḫibarītum

ḪI-ba-ri-tum^ki^ (Gen.) PRAK 2 pl.38 D 28,5.7.13

ḪI-ba-ri-tum (Nom.) Goetze JCS 7,52 I 14; Hallo JCS 18,59,6

¶ W.W.Hallo, JCS 18,68, bei Tāǧī-Station (44°15' öL/33°27' nBr = MC 3003). F.R.Kraus, ZA 51,63f: zwischen ⟶ Dūr-Apil-Sîn und ⟶ Kār-kakkulātim am ⟶ (FN) ZUBI, 50 km n von Abū-Ḥabba (= ⟶ Sippir); RGTC 2,75ff.

Ḫibatum ⟶ Ṭabatum

Ḫiddān

ḫi-id-da-an^{ki} ARM 8,96,9

ḫi-da-an^{ki} Dossin RA 64,104,19

¶ Nahe bei ⟶ Dêr, nicht mehr als eine Tagesreise von ⟶ Mari entfernt: M.Sasson, RA 65,172. Vgl. ⟶ nA Ḫindanu und ⟶ Giddān: M.Birot, RA 66,136[3]; J.N.Postgate, RlA 4,415f.

Ḫiḫnamai ⟶ Ḫiḫnum

*Ḫiḫnum

ḫi-iḫ-nim^{ki} ARM 5,27,22

LÚ [ḫi]-iḫ-na-ma-i^{ki} ARM 5,27,15

¶ ⟶ Tariš^{ki}.

Ḫimarān

ḫi-ma-ra-an^{ki} ARM 3,19,11; 20,19!; 38,13

¶ J.R.Kupper, RA 41,160: zum Distrikt von Terqa; ⟶ Ḫannā, ⟶ Ḫišamta, ⟶ Zurubbān.

Ḫimuš

ālum ḪI-mu-uš^{ki} ARM 2,131,21.26

¶ Am Euphrat; ⟶ Šubat-Šamaš, ⟶ Uršum, ⟶ Zallul.

Ḫipilat

māt ḫi-pi-la-at$^{!ki}$ ARM 4,68,5

LÚ ḫi-pi-la-at^{ki} ARM 1,33,6

LÚ ḫi-pi-la-at$^{!}$ ARM 4,68,7!

ḫi-pi-l[a-at-]iu^{ki} Rimāḥ 10,5'

ḫi-pi-la-at-ḫi Gadd Iraq 7,38a

*Ḫirbazānum

¶ Im Gebiet um → Razamā; vgl. UR III zeitliches → Ḫibilat bei Kirkūk: RGTC 2,76. Erobert von Išme-Dagān.

*Ḫirbazānum

māt ḫi-ir-ba-za-nim^{ki} ARM 4,24,9

¶ → Tigunānum, → Turukkû.

Ḫirītum

ālim^{ki} *ḫi-ri-tim*^{ki} ARM 2,30,5

A.ŠÀ ḫi-ri-tum/tu TCL 17,4,13!; UET 5,797,4

LÚ ḫi-ri-tum$^{ki(.meš!)}$ AbB 2,106,7, TCL 1,21,4

¶ Vgl. F.R.Kraus, ZA 51,59, am → FN Irnina und → mB Hirītu, → FN Hirītum.

Ḫirzibḫi

ḫi-ir-zi-ib-ḫi^{ki} ARM 7,266,6'

Ḫišamta

ḫi-ša-am-ta^{ki} ARM 3,19,11; 20,18; 38,12; 7,183,6; ARMT 13,124,10'; St.Mar.48[13]

ḫi-ša-am-ta! ARM 10,128,9

ḫalaṣ ḫi-ša-am-ta^{ki} ARM 2,99,5

LÚ ḫi-ša-am-ta^{ki} ARM 6,40,6; 7,226,37; 9,253 II 5; 256,10; ARMT 13, 109,8

[ḫi-ša-am?]-tam^{ki} ARMT 7,182,9'

GN: ^{d}*ḫi-ša-mi-[tum]* Thureau-Dangin Syria 5,274:AO 9058 Rs.3

^{d}*ḫi-ša-m[i]-tim* St.Mar.48[13]

É ^{d}*[ḫi]-ša-me-tim* ARM 10,53,5

KÁ ^{d}*ḫi-ša-mi-[tim]* ARMT 13,31,8

¶ Zum Distrikt → Terqa? → Ḫannā, → Ḫimarān, → Zurubbān; zur Zeit von Zimrilim Sitz der Orakelgöttin (ARM 10,53).

Ḫišatum

ḫi-ša-[tum?] Goetze JCS 7,52 I 20

ḫi-ša-tum Hallo JCS 18,59,10

¶ A.Goetze, JCS 7,57a: oberhalb von Mankisum, nahe der Mündung des ᶜAẓaim-Flusses; identisch mit ⟶ Ḫizzat (KAV 92,14; nA, Sargon II) und n oder w Grenze des Landes Akkade?; - W.W.Hallo, JCS 18,69b: unweit von ed-Dēr.

Ḫiṣnānum

ḫi-iṣ-na-nu-um^ki^ BRM 4,53,25

PN: *[ḫ]i-iṣ-na-nu-um* WL 93,2

PN: *[K]i*^?^*-ḫi-iṣ-na-nu-um* WL 93,14!

Ḫ[u?...

^uru^*ḫ[u...* VS 13,104 IV 31

Ḫuba

KASKAL ^uru^*ḫu-ba*^ki^ CT 44,20,11

^uru^*ḫu-ba* VS 9,9,1

*Ḫubabu

^uru^*ḫu-ba-bi*^ki!^ TCL 18,96,8 (Coll.Birot)

Ḫubnum

ḫu-ub-nu-um Jacobsen JCS 9,83:39,7

¶ Vgl. zu ⟶ Ḫubni in UR III Texten RGTC 2,76.

*Ḫubšalum

nārum ša Nergal ša ḫu-ub-ša-lim^ki!^ ARM 1,78,7

¶ Vgl. H.G.Güterbock, AS 16,198; G.Dossin, Divination, 85.

Ḫubudija

^uru^*ḫu-bu-di-ia* TCL 10,33,11

Ḫuburmeš, Ḫurmeš, Ḫurbiš

ḫu-bu-ur-me-eš Goetze JCS 7,53 III 12

ḫu-ur-mi-iš ARM 1,103,9.11!.13.17!

Ḫuda

ḫu-ur-bi-iš ARM 7,266,4'

LÚ ḫu-ur-mi-iš ARM 1,103,14!

¶ Vgl. A.Goetze, JCS 7,62a zur Identität der verschiedenen phonetischen Belege; ⟶ Ḫarizānum, ⟶ Ḫarsamnā, ⟶ Ḫirzibḫi

Ḫuda

*šībūt ḫu-da*ki CT 2,9,4 (Coll.Walker)

Ḫudādum

ḫu!-da-du-um CT 8,18a,1?! (Coll.Walker); TCL 1,196,1

¶ ⟶ mA/spB Hudada?, vgl. CAD Ḫ 222b: Flurname; s. E.Forrer, RlA 1,391 sub "Bagdadu". W.Röllig, RlA 4,479f. sub Ḫudādum s. zu Ḫuda.

*Ḫuḫrû

*ḫu-uḫ-ri-i*ki ARM 2,105,10

¶ A.Finet, ARMT 15,126: an der nw Grenze des Distriktes von ⟶ Saggaratum.

Ḫul-Ištar

*ḫu-ul-Ištàr!*ki ARMT 14,69,23

Ḫumman

*URU*ki *ḫu-um-ma-an*ki VS 7,67,5 (Text aus Elam)

Ḫumzān

*ḫu-um-za-an*ki ARM 6,5,10

*LÚ ḫu-um-za-an*ki ARM 8,103,3; 9,180,9; 253 I 19; Dossin RA 66, 116b,7

LÚ ḫu-um-za-an ARM 9,253 II 8

(LÚ) ḫu-um-za-na-ju ARM 8,12,4'; 19.Umschlag 20'

PN ḫu-um-za-ni-i ARMT 11,157,6

¶ Im Distrikt von Mari; ⟶ Appān.

Ḫunābum

*URU*ki*ḫu-na-bu-um* TCL 11,230,1

^{uru}*ḫu-na-bu-u[m$^{ki?}$]*   TCL 11,231,35

*Ḫunadānum

[LÚ x]ḫu-na-da-nim^{ki}   Rimāḫ 246,2'

Ḫunnuzalim, Ḫunnizanim

uru$^{!}$ ^{I}ḫu-un-nu-za-lim^{ki}   Rimāḫ 292,5
A.ŠÀ uru$^{!}$ ^{I}ḫu-un-nu-za-nim$^{?}$ Rimāḫ 292,8

Ḫunulā

ḫu-nu-la-a^{ki}   ARM 7,104 IV 4'$^{!}$.8'; 117 Rs.4'.10'; 119,6$^{!}$
ḫu-un$^{?}$-la-a^{ki}   ARM 7,219,4.13

Ḫurarā

ḫu-ra-ra-a^{ki}   ARM 1,131,8
¶ → Ḫatka, → Šunḫum, → Tarram.

Ḫurbiš → Ḫuburmeš

Ḫuribšum

Daten: *BÀD ḫu-ri-ib-šu-um^{ki}*   (aus Tutub, Harris JCS 9,46:4)
ḫu-ri-ib-šum$^{(ki)}$ (aus Iščālī, Harris JCS 9,55[52])
ḫu-ri-ib-šum^{ki}   dazu? (OBTI 305,32)
ERIM ḫu-ri-ib-šu[m]   OBTI 317 Vs.II 1'
¶ Im Diyālā-Gebiet.

Ḫurmiš → Ḫuburmeš

Ḫurnat

^{uru}*ḫu-ur-na-at^{ki}*   Rimāḫ 252,15; 253,18; 259,17

Ḫurrā

ḫu-ur-ra-a^{ki}   ARM 2,37,15

*Ḫurrānum

ālum ḫu-ur-ra-a^{ki} Dossin Syria 19,123

ḫu-ur-ra^{ki} ARM 2,38,15

LÚ ḫu-ur-ra^{ki} Dossin RA 35,184

LÚ^{meš} *ḫu-ur-ra-ju*^{ki} ARM 2,33,6'; 38,4

LÚ ḫu-ur-ri-ia^{ki} ARM 8,100,19

ḫu-ur-ra-a-i YOS 12,381,4

¶ Vgl. zur Literatur und Lokalisierungsvorschlägen M.Falkner, AfO 18,12; J.R.Kupper, Nomades 230[1] zuletzt W.Röllig, RlA 4,504f. Ḫ. ist nicht zu lokalisieren. Frieden zwischen den Ländern ⟶ Ašlakkā und ⟶ Idamaraz wird in Ḫ. geschlossen. Als Verbündete gegen Zimrilim wird Ḫ. genannt mit ⟶ Ašlakkā, ⟶ Elaḫuttum, ⟶ Šinaḫ und ⟶ Urgiš. Ḫ. wurde von Zimrilim erobert.

*Ḫurrānum

ḫ[u-u]r-ra-nim^{ki} ARM 4,38,10'

¶ ⟶ Izḫizzi, ⟶ Zaḫikima.

ḪUR.SAG.KALAM.MA

ḪUR.SAG.KALAM.MA^{ki} YOS 13,205,6; 350,13

ḪUR.SAG.KALAM.MA AbB 6,144,17; 166,6.10; YOS 2,51,12

¶ RGTC 2,80: identisch mit Kiš = Tall Inġara ; McGuire Gibson, Iraq 34,115ff und RlA 4,520f.

*Ḫuršānum

ḫu-ur-ša-nim^{ki} ARMT 14,94,10.15

māt ḫu-ur-ša-nim^{ki} ARMT 14,94,12.18

¶ ⟶ Elaḫuttum.

*Ḫuršītum, Uršītum

ur-ši-tim^{ki} v.Dijk Sumer 13,109,9 (= AfO 23,66f.)

ḫu-ur-ši-tum ARM 9,288,6

LUGAL māt ur-ši-t[im]^{ki} v.Dijk Sumer 13,111,52' (= AfO 23,66f.)

LUGAL māt ḫu-ur-ši-tim VS 1,115,3!

ḫu-ur-ši-ta-iu^{ki} ARM 3,81,12

LÚ^{meš} *ḫu-ur-ši-ta-i* ARM 7,191,4'

¶ Vgl. W.Röllig, RlA 4,522; ⟶ Diniktum, ⟶ Mankisum, ⟶ Nērebtum; ö vom Tigris?

Ḫutekukme

ḫu-te-ku-uk-me VS 7,67,7 (aus Elam)

¶ → Ḫutešexin.

Ḫutešexin

ḫu-te-še-x-in VS 7,67,7 (aus Elam)

¶ → Asirsir, → Ḫitpuli, → Manḫašḫur, → Šumaḫani. Zum Reich Elam.

*Ḫutnum

ḫu-ut-nim^{ki} ARM 2,48,18

ekallim ša ḫu-ut-nim^{ki} ARM 8,12,1

LÚ ḫu-ut-nim^{ki} ARM 7,226,42

¶ Zum Verwaltungsbezirk von Mari? → Appān, → Dunnum.

I

Iba[

ga-ju i-b[a-   Birot RA 49,16 IV 22

LÚ i-ba-[ARM 7,227,20'

¶ Ḫanäerstamm.

Ibišmaraz

^{uru}*i-bé-eš-ma-ra-az*   VS 13,104 V 2

]*i?-bi-iš-ma-ra-az*$^{?ki??}$ OBTI 307 Rs.I 6'

LÚ <*i*>*-bi-iš-ma-ra-az*$^{!}$ OBTI 309,5

Iblad-[

IB-la-AD-x^{ki} AbB 1,67,9

¶ Lesung unsicher.

Ibrat

URU$^{ki!}$ *ib-ra-at*   TCL 10,71 Rs.52

<u>Datum</u>: *ib-ra-at*^{ki} Sîn-idinnam 5 (Goetze JCS 4,97,31;98,12)

¶ Bei Kūt al-^{c}Amāra am Tigris: E.Forrer, RlA 1,238; so auch E. Weidner, AfO 16, 15[105]; vgl. D.O.Edzard,ZZB 146[771] mit weiterer Literatur.

ÍD ⟶ Ida, Ita

Ida, Ita

^{d}*ÍD*^{ki} ARM 2,77,6.9;Anbar IOS 5,9:A 11161,6

^{d}*ÍD*   Anbar IOS 5,8:A 106,60

i-da^{ki} ARM 4,17,7

LÚ^{meš} *i-ta-i*^{ki} ARM 1,22,34

*LÚ^meš^ i-ta-ju^ki^* ARM 1,22,37

¶ Bei M.Falkner, AfO 18,4b identisch mit Hīt am Euphrat. Nach J. Nougayrol,RA 45,75[2] ist Hīt identisch mit → Tuttul (am Euphrat), desgl. E.Weidner,AfO 15,77[24]. Entweder befinden sich Tuttul und Ida in oder um Hit am Euphrat (die altbabylonischen Texte geben aber keinen Anhaltspunkt dafür) oder eine der beiden Lokalisierungen ist falsch. N.Postgate,RlA 5,33 setzt aB I.aufgrund der Namensgleichheit (?) mit jüngerem Idu und modernem Hīt gleich. → Tuttul.

Idamaraz, Edamaraz, Adamaraz

i-da-ma-ra-az ARM 2,37,7.14.16;28,32;6,66,6.7.13!;10,73,4; Habiru 21:25; Rimāḫ 9,12'; 6,7(?)

i-da[-ma]-r[a]-a[z] ARM 2,141,13

māt i-da-ma-ra-az ARM 2,130,7.14?.38;10,113,15!;14,51,6.11!.32

*māt^ki^ i-da-ma-ra-az^ki^* ARM 2,21,21

māt^ki^ ia-da-ma-ra-az^ki^ elîm ARM 2,21,24

[*māt i-da-ma-ra*]*-az^ki^* Dossin RA 66,122,5'

māt i-da-ma-ra-az Poebel AfO 9, 246 I 26 II 11; Sollberger RA 63, 42,26

ḫalaṣ i-da-ma-ra-az elîm ARM 5,51,6

"abbē i-da-ma-ra-az^ki^" Dossin Syria 19,109

LUGAL.MEŠ (ša)i-da-ma-ra-az ARM 2,35,23; Dossin Mél.Duss.992

*LÚ i-da-ma-ra-az^(meš)^* AbB 3,3,32; 137,6;6,82,6

LÚ.MEŠ i-da-ma-ra-az ARM 2,36,6;9,298,26

[*LÚ.MEŠ i-d*]*a-ma-ra-az-ju^ki^* Dossin MAM III 319

TUR i-da-ma-ra-az AbB 3,1,5.10; SD 5 A V 26.38!; Jean RA 42,71,35

*DUMU.MÍ i-da-ma-ra-az^ki^* AbB 6,80,1

ÌR... māt i-da-ma-ra-az birīt nārim VS 18,15,2

Daten: *i-da-ma-ra-az^ki^* Samsuiluna 11 (RlA 2,183:156); Belakum (OIP 43,198: TA 1930-T 575:7-8)

*UGNIM LÚ i-da-ma-ra-az^ki^* Samsuiluna 10 (RIA 2, 183:155; YOS 13, 470,9)

a-da-ma-ra-az Var. dazu (UET 5,202,19; YOS 12,320)

*e-da-ma-ra-az^ki^* Var. dazu (Stol Studies,50: 3 NT 880)

¶ J.-R.Kupper, Nomades, S.10: am oberen FN Ḫābūr; A.Finet, ARMT 15, 127: am oberen FN Baliḫ; Th.Jacobsen, AfO 12,363[1]: n von Tall Asmar am Ufer des heutigen "Maḫrut"-Kanals.- M.Falkner, AfO 18,12.36 trennt I. ö des Tigris von *I.elîm*, welches zwischen FN Ḫābūr und Ǧaǧǧaǧ liegen soll; vgl. noch M.Birot, ARMT 9,349, M.Anbar, IOS 3,13[41], zuletzt H.Klengel AOF 5,63ff. und M.Stol, Studies,S.50f. In frühaltbabylonischer Zeit wird ein I. erwähnt als Feindesland des Belakum von → Ešnunna zusammen mit → Akkad, Jamutbal und Numḫā;

Idi-ilum

bei Jaḫdunlim und Zimrilim ist I. Weideland und Stammland, erwähnt werden die Städte: → Dabišā, → Ḫurrā, → Kasapā, → Andarik und → Naḫur. Die Bezeichnung I. *elîm* wird bei Jasmaḫ-Adad verwendet. I. *šaplîm* ist nicht belegt. In spätaltbabylonischer Zeit ist I. das Land von → Gutium bis → Elam; in gleicher Größenordnung wie → Emutbal, → Numḫā, → Isin, → Kisurra, → Malgium und → Uruk, mit der Stadt → Ešnunna als bedeutender Stadt des Landes (Stol, Studies 51); die Bezeichnung I. *birīt nārim* in dieser Zeit deutet auf eine Lage zwischen zwei Flüssen oder in einem Flußknick; vgl. dazu J.J.Finkelstein, JNES 21,83ff.

Idi-ilum

PN ša *uru**i-di-DINGIR* AbB 4,122,6

¶ S. zum Namenstyp J.Stamm, MVAeG 44,198[2].306.

Idinija

*i-din-i-a*ki TIM 1,29,8

Idi-Uraš

*uru**i-di-*d*Uraš* Pinches PSBA 39 t10:23,17

*URU*ki *i-di-*d*Uraš* YOS 5,166,40;8,42,5

Idi-Ninurta

*āl ša i-di-*d*Ninurta*ki YOS 12,163,3

*Idizum

*LÚ i-di-zi-im*ki ARM 9,253 I 15

¶ → Bāb-naḫlim, → Ḫumzān.

Igmil-Sîn

*URU*ki *ig-mil-*d*Sîn(ZU.EN)* TIM 5,71 III 19

*Ijatu

*i-ia-ti*ki ARM 1,26,19.20

¶ M.Falkner, AfO 18,37[54]:=Jada'i im Ṭūr ʿAbdīn; A.Goetze, JCS 7,58[41]:bei aš-Šamsānīya; J.Lewy, OrNS 21,5ff. spricht sich für die Identifizierung von Yati mit m/nA Matjati aus und hält die Lokalisierung von Matjati in oder bei Midyat im Ṭūr ʿAbdīn für ohne jeden Zweifel. A.K.Grayson,BiOr 33,144:3, bezweifelt die Existenz eines ON *Yatu gegen S.Parpola,AOAT 6,186. In aB Texten kommt I. vor im sogenannten Itinerar des Šamšī-Adad I. von ⟶ Šubat-Enlil nach ⟶ Mari. Es liegt als 4.Station nach Šubat-Enlil, 2 Stationen (im Ein-Tages-rhythmus) vor ⟶ Saggaratum. Lage unbekannt.

Iklaja'um

LÚ ik-la-ia-um! CT 45,87,2

Iktutum

URU^{ki} *ik-tu-tum* UET 5,666,20.33

Ikūn-pī-Irra

^{uru}*i-ku-un-pí-ìr-ra* SVJAD 137 IV 6'

Ilaḫuttum ⟶ Elaḫut(tum)

Ilalae

i-la-la-e^{ki} ShT 78,5

¶ Vgl. ⟶ Elalija in Texten aus Larsa.

Ilanṣurā

i-la-an-ṣú-ra-a^{ki} ARM 7,104 III 10'.14';112,6!;210,14!?;219,18; ARMT 14,50,6.8.17;98,12;125,7; Dossin Syria 20,109

ālum i-la-an-ṣú-ra-a^{ki} ARM 2,135,5

i-la-ṣú-[ra-a^{ki}*?]* ARM 6,66,4'

i]-la-an-ṣú-ra^{ki} ARM 10,115,22

i-la-an-ṣú-ur^{ki} ARM 7,159,4

LÚ i-la-an-ṣú-r[a ARM 7,212,8

¶ Zum Gebiet des Zimrilim gehörig. In ⟶ Šubartu?(ARMT 14,50); ⟶ Razamā.

*Ilbabānum

il-ba-ba-nim^{ki} OBTI 147,2

il-ba-ba-nim OBTI 94,19

Ilī-idinnam

Ilī-idinnam^{ki}

URU^{ki}ì-lí-i-din-nam TCL 11,185,38'
ì-lí-i-din-nam^{ki} PBS 13,55,16
PN ^{uru}ì-lí-i-din-nam^{ki} AbB 2,29,33

Ilī-kanimead(?)

ì-lí-ka-ni-me-ad^{ki} Jacobsen JCS 9,73:10,17
¶ R.Harris, JCS 9,63a.

Ilip ⟶ Elip

Iliš-tikal

^{uru}ì-lí-iš-ti-kal! (Text: LÍL)^{ki} AbB 4,75,6

Ilum-Muluk

"*i-lu-um-mu-lu-uk^{ki}*" Dossin Mél.Duss.994
AN-mu-lu-uk^{ki} Dossin RA 35,179,11-12; ARMT 13,59,8
LÚ$^{(meš)}$AN-mu-lu-uk^{ki} ARM 3,73,20; ARMT 9,253 II 2; Dossin Mél. Duss.994
"*i-lu-ma-li-ka-ji^{ki}*" Dossin RA 35,178[1]
AN-mu-lu-ka-ji^{ki}[ARM 3,59,8
"*i-lu-um-mu-lu-ka-ji^{ki}*" Dossin RA 35,178[1]

¶ J.-R.Kupper, RA 41,160: im Distrikt von Terqa; in der Gegend von ⟶ FN Baliḫ? ⟶ Dunnum, Mišlān, Samānim, Zurubbān.

IM

IM^{ki} A 32073 B:7; AbB 4,74,13; YOS 8,109,3//Hülle 3; 162,14//Hülle 1;163,12; TCL 18,128,19
^{uru}IM^{ki} BAL II 5: CH Prolog III 61; YOS 8,109,3
kār IM^{ki} YBC 4333,7
Daten: *BÀD.IM^{ki}* Sîn-muballiṭ 11 (TIM 5,67,21)
IM^{ki} Var. dazu (RlA 2,177:93); Iddin-Dagān (RlA 2,148:44); Rīm-Sîn 12 (RlA 2,161: 214; ergänzt nach YOS 5,232); UET I 256 (nicht einzuordnen)

PN: *li-bur-IM*^{ki} Gautier Dilbat 65,3

¶ Vgl. zur Lesung *Karkar, IM, Munu* oder *Enegi* und Problemen der Lokalisierung RGTC 1,78; 2,83f.; J.Renger, AfO 23,73ff.; D.O.Edzard, RlA 5,64: im Gebiet Larsa, Ur, Eridu.

Imār, Emār

i-ma-ar^{ki} AbB 2,177,4; ARM 2,137,41.49$^{!}$;7,7,8$^{!}$; ARMT 11,14,4;14,27, 13;33,1'.2'.6'$^{?}$; Dossin Opposition 180:A 1153,5,34; Hallo JCS 18,60, 43$^{!}$ (Stol Studies 40[20.b.])

i-ma-a-ar^{ki} ARM 2,134,14; ARMT 13,35,3.18$^{!}$

"imar" Birot Syria 50,10

kār ^{uru}*e-mar*^{ki} Goetze JCS 11,93a,15

LÚ i-mar$^{!ki}$ TIM 5,70,13

LÚ ^{uru}*e?-mar*^{ki} TIM 2,16,1; YOS 13,291,3$^{?}$

LÚ e-ma-ri-i^{ki} CT 52,145,12'

e-ma-ri-i AbB 2,84,14

LÚ i-ma-ri-i-im$^{(ki)}$ ARMT 14,91,5;33,8'

LÚ i-ma-ri-i ARMT 13,126,5!

i-ma-ru-u ARMT 12,747,9

i-ma-ri-i^{ki} ARMT 12,263,25

e-ma-ri-tum TCL 1,4,7

i-ma-ar^{ki} Datum:Jaḫdunlim (St.Mar.52: 4)

¶ G.Dossin, AAS 11/12,199: Eski Meskene; vgl. J.-R.Kupper, RA 52,37; W.W.Hallo, JCS 18,81; Identifizierung mit Maskana (Tall Aḏima-West) (Lage: 38°4'öL/36°1'nBr.=DV 1483) gesichert durch unpublizierte Textfunde: D.Arnaud, RA 67,191; vgl. J.Margueron, CRAIBL 1975,211; ⟶ Qatnā.

Imdi

im-di^{ki} VS 8,52,7; 53,7

Imgur-Gibil

URU^{ki}*im-gur-*^{d}*BIL.GI*^{ki} CBT 1,13942

Datum: Rīm-Sîn 17 (RlA 2,162: 219;YOS 8,50,25)

¶ D.O.Edzard, ZZB 178[973].

Imgur-Sîn?

BÀD$^{!?}$ *im*$^{!}$*-gur*$^{!}$*-*^{d}*Sîn(EN.ZU)* Datum:Ur-Ninurta x (ARN 2 Rs.8)

¶ Vgl. D.O.Edzard, ZZB 103.

Imgur-Šulgi

im-gur-^{d}šul-gi^{ki} Datum? (Pinches Berens 98 Rs.2)

Imgur-[x]

URU^{ki} im-g[ur?]-[x] YOS 8,99,2

Imtaḫum?

URU^{ki} IM-[t]a?-ḫu!-u[m] TCL 1,63,13

*Imzanaja'um

LÚ im-za-na-ia-um$^{ki!}$ CT 45,87,4

Inašimanaḫi

i-na-ši-ma-na-ḫi^{ki} ARM 1,124,7

¶ W.von Soden, OrNS 21,83; ⟶ Ninet.

Inbukum

^{uru}in-bu-kum^{ki} AbB 2,29,27
^{uru}in-bu-ku-um^{ki} BRM 4,53,61

¶ In der Umgebung von Lagaš.

Indaḫaš

^{uru}in-da-ḫa-aš^{ki} TCL 17,69,12.22 (Coll.Birot)

Innid(?)-Sîn

^{uru}in-ni-id-Sîn(XXX) VS 13,104 II 25

Inūḫ-x

BÀD i-nu-uḫ-A[N] CT 36,4 II 7(Coll.IRSA 253^{1})

¶ Vgl. I.J.Gelb, JNES 20,270; D.O.Edzard, ZZB 131^{692}.

Ipirḫu(i)ššam(?)

^{uru}i-pi-ir-ḫu-iš[-šam?] UCP 9/4,25,11

¶ ⟶ Širimtum.

Iptijatum

LÚ ip-ti-ia-tum YOS 13,200,5

Iqīša-Sîn

^{uru}i-[q]í-ša-^{d}Sîn(EN.ZU)^{ki} TLB 1,194,10

Irra-qurādu

^{uru}ìr-ra-UR.SAG TIM 2,3,23

ìr-ra-UR.SAG UET 5,664,2

¶ Am Ufer des → FN Lagašītum.

Irrit

ir-ri-it^{ki} Dossin SD 2,113,7

¶ Zwischen → Ḫarrān und → Karkemiš:G.Dossin,SD 2,116:7. vgl. heth. und nA → Irrite; J.D.Hawkins,RlA 5,171a.

Isnaga

^{uru}is-na-ga^{ki} BRM 4,53,74

IṢI-darê

URU^{ki} i-ṣi-da-ri-i^{ki} TCL 1,130,7

ka-ap$^{?}$-ru-um i-ṣi-da-re-e^{ki} TCL 1,131,7

¶ Am → FN Ajabubu; J.-R.Kupper, Nomades 215: nahe bei Sippar.

Īšar-Kūbi

^{uru}i-šar-ku-bi^{ki} BRM 4,53,55

Išbara

URU^{ki} iš-ba$^{!}$-ra SVJAD 104,5

Išīm-Šulgi

i-šim-^{d}šul-gi Al-A'dami Sumer 23,pl.5,4;8,24

<i>-šim$^{?}$-^{d}šul-gi Al-A'dami Sumer 23,pl.15,34

LÚ i-šim$^{?}$-^{d}šul-gi AbB 2,106,3

¶ Vgl. RGTC 2,86f.

Išimuna

^{uru}i-ši-mu-na^{ki} UCP 9/4,25,29

Išin Isin(na)

Išin, Isin(na)

i-ši-in^{ki} CT 52,144,12'; YOS 12,122,7-8

i-ši-in AB 11,79,3; AbB 3,7,19; VS 8,8,3

ì-si-in^{ki} AbB 6,73,19; 75,3; ABPh 32,6; 145,7; BAL II 5: CH II 51; BIN 7,223,19; PBS 8/2,146,[3].17.30; RIAA 250,4; TCL 10,39,12(<*ki*> Coll.Birot); 107,25$^{!}$; 135,4; 18,132,10; 150,13.22; 152,14; 15,72 I 12; TIM 2,124,Rs.5'$^{!}$; 5,26,4; UET 8,85,10; VS 13,36,3; 50,5.8$^{?!}$; YOS 12,26,33; Falkenstein BagM 2,56f.II 26; Meek AJSL 33,226: RFH 9, 4; Levy Sumer 4,59,24

ì-si-in-na^{ki} TCL 17,34,5.6; TLB 1,160,26

i-si-in-na^{ki} CT 52,77,17

BÀD.GAL ì-si-in^{ki}*(-na)* PBS 5,73b,13;15,84,12; Hallo JNES 18,61,17

BÀD.GAL ì-si-in-na YOS 9,25,14

É... ì-si-in^{ki}*-na* YOS 9,29,22

kār ì-si-in-na^{ki} SD 5,32 III 23

UGNIM/LÚ/DUMU$^{(meš)}$*/dajjānū ì-si-in*^{ki} ABPh 22,10; Kisurra 116,12'; PRAK 1, B 78f,4; TCL 18,151,5.30.32; TSifr 27,33; UET 1,138,20

DUMU/LÚ/ṣābē ì-si-in-na^{ki} AbB 3,3,34; BE 6/1,105,10; SD 5,40 V 27. 39$^{!}$; Scheil Sippar 68,6$^{!}$; TCL 18,155,27; Friedrich BA 5/4,503:33,6; Goetze JCS 4,109a,3

DUMU/DUMU.MÍ ì-si-in^{ki}*-na* ARN 20 I 5'; TCL 15,72f. III 61$^{!}$; PBS 8/2, 169 I 8'

LUGAL ì-si-in^{ki} OIP 43,149:25,4; UET 1,140,25;295,10; VS 13,43,2.4; YOS 9,22,8; Hallo JNES 18,61,10; Levy Sumer 4,59,13

LUGAL ì-si-in-na YOS 9,25,3

LUGAL ì-si-in-na^{ki} BE 1,18,10;19,8

LUGAL ì-si-in^{ki}*-na* PBS 5,73 II 6;15,84,5; TCL 15,72f. III 47$^{!}$; UET 1,102,12;110,10; VS 1,28,10; YOS 1,27,10; 9,26,11;27,5$^{!}$.[10]; Hallo JNES 18,60a,6;60b,15; Stephens JCS 1,268,15

GN: *^{d}NIN-in-si-na* OIP 43,149:25,6

GN: *ÌR ^{d}Nergal-ì-si-in-na* Coll.Clerq Nr.189 Siegel

GN: *TÚG ^{d}Nergal-ì-si-in*^{ki} BIN 9,34,3(AOAT 11,25)

PN: *ītanaḫ-ì-si-in*^{ki} Jean RA 26,103a,23

PN: *ṭāb-ì-si-in*^{ki} BIN 7,62,2.4.11.18.Siegel; 214,18

PN: *ṭāb-aḫi-ì-si-na*^{ki} BIN 7,68,4.24

PN: *awīl-ì-si-in*^{ki}*(-na)* PBS 8/1,6,26;21,8.20$^{!}$.Siegel;23,17

PN: *ma-ri-ì-si-in*^{ki} TIM 5,26,4

PN: *šumruṣ-ì-si-in*^{ki} TIM 4,48 Rs.5'

PN: *ìj-si-in*[ki]*-na* ARN 38 Rs.5' hierzu ?
PN: *ummī-i-sí-na-tum* YOS 8,154,4
Daten: *BÀD.GAL ì-si-in*[ki] Išbi-Erra 1 (BIN 9,85,10; Edzard ZZB 61; Kienast JCS 19,45f.)
Šū-ilīšu (Steele,BASOR 122,47 III 13); (→*na*)
Damiq-ilīšu (PBS 8,16,32; RlA 2,149:204/205)
BÀD.GAL ì-si-in-na[ki] Samsuiluna 15 (RlA 2,183: 160)
DUMU ì-si-in[ki]*-na* Enlil-bani (RlA 2,149: 159; PBS 8,9,11)
UGNIM ì-si-in[ki]*-na* Abisarē 9 (RlA 2,157: 129); Rīm-Sîn 14 (RlA 2, 162: 216)
UGNIM ì-si-in-na[ki] Samsuiluna 10 (RlA 2,183: 155)
LUGAL ì-si-in[ki] Sîn-iqīšam 5 (RlA 2,159: YOS 5,3 V 10)
ì-si-in[ki] Rīmānum (IV R 35: 8,3); Ḫammurabi 7 (RlA 2,178: 109)
i-si-in[ki] Var. Ḫamm. 7 (desgl.)
ì-si-in-na[ki] Ḫammurabi 33 (RlA 2,180: 135)
ì-si-in-na Rīm-Sîn 29 (RlA 2,163:231)
ì-si-in[ki] Rīm-Sîn 25(RlA 2,163:227); 30(RlA 2,163:232)
ì-si-in[ki] Sîn-muballiṭ 17(RlA 2,178:99)
i-si-na[ki] Var.Sîn-muballiṭ (CT 6,24c,21)
ì-si-in-na[ki] Var.Sîn-muballiṭ (TCL 1,71,18)
ì-si-in-na unbekannte Zuordnung (CT 48,118)

¶ Īšān Baḥriyāt:F.R.Kraus,JCS 3,55; RGTC 2,85f.; vgl.A.Parrot, Archéologie Mésopotamienne 322, s.jetzt D.O.Edzard,RlA 5,181ff; B.Hrouda,ibid.S.189ff. ⟶ FN Isin.

Iširamaḫ

ši-ra-maḫ[ki] CT 52,128,10
BÀD ši-ra-maḫ[ki] Datum: Sîn-muballiṭ 20 (Finkelstein YOS 13,S.14; YOS 13,96,7, hierzu auch ARN 162 Rs.10'; BE 6/1,39,20;CT 48,52,13?)
i-ši-ra-ma-aḫ Var. dazu ? (VS 8,60 lk.Rd.4!)

¶ M.Birot, BiOr 31,272b liest IGI.RA.MAḪ, gegen diese Lesung spricht aber der Beleg VS 8,60. Zum Datum vgl. RlA 2,178(=Ḫammurabi 4) und dagegen F.R.Kraus, ARN 68:996.

Iškilla

Iškilla

iš-ki-il-la^{ki} VAB 6,260,11

PN: *iš-ki-la* VS 7,184 VII 6; 187 IV 22; IX 35; XIII 19

PN: *iš-ki-la-ia* VS 7,184 II 8

PN: *iš-ki-la-ia*^{ki} VS 7,186 II 17

PN: ***iš-ku-íl***$^{?}$ ***(Zeichen SI)-la***^{ki} VS 7,133,13

PN: ***iš-ki***$^{?}$***-il***$^{?}$***-la***$^{?}$ VS 7,133,17$^{?}$

¶ A.Ungnad, VAB 6,260,11, Anm. zur Zeile: bei Dilbat.

Iškun-Dumuzi

iš-ku-un-^{d}*dumu-zi*^{ki} BRM 4,53,21

Iškun-Ea

URU^{ki} *iš-ku-un-é-a* SVJAD 103,4; TCL 10,28,1; 17,6,16; 7,9; YOS 2,110,4$^{!}$(Coll.Stol); 5,175,27; 184,12; 188,4; 193,9; 201,6; 244.2

Iškun-Ištar

iš-ku-un-$^{(d)}$*Ištár* AB 11,68,1; CT 4,7b,2; 17b,3; 8,15a,3

iš-ku-un-Ištár^{ki} AB 11,69,3; CT 6,49c,5; 45,56,2

[*iškun*]*-Ištàr*^{ki} YOS 2,51,6$^{?}$

A.GÀR iš-ku-un-Ištàr^{ki} CT 48,16,2

¶ Vgl. ⟶ Taškun-Ištar; bei der Ortschaft ⟶ Dunnum?

Iškun-Marduk

iš-ku-un$^{!}$***-***^{d}***Marduk(AMAR.UTU)***^{ki} TCL 18,125,7

<u>Datum</u>: *BÀD iš-ku-un-*^{d}*Marduk*^{ki} Ammiditana 32 (RlA 2,189:243)

PN: *Iškun(GAR)-*^{d}*Marduk*^{ki} TEBA 71 III' 12

¶ ⟶ FN Silaku.

Iškun-Nergal

URU$^{(ki)}$ *iš-ku-un-*^{d}*nè-eri*$_{11}$*-gal* YOS 12,552,6.25

<u>Datum</u>: *BÀD.URU*^{ki} *iš-ku-un-*^{d}*nè-eri*$_{11}$*-gal* Rīm-Sîn 13 (RlA 2,161:215; YOS 5,234,14; TCL 10,37,28; 38,15)
URU^{ki} *iškun(GAR.RA)-*^{d}*nè-eri*$_{11}$*-gal* Var.dazu(YOS 5,235,5)
^{d}*nè-eri*$_{11}$*-gal-GAR.RA* Var.dazu(UET 5,93,32; 181,33)
¶ Vgl. D.O.Edzard,ZZB 177[972].

Iškun-Ningirsu

URU^{ki} *i[š]-ku-un-*^{d}*nin-gír-su* VS 18,1,35
LÚ URU^{ki} *iš-ku-un-*^{d}*nin-gír-su* VS 18,1,53.60

Iškun-PAP.NIGIN$_6$.GAR.RA

^{uru}*iš-ku-un-pap-nigin*$^{?}$$_{6}$*-gar-ra* TIM 2,84,47

Iškun-Sîn

URU^{ki} *iš-ku-un-*^{d}*Sîn(EN.ZU)* AbB 4,126,6
^{uru}*iš-ku-un-*^{d}*Sîn(EN.ZU)* PRAK 2 t.38 D 25 Rs.3
LÚ URU^{ki} *iš-ku-un-*^{d}*Sîn(EN.ZU)* TCL 17,67,5 (Coll.Birot)
¶ ⟶ FN Iškun-Sîn; vgl. D.O.Edzard,ZZB S.177[971].

Iškun-Šamaš

iš-ku-un-^{d}*Šamaš(UTU)*^{ki} TCL 1,1,22
^{uru}*iškun(GAR)-*^{d}*Šamaš(UTU)*^{ki} YOS 2,128,9

<u>Datum</u>: ^{uru}*iškun(GAR)-*^{d}*Šamaš(UTU)*^{ki} Rīm-Sîn 10 (RlA 2,161:212)
URU^{ki}*iškun(GAR.RA)-*^{d}*Šamaš(UTU)* Var.dazu(YOS 5,132,17)
^{d}*Šamaš(UTU)-iškun(GAR.RA)* Var.dazu(UET 5,110,40)
BÀD.GAL.iškun(GAR.GAR.RA)-^{d}*Šamaš (UTU)* Var.dazu(TSifr 8,15')
¶ Am Ufer des Euphrats, ⟶ FN Purattum; vgl. D.O.Edzard, ZZB 177[971].

Iškun-Warad-Sîn

KASKAL iš-ku-un-ÌR-^{d}*Sîn(EN.ZU)*^{ki} A 32073 B,3
¶ M. Stol, RA 72,191.

IŠKUR-rabi

IŠKUR-rabi

uru?.dIŠKUR?-ra?-bi!ki? TEBA 69 III 19

[x..]IŠKUR-ra-biki Rimāḫ 245,38

Išme-ilī

URUki iš-me-ilī(AN) YOS 8,173,11

*Išpatum

iš-pa-timki AbB 2,99,17(1); CT 4,33a,4

¶ E.Weidner,AfO 16,15: I.(1) zum Lande Lagaš; =nA Išpatim?

Išraburû

uruiš-ra-bu-ru-úki BRM 4,53,65

¶ Zum Bezirk von Lagaš.

Ištabali ⟶ Aštabala

*Ištānum

iš-ta-ni-im ShT 53/54,5.11

mātim ša iš-ta-ni-[i]mki ShT 52,4

ālāne ša iš-ta-ni-im ShT 54,26'

¶ "Nordland" AHw 399a; CAD I,270:3.

Išur

Datum: *i-šurki* Warassa (Harris JCS 9,47:22; OIP 43,198 Anm.98); Bilalama (OIP 43,177:64; 178:65).

¶ Lage unbekannt: R.Harris,JCS 9,53[43].

*Itabalḫum

māt i-ta-ba-al-ḫi-im Laessøe AS 16,192,52

Itil-pāšunu

BÀD-i-ti-il-pá-šu-nu <u>Datum</u>: Išbi-Erra 9 (Baqir Sumer 4,106,6; Stephens RA 33,25: 24(- "*ti-<il>*") Kienast JCS 19,45ff.)

Izallu

i-za-al$^{?}$*-lu*$^{?ki}$ ARM 9,259,5
¶ ⟶ (nA) Isalla.

*Izḫizzu(m)

iz-ḫi-iz-zi^{ki} ARM 4,38,7'
iz-ḫi-iz-zi-[im]^{ki} ARM 4,38,15'
¶ ⟶ Ḫurrānum, Zaḫikima.

IZI-Šarrum

i-ZI-LUGAL^{ki} TIM 3,75,3
i-ZI-šar-ru-um Jacobsen JCS 9,74: 15,6

*Izrugatum

iz-ru-ga$^{!}$*-tim*^{ki} Hashimi 9,7

J

Jabasî

ga-ju ia₈-ba-sa! Birot RA 49,18 V 20

LÚ ia₈-ba-si-im^k[i] ARM 9,70,4

ia₈-ba-si-ji ARM 8,13,2'

ia₈-ba-si-i ARM 9,248 Rs.13'

¶ Hanäer-Stamm: J.-R.Kupper, Nomades 20; Deutung des Namens nicht bekannt, vgl. H.B.Huffmon, APNMT 177 sub BS' .

Jablija

1.

ia-ab-li-ia^ki ARM 1,20,7.3'; 56,7; 93,10.13; 100,6; 2,17,6; 98,7?; 120,3; 4,17,20; 81,15!.20.32.34; 88,11; 5,56,5; 82,5?; 6,68,13'; 71,13'; Dossin Syria 19,122

2.

ia-ab-li-ia^ki CT 52,95,8; PBS 8/2,199,6; Gordon SCT 76,5

PN ša ^uru*ia-ab-li-ia* TMHNF 5,32,14

ana girri ia-ab-l[i-ia] YOS 12,546,8

GN: *É-*^d*ia-ab-li-ia* CT 4,1a,22.23

¶ In aB Zeit ist die Lokalisierung von einem oder mehreren J. schwierig. J.(1) ist erwähnt mit ⟶ Andarik, ⟶ Ḫarbē und ⟶ Tuttul (am Euphrat); J.(2) kommt in Texten aus Sippar und Isin vor und wird deshalb von J.(1) getrennt. - Wenn J.(1) oder J.(2) identisch ist mit ⟶ Eblaḫ (vgl. die wechselnden Schreibungen ⟶ Jamutbal und ⟶ Emutbal), ist entweder J.(1) oder J.(2) zwei Tagesreisen entfernt von ⟶ Razamā. Vgl. H.Klengel, Geschichte Syriens 258ff., J.-R.Kupper, Nomades 39[1].

*Jabru

ia-ab-ri^ki! TJAUB t.29: G 45,2 •

¶ Mit UR III zeitlichem Jabru zu vergleichen? Vgl. dazu RGTC 2,83.

Jabubinu ⟶ Jabušum

Jabušum

[*ur*]*u* *ia-bu-šum*$^{k[i?]}$ BAL II 47,50.

¶ Lesung mit I.J.Gelb,JNES 20,270,gegen D.O.Edzard,ZZB 124.

Ja'e

ālum ^{uru}*ia-e*^{ki} BIN 7,6,10

¶ ⟶ Wā.

Jagurum

^{uru}*ia-gu-ru-um*$^{?}$ A 26369,7

Jaḫ(ap)pila

ia-aḫ-pí-la^{ki} ARM 1,35,16.18.30

ia-aḫ-[pí-la^{ki}] ARM 1,35,23

ia-ḫa-ap-pi-i-ila (AN) Hallo JCS 18,59,12

ia-ḫa-ap[ ] Goetze JCS 7,52 I 22

PN: *ia-aḫ-ḫa-ap-ila (AN)* Gadd Iraq 7,38a

¶ A.Goetze, JCS 7,57:in der Gegend von Sāmarrā; J.Lewy,AIPHOS 13, 314:35 km n von Baġdād; W.W.Hallo, JCS 18,70:am Tigris zwischen ⟶ Mankisum und ⟶ Ekallātum; nach Itinerar zwischen Pulukkum und ⟶ Marmenu.

Jaḫmamî ⟶ Jaḫmumum

Jaḫmu-Dagan

^{uru}*ia-aḫ-mu-*^{d}*Da-gan* VS 7,204,2 (Ḫana)

*Jaḫmumum

ia-aḫ-m[u]-mi-im Dossin Mél.Duss.986

ia-aḫ-mu-ma-am^{ki} Habiru 19:20

ia-aḫ-ma-mi-i ARMT 14,78,9

¶ J.R.Kupper, Nomades 48,255:zum Herrschaftsbereich von Ilanṣurā. J. sind Angehörige des Stammes der Sutû: ⟶ Jaminā,Šurušum.

Jaḫmutu

Jaḫmutu

ia-aḫ[!]*-mu-tu* TSifr 13,15

ia-aḫ-mu-tu-um[ki] UET 5,97,21

¶ ⟶ Elam, Sutû.

Jaḫrur, Jaḫurrum

ia-aḫ-ru-ur Dossin, CRRAI 18,60,20

māt ia-aḫ-ru-ra[ki] ARM 2,18,5

ia-ḫu-ur-ru-um[ki] Jean RA 39,67[2]

ia-ḫu-úr-ri-[*ma*] Rimāḥ 27,9

LÚ ia-aḫ-ru-ri-i[ki] ARM 1,42,31

LÚ ia-ḫu-ur-r[*u-u*]*m* ARM 3,50,11

LÚ ia-ḫu-ur[!]*-r*[*a*[!]][ki] ARMT 7,159 Rs.4'; 165,10

LÚ.MEŠ ia-ḫu-ri-ju[ki] ARMT 13,105,7

[*ia*]*-aḫ-ru-ur*[ki] ARM 2,93,7'

¶ J.-R.Kupper, Nomades 49ff.: nomadische Bevölkerung, die zum Stamm der ⟶ Jaminā gehört. J.-R.Kupper, ibid.74:im Tigristal ansässig; vgl.D.O.Edzard,ZZB 107; J. sind erwähnt mit ⟶ Ekallātum. Vgl. ⟶ Amnān-jaḫrur, Jaḫrurum šaplûm, Sip(p)ir-jaḫrurum; ⟶ FN Idiglat.

Jaḫrurum šaplûm

ia-aḫ-ru-ru ša-ap-li-[*i*] AbB 1,7,14.21

ia-aḫ-ru-rum KI.TA SVJAD 137 I 1; YOS 12,273,4

ia-ru-rum KI.TA YOS 12,437,7

¶ J.-R.Kupper, Nomades 52, vermutet J. s. im Süden Babyloniens, während W.F.Leemans, JESHO 1,140[1] durch einen Vergleich der in den Texten erwähnten ON zum Schluß kommt, daß J.š. wie J. im Norden Babyloniens, vielleicht in der Gegend von Marad und Kiš zu suchen ist.

Jaḫrutta

[uru]*ia-aḫ-ru-ut-ta*[ki] AbB 4,148,10

¶ Dūr-Etellum, Kār-Šamaš.

Jâ᾽il

ia-a-il[ki] Birot Syria 35,22[2]

i]*a-a-il*[ki] ARM 3,5,42

ia-i-il^{ki} ARM 1,119,6
ia-a-ìl^{ki} ARMT 14,47,13
LÚ ia-a-il$^{k[i]}$ ARM 9,285,3
LÚ^{meš} *ia-i-la-ju*^{ki} ARM 1,119,9
MI^{mes} *ia-a-il*^{ki} ARM 9,291 III 47

¶ J.-R.Kupper, RA 41,160: im Distrikt von ⟶ Terqa. Am ⟶ FN Išim-Jaḫdunlim, oberhalb von ⟶ Dūr-Jaḫdunlim; zur Deutung des Namens vgl. H.B.Huffmon, APNMT 13,207f.

Jakalit

ga-ju ia-ka-li-it Birot RA 49,16 II 5
LÚ ia$_8$*-ka-li-te-em* ARM 7,227,17'.9'!
LÚ ia$_8$*-ka-al-l[i*$^?$*-te-em?]* ARM 7,227,19'
LÚ ia$_8$*-ka-li-ti-i* ARMT 9,248 Rs.16'!

¶ J.-R.Kupper, Nomades 20: Volksstamm der Hanäer.

Jakki-x-aba

ia-[a]k-ki-[x]-a-[b]a$^{?ki}$ ARM 3,13,25

¶ Lesung unklar; ⟶ Mulḫê.

Jakudum

^{uru}*ia-ku-du-um*^{ki} BRM 4,53,47
^{uru}*ia-ku-du*^{ki} UCP 9/4,5,2
URU^{ki} *ia-ku-du-um* UET 5,523,7
^{uru} *ia-ku-du-um* AbB 2,29,16
PN ^{uru}*ia-ku-du* VS 13,104 V 6

¶ Zur Lesung Jakudu in VS 13,104 vgl. W.F.Leemans,JEOL 10,436[27].

Jakunum

"*yakunum*" Datum: OIP 43,198

¶ ⟶ Nērebtum.

*Jaliḫum

ia-li-ḫi-im^{ki} ARMT 14,69,22

Jamaḫamum

ia-ma-ḫa-mi^{ki} AbB 5,86,9'

ḪA.NA^{meš} *ia*$_{8}$*-ma-ḫa-mu-um* ARM 5,81,9

ga-ú-um ia$_{8}$*-ma-ḫa-mu[x]* ARM 4,1,13

TUR.MEŠ ia-am$_{x}$*-ma-ḫa-ma-ji*^{ki} Dossin RA 61,20,8

LÚ ju-um-ḫa-am-mi-i^{ki} ARM 8,67,4'

¶ J.R.Kupper,Nomades S.21:im Gebiet von Saggaratum; ⟶ Dūr-Jasmaḫ-Adad .

Jamḫad(um)

ia-am-ḫa-ad^{ki} ARM 1,1,6'; 6,10; 2,21,18; 137,14; 6,14,8.15;23,22$^{!}$.26$^{!}$; 10,56,6; ARMT 14,30,7; 33,8; 55,19; 65,13$^{!}$; 92,7; Birot Syria 50,11:72-39; Dossin Syria 20,109; RA 35,117

māt ia-am-ḫa-ad^{ki} ARM 1,2,14; 4,6,6; 6,76,15$^{!?}$; Dossin Syria 32,7,14; RSO 32,38; Gadd Iraq 7,43a$^{!}$

ia-am-ḫa-du-um^{ki} ARM 3,54,11; ARMT 14,33,9

ia-am-ḫa-du-um ARM 3,53,10

ia-a[m]-ḫ[a-di-im^{ki}] ARM 7,88,3$^{!?}$

ṣābē ia-am-ḫa-da-i^{ki} ARM 3,13,8

ṣābē/LÚ ia-am-ḫa-du-um^{ki} ARM 3,56,9; ARMT 13,42,5; 14,75,16; 83,4.5.9

ia-am-ḫa-du ARMT 12,747,4

LÚ ia-am-ḫa-ad^{ki} ARM 6,14,19; 20,11; 9,288,3; Dossin Syria 19,117

LÚ/LUGAL ia-am-ḫa-ad ARM 7,307,5$^{!}$; Finet RA 60,25,16'

GAL.MAR.TU LÚ ia-am-ḫa-ad^{ki} ARM 6,35,5.13

(LÚ/ṣābē)ia-am-ḫa-du-ú$^{(ki)}$ ARM 2,21,19; 6,14,14; 7,86,15$^{?}$; 3,30,21; 10,56,9; 7,86,15; Dossin RA 36,48,1.6

(LÚ/ṣābē)ia-am-ḫa-de-em^{ki} ARM 2,71,5; ARMT 14,75,10; 36,8$^{?!}$

(LÚ^{meš}*)ia-am-ḫa-di-i*^{ki} ARM 2,76,9.11; ARMT 14,75,3; Dossin RA 36,50; Gadd Iraq 7,57:A 983

LÚ ia-am-ḫa-di-ji^{ki} ARM 4,63,25

^{túg}*ia-am-ḫa-du-ú* ARM 7,238,3.11; 251,6; 9,102,7.

^{túg}*m.ia-am-ḫa-di-tum* ARM 7,251,5$^{?}$; 9,268,1; 271,6'

<u>Datum</u>: *ia-am-ḫa-ad*^{ki} Zimrilim (St.Mar.59:32; Birot Syria 55,334)

¶ G.Dossin,RA 36,46ff.,J.-R.Kupper,RA 41,170 mit Lit.: J. ist das Land um Aleppo (⟶ Ḫalab); vgl. zuletzt H.Klengel, RlA 5,255ff. ⟶ Uršum,Karkameš,Zalmaqum,Tuttul (am Baliḫ). In J. ist der Stamm der Rabbû ansässig.

Jaminā ⟶ Mār(ē)-Jaminā

Jamnunu

ia-am-nu-nu OBTI 23,21'.31'

LÚ ia-am-nu-nu OBTI 23,24'

Jandiḫa

ia-an-di-ḫa$^{ki!}$ ARM 5,59,5

Jamsa

ga-ju ia-am$^{?}$*-sa* Birot RA 49,16 I 35

¶ J.-R.Kupper, Nomades 20, Hanäer-Stamm; ⟶ ga-ju ia-ba-sa(?); s. M.Birot, RA 49,18 II 20.

Jamutbalum, Emutbalum

ia-mu-ut-ba-lu-um Kisurra 106,5; Stol Studies 64:TA 1930-T 75,7-8

ia-mu-ut-ba-[lim] Jacobsen JCS 9,113:82,1$^{!}$; Langdon PSBA 33 pl.45: 23,15

ia-mu-ut-ba-lim ARM 2,72,21; YOS 2,49,12

ia-mu-ut-ba-lim^{ki} ARM 2,49,9'

ia-mu-ut-ba-al ARM 6,42,[19.]20$^{?}$.22$^{?}$

ia-mu-ut-ba-al^{ki} ARM 2,99,7

ia-mu-ut-ba-li YOS 2,134,11

ḫalaṣ ia-mu-ut-ba-lim ARM 10,157,10.16$^{?!}$

māt ia-mu-ut-ba-lim^{ki} ARM 10,84,24

māt razamā^{ki} *ia-mu-ut-ba-lim* ARM 2,18,7

ṣābē$^{ḫi.a}$*/DUMU ia-mu-ut-ba-lim* Trade 167,5; Falkenstein BagM 2,56 I 30. II 3

ṣābē^{meš}*ia-mu-ut-ba-lim*^{ki} AbB 5,232,7

DUMU.MÍ/DUMU^{meš}*/LÚ(šá)ia-mu-ut-ba-lim* AbPh 137,8; ARM 2,79,15; BIN 7,4,8; Rimāḫ 136,17

ṣābē$^{ḫi.a}$*ia-mu-ut-ba-lum* TCL 10,54,6

LÚ ia-mu-ut-ba-lum^{ki} AbB 3,39,30.36

LÚ ia-mu-ut-ba-la-i Habiru 19:19

LU ia-mu-ut-ba-la-ju Habiru 19:19

e-mu-ut-ba-lum AbB 4,82,5; 155,6; TLB 1,195,5; Trade 173,5 *e-mu-ut-ba-lum*^{ki} AbB 3,51,21; Edzard AfO 20,159: Ni 2760,4$^{!}$

GN ša e-mu-ut-ba-lim AbB 2,34,6; 5,135,4

[e-mu-ut]-ba-lim AbB 2,58,6$^{?!}$

e-mu-ut-ba-la Thureau-Dangin RA 9,122,14; 11,92 I 4

e-mu-ut-ba-a[l]-[la] v.Dijk Sumer 13 t 3: IM 22900,11'

"*emutbal*" CBT 1,12857

PN.../LÚ mātim ša e-mu-ut-ba-lum AbB 2,1,5; 4,90,4$^{!}$; BIN 7,5,3; YOS 12,433,5.7

LÚ/DUMU e-mu-ut-ba-lum^{ki} AbB 3,39,30; SD 5,25 A V 37

LÚ e-mu-u[t-b]a-lim-ma AbB 3,39,36

abu/AD.DA e-mu-ut-ba-la SAK 212 b 9; TLB 2,18,7; UET 1,125,13; 128, 11; 129,7; 134,9; 8,80,15; VS 1 I 30,7; 31 I 7; Thureau-Dangin RA 11,92 I 2

PN: *sumu-e-mu-ut-ba-la* Goetze JCS 4,68: UIOM 2393: 22; TIM 5,18,5

PN: *sumu-e-mu-ut-ba-l[im?]* Goetze JCS 4,70: NBC 6901,9

PN: *sumu-ia-mu-ut-ba-al* Rutten RA 52,213; Goetze JCS 4,68: UIOM 2395 Rd.

Daten: *UGNIM ia/e-mu-ut-ba-lum*^{ki} Samsuiluna 10 (TJDB 16.165,18; RlA 2,183: 155)

UGNIM e-mu-ut-ba-lum^{ki} Var.dazu (OECT 1,12 VI 20)

e-mu-ut-ba-lum Samsuiluna 17 (RlA 2,183: 162)

māt e-mu-ut-ba-lum^{ki} Ḫammurabi 31 (RlA 2,180: 133; Stol Studies S.66)

māt ia-mu-ut-ba-lum$^{(ki)}$ Var. dazu (Stol Studies ibid.)

māt e-mu-ut-ba-a-lum^{ki} Var. dazu (Stol Studies ibid.)

māt e-mu-ut-ba-lum? Rīmānum (VS 13,13 Rd.2)

ia-mu-ut-ba-a-lum^{ki} Var. dazu (IVR 35: 8)

e-mu-ut-ba-lum^{ki} Var. dazu (Falkenstein BagM 2,13:27b)

KI.EN.GI.SAG$_6$ Sollberger RA 63,35,105

¶ Wir haben zwei J. zu unterscheiden: 1) J.im Norden, vielleicht ö und n vom Ǧabal Sinǧār(ARM 2,18 ⟶ Razamā), 2) J. in Südbabylonien, welches sich nach J.-R.Kupper,Nomades 177, von ⟶ Ešnunna bis ⟶ Malgium erstreckt mit der Hauptstadt ⟶ Dēr; W.F.Leemans, Trade 172f., hielt es für den ö Nachbarn von ⟶ Dēr, zwischen den Ländern ⟶ Malgium und den Marschländern bei Kut-al-^{c}Amāra am Tigris entlang gelegen; E.Weidner,AfO 16,16 vermutete in J. das Hügelland am Pošt-Kūh; M.Stol, Studies 64ff., suchte zu beweisen, daß J. das Land um Larsa und das Land ö des Tigris bezeichne.
Zu J.1) vgl. zuletzt die Zusammenfassung bei M.Birot, RA 66,137ff.- Zum bisher nicht erklärbaren Namen KI.EN.GI.SAG$_6$ für J. s. zuletzt M.Stol,Studies, S.71f. besonders Anm.37.- Zum Verhältnis von J. und dem Stamm Mutiabal s.D.O.Edzard, ZZB 105f., zum Stamm J.s.J.-R. Kupper, Nomades 216.

Ja[x]pā

ia-[x]-pa-a^{ki} Rimāḫ 245,41

Japṭurum

ia-ap-ṭú-rum Hallo JCS 18,59,22

ia-ap-ṭú-ru-um Goetze JCS 7,52 II 3

ia-ap-ṭú-ri Jean RA 42,71,11

ia-a[p-ṭú-r]u? Jean RA 42,71,7

māt ia-ap-ṭú-ri-im ARMT 13,144,4.27!.31

[ia?-ap?]-ṭú-ra-am ARMT 13,143,18

LÚ.MEŠ ia-ap-ṭú-ra-a-ju$^{(ki?)}$ Jean RA 42,71,14 (Determinativ *ki* nicht mehr zum Lemma gehörend:M.Anbar IOS 3,14[47])

¶ W.W.Hallo, JCS 18,73b: Karawanserai, das auf der irakisch-syrischen Grenze liegt; J.Lewy,AIPHOS 13,316f.:s von Aššur im Tal des Tigris; vgl. J.R.Kupper,Nomades 11[1]. M.Anbar,IOS 3,13[44] = Tall Qauz Nach RA 42,70 f. liegt J. am w Ufer des Tigris, dem Lande ⟶ Zalmaqum benachbart; ⟶ Naḫur,Talḫajum.

Jariḫ(um)

ālum ia-ri-iḫ^{ki} Dossin Syria 50,278,8

[ia]-ri-ḫu-um ARMT 14,55,15

"*LÚ*^{meš} *ia-ri-iḫ* " Dossin Syria 19,112

LÚ ia-ri-ḫi-i^{ki} ARM 1,42,30

LÚ^{meš} *ia-ri-ḫa-ju*^{ki} ARM 2,53,10

DUMU PN ia-ri-ḫi-i ARM 3,35,5

ERIM ia-ri-ḫe-em ARMT 14,83,21

e-ri-ḫi-ju^{ki} ARMT 13,105,6

PN LÚ? ia-ri-[ ] ARM 8,37,14; 42,13'

¶ J.R.Kupper, Nomades S.49ff.:Nomadenstamm der Hanäer; vgl. ⟶ Ubrabû ⟶ Amnānum und ⟶ Jaḫrurum. Die J. sind dem Jasmaḫ-Adad ergeben, ⟶ Qatānum.

*Jašibātum

ia-ši-ba-ti[m] Rimāḫ 158,21

ia-ši-ba-tim$^{[ki]}$ Rimāḫ 95,5!; 145,20

^{uru}*ia-ši-ba-tim*^{ki} Rimāḫ 158,18

KUR ia-[ši-ba-tim??] Rimāḫ 145,12.15

A.ŠÀ ia-aš-ši-ba-tim^{ki} Rimāḫ 156,8

*Jašubtu

LÚ(...)$^{[uru]}$*ia-ši-ba-tim*^{ki} Rimāḫ 201,5

*Jašubtu

^{uru}*ia-šu-ub-ta*$^{?}$*-ji*^{ki} Rimāḫ 94,5

Jazilum

^{uru}*ia-zi-lum*^{ki} BRM 4,53,38; YBC 11037,9

¶ J.-R.Kupper, Nomades S.215, in der Umgebung von Lagaš.

Jenkû

je-en-ku-ú^{ki} BRM 4,53,23

¶ Im Gebiet von → Lagaš.

*Jurrubbu

ju-ú$^{?}$*-úr-ru-ub-bi*^{ki} Rimāḫ 67,9

¶ → Karanā.

K

KA

URU^{ki} KA   YOS 5,148,35

KA.AN

URU^{ki} KA.AN^{ki}   BRM 4,53,22; VS 13,104 I 2.10!
URU^{ki} KA.AN   SVJAD 53,1; 54,2; TCL 17,1,11; 2,26; 3,7; 5,8.13; YOS 5,168,2!; 181,13

KAB-[

URU^{ki} KAB-[x-x?   YOS 5,38,9
¶ ⟶ FN Kaba(?).

Kabittu

ka-bi-it-tu^{ki}   Dossin RA 66,122,13'
¶ Zum Lande ⟶ Kaḫat.

KA.DUMU.NITA.A.A(?)

A.ŠÀ ^{uru}KA.DUMU.NITA.A.A[?   PBS 8/2,169 III 6

KA.EDIN.NA

^{uru}KÁ.EDIN$^{(?)}$.NA^{ki}   YOS 12,163,5

KA.ENLILA

KÁ-^{d}EN.LÍL.LÁ   Kisurra 208,4

KA-x-DURU$_5$

KA-x-DURU$_5$

^{uru}KÁ-x-DURU$_5$ WL 35,4

¶ M.Stol,BiOr 28,367b liest anstatt KÁ-x-DURU$_5$:A.ŠÀ E.KÁ.NÁ.A.

KÁ.GEŠTIN.AN.NA

BÀD KÁ.^{d}GEŠTIN.AN.NA Datum: Gungunum 23 (Kisurra 80a/b,24)

¶ Korrigiert A.Ungnad,RlA 2,156b:116 und D.O.Edzard,ZZB 102[495].

Kagibani

URU^{ki} ^{d}ka-gi-[b]a-ni TLB 1,63,10

KA.GIR

KA.GÍR^{ki} YOS 2,21,13

Kaḫat

ka-ḫa-at^{ki} ARM 1,21,6'; 84,14; 139,6; 2,52,6.6'; 60,11; 62,22'; 5,27,8; 10,31,3'; Birot RA 50,68 III 15; Dossin MAM III 319; Gadd Iraq 7,pl.4,6.9; Datum Zimrilim (St.Mar.55:4; Birot Syria 55,333)

ka-ḫa-at Dossin RA 65,62 V 20

māt ka-ḫa-at^{ki} Dossin RA 66,122,4'.9'.11'

ālim ka-ḫa-at^{ki} ARM 2,59,12; Dossin RA 66,122,31'

KASKAL ka-ḫa-at^{ki} ARM 2,100,8

LUGAL ka-ḫ[a-at^{ki}] ARM 7,91,3

LÚ ka-ḫ[a-at^{ki}] ARM 7,226,24

2 LÚ ka[-ḫa-at^{ki}?] ARM 7,212,12'

¶ Identifizierung von Tall Barrī mit K. aufgrund eines Textfundes; vgl. M.Falkner,AfO 18,16f.; G.Dossin,AAS 11/12,197ff.; W.van Liere ibid. 163 ff. Lage: ungefähr 41°06' öL/36°44' nBr = FA 8560. K. gehört zum Gebiet des Jasmaḫ-Adad. Wohngebiet der Hanäer; ⟶ Qattunān; ⟶ Karanā und K. sind Verbündete gegen das Land ⟶ Idamaraz. K.wird von Zimrilim erobert.

KA-Ibaum

KA-^{d}i-ba-um(-ma) Datum: Bilalama (OIP 43,178: 66.67; 179: 68.69)

¶ Zur Lesung vgl.D.O.Edzard,ZZB 72 und I.J.Gelb,MAD III 86; Th. Jacobsen,OIP 43,178[66].

KA-IŠKUR

KÁ-^{d}IŠKUR OBTI 29,3

KA.I₇(DA).DIDLI/MEŠ ⟶ Pî-Nārātim

*Kakasu

ka-ka-si^{ki} TCL 17,14,5 (Coll.Birot)

¶ A.ŠÀ Kakasi.

Kakkulātum

ka-ak-ku-la-tim^{ki} ARM 2,30,3'.11'!.13'; ARM 10,155,6?

ka-ku-la-tim^{ki} Ahmed 9,4

Wer ša ka-ku$^{?}$-la-tim^{ki} Goetze Sumer 14,11[18]

ina bāb ka-ak-ku-la-tim^{ki} ARM 10,155,8

kār ka-ku-la-ti Goetze JCS 7,52,15(-[*tim?*]); Hallo JCS 18,59,7.

Daten: *ka-ku-la-tum!* unbek. Datum (PBS 5,65 I 15)

ka(!)-ku(!)-la-tim Narām-Sîn (OIP 43,118[7]; Baqir Sumer 5,77:4$^{!}$)

ka-ku-la-tim^{ki} Var.dazu (OBTI 45,26)

BÀD kak-ku-la-tum Ṣalum (Kisurra 46,12)

^{d}Ḫatta ša GAKKUL Zimrilim (St.Mar.57:21; ARM 9,48,11; 50,11

GAKKUL ARM 4,11,7; 21,8

¶ A.Goetze,JCS 7,56: am w Ufer des Tigris; W.W.Hallo, JCS 18,68: w des Tigris in der Höhe von Sumaika-Station; H.Klengel,Klio 40,15: ö des Tigris, weil laut ARM 4,21 eine Überquerung des Tigris von Seiten der Turukkû nicht erwähnt wird, weshalb K. auf ihrer, der ö Seite, liegen muß; s. RGCT 2,89, vgl.D.O.Edzard,ZZB 74[361],163[875].
⟶ Turukkû,Suḫû.

Kakmum

e-kál ka-ak-mi-im^{ki} AbB 2,46,9

māt ka-ak-mi-im ShT 68: 808,9'

LÚ ka-ak-mu AbPh 134,8.16

LÚ ka-ak-mi-im^{ki} ARM 6,79,17

LÚ ka-a[k-m]i^{ki} FAI 86,13

Datum: *ka-ak-mu-um^{ki}* Ḫammurabi 37 (RlA 2,181: 139)

Kalizi(t)

LÚ ka-ak-mi-i! Rimāḫ 255,7; 261,5

¶ J.-R.Kupper, Nomades 191[2]; R.Mayer, AfO 13,148a[11]=nA Kakmi s des Urmia-Sees im n-w Zagros; W.Albright JAOS 45,235 und B.Landsberger, ZA 35,231[2]; RGTC 2,89.- Vgl. zum Datum Ḫammurabi 37 J.-R.Kupper, Nomades 92[1],A.Goetze, JCS 17,16[35] und zuletzt M.Stol, Studies 38.

Kalizi(t)

ka-li-zi Goetze JCS 7,54,29
ka-li-zi-i[t?*]* Goetze JCS 7,54,7

¶ Zwischen ⟶ Tarḫuš und ⟶Sip(p)ir ; W.W.Hallo,JCS 18,83b:am Tigris.

*Kalkuzānum

*LÚ ka-al-ku-za-nim*ki! Rimāḫ 246,20

Kallaḫubra

*ka-al-la-ḫu-ub-ra*ki Dossin RA 66,122,13'

¶ ⟶ Kaḫat.

Kallassu

*Adad bēl ka-al-la-as-sú*ki Lods Studies Robinson 103,8; 104,10
*Adad bēl ka-al-la-sú*ki Lods Studies Robinson 104,26

¶ Vgl.W.von Soden,WdO 1,403; J.-R.Kupper,BiOr 11,120:in der Nähe von Alalaḫ; dagegen H.Klengel,JCS 19,89:bei Ḫalab; vgl.ibid.Anm.19.

Kamada

"*ka-a-ma/ba-da*ki" Falkenstein BagM 2,29

¶ A.Falkenstein,BagM 2,29:Kamada hat ein Ningizzida-Heiligtum.

*Kamānum

ka-ma-nim OBTI 26,5; 326,41

Kamilḫu, *Kumulḫum

ka-mi-il-ḫu Goetze JCS 7,54 III 33
*ku-mu-ul-ḫi-im*ki ARM 4,64,9'.11'!.13'!

¶ W.W.Hallo JCS 18,83b verbindet K. mit nA ⟶ Kalḫu! Im Itinerar sechste Station nach ⟶ Ḫarrān, am FN Balīḫ gelegen?

Kamum

URU[ki] *ka-mu-um* BIN 7,159,6

Kaniš

ka-ni-iš[ki] Rimāḥ 122,16[!]; Dossin RHA 35,71,9

[uru]*ka-ni-iš*[ki] Rimāḥ 33,16

LÚ ka-ni-iš[ki] ARM 7,173,5

DINGIR ka[?]*-ni*[?]*-iš*[ki] Rimāḥ 122,4

PN: *ka-ni-šu-ú* Gadd Iraq 7,39a

PN: *ka-ni-ši-tum* ARM 9,24 IV 11; 27 V 40

PN: *ka-ni*[?]*-[x?]-si-t[um*[?]*]* Birot RA 50 pl.IV II 14?!

¶ = aA Kaniš, modern Kültepe. Lage: 39°38' öL/35°52' nBr = YH 2089. Vgl. in RlA 5 s.v.

Kanu[ ]

ka-nu-x-x[ki] Rimāḥ 319,36

Kaptarû

"*ka-ap-ta-ru-ú*" Dossin Syria 20,111 (von Gefäß)

"*kap-ta-ru-ú*" Dossin Syria 20,111 (von Waffe)

"*ka-ap-ta-ri-tum*" Dossin Syria 20,112

"*kap-ta-ri-tum*" Dossin Syria 20,112

kap-ta-ra-i-im Dossin RA 64,100,28

¶ Zu Kaptarû als Herkunftsbezeichnung vgl. AHw. S.445a und CAD K 191a; vgl. A.Malamat, AS 16,365: = Kreta, s. auch W.F.Leemans, Trade 138, E.Weidner, AfO 16,22 (auch zu nA Belegen), - s. zuletzt M.Astour, RA 67,73ff.

Kar(a)ḫar

LÚ KIN.GI$_4$*.A kár-ḫar*[ki] BIN 9,424,6

Datum: "*karaḫar*" OIP 43,198 mit Anm.100

¶ RGTC 2,91; vgl. I.J.Gelb, HS 57 : GÁN.ḫar = kár(a)ḫar; Th.Jacobsen, OIP 43,198: vielleicht n des Diyālā gelegen.

Karanā, Qaranā

ka-ra-na-a^{ki} ARM 2,39,3.27.31.34; 41,2'!; 46,9; 3,59,5; 4,26,6; 5,36,13; 37,1'.2'; 61,11'; 64,12; 67,28; 70,9; 6,23,21; 26,5.7'; 29,6; 36,14; 62,6?.19; 10,165,1.4.7; Rimāḥ 131,10'; 134,11!; 135,11!

ka-ra-na-a Rimāḥ 119,13; 125,8

^{uru}*ka-ra-na-a*^{ki} Rimāḥ 42,13; 67,10; 71,4.6!; 73,4!; 97,9; 245,28; 319,1.3; Dossin RA 66,129,12.13.19!

ka-ra-na^{ki} ARM 2,39,4.62.70

ālam ka-ra-na^{ki} ARM 2,39,42

qa-ra-na^{ki} Rimāḥ 82,6

LÚ ka-ra-na-a^{ki} ARM 7,104 II 7'; 210,6; ARMT 7,212,16!

LUGAL ka-[r]a-n[a-a^{ki}] ARMT 13,22,4

LÚ ka-ra-na-ju^{ki} Rimāḥ 251,2

¶ S.Dalley, The Old Babylonian Tablets from Tell al-Rimāḥ, 1976,35f.: K. = Tall ar-Rimāḥ, Lage: 42°37' öL/36°15' nBr = KF 7115; so auch D. Oates, Iraq 30,137; vgl. M.Falkner, AfO 18,17f. Zum geschichtl.Überblick vgl. S.Dalley ibid. 1ff. Vgl. ⟶ māt Andarik, ⟶ Appaja ⟶ Qaṭarā, ⟶ Razamā.

*Kara'um

(Zu-)ka-ra-i-[i]m Dossin RA 64,100,30

¶ G.Dossin RA 64,100 = "Karier"; Dagegen J.Sasson,RA 65,172: = PN *Zu-ka-ra-i-im*; zuletzt M.Astour, RA 67,74: = nA Zuqarru/i, Ortschaft am oberen Euphrat. J.Sasson's Deutung ist vorzuziehen.

Kār-bītim

^{uru}*kar-É*^{ki} VS 7,133,24.25

Kār-Ea

KAR^{ar}*-*^{d}*é-a* AbB 6,178,5

*Karḫatum,*Qarḫadum

ka-ar-ḫa-tam^{ki} ARMT 13,144,35

qa-ar-ḫa-di-im ARMT 13,143,12

¶ In der gleichen Region wie Ašlakkā?: ⟶ Ašlakkā, ⟶ Bušān.

Karisu (?)

ka-ri-s[*u*$^{?}$]^{ki} TCL 1,1,15
ka-rí-x[Holma ZATH 9,2

Karkamiš

kar-ka-mi-iš$_{7}$^{ki} ARM 5,9,13; 6,23,27; 10,131,10; ARMT 13,7,9; 14,31, 17$^{<ki>}$; 52,7.9; 86,8; Dossin RA 35,117; 36,49,5.112; Jean RA 35,122
ka-ar-ka-mi-i[*š*$_{7}$^{ki}] ARM 5,5,6
"*KN kar-ka-mi-iš*$_{7}$^{ki}" Dossin RA 35,117
LÚ/LUGAL kar-ka-mi-iš$_{7}$^{ki} ARM 1,1,5'; 24,6'.13'$^{?!}$; 2,107,7; ARM 7, 86,19$^{!}$; 159,17'; 13,131,3'; 14,86,6$^{!}$.13; Dossin RA 36,48,10; Opposition 187,4
KN kar-ke-miš-ju Finet RA 60,25,17
1 ka-ar-ka-mi-sa-ju (?) ARMT 12,747,5

¶ = Ǧarāblus, D.G.Hogarth Carchemish I 1914[1].1969[2]; C.L.Woolley, Carchemish II 1921[1].1969[2].III 1952. Lage: 37°59' öL/36°50' nBr - DA 1977. Lebhafter Handel mit Zimrilim; ⟶ Dūr-Jaḫdunlim, ⟶ Zalmaqum, ⟶ Qatnā, ⟶ Jamḫad, ⟶ Tuttul (am Balīḫ); Allianz von Šamši-Adad mit ⟶ Ḫaššum, ⟶ Uršum und K.

Karkemiš ⟶ Karkamiš

Kār-Nabium

kar-^{d}*na-bi-um*^{ki} AbB 4,22,19; A 5861,5$^{!}$
^{uru}[*k*]*a-ar-*^{d}*na-bi-um*^{ki} AbB 4,114,6

¶ ⟶ Maškan-šāpir.

Kār-Nuzabi(?)

kar-nu$^{?}$*-za*$^{!}$*-bi*$^{?}$ CT 8,41c,1

Karsum

kar-su-um^{ki} ARM 8,78,5.16$^{!}$.40
ālim kar-su-um^{ki} ARM 8,78,6

¶ ⟶ Niḫad.

Kār(KAR.RA)-Šamaš

Kār(KAR.RA)-Šamaš

1.

kar-UTU Goetze JCS 7,52 I 16!; Hallo JCS 18,59,8

Daten: *BÀD.GAL kar-^{d}UTU^{ki}* Ḫammurabi 42 (RlA 2,181: 144; CT 4,42 lk.Rd.)

BÀD.GAL KAR.RA.^{d}UTU Var. dazu (AB 11,43)

BÀD ka-ar-^{d}UTU Apil-Sîn? (unbek. Zuordnung, CT 45,11,44 "*ša aḫ i-di-ig-la-at*")

2.

kar-^{d}UTU AbPh 72,11; BDHP 10,1'; Harris Sippar 383: BM 80327,10; TCL 1,230,17'; YOS 2,144,5; 12,80,3; 166,5; 537,2

kar-^{d}UTU^{ki} AbB 2,72,11; 4,148,13; BE 6/1,68,14; 6/2,136,2; CT 6,6, 2 Rs.5; 45,36 IV 6; 54,3 Rs.15 ("*ša GÚ ^{i}7 UD.KIB.NUN.NA*"); TCL 1, 54,21; 167,11; TJAUB t.18: B 2,2.13; VS 7,51,19; YOS 12,536.13. 14; Goetze AS 16,212,24; JCS 2,111: 23,5 (*ša GÚ ^{i}7 UD.KIB.NUN.NA*")

KAR.RA.UTU^{ki} UET 5,268,5

BÀD KAR.RA.UTU^{ki} UET 1,123,20

MÍ/rabiān kar-^{d}UTU^{ki} CT 52,110,3.13.25; VS 18,17,8; YOS 12,536,33; 537,10.20

šībūt kar-^{d}UTU^{ki} VS 18,17,19; YOS 13,490,8; 491,10

Daten: *BÀD kar-^{d}UTU^{ki}* Sabium b (RlA 2,176: 54)

BÀD kar-^{d}UTU^{ki} Ammiditana 11 (RlA 2,187: 222)

kar-^{d}UTU $^{a.ki}$ Var. dazu (VS 7,51,19"*ša GÚ ^{i}7 UD.KIB.NUN.NA*)

¶ Wir unterscheiden zwei Kār-Šamaš,K.(1) liegt am Tigris,K.(2) am ⟶ FN Sippiritum. Das K.(1) wird im aB Itinerar (s.A.Goetze, JCS 7,52 I 16 und W.W.Hallo, JCS 18,59,8) zwischen ⟶ Mankisum und ⟶ Kār Kakkulātim genannt. Vgl. D.O.Edzard, ZZB 151[796].173; W.W. Hallo, JCS 18,68b; A.Goetze, AS 16,215[12]. W.W.Hallo, JCS 18, ibid. vermutet, daß K.(1) ungefähr dort zu suchen ist, wo der medische Wall den Fluß trifft. K.(2) liegt laut CT 6,6 im Gebiet von ⟶ Sippar-Jaḫrurum. Zum geschichtlichen Überblick vgl. W.Röllig, RlA 6, s.v.

Kārum

^{uru}ka-a-rum$^{?!ki}$ TLB 1,195,6

LÚ ka-ru-um^{ki} KI.TA AbB 2,17,10'

¶ ON vielleicht Abkürzung für einen der Ortsnamen, die mit *kārum* als erstem Element gebildet werden. Vgl. zu *kārum* "Hafenviertel, Hafen" CAD K 231ff. und AHw. 451f.

Kār-X[

^{uru}*kar-x*[*x*] AbB 6,154,11'

¶ VS 16,154,11: kar-s[a?]

Kasapā

ka-sa-pa-a^{ki} ARM 2,69,5$^{!}$.13$^{!}$; 10,117,5

ka-sà-pa-a^{ki} ARM 2,41,6; 130,12$^{!}$.23

⸢*ka-sa-pa*⸣-[*a*^{ki}] Rimāḫ 114,6$^{?}$

¶ A.Finet, ARMT 15,128: zwischen ⟶ Kurdā und ⟶ Qattunān; vgl. O.Rouault, RA 64,109³; ebenso M.Falkner, AfO 18,18b: sicherlich zwischen ⟶ Šubat-Enlil bezw. ⟶ Kurdā und ⟶ Qattunān; vgl. ⟶ Šubat-Enlil, ⟶ Idamaraz, ⟶ Numḫā, ⟶ Qattunān.

Kaspānum

^{uru}*kas₆-pa-a-nu-um*^{ki} TLB 1,194,3'

^{uru}*kas₆-pa-nu(-um)* VS 13,104 IV 8.17

^{uru}*kàs(KUMx*[*Š*]*E)-pa-nu* VS 13,104 II 1

LÚ EREM NIM^{ki}·*MA URU*^{ki} *kas₆-pa-nu-um* TIM 5,71 III 10

LÚ ka-ás$^{!}$*-pa-nu*^{ki} AbB 2,42,5

LÚ ^{uru}*kas₆-pa-a-nu*^{ki} TCL 11,191,9

LÚ ka-ás-pa-nim^{ki} Rimāḫ 248,7'

¶ M.Stol, RA 65,96: Lesung *kas₆* für *KUM* durch die Parallele AbB 2,42 und TCL 11,191 gesichert.

*Kaṣṣārū

ka-ṣa-ri-i^{ki} CT 52,9,14

¶ F.R.Kraus, AbB 7,8: 9b).

Kaššû

ERIM ka-aš-ši-i AbPh 94,10; BE 6/2,136,14.18; CT 52,47,12; VS 16,60, 9$^{!}$[mit B.Landsberger JCS 8,67[167] contra AbB 6,60,9]

LÚ/ERIM ka-aš-šu-ú ARN 175 Rs.6; CT 6,23b,15; VS 7,184 V 6

ERIM ka-aš-ši-i(-ju$^{?}$*)* CT 45,54,2

ka-aš-šu-ú VS 7,64,7 IV 16. V 4.VI 5; 184 IV 1; 185 IV 11$^{!}$; VS 18,86,12;; YOS 13,135,1$^{?}$.5; 181,11; 277,5

ka-aš-ši-i VS 7,183 IV 2

PN ka-šu-ú-um YOS 2,109,7

Kašuda

Daten: *UGNIM ka-aš-šu-ú* Samsuiluna 9 (RlA 2,183: 154; CT 45,33 Rd.) Abī-ešuḫ d (RlA 2,185b: 187)

ERIM ka!-aš-[š]u-ú-um Var. dazu (Gordon SCT 45,4)

ka-šu-ú^{ki} Rīm-Sîn II (Çığ Belleten 26,39,10)

¶ Vgl. zu den Daten M.Stol, Studies S.44 und 54; s.R.Harris, Sippar S. 88.

Kašuda

"*ka?-šu?-da*^{ki}" Falkenstein BagM 2,29

Kata[x]

^{uru}*ka-ta- x x*? Rimāḫ 226,1

Katakutum

ka-ta-ku-tum^{ki} OBTI 38 Rs.4'

KA.UTU

KÁ.^{d}*UTU* OBTI 25,4

Kawalā

ka-PI-la-a^{ki} ARM 1,107,5; 4,35,7

¶ A.Goetze, JCS 7,63: Kawalā = Ḫawilā? Zum Wechsel von K/Ḫ "Spirantisierung des K" vgl. W.von Soden, JNES 27,214ff. und E.Reiner, JCS 25,48ff.

Kazâ ⟶ Kazû

Kazallu

ka-za-lu^{ki} Ahmad 49,12

[*k*]*a-zal-lu* Thureau-Dangin RA 9,122 I 17

UGNIM ka-zal-lu^{ki} Edzard Sumer 13 t3: IM 22900,6';Thureau-Dangin RA 9,122 I 12

LUGAL ka-zal-lu^{ki} UET 5,503 I 4

LÚ ka-zal-lu^{ki} BIN 2,92,10; CT 48,63,5

PN ka-zal-lu!-ú! YOS 8,93,11

Daten: *ka-zal-lu*^{ki} Sumu-abum 13 (RlA 2,175: 13; Thureau-Dangin RA

8,69,29; Rutten RA 52,213);Sumu-la-el 18 (RlA 2,175: 32)

BÀD ka-zal-lu^{ki} Sumu-la-el 20 (RlA 2,175: 34); Sabûm 12 (ZZB 151 mit Anm.793: CT 2,50,35)

UGNIM ka-zal-lu^{ki} Sumu-el 4.22 (RlA 2,157: 135,St.D.Walters RA 67,35: 4.0;158: 153, St.D.Walters RA 67,38: 22); Thureau-Dangin RA 15,53,49.67; UET 5,748 Rs.12)

BÀD(GAL)ka-zal-lu^{ki} Warad-Sîn 2 (RlA 2,160: 192; Edzard ZZB 170)

ka-zal-lu^{ki} / *ka-zal*^{ki}*-lu* Zugehörigkeit umstritten (Edzard ZZB 170 mit Anm. 920; TCL 10,129//130)

[*k*]*a-zal-lu* Rīmānum (4R 35: 8,4)

¶ Vgl. RGTC 2,95; D.O.Edzard, ZZB S.169f. Vgl. D.Charpin, RA 72,21f., ⟶ Elip.

Kazû, Kazâ

ga-ju ka-zu Birot RA 49,17 II 60

ka-za-a^{ki} ARM 6,68,8 (dazu?)

¶ J.-R.Kupper, Nomades S. 20[2]; Stamm der Hanäer.

Keš(i)

KÈŠ^{ki} BAL II 5: CH III 32

Daten: *É KÈŠ*^{ki} Rīm-Sîn II (RlA 2,164a: 282; BIN 7,175,22)

É KÈŠ.DU^{ki} Var. dazu (YOS 5,226)

PN: *ur-KÈŠ*^{ki} TCL 11,174,Vs.2

PN: *ur-ke-eš* YBC 4348,8

PN: *ke-eš-i-din-nam* BIN 2,81,12

PN: *ke-eš*^{ki}*-i-din-nam* YOS 12,26,13

¶ Vgl. RGTC 1,84f.; 2,96; R.Adams, Uruk Country Side p.52; zum Datum vgl. M.Stol, Studies 53ff. C.Wilcke, ZA 62,55ff.: "wenig flußaufwärts von ⟶ Adab"; vgl. H.Nissen, AS 20,35[144]: = Tall Ǧidre, da K. Teil von ⟶URU.SAG.RIG₇ ist; J.N. Postgate, Sumer 32,78ff.: vielleicht Tall Al-Wilāya.

KI.ÁBRIG ⟶ ÁB.NUN.ME.DU^{ki}

*KI.BALA.BAR.RU ⟶ Elip

KI.BALA.MAŠ.DÀ ⟶ Elip

Kid[x]

Kid[x]

ki-i[d-x^{k}]^{i}? Dossin RA 66,129,26

KI.EN.GI

KI.EN.GI UET 1,22,9$^{!?}$; Gadd Iraq 13 t 14,12

¶ ⟶ Šumerum u Akkadum.

KI.EN.GI.KI.URI ⟶ Šumerum u Akkadum

KI.EN.GI.SAG$_6$ ⟶ Jamutbalum

*Kigamnum

^{uru}ki-ga-am-nim$^{ki!}$ Rimāḫ 251,7; 259,12$^{!}$

¶ ⟶ Bunineju.

Kijaš[a...]

ki-ia-š[a-xx^{ki}] Rimāḫ 245,30

Kikalla

ki-kal-la^{ki} AbB 6,114,5.7; YOS 13,23,4

^{uru}ki-kal-la^{ki} AbB 3,94,7'; LFBD 10: 894,10; 12: 896, 8

^{uru}ki-kal-la LFBD 15: 899,38

A.ŠÀ ki-kal-la AbB 6,154,9'

erṣet ki-kal-la^{ki} TJAUB t.39: H 31,5, Fish MCS 2,77: 1,3

¶ Vgl. RGTC 2,99.

*Kikurrum

KÁ ki-kur-ri-im v.Dijk Sumer 13,109,34 (AfO 23,66)

Daten: *ki-kur-ri-im* Ibal-pi-el II (TIM 3,128,15)

ki-kur-ri/ru Ibal-pi-el II (Baqir Sumer 5,80,23)

KÁ.GAL ki-ku-ur-ri Var. dazu (OBTI 75,12)

KÁ.GAL ki-kur Var. dazu (OBTI 132,7)

¶ Vgl. F.Reschid AND 19 mit Anm.1.

*Kilizum

ki-li-zi-im[ki] ARM 5,74,5

Kimaš

LÚ ki-ma-aš[ki] Goetze JCS 4,110: UIOM 2040,4

¶ Vgl. RGTC 1,89; 2,100f. zu vielen Belegen besonders aus der UR III Zeit; s. ebenfalls A.Goetze, JCS 4,95.

*Kinaḫnum

LÚ ki-na-aḫ-nim[meš] Dossin Syria 50,278,9'*(nim=nù)*

¶ G.Dossin, Syria 50,282: frühester Beleg für Kanaanäer.

Kirdaḫat

ki-ir-da-ḫa-at[ki] ARM 1,126,9[!].11

ḫalaṣ ki-ir-da-ḫa-at[ki] ARM 5,51,14

ḫalaṣ qi-ir-da-ḫa-at[ki] Gadd Iraq 7,t.1: A 926,7

n LÚ qar-da-ḫ[a[!]*-at*[?] *ki]* ARMT 7,210,9'

ālam/im ki-ir-<da->ḫa-[-at] ARM 1,135,[4?]12

¶ A.Finet, ARMT 15,128: zwischen ⟶ Ašnakkum und ⟶ Naḫur im oberen ⟶ Idamaraz; M.Falkner, AfO 18,18b-19a: = Tall Šāġar Bāzār. Die Identifizierung von K. mit Tall Šāġar Bāzār ist nicht von der Hand zu weisen (vgl. ARM 5,51 und I.J.Gadd, Iraq 7 ibid.). K. ist Ḫanäer-Gebiet, ebenso wie ⟶ Ašnakkum, ⟶ Naḫur und ⟶ Talḫajum.

Kirḫa[⟶ Kirdaḫat (?)

*Kirijatum

LÚ ki-ri-ia[?]*-tim*[ki] ARMT 14,63,6

KIRI$_X$.TAB ⟶ GIR$_{13}$.TAB

**Kisik ⟶ Damru

Kismar

ki-is-mar/ma-ar[ki] Weidner ZA 43,115,60

Kisrani

k[i]-is-mar$^{!ki}$ OBTI 305,50

¶ Vgl. RGTC 2,104; ⟶ Awal, ⟶ BÀD, ⟶ Nipuru.

Kisrani

ki-is-ra-ni Jacobsen JCS 9,108: 64,4

Kisû

PN^{uru}*ki-sú-ú*^{ki} VS 13,104 III 7

Kisurra

ki-sur-ra^{ki} A 4700,5; AbB 2,130,5; 3,46,7; CBT 1,14014; Kisurra 56, 2; SVJAD 4,3; YOS 12,77,6

ki-sur-ra Rimāḫ 119,28; Falkenstein BagM 2,57 II 22; 3,26,15

LÚ / ENSÍ ki-sur-ra^{ki} VS 13,38,3; 42,3; 47,4; 18,72 17; Fish MCS 7,3,3; Koldewey MDOG 15,13,6

LÚ ki-sur-ra$^{ki.meš}$ AbB 4,9,4.8

Daten: *ki-sur-ra*^{ki} Erra-imittī (RlA 2,149: 152); Samsuiluna 13 (RlA 2,183: 158); Rīm-Sîn 20 (RlA 2,162: 222; Stol Studies 22f.)

BÀD ki-s[ur]-ra Ḫadi-el a (Kisurra 36,12); Itūr-Šamaš a (Kisurra 144 A/B,14; 196,11)

¶ B.Kienast, Kisurra, Einleitung S. 1ff. (zu den Daten vgl. §§ 17B und 18B); zu UR III Kisurra vgl. RGTC 2,105, welches nach A.Falkenstein An.Or.30,33; BagM 2,30 nicht identisch sein soll mit aB Kisurra bei Fara = Abū Ḥatab; vgl. Th.Jacobsen, Iraq 22,177; A.Parrot, Archéologie S.204. Lage: 45°28,5' öL/31°51' nBr = NA 4523.

Kiš(um)

^{uru}*ki-ši-im* TIM 1,20,6.14.16 (Gen.)

KIŠ^{ki} AbB 1,75,13; 3,65.21; 79,36; 107,8'; AbB 5,65,21; 131,5; 6, 151,5; 166,10; 6,122,6; BE 6/1,160,1 (*[x]KIŠ*^{ki}); PRAK 1 B 416,3; B 437,5; 2 C 82,4'.6'.7'.9'; C 120,4; D 21,14; SLT 252,2; TCL 1,65, 15.36; 17,27,22.25; TIM 7,152,19'; TLB 1,86,5; 98,10; TJAUB t.19; G1 Rs.2; t 21:G5 Rs.11; UET 5,685,36.41; VS 7,91,4; YOS 13,33,10; 98,3; 110,9.13; 154,1; 274,7; 325,9; Borger OrNS 27,408,12;

^{uru}KIŠ^{ki} AbB 2,153,9; 6,161,10; BAL II 5: CH II 59; TCL 10,123,29; YOS 2,118,5$^{?!}$; 12,56,52.65; Sollberger RA 63,33f.8.46.84.134

ālu KIŠ^{ki} YOS 13,72,4

bīt Zababa KIŠ^{ki} Borger OrNS 27,407,8

bīt Marduk ša KIŠ^{ki} PRAK 2 D 11,6

ekal KIŠ^{ki} Meek AJSL 33,244: RFH 40,13.16

kār KIŠ^{ki} PRAK 2 D 29,8; Sollberger JCS 5,96a,9

BÀD.GAL KIŠ^{ki} CT 36, t 4,47

BÀD KIŠ^{ki} YOS 12,425,5

^{d}*Marduk ša* KIŠ^{ki} VS 7,98,2

(*šangû*) *Ištar* KIŠ^{ki} TJAUB t 25: G 36 Rs.7; YOS 13,20,17; 83,5; 348,21

erṣet KIŠ^{ki} VS 18,109,4; Sollberger RA 63,36,110

LÚ/DUMU/ÌR/*šāpir*/*šībūt*/*rabiān*/*āšibti* KIŠ^{ki} A 141,19'; AbB 5,134,1; 119,5.7; 205,2; BE 6/1,15,21;LFBD 14: 898,1.6; PBS 7,127,13; Gordon SCT 41,26$^{?!}$; TCL 10,4A,3; TJAUB t.43: H 57,13.16; t.25: G 36,10'; t.29: G 51,13; VS 7,56,12; YOS 2,92,22.23$^{!}$; 13,41,11; 111,11; 173,6.8.11. 12$^{?!}$.17; 330,6; [333,9$^{?!}$]; Langdon RA 24,97,36

GÌR.NITA KIŠ^{ki} Goetze JCS 17,78b,1

LÚ *kār* KIŠ^{ki} PRAK 2 D 52,22$^{!}$

LÚ ...*ki-ši-im*$^{!ki}$ ARM 7,180 V 23'(?)

LUGAL KIŠ^{ki} CT 36,t 4,5; LIH 100,4 (nB Kopie); Borger OrNS 27,408, 6; Poebel AfO 9,246,4

LÚ EGIR(.RA) KIŠ^{ki} YOS 13,16,13; 90 Rs.12; Siegel D

<u>Daten</u>: UGNIM KIŠ^{ki} Sumu-el 11 (RlA 2,157: 142; WL 19,17 u.ö.)

KIŠ^{ki} Sumu-abum 11.12.13 (St.D.Walters RA 67,36: 11-13); Sumu-la-el 13-17 (RlA 2,175: 27-31)

BÀD(...)KIŠ^{ki} Sumu-la-el 19 (RlA 175: 33); Samsuiluna 24 (RlA 2, 184: 169)

]KIŠ^{ki} Jawium v.Kiš (Johns PSBA 33,100: D)

PN: ^{d}INANNA.KIŠ^{ki}-*rīmtī* Gautier Dilbat 65,10

PN: *mār*-KIŠ^{ki} BIN 2,99,5; VS 13,7,23; Meek AJSL 33: RFA 1,28

PN: *púzur-ki-iš* BIN 9,475,1

PN: *ṭāb*-KIŠ^{ki} YOS 2,4,18

PN: ^{d}*Ki-ši-tum-ummī* ARMT 13,1 VI 22

PN: ^{d}INANNA.KIŠ^{ki}-*ummī* Gadd Iraq 7,39b^{6}: A1001

PN: LÚ.KIŠ^{ki} TCL 10,4B,21

Kiš-GAR.RA

PN: *bīt KIŠ*[ki]*-maruṣ* Goetze JCS 11,37: 28,4

PN: *KIŠ*[ki]*-abī* TJAUB t 43: H 57,5

¶ = Inġara und Uḥaimir; Lage: 44°35' öL/32°33' nBr = MB 6102; vgl. RGTC 1,91-94; 2,106.

Kiš-GAR.RA

uru ki-iš-GAR.RA[ki] A 32093 Rs.8

Kiškiš

ki-iš-ki-iš Goetze, JCS 7,52 II 2; Hallo, JCS 18,59,21

¶ Zwischen → Apqum ša IŠKUR und → Japṭurum; W.W.Hallo, JCS 18, 73: Karawanserai auf der iraqischen Seite der modernen Grenze (zwischen Syrien und Iraq).

Kiti

ki-ti[ki] OIP 43,189: As 30: T.92.T 351

Datum: *dINANNA ki-ti* Belakum (OIP 43,188: 102)

GN: *kitītum* Jacobsen OIC 20,83f.

¶ Th.Jacobsen, OIP 43,189: kleine Stadt in der Nähe von Ešnunna.

KI.URI

māt KI.URI Datum: Samsuiluna 37 (RlA 2,185: 182)

¶ → Šumerum u Akkadum.

KU[

uru ku-[OBTI 310 II 3'

Ku-xx[ ]

uru ku x x [AbB 4,166,3'

Ku'ara → ḪA.A

Kubatānu

uru ku-ba-ta-a-nu YOS 12,64,11f.

*Kubatum, Kubutum

ku-ba-tim[ki] AbB 4,35,6; UCP 9/4,1.18
[uru]*ku-ba-tim*[ki] AbB 4.162,14
UGULA MAR.TU ša ku-ba-tim[ki] UCP 9/4,1,8
[uru]*ku-bu-tum*[ki] PRAK 2 t.38 D 28,15

Kubšum

ku-ub-šum Goetze JCS 7,53 III 15

¶ Im Itinerar zwischen ⟶ Tundā und ⟶ Paktānu genannt; A.Goetze, JCS 7,62b: = Tigubis der Tabula Peutingeriana, s. dazu L. Dillemann, HMO, besonders S.185.

[d]KUD-bani

A.GÀR [d]*KUD-ba-ni*[ki] Goetze JCS 11,78,1
bīt [d]*KUD-ba-ni*[ki] Goetze JCS 11,78,8

Kudur-mabuk

URU[ki]*ku-du-ur-ma-bu-uk* TCL 10,118,5
bīt ku-du-ur-ma-bu-uk SVJAD 68,3

Kukkaja

URU[ki]*ku-uk-ka-a-a* UET 5,537,13; 857,9

Kulaju

ku-la-a-ú TLB 1,63,7

*Kulḫitum

kúl-ḫi-tim[ki] ARM 3,61,9; ARMT 13,109,13
ku-ul-ḫi-tim[ki] ARM 6,76,6
LÚ[(meš)]*kúl-ḫi-tim*[ki] ARM 3,66,8; [83,5]

¶ Zum Distrikt von ⟶ Terqa.

Kullizum

Kullizum ⟶ ŠÀ.GA

Kulmiš

^{d}IŠKUR ša kúl-mi-iš ARM 10,123,10

NIN.DINGIR.RA.MEŠ ša ^{d}IŠKUR ša kúl-mi-iš ARM 6,46,4

NIN.DINGIR.RA.MEŠ ša kúl-mi-iš ARM 10,123,14.17

¶ Vgl. J.Renger, ZA 58,148 zu den *ugbabātu* des Adad von Kulmiš; ⟶ Kurgiš?.

Kulzalānu

kul-za-la-nu Goetze JCS 7,53 III 17

¶ W.van Liere, AAS 7,94: am Ḫābūr = Tall ^{c}Aṣāfīr oder Barām?? (ganz unsicher) im Itinerar zwischen ⟶ Buzānum und Paktānu genannt.

*Kumatānu

^{uru}ku-ma-ta-ni^{ki} AbB 6,89,22

Kumme

Tešubam ku-um-me-né-en Thureau-Dangin RA 36,2,34; 21,10(1)

^{d}IŠKUR[š]a k[u-u]m-me ARM 7,219,7(2)

LÚ ku-um-ma-a-ji-i! Rimāḥ 260,3(2)

¶ F.Thureau-Dangin, RA 36,6ff.: n oder nw von Assyrien; J.-R.Kupper, RA 65,171 unterscheidet zwei K.: (1) in Kizzuwatna; (2) in Hochmesopotamien.

*Kumulḫum ⟶ Kamilḫu

KÙ.NANNA

^{uru}KÙ.^{d}NANNA^{ki} TCL 11,185,34'

KUN.ÍD.DA

KUN.ÍD.DA$^{?ki}$ TCL 10,57,12

Kunnum

^{uru}ku-un-nu-um^{ki} BIN 2,102,9; SVJAD 137 III 6'; YOS 12,55,7

ku-un-nim^{ki} TCL 1,5,9; 34,26'; TIM 2,123,8$^{!}$.12; VS 7,135,2
A.GÀR ku-un-nu-um$^{?}$ SVJAD 137 III 3'.6'$^{?}$
(PN...) ku-un-nu-um^{ki} TJAUB t 16:FM 36,5.7

¶ Zusammen mit ⟶ FN Imgur-Ištar erwähnt. Die ⟶ Turukkû erhalten Abgaben von ⟶ K.

Kunnunu

ku-un-nu-nu VS 7,114,4

¶ ON?

Kunšum

ālum ku-un-šu-um^{ki} ShT 91 Anm.67,5
URU^{ki}*ku-un-ši-im*^{ki} ShT 78,17
DUMU^{meš}*ku-un-ši-im*^{ki} ShT 57,10.11

¶ ⟶ Alia.

*Kuntabānum

ku-un-ta-ba-nim^{ki} VS 9,22,10; 25,3

Kurdā

ku-ur-da^{ki} ARM 4,69,10
kur-da^{ki} AbB 6,30,5; ARM 1,122,6; 2,15,44.48; 25,19; 69,6; 82,5; 4, 36,5'; 5,27,20; 10,165,2.5; ARMT 14,53,15; 97,8; Rimāḫ 18,5; Birot RA 66,133,5
^{uru}*kur-da-a*^{ki} Rimāḫ 281,10
kur-da-a^{ki} Dossin RA 66,121,8.10$^{!}$
māt^{ki} *kur-[da*^{ki} *?]* ARM 2,23,11'
É.GAL kur-da^{ki} ARM 2,15,42
LUGAL (ša) kur-da^{ki} ARM 2,21,15; 23,8.9.8'; 50,5; 62,9$^{!}$; 81,8; 82,7. 18; 7,197,6$^{!?}$; ARMT 14,100,6
"LUGAL kur-da-a^{ki}*"* Dossin Syria 20,109
LÚ kur-da^{ki} ARM 6,33,4; 7,164,2; 168,3; 207,9; ARMT 14,96,10;97,6; 98,7; 101,6; 107,5'; 108,16; 109,17
n LÚ kur-da^{ki} ARM 7,169,7; 208,3; 210,4; 211,8; 219,37; 222,8$^{?}$
LÚ kur-da-i-i[m^{ki}*]* ARMT 14,76,6
DUMU^{meš}*šiprē kur-da-ju*^{ki} ARM 3,55,9

Kurdānum

¶ Aus aB Texten ergibt sich keine sichere Lokalisierung; K. wird aber im Ḫābūrgebiet zu suchen sein; vgl. M.B.Rowton, JNES 32,212: in der Gegend des oberen Ḫābūr; G.Dossin, Syria 19,116: in der Hābūrgegend; A.Finet, ARMT 15,122: südöstl. von Qattunān (diese Lokalisierung ist abzulehnen ⟶ Qattunān). Die Identifizierung mit ⟶ mA Gurta: A.Goetze, JCS 7,59, und ⟶ nA Gurete: M.Falkner, AfO 18, 19 und 37, ist nachzuprüfen. Zur Bibliographie vgl. M.Falkner, AfO 18,19.

*Kurdānum

ku!-ur-da-nim AbB 6,82,8

¶ Nicht identisch mit ⟶ Kurdā? vgl. R.Frankena, AbB 6,82,8, s. jetzt H.Klengel, AOF 5,69[47]; ⟶ Zamirī.

Kurgiš

LÚ! kur-gi-iš₇^{ki} ARMT 14,114,9

¶ = Kulmiš?

Kurḫiānum

URU^{ki} kur-ḫi-a-nu-um UET 5,857,7

Kurkurtum

kur-kur-tum SLT 252 Rs.4

Kururu

^{uru}ku-ru-ru^{ki} Goetze JCS 11,31b,9

*Kusanar(ḫ)um

ku-sa-na-ar-ḫi-im ShT 78,5

LUGAL ša ku-sa-na-ri-im ShT 78,7.12

ṣābim ša ku-sa-na-ri-im ShT 78,19

¶ ⟶ Šudamelum.

Kušaridu(?)

ku-ša-ri-du$^{?ki}$ Gadd Iraq 7 t 4: A 998 Rs.34

ku-ša-ri-ma$^{[ki]}$ AOAT 3/1,39,26 (statt** *ki-sa-al-ba-ra^{ki}* (?) Coll. Kupper)

Kuštārātum, Kuštārî

1.

URU^{ki}*ku-uš-ta-ra-tum* TLB 1,63,14

ku-uš-ta-ra-tum Jacobsen JCS 9,78: 26,8

ku-uš-ta-ri^{ki} Jacobsen JCS 9,118: 101,4

2.

ku-uš-ta-ra-a-tim CT 8,44a,10

¶ K.(1) soll im Gebiet des Diyālā liegen: R.Harris, JCS 9,39; ist (2) Nisbe zu K. (1)? Vgl. AHw.517a; CAD K 601b.

Kutaja

PN ^{uru}*ku-ta-a-a*^{ki} VS 13,104 I 11

¶ ⟶ GU.DU.A (M.Stol)

Kutalla

ku-ta-al-la^{ki} AbB 2,45,2

^{uru}*ku-ta-al-la*^{ki} TEBA 69 I 12.II 17.IV 11; ŠA 218,8

URU^{ki} *ku-ta-al-la* TSifr 81,13; 71a,13

MADA ku-ta-al-la^{ki} UET 1,121,10; 126,10

^{uru}*ku-ta-la*^{ki} TSifr 50,12; 50a,14

URU^{ki} *ku-ta-la* TSifr 71,4

URU^{ki} *ku-ta-lá* TLB 1,1,18 und Hülle 1; 2 Hülle 10

$^{u[ru]}$*ku-ta-lá*^{ki} Strassmaier Warka 23,6

LÚ ku-ta-al-la^{ki} AbB 4,16,4

¶ = Tall Ṣifīr. Identifizierung aufgrund von Textfunden, s.Ch.F.Jean, Tell Sifr(1931). Lage: 45°57' öL/31°17' nBr = NV 9162.

Kuzaja

Ištar ša ku-za-ia^{ki} Simmons JCS 14,54: 88,2

LÚ ku-uz-za-a-a^{ki} Goetze JCS 4,109,19

L

Lab'ān

māt la-ab-a-an^{ki} KAH I 2 IV 15

Laba-Igigi

^{uru}*la-ba-*^{d}*i-gi*$_{4}$*-gi*$_{4}$ BRM 4,53,73

PN: *la-ba-*^{d}*i-gi*$_{4}$*-gi*$_{4}$ Wilhelm BagM 4,291: 64,2

Labašar

la-ba-šar^{ki} PRAK 2 t.42 D 37 Rs.9

la]-ba-šar PRAK 2 t.40 D 32 Vs. 16

^{uru}*la-ba-sa-ar*^{ki} LFBD 16: 900,15.20$^{!}$.37$^{!}$

Lādā

la-a-da-a Goetze JCS 7,53 III 28; 54,6

¶ = Allaḫada? Vgl. A.Goetze, JCS 7,63b(<Āl-laḫada); W.W.Hallo, JCS 18,83: am Tigris. L. liegt zwischen → Tarhuš und → Sippar.

Lagaba

la-ga-ba^{ki} AbB 3,11,6; 43,7.12; TLB 1,91,6$^{!}$; 93,3'; 98,4'.6'; 112,5; YOS 13,457,4

BÀD la-ga-ba$^{[ki]}$ BAL II 47,47

GN: ^{d}*Ištar*$_{4}$*-la-ga-ba*$^{(ki!)}$ TLB 1,76,6; 80,32'

la-ga-bi-tum TLB 1,86,30$^{!}$.31$^{!}$; 87,17

^{d}*la-ga-bi-tum* TLB 1,89,3

¶ W.L.Leemans SLB 1/1,40-41: Lage nicht bekannt, vermutlich eine kleinere Landstadt; ders. Trade S.141: vielleicht zwischen Kutha und Babylon.

Lagaš

URU^{ki} *la-ga-si* TCL 10,38,9

la-ga-aš BAL II 8: CH III 41

ŠIR.BUR.LA^{ki} AbB 4,59,8(-*GAR*$^{!}$-); 5,142,9; 6,145,17; BAL II 6: CH III 41; BRM 4,53,30; UET 1,127,10; 131,16; 138,15; 139,15; 8,84,17; 85, 7; VAB 6,16,5$^{?!}$; WL 90,33; YOS 2,47,7; 12,26,36; 35,3

^{uru}*ŠIR.BUR.LA*^{ki} TCL 11,231,5

kār ŠIR.BUR.LA^{ki} TCL 11,197,3; 199,3

ENSÍ ŠIR.BUR.LA^{ki} UET 1,121,8; 126,9

¶ = al-Hibā, Lage: 46°24' öL/31°25' nBr = PU 3377 vgl. RGTC 1,99-108; 2,110 mit Lit.; zu VAB 6,16 vgl. aber AbB 2,29.

Laḫaba[

^{uru}*la-ḫa-b*[*a*...] AbB 4,130,18

*Lajišum

la-PI-ši-im^{ki} Dossin RA 64,99,21

¶ G.Dossin, RA 64,102: = Lajiš-Dān/Tall al-Qāḍī in Nord-Palästina. Lage: 35°39' öL/33°15' nBr = YB 4679.

Lakušir

1.

la-ku-ši-ir^{ki} ARM 1,26,21.22

la-ku-ši-ir ARM 7,207,18'

2.

la-ku-ši-ra^{ki} BRM 4,53,50

¶ Nach A.Goetze, JCS 7,58[41] liegt L.(1) nahe Tall Ḥusain am ⟶ FN Ḫabur, nach M.Falkner, AfO 18,37 ist es in der Nähe von Nusbaybinzu vermuten;⟶ Saggaratum. L.(2) gehört zum Gebiet von Lagaš.

LAL.AN.NA.NA

URU^{ki} $^{d!}$*LÀL.AN.NA.NA* WL 108,19; 111,11 (-[NA])

¶ Vgl. M.Stol, BiOr. 28,368b; St.D.Walters, WL ibid. liest: ^{d}*LÀL.AN.NA*$^{ki!}$

Lalatum

^{uru}*la-la-tum* UCP 9/4,9,10

Lalija

^{uru}*la-la-a-tum*^{ki} TLB 1,194,5'.9'

¶ ⟶ FN Lalatītum.

Lalija

la-li-ia Walters JCS 23,29: 1,1

Lammaja

^{uru} *la-am-ma-ia*^{ki} AbB 3,54,11

^{uru}*lam-ma-a-a* AbB 3,55,20

Larsa

URU^{ki} *la-ar-sa*^{ki} AbB 6,15,4

māt la-ar-sa ARMT 13,27,15; 47,14

LUGAL la-ar-sa^{ki} ARM 2,33,5

"*LÚ la-ar-sa*^{ki}" Dossin Syria 19,117

la-ar-sà$^{k[i]}$ ARM 6,27,10'$^{!}$

l[a?]-ar-sà UET 5,262,9

kār la$^{!}$*-ar-sà* YOS 12,1,10

LÚ la-ar-sà^{ki} ARM 6,70,6'

LÚ la-ar-su-um^{ki} ARMT 14,124,6'

LÚ^{meš} *la-ar-su-ú* ARM 7,191,6

LÚ^{meš} *la-ar-sú-ú* ARM 2,72,7

UD.UNU ^{ki} AbB 1,140,8; 2,4,8'; 7,5.8; 4,1,8; 14,8; 69,10; 85,8; 86, 9; 80,4,9.15; 140,9.23; 69,10; 5,38,5; 162,15; 137,9.11; 6,26,9; 137, 10.20; 140,26; 145,6; BAL II 5: CH II 33; BIN 9,338,3; CT 1,45,39; CHJ 103,7; 124,12.20; 129,6$^{!}$; Kisurra 109,3'; LIH 63,11; OECT 2 t 7 II 14; PBS 1/2,14,15; ŠA 166,9.15; 172,16; 189,16; 196,5; SVJAD 61,3; 137 I 2$^{?!}$; TEBA 69 II 20; TCL 1,3,7; 10,31,9; 87,14; 93,8; 100,33; 107,9.17; 125,11$^{?!}$; 127,21; 11,174 Vs.6.21.29.35 Rs.12; 197,16; 224 Vs.9; 224 Vs.62.80.Rs.6.24; 17,53,13; 56,42; 58,11.23$^{!}$; 18,90,14; 116,16; 153,18; TIM 1,8,36; 13,7; 20,44; 23,28; 26 Rs.4.16; 2,16,53. 55$^{?}$; 23,17; 73,8; 124,6$^{?!}$; TSifr 25a,18; UCP 9/4,29,18; UET 1,111, 28; 117,4; 122,10.14; 123,21; 144,34; 300,14 (vgl. 8,34: 39); 5,10,21; 28,13; 30,14; 72,25; 474,2; 523,10; 585,3.8; 607,10; 636,7; 666,7$^{!?}$; 677,14; 8,72,15.29.67; 85,28; VS 13,104 I 26.II 6.22; 49,7; 71,7$^{!}$;

18,2,1,56; 76,14; WL 25,24.25; YOS 2,56,7; 129,13; 132,8; 143,7; 5, 100,5; 17,5; 164,6; 186,3; 208 I 34?!; 212,34; 227,11; 8,34,11; 88, 5!.26.44; 12,344,8; Arnaud RA 66,34b,15; Edzard AfO 20,159,3; Falkenstein BagM 3,27,113; Goetze JCS 7,53 IV 12; Sollberger RA 63,35,107; Thureau-Dangin RA 9,122,9; 11,92 I 4; Pinches PSBA 39 pl.8: 21,5; pl.10: 23,8.15

uruUD.UNU^{ki} TCL 11,224 Vs.39.Rs.36; VS 13,104 II 13

kār UD.UNUki CHJ 130,3; 139,3; SD 5,32 A III 24; TSifr 78,4; 78a,3; VS 18,1,4; 96,4!; YOS 12,8,6

BÀD.GAL UD.UNUki Arnaud RA 66,34a,6; Roux RA 52,234,6

É dŠamaš(ša) UD.UNUki AbB 4,27,8; 2,47,6; CT 41,45,11; LIH 63,11; TCL 11,219,9

LUGAL UD.UNUki BE 1,128,10; CT 1,45,9; 21,29,6; 33,14; 33,50a,7; 36,3,4; OECT 1,17 II 6; ŠA 16,2; UET 1,111,8; 117,4; 118,9; 119,4; 122,18; 123,37; 125,10; 127,12; 128,8; 129,4; 134,6; 136,6; 138,17; 139,18; 140,24; 141,10; 142,10; 302,3; 5,165 Siegel; 272 Siegel 5!; 9,31,11; 38,5; 122,29; 8,67,10; 72,11; 73,7; 80,12; 84,20; 85,9; 86, 48; Arnaud RA 66,34b,4; 35,6; Moortgat VR 322; Roux RA 52,234,2; Thureau-Dangin RA 9,122 II 9

ENSÍ UD.UNUki UET 1,121,7; 126,8

PN/LÚ (ša) UD.UNUki AbB 2,29,2.9.30; 31,7; 42,10.13.23; TIM 5,70,8; YOS 5,124,14; Pinches PSBA 39 pl.10: 23,19

GÌR.NITA UD.UNUki Anbar RA 69,122,22

šāpir /tamkārē(meš)/dajjānē(meš) UD.UNUki AbB 4,3,5; CHJ 111,23; 139,4??; RIAA 262,7; SVJAD 66,2; TCL 18,130,1; TSifr 71,12; 71a,11; VS 18,1,12.31.63; 96,9; YOS 5,227,13; 12,73,5.6; 182,8; 192,7; 274, 24; 320,6.14; Scheil RA 14,95,11

PN: *LÚ UD.UNUki-ma* SVJAD 118,12

PN: *UD.UNUki-e-tamši* CHJ 120,1.8.17

PN: *dInanna-UD.UNUki-ummī* TCL 1,204,4

PN: *UD.UNUki -nāṣir* YOS 5,253,16

Daten: *UD.UNUki* Abisarē 2 (RlA 2,160: 192); Rīm-Sîn 20 (RlA 2,152: 222 vgl. Stol Studies 23); Rīm-Sîn 25 (RlA 2,163: 227); Rīm-Sîn 26 (RlA 2,163: 228); Rīm-Sîn 23 Var.: (TCL 10,60,13!); Ḫammurabi 33 (RlA 2,180: 135)

É dInanna (...) UD.UNUki Gungunum 16 (RlA 2,156: 109)

É dInanna (u NANNA u Enki ..) UD.UNUki Rīm-Sîn 4 (RlA 2,161: 206; YOS 5,202,18; Var.: UET 5,2772,9; 773,10)

É^{d}*Adad (..)UD.UNU*^{ki} Rīm-Sîn 2 (RlA 2,161: 204; YOS 5,202,15)

É^{d}*NIN-Isin*^{ki} *(..)UD.UNU*^{ki} Gungunum 24 (RlA 2,156: 117)

É^{d}*UTU (..) UD.UNU*^{ki} Warad-Sîn 5 (RlA 2,160: 195; YOS 5,85,131 vgl. Stol Studies, 9)

BÀD.GAL UD.UNU^{ki} Gungunum 21 (RlA 2,156: 114); Sîn-iqīšam 3 (RlA 2,159: 187; UET 5,329)

^{i_7}*ḫirītum ša UD.UNU*^{ki} Abisarē 6 (RlA 2,157: 126)

LUGAL UD.UNU^{ki} Rīm-Sîn 6 (RlA 2,161: 208)

UGNIM UD.UNU^{ki} Sîn-muballiṭ 14 (ZZB 153 Anm.807; RlA 2,178: 96)

¶ = Sinkara: RGTC 1,109f.; 2,111; Lage 45°50' öL/31°17' nBr = NV 7962; vgl. noch S.D.Walters, RA 67,35f.; D.Oates, Studies 39 Anm.6; 2 Tagesreisen entfernt von Babylon (AbB 4,84,9; 2,39,19)

Lasumi

la-su-mi^{ki} OBTI 305,50

PN wāšib la-su-mi^{ki} OBTI 308,5'

*Lasqum

la-as-qí-im ARM 2,102,11; ARMT 14,28,7; 85,8; Finet AIPHOS 14 t 1, 11

"*la-ás-qí-im*^{ki}" Dossin Mél.Duss.986 Anm.1

la-ás-qí-im ARMT 14,26,9.21; 29,24

la-[à]s$^{?}$*-qa*$^{?}$*-am* ARMT 14,81,8

l[a-às?-qí?-i]m$^{?}$ ARMT 14,81,4$^{?!}$.7$^{!}$ (ARMT 14,261 *[la]-as-[qí-im]*)

māt la-as-[qí-im?] Finet AIPHOS 14, t. 1,18

¶ M.Falkner, AfO 18,23: ö von Saggaratum, so auch A.Finet, ARMT 15, 129; L. ist eine Tagesreise von Saggaratum entfernt (ARMT 14,28). Oberhalb von Dunnum (am FN Baliḫ)?; ⟶ Mubān, ⟶ Manuḫatān; - teilweise Bezeichnung *lasqum* "Wiese" und kein ON? vgl. CAD L 108 b.

Lašabar

la-ša-ba-ar^{ki} Goetze Sumer 14 t 5: 7,10

¶ ⟶ Labašar?

La'uš

l[a]-úš$^{k[i]}$ ARM 7,180 II 35

¶ Zur Lesung vgl. J.Bottéro, ARMT 7 S.77.

Lilimmar

lí-li-im-ma-ar^{ki} ARM 1,4,5
LÚ li-li-ma-ra-ju ARMT 13,30,7
LÚ^{meš}*li-li-ma*$^{!}$*-ra-ju* ARM 7,191,7'

*Lubatum

^{d}*Da-gan ša lu-ba-tim*^{ki} ARM 10,143,13

¶ Eine Tagesreise entfernt von ⟶ Zinijān?

*Lubdum

lu-ub-di-im^{ki} ARM 5,50,7
SAG.GÉME ^{uru}*lu-ub-da*^{ki} ... *māt SU.BIR*$_{4}^{ki}$ YOS 13,89,5

¶ Zu L. in kassitischer Zeit s. RGTC 5; zur Lit.s.J.Brinkman, AnOr. 43,178[1096]; E.Weidner, AfO 15,79: mA und nA L. ist vielleicht bei Ṭāwūq ö des Tigris zu suchen; vgl. J.J.Finkelstein, JCS 9,1f.; W.F. Leemans, Trade 110.

LÚ.ERIM-rabi

URU^{ki} *LÚ.ERIM-ra-bi* TLB 1,63,16

LUGAL.GUDU$_{8}$.A ⟶ GU.DU$_{8}$.A

Luḫaja

1.
lu-ḫa-ia^{ki} AbB 3,22,13; Habiru 22: 28
2.
lu-ḫa-ia^{ki} CT 8,36c,4
BÀD lu-ḫa-a-ia YOS 12,26,38
Daten: ^{uru}*lu-ḫa-ia*^{ki} Abī-ešuḫ v (RlA 2,186: 204)
"Luḫaya" Inschrift Abī-ešuḫ: BM 55472 (IRSA IV C 8a)

¶ L.(1) vielleicht identisch mit ⟶ Eluḫut(tum), weil im geographischen Kontext erwähnt mit ⟶ Talḫajum und ⟶ Zalmaqum. L.(2) dagegen ist vermutlich bei Babylon zu suchen; es wird zusammen mit ⟶ Gudua erwähnt und liegt am Ufer des ⟶ FN Araḫtum und des ⟶ FN Asītum. A.Finet, Syria 41,138[2] vermutet auch zwei Städte des Namens L., von denen die eine nahe bei Babylon liegt und die andere - mit ⟶ Ulaja gleichgesetzt - im "oberen Gebiet" zu suchen sei. E. Sollberger - J.-R.Kupper, IRSA S.228 übersetzen L. als "maison de plaisance" am Ufer des Araḫtum!

Luḫutu

Luḫutu ⟶ Elaḫut(tum)

*Lulḫanû

lu-ul-ḫa-ni-i[ki] TCL 1,65,12.34

¶ In der Gegend von Kiš?

*Lullûm

lu-ul-li-im ShT 78f.,25.33

lu-li-im Laessøe AS 16,192,44

lu-ul-li-i ShT 68: 870,5!; 79,45; Laessøe AS 16,192,36

lu-ul-li-im LUGAL[meš] Laessøe AS 16,191,22

LÚ lu-ul-li-im Laessøe Babylon pl.4b,2

LÚ lu-ul-li-[i?] Finet RA 60,20,27

¶ Vgl. RGTC 2,112; Volksstamm ö des Tigris.

Lutpiš

lu-ut-pí-iš[ki] FAI 86,58

¶ zwischen ⟶ Ḫaburatum und ⟶ Urā.

M

Ma[

^{uru}*ma*[OBTI 321,2

Madarā

ma-da-ra-a^{ki} ARM 4,51,8.19

¶ Eine Tagesreise entfernt von ⟶ Tušḫum; vgl. in nA Texten die Verbindung mit ⟶ nA Tušḫān.

Magalā

ma-ga-la-a Goetze JCS 7,53 IV 4

¶ W.W.Hallo, JCS 18,84a: am Tigris zwischen Sāmarrā' und Baġdād. Im aB Itinerar zwei Stationen vor Sippar erwähnt.

*Maḫanum

ma-[ḫa-n]i-im^{ki} ARM 2,7,19

Datum: ^{d}*IŠKUR ša ma-ḫa-nim* Zimrilim (St.Mar.57: 18; ARM 8,82,14; 88,21)

^{d}*IŠKUR ša ma-aḫ-ni-im* Var. dazu (ARMT 12,106[1])

Māḫāzum

URU^{ki} *ma*$^{!}$*-ḫa-zum* TCL 10,30,9

Daten: *māt ma-ḫa-zi* Ibāl-pî-el II (Baqir Sumer 5,80: 24b.c.; 83,4)

māt ma-ḫa-zi Var.dazu (Baqir Sumer 5,80: 24a)

māt ma-ḫa-zi^{ki} Var.dazu (Baqir Sumer 5,84,5)

māt ma-ḫa-zum Var.dazu (OBTI 145,10)

Maḫbu[ ]

Maḫbu[ ]

ma-aḫ$^{?}$*-bu*[...]^{ki} YOS 12,77,2

Makrisā

ma-ak-ri-sa-a ARM 2,28,5.27.36

¶ Ortschaft, bedeutend für die Wasserverteilung des Kanalsystems zur Zeit Zimrilims. Ist M. identisch mit ⟶ nA Magarisi (?).

Makutim

ma-ku-tim^{ki} Rimāḥ 319,27

MA.LAḪ

^{uru}*MÁ.LAḪ*$_{5}^{ki}$ AbB 6,154,12'; LFBD 15: 899,14.15.28; SVJAD 137 I 14. 16; YOS 13,235,2

^{uru}*MÁ.LAḪ*$_{5}$ AbB 3,94,4; LFBD 5: 889,27

MÁ.LAḪ$_{5}^{ki}$ YOS 2,3,5

URU ša MÁ.LAḪ$_{5}$ YOS 12,178,1

URU ša MÁ.LAḪ$_{4}$ YOS 12,308,4

PN ^{uru}*MA.LAḪ*$_{5}^{ki}$ Holma ZATH 3,15

¶ Vgl. ⟶ mB Bīt-Malāḫi, nA Malāḫu; ⟶ Birbirrum, ⟶ Kikalla.

Malgûm

ma-al-gu-um^{ki} VS 1,32 I 15

ma-al-gi-im^{ki} ARM 1,129,8; 6,27,11'

ma-al-gi-im TIM 2,113,13; Jacobsen AfO 12,365,7

[*ma-*]*al-gi*^{ki} ARM 1,120,27

mà-al-kú-a^{ki} TIM 2,19,22$^{!}$.30

ŠANGA Ea mal-gúm^{ki} AbB 6,138,6

KÁ mal-gi-a^{ki} Finkelstein JCS 15,95a: AO 7691

māt ma-al-gi-i^{ki} Jacobsen AfO 12,363,3

LUGAL ma-al-gi-im^{ki} ARM 2,23,13'$^{?!}$; VS 1,32 I 3

LUGAL ma-al-gi-im Jacobsen AfO 12,365,3

LÚ ma-al-gu-ju^{ki} ARM 1,129,10

LÚ mà-al-KA^{ki} Goetze JCS 4,109a,25.28

nišī mà-al-NAG-a^{ki} BAL II 6: CH IV 12$^{!}$

SIG$_{4}^{ki}$ ARM 1,27,8.10.19

kār SIG₄[ki] SD 5,32 A III 25

SIG_4.A[ki] YOS 12,437,8

DUMU SIG_4[ki] SD 5,40 A V 28.VI 1

LÚ SIG_4[ki] SVJAD 137 I 24.II 26.III 11'; TIM 2,131,8; BIN 7,182,4; YOS 2,92,22.23!(gegen CAD Z 4a)

LÚ(...) SIG_4[ki] YOS 12,399,1; 411,2; 414,2; 415,2; 416,2; 420,2; 422, 2; 486,2; 509,2

Daten: *ma-al-gu-um* Gungunum 19 (UET 1,259)

ma-al-gi₄ Kiš x_7 (Rutten RA 52,213; Reiner JCS 15,123[8]; vgl. RA 53,95)

ma-al-gi₄ Ḫammurabi 30 (RlA 2,180: 132)

BÀD.GAL ma-al-gi₄[ki] Ḫammurabi 35 (RlA 2,181: 137; VS 18,12,12)

BÀD mà-al-gi₄-(a)[ki] Var.dazu (TCL 11,150,18)

UGNIM mà-al-gi₄-a Warad-Sîn 4 (Stol Studies 2; UET 5,733,9) Var. Gungunum 19 (UET 1,265 I 12)

MADA Á.DAM mà-al-gi₄/gi-[a] Ḫammurabi 10 (RlA 2,178: 112; TCL 1, 83,25)

URU[ki] *Á!.DAM mal-gi₄-a*[ki] Var.Ḫammurabi 10 (BE 6/1,26,28)

UGNIM(...)ma-[ál-gá[ki]*]* Ḫammurabi 33 (RlA 2,180: 135; Stol Studies S.38)

UGNIM mà-al-ka-a[ki] Var.Gungunum 19 (Meek AJSL 33,242: RFH 38,11)

MADA SIG_4 Var.Ḫammurabi 10 (BE 6/1,37,26)

(BÀD?) SIG_4[ki] Var.Ḫammurabi 35 (TCL 1,101,19)

¶ Vgl. RGTC 2,116. M. liegt am ⟶ FN Idiglat, zwischen ⟶ Maškan-šāpir und Diyālā-Mündung: vgl. W.F.Leemans, Trade 172 mit Anm.1 und 2; E.Weidner, AfO 16,16 mit Lit., identifiziert das Land Malgûm mit dem Landstrich, der von der Mündung des Diyālā in den Tigris bis nach Kūt-al-ʿAmāra reicht. A.Marzal, JNES 30,207[44]: an der s Grenze von ⟶ Ešnunna; s. zuletzt M.Anbar, IOS 5,2-3 und M.Stol, Studies S.8.

*Malḫatum

ma-al-ḫa-tim[ki] ARM 2,16,13

Mammagira, Mammagiri

ma-am-ma-gi-ra[ki] ARM 1,53,10.12!; 10,22'; 97,21

ma-ma-a-gi-ri Hallo JCS 18,60,28

¶ A.Finet, ARMT 15,135: in der Gegend von Nuṣaybin bei ⟶ Šudā; M.Falkner, AfO 18,20, ist die von A.Finet vorgeschlagene Lage zu weit ö, wegen der Verbindung von M. zu ⟶ Šubat-Šamaš und ⟶ Ḫasam; W.W.Hallo, JCS 18,75b: an den Quellen des ⟶ FN Ḫabur gelegen, in der Gegend von Ra's-al-ʿAin, = Tall Faḫḫāriya? (⟶ Naḫur). M. liegt in unmittelbarer Nähe des Berges ⟶ (Ḫ)asam.

Manda

LÚ ma-an-da ARM 7,221,10

¶=Mandäer; vgl. zu den Ummān-Manda in aB Zeit J.Bottéro, ARMT 7,224 (44).

Manḫama[

bīt PN ša ma-an-ḫa-ma?-a?[x]? ARMT 14,7,3'

¶ Deutung als ON unsicher.

Manḫašḫur

ma-an-ḫa-aš-ḫu-ur VS 7,67,9

¶ zum Land ⟶ Elam; ⟶ Šumaḫani.

Manḫatum

ma-an-ḫa-tim!ki OBTI 143,7

¶ ⟶ Manuḫatan?

Mankisum

ma-an-ki-súmki UET 5,685,2.24

ma-ki-sú[m] Goetze JCS 7,52 I 17

ma-an-ki-si-imki ARM 2,25,9; 33,8

ma-an-ki-siki ARM 4,26,16!; 5,59,9; ARMT 14,226: A 549,25; CT 52, 112,5; Rimāḥ 162,21; TIM 2,15,13; v.Dijk Sumer 13,109,11'(AfO 23,66, 16)

ma-an-ki-sí Hallo JCS 18,59,9

LÚ ma-an-ki-súmki? SVJAD 137 I 23

LÚ ma-an-ki-su? TIM 2,49,1

KÁ ma-an-ki-si-imki Thureau-Dangin RA 33,172,50

É ma-an-ki-[sú-um] Kisurra 105,8

Daten: *ma-an-k[i]-s[u?]ki* Dadušа (UCP 10/1,7,17)

ma?-an?-ki-si-inki Sîn-abūšu b 11 (TIM 3,31,22: AND S.7)

ma-an-k[i]-[su?] Var.dazu (AND S.7)

māt ma-an-ki-súmki Ḫammurabi 32 (RlA 2,180: 132)

māt ma-an-ki-s[u] Var.dazu? (UET 5,254,21)

¶ A.Goetze, JCS 7,57 mit J.-R.Kupper, Nomades, 215[5]: am Zusammenfluß von Tigris und Diyālā; W.W.Hallo, JCS 18,69: unmittelbar n vom heutigen Sāmarrā ; A.Goetze, JCS 18,114-115: am Tigris zwischen

Seleukia-Ktesiphon, nicht zu weit n vom heutigen Bağdād. Laut Itinerar liegt M. zwischen ⟶ Kār-Šamaš und ⟶ Ḫišatum. Ab Mankisum verlassen Truppen den Wasserweg (von ⟶ Sip(p)ir kommend!) Güter werden auf dem Wasserweg von M. nach ⟶ Namzium, von dort nach ⟶ Sippar geschafft: W.F.Leemans, Trade 170f. M.gehört zum Herrschaftsgebiet des Königs von ⟶ Ešnunna; er unternahm von dort als seinem Truppensammlungsplatz Kriegszüge ins mesopotamische Gebiet. M. befindet sich an einer Furt, die als Einfallspforte in die mesopotamische Steppe *(kaṣûm)* zu gelten hat. ⟶ Rabiqum und ⟶ Upî sind von M. aus Bezugspunkte des Heeres.

Mannakute?

PN ^{uru}*ma*?-[*a*]*n*?-*na-ku-te*^{ki} TEBA 69 III 24

Manuḫatān

ma-nu-ḫa-ta-an^{ki} ARMT 14,30,17

m[*a?*]-[*nu?*]-*ḫa-ta-an*^{ki} ARM 4,29,5.6!?.[7]

ālam ma-nu-ḫa-ta-an^{ki} Dossin Mél.Duss.986; Finet AIPHOS 14,t 1,19

¶ M. gehört zum Lande ⟶ Lasqum, ist ⟶ Dunnum (am Balīḫ) benachbart; In ARM 4,29 wird die Entfernung von M. zu ⟶ Qaṭarā als eine Tagesreise angegeben; sind deshalb zwei M. anzusetzen?

Mānum

URU^{ki}*ma-a-nu-um*^{ki} TCL 11,156 Vs. 13

^{uru}*ma-nu-um* YOS 2,132,11

¶ Eine Tagesreise mit dem Schiff von ⟶ Larsa entfernt.

*Manunum

^{d}*UTU ša ma-nu-ni-im* <u>Datum</u>: Zimrilim (St.Mar.56: 16)

Marad

ma-ra-ad^{ki} AbB 6,2,7; Stuneck Ḫammurabi 1,36,16

már-da^{ki} A 26368,8; BIN 9,414,6; SVJAD 137 II 26

<u>Daten</u>: *BÀD már-da*^{ki} Sîn-muballiṭ 12 (RlA 2,177: 94; VS 8,36,17)

mà-ra-ad^{ki} nicht identifiziertes Datum (TIM 5,58,22)

GN: ^{d}*LUGAL-már-da* BDHP 31,28; RIAA 232,14; 233,13!; 234,17!; 252, 15!; 253,12!; 255,15;

Adj.: ^{túg}*ma-ra-tu-ú* ARM 7,250,4,; 253,5; ARMT 13,2,9

Maraḫab

¶ Vgl. zu häufigen Belegen in UR-III zeitlichen Texten RGTC 2,116ff. Lokalisiert mit F.Thureau-Dangin RA 9,84 als "Wannat as-Saᶜdūn" aufgrund von Textfunden. Lage: 44°47' öL/32°5' nBr = MA 7951. Vgl. zur Lit. F.R.Kraus ZA 51,57f.; Edzard ZZB 127 mit Anm.669; Th.Jacobsen Iraq 22,177. — zum Adj. vgl. AHw. 610; CAD M 276b.

Maraḫab

ma-ra-ḫa-a[*b*^{ki}] ARM 5,1,11'

Mar(r)atā

mar-ra-ta-a Goetze JCS 7,54,30

ma-ar-a-ta Goetze JCS 7,54,8

ma-ar-a-ta-an$^{[ki?]}$ Rimāḥ 139,14

^{uru}*ma-ra-ta* Rimāḥ 232,13

als Flurname:

ma-ra-ti$^{?}$*-im*$^{?}$ CT 8,49a,14 (Walker)

¶ A.Goetze, JCS 7,63f. vermutet M. in den Salzsteppen s des Ǧabal Sinǧār; W.W.Hallo, JCS 18,83b: am Tigris gelegen; vgl. mit zusammenfassender Lit.S.Dalley, Rimāḥ 114: 14 ("zwischen Qaṭarā und Ekallātum"); im Itinerar liegt M. drei Stationen nach ⟶ Tarḫuš in Richtung auf ⟶ Sip(p)ir.

Mardamān

[*mā*]*t mar-da-ma-an*^{ki} ARM 2,63,19

mar-da-ma-na-i Finet AIPHOS 14,t.4,[5$^{?}$].19

mar-da-ma-na-ia-am Finet AIPHOS 14,t.2,13

LÚ mar-da-ma-na-ju Rimāḥ 301,7

¶ J.Lewy, OrNS 21,265²: = Mardin!; - vgl. A.Goetze, JCS 7,67b und RGTC 2,118 zur Lit.; A.Finet, AIPHOS 14,134: im transtigridischen Gebiet; M.Birot, Syria 50,9²: ö des Tigris (⟶ Ḫaburatum), vgl. ⟶ Karanā.

*Margūnum

LÚ mar-gu-nim^{ki} Gadd Iraq 7 t.4: A 994 Rs.10

Marḫašu

$^{uru?}$*ma-ar-ḫa-šu*$^{?}$ VS 13,13,14

Datum: *mar-ḫa-ši*^{ki} Ḫammurabi 30 (RlA 2,180: 132)

¶ RGTC 2,128; ⟶ Baraḫšum; Beleg mar-ḫa-ši ARMT 13,22,50 hierzu? vgl. dagegen AHw 611b sub 2).

Mari

ma-ri^{ki} ARM 1,3.6'!.20'!; 17,38.41; 22,8!; 26,7.11; 31,8.10; 35,9.15; 36,12; 41,8!; [43,19!].22; 49,13.14; 52,13.18.31; 55,12; 61,25; 72,11.7'.15'; 77,9; 78,9; 86,8; 87,11; 102,12; [107,4']!.116,9;117,6; 120,9; 127,11; 2,6,16.19; 7,13; 16,17.18; 18,10.13; 21,5; 42,15.16.[22'?]; 82,7.35; 92,10; 98,10'; 101,23; 120,19; 128,9; 129,7; 140,24; 3,1,22; 6,7; 8,5; 25,7; 26,6; 27,18; 29,13; 49,12; [51,13]; 4,[4,7']; 10,8'; 27,13.20; 76,9.16?!.18!21.23.29; 79,19; 86,23?; 5,2,12; 9,23; 22,7.11; 26,7.16?.20; 27,16.20; 28,41; [36,32]!; [38,7]!; 53,19; 65,24; 73,9'.12'; 76,12!; 81,28; 83,7; [84,2']!; 86,7; 6,5,15; 7,21; 11,7; 23,7; 31,9.12; 49,9!; 62,28; 74,6';76,34;7,86,26;91,4';100,5; 134,16; 135,6; 136,[8]; 138,7;217,9; 228,6; 297,3'; 8,45,18?; 65,10; 94,12; 10,1,10![19]; 9,15'.20'.24'.25'; 17,8; 18,4; 22,[5!]; 25,9; 31,15'; 33,8.20!; 50,25; 54,4!; 102,27; 106,16.20; 108,5; 113,9; 114,5; 139,9!; 140,20; 142,26; 152,8; ARMT 9,3,11; 22,2.12; 27 VI 10! pp.; 11,1,20; 2,7; 3,22; 4,22; 7,14 pp. 12,1,19; 2,20 pp.; 13,13,8; 29,8; 33,11; 35,21; 37,19'; 38,30; 41,14?!; 46,20; 111,7; 118,12; 144,13; 144,13; 14,11,10; 16,21; 26,27.29; 39,6; 43,4; 45,7; 46,5.16!; 47,31!(-ma); 54,7; 66,22; 67,5'.11'; 82,13; 84,9'; 103,2!; 104,5; 112,20; Rimāḥ 4,7!; 33,9; Birot RA 49,19 V 64; 52,174: 316,8; Syria 50,11: 72-39; Burke RA 52,59,16; Dossin Opposition 180f.: A 1153,6.11.18; RA 35,178,4; 42,128,11; 64,97,2; 66,116b,13; 119,7.33; Syria 32,4,16; 5,36; Finet AIPHOS 14 t.1,23; 15,18,38; Leemans Trade 106,16a,4; St. Mar.43,31; Lods Studies Robinson 104,29; Thureau-Dangin RA 33,52 II 25

ma-rí^{ki} AbB 2,88,20'; BIN 9,324,14; 384,6; CT 45,22,11

^{uru}*ma-ri*^{ki} UET 5,79,13

ma-ri-ma ARM 4,17,23

ma-ri-i^{ki}*(-ma)* ARM 4,10,18'.21'

ma-ri-im^{ki} ARM 1,36,23.44.45!; 2,3,5.22

māt ma-ri^{ki} ARM 1,82,9

āl m[a-ri^{k}*]*^{i} Thureau-Dangin Mél.Duss.158,12

ālum ma-ri^{ki}*(ekallum u ḫalṣum)* ARM 2,128,32; 5,14,14'; 6,14,5; 15,5; 18,3; 19,3!; 20,5; 22,5; 23,5; 24,7; 26,3; 27,3; 31,5; 37,3; 39,5; 45,5; 46,3; 47,5; 61,3; 62,5; 65,3; 76,26; 10,23,5; ARMT 13,26,5; 101,19.4; 113,11!(*ālāne dannāte Mari Terqa u Saggaratum*); Dossin CRRAI 2,47,16; RA 35,17 ,23; 66,116a, 14.37; 119,37; Syria 32,5,35; 48,9,6;

ḫalaṣ ma-ri^{ki} ARM 3,3,21; 4,27,32.36; 88,18; 5,48,5; ARMT 13,117,15!; 14,13,4; 25,10'; [29,26$^{?}$]; 71,2

ekal ma-ri^{ki} ARM 7,277 V' 2

BÀD ma-ri^{ki} Thureau-Dangin RA 33,51 II 5

šar$_4$ ma-ri Thureau-Dangin RA 33,49,3

LUGAL ma-ri^{ki} ARM 8,75,10; 10,63,16$^{?!}$; Dossin MAM III,253 II; Syria 32,4,19; Herzfeld RA 11,135,3$^{!}$

LÚ ma-ri$^{(ki}$ BIN 9,324,3.22; 417,2; 477,1

DUMU ma-ri^{ki} ARMT 13,101,16

nišē me-ra^{ki} BAL II 6: CH IV 30

nišē me-ri$^{(ki}$ BAL II 9 Var.

LÚ$^{(meš}$*ḫanû ša ma-ri*^{ki} ARMT 13,30,5

pl.: *ma-ra-i* ARM 2,43,14

fem.: *m]a-ri-i-tum* ARM 7,275,1

1 MÍ ma-ri-tum^{ki} Dossin RA 69,28,5.11$^{?}$

Adj.:

šamnum rūštum ma-ri-tum ARM 7,5,1; 6,1,; 13,5; 14,2; 15,3; 18,1; 27,2; 34,1; 44,1; 48,3; 51,1; 52,1; 78,1; 82,1; 84,5'; Dossin RA 64,36: 30,2; 31,1; 32,3

ereqqātim ma-ra-ji-tim$^{(ki)}$ ARM 4,79,13.18

ereqqātum ma-ra-ia$_8$-tum^{ki} ARM 4,79,8

1 qa ma-ri-i$^{(ki)}$ ARM 7,7,4$^{!}$; 49,10; ARMT 7,351^{1}

aban ma-ri^{ki} ARM 8,22,3; 23,3; 26,2; 27,2; 31,3; 32,2; 33,1; 35,3; 41,1'$^{!}$; 79,3

<u>Daten</u>: *BÀD(.GAL) má-ri*$^{(ki}$ Ḫammurabi 35 (RlA 2,181: 137; VS 18,12,11-12; CT 45,27,36)

UGNIM ma-ri$^{(ki}$ Ḫammurabi 33 (RlA 2,180: 135)

¶ = Tall Ḫarīrī; Lage 40°53' öL/34°33" nBr = FU 7425; RGTC 2, 129 und D.Oates, Studies 21; - zum Datum Ḫammurabi 33 vgl. M.Stol, Studies 37f.

*Marikatum

^{uru}*ma-ri-ka-tim* Rimāḥ 330,7

Mār(ē)-Jaminā, Mār-mî

mārē(DUMU^{meš}*)-ia-mi-na* ARM 2,36,12; 83,18; 90,8$^{!}$; 92,5.12; 102,5.19; 114,15$^{!}$; 3,12,17; 16,5; 21,5; 38,15.25; 50,13; 58,6; 70,4; 5,27,25;

81,13; 6,30,3.15; 7,105,4?; ARMT 13,39,13.7'. 21'? ; 14,83,14.23. 35; 84,5; 85,7; Dossin CRRAI 18,59,23; Mél.Duss.984ff.; RA 42,128, 17; 130,30!.37

mār(DUMU)-ia-mi-na Dossin Mél.Duss.987.991

mārē(DUMU^{meš})-ia-mi-na^{ki} ARM 2,53,12.16; 137,27!

mār(DUMU)-ia-mi-na-a Dossin RA 35,179,8.14

mārē(DUMU^{meš})-ia-mi-in ARM 1,6,6.7; 43,10'; 60,9!; Dossin Mél.Duss. 985.992

[i]a-[m]i-nu-um ARM 1,67,7? (oder PN:^{I}*A-mi-nu-um?*: J.-R.Kupper)

Daten: *mārē(DUMU^{meš})-ia-mi-na* Jaḫdunlim (ARM 8,75,22; St.Mar. 52,6) Zimrilim (St.Mar.55: 6; ARM 11,18ff.)

mārē(DUMU^{meš})-ia-mi-ni Var. zu Zimr. (ARMT 11,27 bis 42)

mārē(DUMU^{meš})-ia-mi Var. zu Zimr. (ARMT 11,22,12)

mārē(DUMU^{meš})-mi-i Var.dazu (ARMT 11,18,18; 19,17 u.ö. vgl. ARMT 12,S.34[1])

ma-ar-mi-i Var.dazu (ARMT 11,43,20; Burke RA 52,59,20)

¶ Vgl. zu den Jaminiten zuletzt J.-R.Kupper, RlA 5,256ff.; s. des weiteren: G.Dossin, Mél.Duss.981ff. und J.-R.Kupper, Nomades 47 bis 81. Zum Namen mār-mi für mār-jaminā vgl. J.T.Luke, PPMP 52ff. und JCS 24,20[2] mit Lit.; G.Dossin, RA 52,60ff und W.von Soden, AHw 612a.

Marmānu, Marmēnu

ma-ar-ma-nu Hallo JCS 18,59,13

ma-ar-me-nu Goetze JCS 7,52 I 23

¶ W.W.Hallo, JCS 18,70: in der Nähe von Al-Fatḫa am l Ufer des Tigris; Erwähnt zwischen ⟶ Jaḫ(ap)pila und ⟶ Sūqāqû

Mār-mî ⟶ Mār-Jaminā

MAR.TU ⟶ Amurrû(m)

Maruqni

ma-ru-uq-ni^{ki} AbB 6,115,7

DUMU ZA.GÌN.^{ki} Legrain RA 10,pl.5: 84,8

DUMU^{meš}ZA.GÌN.NA^{ki} VS 18,18,2

rabiān DUMU^{meš} ZA.GÌN.NA^{ki} VS 18,18,38

n LÚ IGI DUMU^{meš} ZA.GÌN.NA^{ki} VS 18,18,45

¶ C.Wilcke, WdO 8,270[25]; ⟶ FN Nappašum; ⟶ Zagnā?

Masabum

(KASKAL)URU[ki] *ma-sa-bu-um* YOS 5,170,17; 185,2

Masmēnum

ma-as-me-nu-um Goetze JCS 7,53 III 19

¶ Zwischen ⟶ Buzānum und ⟶ Alān; s.A.Goetze, JCS 7,62b.

MAŠ.EN.KAK

URU[ki] *MAŠ.EN.KAK* AbB 4,45,5

*Mašmiānum

ma-aš-mi-a-na-am[[k]i] ARM 2,3,8

¶ Identisch mit ⟶ Masmēnum?; ⟶ Šallurriju.

Maškan[

maš-ká[n OBTI 158,Rs.2'; nicht zugeordnetes Datum (OBTI 50,15)

Maškan-abī

[uru]*maš-kán-a-bi*[ki] OBTI 179,11

maš-kán-a-bi OBTI 257,8

Maškan-Ammiditana

ma-aš-ka-an-am-mi-di-ta-na AbB 6,155,4

Datum: *maš/ma-áš-kán/ka-an-am-mi-di-ta-na*[(ki)] Ammiditana 9.10 (RlA 2,187: 220)

¶ MSL 2,14,27; ⟶ FN Purattum.

Maškan-barmi

maš-kán-bar-mi[ki] Jacobsen JCS 9,72: 9,5; 77:21,6; 118: 102,9; Harris JCS 9,62: Išc.1934,47

maš-kán-ba-ar-mi OBTI 255,7[?!]; 261,9

*maš-kán-bar-mi*ki OBTI 121,Rs.4

maš-kán-bar-mi OBTI 170,3

¶ R.Harris JCS 9,62b: = aAkk.Barmeum, vgl. RGTC 1,26 ⟶ Barme.

Maškan-elâtim

*URU*ki*maš-kán-é-la-tim* UCP 10/1,30,5!; 34,17

*Maškanû

[*m*]*a-áš-ka-ni-i*ki ARM 1,88,6

*LÚ*meš *ma-áš-ka-ni-i* ARM 5,78,6

¶ Wohl Kurzform eines ON mit erstem Element Maškan-; ⟶ Qatnā.

Maškan-Šamaš

*maš-kán-*d*UTU* <u>Datum</u> aus Ḫarmal (Levy Sumer 5,82: 37)

Maškan-šāpir

*ma-aš-ka-an-ša-pí-ir*ki ARM 2,72,5; ARMT 7,183,2?!

ma-aš-ka-an-ša-pí-ir YOS 2,59,5?; Dossin Syria 19,118 (nur Umschrift)

ā[*lim maš*]*-ka-ša-pí-ir* BAL II 8: IV 3

*maš-kán-šāpir(ŠABRA)*ki AbB 3,27,7; 4,22,21; 77,5; PRAK 2 D 29,5; TCL 10,54,7; 119,10.16; 18,113,13?.16!; TIM 2,16,63; 122,4.7?; UET 1,123,19; 5,78,6; YOS 2,74,10!; 5,165,5

uru*maš-kán-šāpir(ŠABRA)*ki BAL II 6: IV 3; ŠA 172 Rs.12

maš-kán-šāpir(ŠABRA) TCL 18,131,5

*LÚ maš-kán-šāpir(ŠABRA)*ki CT 52,4,24; RIAA 266,7; TCL 10,39,4; Edzard AfO 20,159,2

*rabiānum ša maš-kán-šāpir(ŠABRA)*ki TIM 2,16,61

<u>Daten</u>: *maš-kán-šāpir(ŠABRA)*ki Warad-Sîn 13 (RlA 2,160: 202; Stol Studies 3.17); Rīm-Sîn 7 (RlA 2,161)

*BÀD.GAL maš-kán-šāpir(ŠABRA)*ki Sîn-idinnam 7 (RlA 2,159: 178; TIM 5,18,28)

¶ Vgl. RGTC 2,131f.: bei Kūt-al-ʿAmāra; vgl. E.Weidner, AfO 16,16; W.F.Leemanns, Trade 169ff.; vgl. W.W.Hallo, AOAT 25,213[29a] zum Datum Sîn-idinnam 7.

Maškan-šarri

maš-kán-LUGAL?ki OBTI 305,1

ERIM maš-kán-LUGAL?! OBTI 314,17

Maškudānu

ma[!]*-aš-ku-da-nu* BRM 4,53,58 (Lesung Stol)

Maškullija

ma-aš-ku-li-ia^{ki} ARM 4,26,26.29
ma-aš-ku-ul-li-ia^{ki} ARM 4,26,23[!].24[!]
¶ Oberhalb von ⟶ Dur-Ipīq-IŠKUR; ⟶ Ešnunna, Karanā, Upî.

MAŠ.MAŠ.E.NE

erṣet MAŠ.MAŠ.E.NE^{ki} AbB 4,24,11; 106,7
LÚ MAŠ.MAŠ.E.NE^{ki} BIN 7,99,5

Maššarātu

^{uru}*ma-aš-ša-ra*[?!]*-tu* Rimāḫ 226,8
ma-aš-ša-a-[ra?-tu?$^{ki?}$] Rimāḫ 245,24

MAŠ.ŠU.GID.GID

^{uru}*MÁŠ.ŠU.GÍD.GÍD*$^{(ki)}$ AbB 4,117,6; TCL 11,248,16
URU^{ki}*MÁŠ.ŠU.GÍD.GÍD* TCL 11,248,3; YBC 4348,2

Māšum

^{uru}*ma-a-šum*^{ki} BRM 4,53,68; TCL 11,156 Vs.16
URU^{ki} *ma-a-šum* TCL 10,112,2.13.17; 133,37.77.107.127.156
URU^{ki} *ma-šum* TCL 10,133,24.50.53.64.70.83.86.97.121.133.139.142.145.148.163.167.173.77
¶ ⟶ Mānum.

MAŠ.ZI

MÁŠ.ZI$^{ki?}$ YOS 8,42,5

MAŠ-[

URU^{ki}*MÁŠ-[x* ? YOS 5,166,28

Ma-X-milu

^{uru}ma$^{?}$-x-mi$^{!}$-lu TEBA 69 I 28

¶ M.Birot, ibid. liest: *ma-ti$^{?}$-i-lu?*

Mazuramma ⟶ Zuramma

Medûm

URU^{ki} me-du-um TCL 11,224 Rs.26.38; Meek AJSL 33,240: RFH 31,6
URU^{ki} me-du-ú-um TCL 11,224 Rs.8
^{uru}me-du-ú$^{(ki)}$ TCL 11,156,6; TEBA 69 I 18$^{!}$.III 16; YOS 12,280,3
URU^{ki} me-du-ú TCL 11,224 VS 11.41$^{!}$.64.82
URU^{ki} me-du VS 13,100,2
^{uru}me-de-e-em^{ki} AbB 2,19,4.7
bīt me-du-um Pinches Berens 102,Rs.9

¶ Bei Larsa?

Meḫrum

^{uru}me-eḫ-rum^{ki} AbB 4,118,10.15; CHJ 123,1
me-eḫ-rum^{ki} AbB 1,110,5'
URU^{ki} me-eḫ-ru-um Meek AJSL 33,240: RFH 31,8
URU^{ki} me-eḫ-ri$^{!}$ TLB 1,38,22'

¶ ⟶ Muḫattat.

Mē-Kūbi

^{uru}me-kù-bi^{ki} BRM 4,53,18
URU^{ki}me-ku-bi TLB 1,38,13.21'
^{uru}me-ku-bi TCL 11,145,10.11

¶ Belege erwähnt bei D.O.Edzard, ZZB, 72[347] und W.F.Leemans, Festschrift Böhl, 288[29]; am ⟶ FN Imgur-[ba-ba]; ⟶ Zibnātum. Vgl. ⟶ FN Mē-Kūbi.

Meluḫḫa

me-luḫ-ḫa UET 5,549,2; Datum Ur-Ninmar? (OIP 43,194: 121)

¶ RGTC 2,133 mit Lit.; zur aB Zeit Nordküste des Persischen Golfes und Arabischen Meeres bis nach Indien, inkl. des Industals.

Membirid

me-em-bi-ri-id$^{k[i]?}$ ARM 10,32,9
¶ ON?

Me ?[

^{uru}*me*$^{?}$[... VS 13,104 IV 32

Mekeltum, *Mikiltum

URU^{ki} *me-ke-el-tum* Rowton Iraq 31,72,30
URU^{ki} *mi-ki-il*$_{5}$*-tim* TIM 1,28,45
¶ ⟶ Diniktum.

Merrigat

me-er-ri-ga-at^{ki} CT 48,5,2.31
KÁ mi-ri-ga-at$^{?!}$ CT 2,24,2
PN?: *me-ri-ga-at* BM 81128,3 (Coll.Walker)
¶ ⟶ Ugār-merigat.

Meš-xx[

LÚ me-eš-x-x[Rimāḫ 246,15

Miḫa[

LÚ mi-ḫa-x[...] ARM 9,244,5
¶ ON?

*Miridu

^{uru}*mi-ri-di* AbB 3,53,11

Misum

^{uru}*mi-su-um*^{ki} YBC 8069 Rs.5

Miṣarānum

^{uru}*mi-ṣa-ra-nu-um*^{ki} TSifr 50,11/50a,11

Mišlān

mi-iš-la-an^{ki} ARM 6,2,5; 3.6.15; Dossin RA 35,179,13

mi-iš-l[a-an^{ki}*?]* CT 52,7,16

mi-iš-la-an ARM 7,263 I 1.IV 7'; 88,14$^{?}$; Trade S. 106,5

Datum: *BÀD mi-iš-la-an*^{ki} Zimrilim (St.Mar.55: 5; ARMT 9,12,14)

LÚ^{meš} *mi-iš-la-na-i*^{ki} ARMT 13,38,9

¶ W.F.Leemans, Trade S.108 mit Anm.[3] : zwischen Mari und Terqa, nicht mehr als eine Tagesreise von Mari entfernt; vgl. J.-R.Kupper, RA 41, 160: zum Distrikt von Terqa. ⟶ Dēr, ⟶ Ilum-Muluk, ⟶ Samānum. Erwähnt wird das *"naḫlum Ḫaqat" ša M.* (ARM 6,2 und 3).

Mubān^{ki}

mu-ba-a-an^{ki} Finet AIPHOS 14 t.1,19

¶ Dunnum, Man(a)ḫatān; am ⟶ FN Baliḫ?

Muḫattat

mu-ḫa-at-ta-at AbB 4,118,16

¶ ⟶ Meḫrum

*Muḫatum

mu-ḫa-tim^{ki} ARM 5,35,25; Dossin Syria 19,110

¶ A.Finet, ARMT 15,130: im Distrikt von ⟶ Karanā; ⟶ Idamaraz, ⟶ Rabbû, ⟶ Zubātim.

*Mukasā

mu-ka-sa-a-ji-im ARM 5,44,11

¶ Mit A.Finet, ARMT 15,130 wohl Gentilizium, nicht PN.

*Mulḫān(um)

mu-ul$^{!}$*-ḫa-an*^{ki} ARM 6,71,5

m[u]-ul$^{!}$*-ḫa-nim*^{ki} ARM 1,123,3

¶ G.Dossin Syria 19,114: zwischen ⟶ Mari und ⟶ Rabiqum; = ⟶ Mulḫê ?; ⟶ Ḫanat.

*Mulḫû

*Mulḫû

mu-ul-ḫe-e^ki ARM 3,13,24; 30,28.39

LÚ mu-ul-ḫi^ki ARM 7,225,9^?; 226,49

¶ J.-R.Kupper, RA 41,160: zum Distrikt von ⟶ Terqa; vgl. ⟶ Jamḫad.

Mūlû(m)

^uru*mu-lu-ú*^ki VS 13,104 II 18.III 3

^uru*mu-lu-um*^ki BRM 4,53,57

[*URU*^ki]*mu-lu*[*-ú*] TLB 1,23,3 (nach SLB 1/2,35,3)

U[*RU*^ki*mu-l*]*u-ú* TLB 1,23,15 (nach SLB 1/2,35,15)

*Mušta

mu-uš-ta-ju ARMT 12,747,11

Mutalû

LÚ mu-ta-lu-ú^ki Goetze JCS 4,108a,7

¶ A.Goetze, JCS 4,94: zu ⟶ Isin?

Mutiabal(um)

mu-ti-a-ba-al ARM 2,74,6; AbB 6,15,10

mu(!)-ti-a-ba-al^ki Leemans RA 55,72: 15,3

mu-ti-a^!*-ba-lu-um* YOS 12,52,9

[*ur*]*u mu-ti-a-ba-al*^ki TCL 1,46,7

^uru*mu-ti-a-ba-la*^ki AbB 6,80,8

LÚ mu-ti-a-ba-al^ki VS 13,47,3

ṣāb/LÚ/DUMU^meš*mu-ti-ba-al* ARM 2,72,19; 74,4.10'; VS 13,41,4

UGNIM mu-ti-a-ba-al(-la-ke$_4$) Edzard Sumer 13,t.3: IM 22900,7; Thureau-Dangin RA 9,122,13

Datum: [*UGNIM mu-t*]*i-a-ba-al* Warad-Sîn 2 (RlA 2,160: 192; UET 1,266 I 14)

¶ D.O.Edzard, ZZB 106: Teil des Stammes ⟶ Jamutbal oder ein Stamm, der in das Gebiet der J. eingedrungen ist; J.-R.Kupper, Nomades 218: Stamm am ö Ufer des Tigris; E.Weidner, AfO 16,17 mit W.F.Albright, JAOS 45,227f.: sö von Emutbal; ⟶ Jamutbal, Kazallu, Larsa; der Stamm ist zeitweise (vor Ḫammurabi 30) ansässig im n Jamutbal (ARM 2,72).

*Muzunnum

mu-zu-un-ni-im[ki] Dossin RA 64,99,19

¶ G.Dossin, RA 64,102: unbekannte Stadt an der syrisch-palästinischen Grenze; M.Astour, RA 67,73: = ^{uru}mušuni der Alalaḫ-Texte, = Tall Maraq.

N

Nabrarâ, Nabrarûm

URU[ki] *na-ab-ra-ra* TCL 11,158,9
[uru]*na-ab-ra-ra*[ki] TCL 11,179,3!(Coll.Birot); 190,4
[uru]*na-ab-ra-ra-a* YOS 2,150,23(Coll.Stol); 12,103,20
na-ab-ra-rum[ki] BRM 4,53,49
LÚ na-ab-ra-ra-a[ki] AbB 4,48,6
¶ ⟶ Ašdubba, ⟶ Dunnum.

Nabigum

[uru]*na-bi-gu-um* Goetze JCS 4,70b,8
na-bi[!]*-gum* Hallo JCS 21,95[5]: NBC 6427

Nabi-Tišpak

Datum: "*na-bi-*[d]*-Tišpak*[ki]" OIP 43,177: 60
¶ ⟶ FN Nabi-Tišpak

Nabsānu

[uru]*na-ab-sa-nu*[ki] Grant CDSmith 271,15

NAGA ⟶ EREŠ

*Nagab(b)īn

na-ga-ab-bi-ni-ji[ki] ARMT 13,142,37
na-ga-bi-ni-ji[ki] ARMT 13,149,5.20

Nagar

na-ga-ar^{ki} ARM 2,57,11; 9,241,2; Dossin MAM II/3,319: A 3130

NAGAR^{ki} CT 52,175,3.6

^{d}*NIN na-gàr*^{ki} Parrot-Nougayrol RA 42,19

Datum: "*bāb na-ga-ar*" Jaḫdunlim (Dossin RA 61,20)

¶ M. Falkner, AfO 18,30b: in der Nähe von → Qattunān → Ṭabatum.

*Naḫān(um)

ga-ju na-ḫa-an Birot RA 49,16 III 32

LÚ na-ḫa-ni-im ARM 7,227,7'.14'

LÚ na-ḫa(-x?) ARM 7,68,1'.11

¶ J.-R.Kupper, Nomades S. 20 mit Anm. 2: Ḫanäerstamm.

Nāḫisu-Sîn

na-ḫi-su-^{d}*Sîn(ZU.EN)*^{ki} OBTI 317 II 5'

Naḫur

na-ḫu-ur^{ki} AOAT 3/1,39,24; ARM 1,107,8!.1'!.2'; 2,62,6'.5'!; 112,5; 4,35,2'!; 9,124,8; 10,31,11'; 79,10; ARMT 13,36,21!.5; 144,10; PBS 1/2,9,6; Finet RA 60,19,6.11; Gadd Iraq 7,43b

na-ḫu-ur$^{[ki]}$ ARM 4,35,3'; 10,76,15

na-ḫu-ur ARM 2,113,19

ḫalaṣ na-ḫu-ur^{ki} ARM 5,51,12

māt na-ḫu-ur$^{[ki?]}$ ARMT 13,144,3

¶ M.Falkner, AfO 18,35: = Tall Faḫḫārīya (40°4' öL/36° 51 nBr.); am r Ufer des Ḫābūr näher an → Qattunān: M.Birot, Syria 41,39 mit Anm[5]. Vgl. ausführlich mit Lit. M.Falkner, AfO 18,20. Da in Tall Faḫḫārīya Keramik der aB Zeit gefunden wurde (vgl. B.Hrouda, ZA 54, 201ff.), kann die Lokalisierung nicht ausgeschlossen werden. In aB Texten wird N. erwähnt mit → Qattunān, → Ṭabatum und → Zilḫān; → Ašlakkā. Der Ausdruck → (māt)Naḫur wird gebraucht parallel zu → (māt)Japṭurum. N. ist Wohngebiet der → Hanäer.

Nakad

URU$^{ki(?)}$ *na-kad* YOS 8,127,6 (Stol)

Nakamada → Kamada

NAM.DUMU.NA

NAM.DUMU.NA

^{uru}*NAM.DUMU.NA*^{ki} BRM 4,53,28; TCL 11,231,7

Namgata

nam-ga-ta^{ki} SVJAD 89,5.16.17

Namlada

PN wāšib nam-la-da OBTI 309,4

Namrum

^{uru}*na-am-rum*^{ki} BRM 4,53,72

Namsa

^{uru}*nam*$^{?}$*-sa*$^{?ki}$ TCL 18,108,12(Coll.Birot)

A.ŠÀ^{el} ^{uru}*nam*$^{?}$*-sa*^{ki} TCL 18,108,7(Coll.Birot)

¶ Zu ⟶ Namzûm, ⟶ Namšum?

Namšum

nam-šu-um BIN 7,159,7

^{uru}*nam-šum*^{ki} VS 13,104 II 21

BÀD nam-šu-um WL 108,22; 109,12

* *na-am-šu-ú* YOS 13,528,4

¶ Zu ⟶ Namzûm (vgl. zu ¶ dort) und ⟶ Namsa? * vielleicht Flußname, s. ⟶ FN Nappašum, vgl. J.J.Finkelstein, JNES 21,83[33]

Namzûm, Nemzêm

na-am-zu-um CT 47,44,2

^{uru}*nam-z[i-i]im*$^{?}$ CT 8, 35a,1 (Stol)

A.GÀR nam-zu-um^{ki} CT 8,51,1.4$^{??}$; VS 13,25,1$^{?}$

A.ŠÀ nam-zu-ú^{ki} Goetze JCS 2,111: 23,7

nam-ze-em UET 5,685,16

nam-ze UET 5,685,18

¶ S.zu früheren Belegen RGTC 1,127; 2,138; vgl. J.J.Finkelstein, JCS 20,101a: 5, der N. bei Sippar vermutet; ⟶ Namsa, ⟶ Namšum, ⟶ U+MUN.

Nanija

*uruna-ni-ia*ki BIN 7,50,20; TIM 2,115,7!

NANNA

É dNANNA Jacobsen JCS 9,119: 105,2
*LÚ dNANNA*ki Jacobsen JCS 9,119: 105,6

¶ R.Harris, JCS 9,40, faßt diesen Namen nicht als ON, sondern als Bezeichnung für den Sîn-Tempel in Tutub auf. In diesem Fall müßte das Determinativ in Z. 6 (Text 105) Dittographie sein.

NANNA.GÚ.GAL

*URU*ki *dNANNA.GÚ.GAL* TCL 11,247,5; YOS 8,156,4
uru dNANNA.GÚ?.[GAL] VS 13,104 II 30

¶ → FN NANNA.GÚ.GAL; vgl. RGTC 2,138.

NANNA.MA.AN.SÌ

*dNANNA.MA.AN.SÌ*ki BIN 7,198,9

Narā

*na-ra-a*ki ARMT 14,23,11; Birot Syria 35,22[2]
*n MÍmeš na!-ra-a*ki ARM 9,291 IV 23'

¶ M.Birot, Syria 35,22: gehört zum Distrikt von Terqa; → Jâ'il, → Dūr-Jaḫdunlim.

Narat

na-ra-at ARM 2,50,10'

¶ A.Finet, ARMT 15,130: nahe bei → Razamā; → Ḫatnā.

Narkuṣ

*LÚ URU*ki *na-a[r-ku-uṣ*ki] TCL 10,84,2 (ergänzt mit Leemans RA 55,59: 3,2 coll.!)

Našalā, Nazalā

*na-ša-la-a*ki ARM 5,23,17
*na-za-la-a*ki ARMT 5,130: 23

Našer

¶ = Qaryatain, s.M.Burke ARMT 5,130 zu 23 mit Lit. Vgl. besonders J. Février, La Réligion des Palmyréniens, S. 147f.; s. noch G.Dossin, AAS 4/5,43; A.Falkenstein ZA 50,226; ⟶ Qatānum ⟶ Tadmir. Lage: 37°14' öL/34°14' nBr = CT3889.

Našer ⟶ Nišir

*Našilānum

na-ši-la-nim[ki] ARM 5,70,8

¶ A.Finet,ARMT 15,130: Ortschaft bei ⟶ Karanā.

Nawalā

na-PI-la[ki] ARM 4,42,16

¶ ⟶ Amur(a)sakim.

*Nawar

MÍ na-wa-ri-tam/t[im] ARM 2,26,9; 6,27,9'

¶ Nach L.Oppenheim, JNES 11,136,Nisbenbildung zum Ortsnamen (UR III, mB) Naw/mar, vgl. RGTC 1,127; 2,138f. Die Gleichsetzung von Naw/mar mit ⟶ Nagar (RGTC 1,127) scheint mir zweifelhaft, weil der Lautübergang von /w,m/ zu /g/ nicht möglich ist. Es ist möglich, daß das aB Lemma N. Adjektiv fem. zu namru ist, vgl. schon ARMT 15,153 und AHw 771.

Nazarum

na-za-ru-um[ki] TCL 10,66,17; Falkenstein BagM 2,30

Daten: *URU*[ki] *na-za-ru-um*[(ki)] Rīm-Sîn 15 (RIA 2,162: 217; UET 5,644,20)

na-za-ru-um Sîn-iqīšam 2 (RIA 2,159: 186; Stol Studies 24f.)

¶ Vgl. D.O.Edzard ZZB 110[546]: Lage unbekannt: ⟶ Pî-nārātim; A. Falkenstein BagM 2,30: nicht zum Gebiet von Uruk; vgl. zuletzt M. Stol, Studies S. 25: 2.

Nērebtum

ne-re-eb-tum[ki] OIP 43,116; Jacobsen JCS 9,73: 10,7; 75: 16,6; 18,8; 79: 29,9; 81: 35,7

[uru]ne-re-eb-tum[ki] Taxation 40,8

ne-re-eb-tum OBTI 308,13; 326,3[?]; v.Dijk Sumer 13,109,8' (= AfO 23,66,13)

ne-re-ba-tim Goetze Sumer 14 t 15: 30,16

ne-re-eb-tim[ki] OBTI 229,3; 326,10.31.39; UCP 10/1,91,9.15; 106,31

ne-re-eb-tim AbB 6,22,25; OBTI 137,2; UCP 10/1,3,1; 43,6; 99,7

DUMU ne-re-eb-tim OBTI 326,40

LÚ ne-re-éb-tum Simmons JCS 14,15: 88,11

LÚ né-re-eb-tum TCL 10,135,3

ṣābē ne-re-eb-tum OBTI 305,6

MÍ...[uru]*[ne]-re-eb-tu[m]*[ki] *(ša māt Ašnunna)* YOS 13,199,4

Daten: *BÀD GAL ne-re-eb-tum* Išme-bali (Harris JCS 9,47: 21)

BÀD ne-re-eb-tum Sîn-abūšu (TIM 3,6,11')

ne-re-eb-tum[ki] Warassa? (Harris JCS 9,54)

¶ Th.Jacobsen, OIP 43,123[26]: vielleicht = Šaǧāli so auch R.Harris, JCS 9,33[15] und A.Goetze JCS 18,115; vgl. F.Reschid, AND S.11. Lage: 44°35'öL/33°18'nBr =MB 6386.

NÌ.BA

NÌ.BA[ki] Kisurra 129,10'.2'''(!)

¶ ⟶ Pī-nārātim, ⟶ Zurbilum.

*Niḫad(um)

ga-ju ni-ḫa-ad Birot RA 49,17 III 42; 18 V 31

LÚ ni-ḫa-di-i[ki] ARM 8,67,7'; 78,3.11.18; 9,101,[11]; 291 Rd.III [3?][?]; Birot Syria 35,22[3]

LÚ ni-ḫa-di-im Birot Syria 35,22[3]

¶ M.Birot, Syria 35,22: zum Distrikt von Terqa?; vgl. J.-R.Kupper, Nomades 20[2].

*Niḫlatum

ni-iḫ-la-tim[ki] Lods Studies Robinson 104,27

ni-iḫ-la-tam Lods Studies Robinson 104,15

¶ Vgl. W. von Soden, WdO 1,403: N. ist ON wie ⟶ Alaḫtum; s. J.G. Heinz, Biblica 52,546; - anders A.Malamat, JAOS 82,148ff, der N. als Lemma *neḫlatum* "Besitz" auffaßt; vgl. zu *naḫālu* II AHw 712.

Niḫrijā

ni-iḫ-ri-ia-a[ki] ARM 1,19,4; 103,9'[!]

LÚ ni-iḫ-ri-ia-a[ki] ARM 7,211,10;

LÚ ni-iḫ-ri-ia[ki] ARM 7,164,6; ARMT 14,55,11[!?]

ni-iḫ-ra-ju ARMT 12,747,8

Nilimmar

ne-ḫi-ri-[i]a?-ji^{ki} ARMT 14,77,4

GAL ni-iḫ-ri-ia-tum ARMT 9,267,6'; 271,7'?!

¶ J.-R.Kupper, Nomades S. 183: vielleicht n des Ḫābūr-Dreieckes G.Dossin, SD 2,116: 11: zwischen ⟶ Šudā und dem Land Kummuḫ; so auch A.Goetze, JCS 7,61 mit Anm. 75: (nA) Niḫrija und Kutmuḫ waren dem gleichen Gouverneur unterstellt. S. noch J.Lewy, OrNS 21,404[2] zu aA Belegen von N. und ibid. S. 407. Zusammenfassend vgl. M.Falkner, AfO 18,20ff. besonders S. 35-36: im Gebiet von Urfa, vielleicht am Euphratübergang bei Samsat. ⟶ Admu, ⟶ Šudā, ⟶ Zalmaqum.

Nilimmar ⟶ Lilimmar

NIM ⟶ Elam, *Ḫaltammatum

NINA

NINA (ABxḪA)^{ki} AbB 4,15,5; 5,142,6; BIN 7,28,20; BRM 4,53,24; YOS 12,35,3

PN ša ^{d}*Nanše NINA*^{ki} AbB 2,29,19

¶ Zur Identifizierung mit Surġul s. Th.Jacobsen, RA 52,128; vgl. RGTC 1,131f.; 2,150. Lage: 31°22,5'nBr /46°29'öL=PN 4173. Die Lesung Nina für ABxḪA wurde bestritten von E.Sollberger, JCS 21,284[45] der Siraran liest. J.Bauer, WdO 7,12-13 kann dagegen nachweisen, daß syllabisch sowohl ⟶ "Sirara" als auch ⟶ "Nenua" belegt ist. Er nimmt deshalb zwei verschiedene Orte im Gebiet von Lagaš an, die beide ideographisch ABxḪA geschrieben werden. Vgl. zuletzt zusammenfassend R.Kutscher, BiOr 33,196b.

Ninet

ni-ne-et$^{ki!}$ ARM 1,124,8

ni-ne-et-[x x]^{ki} Dossin RA 66,126b,10

ni-ne$^{!}$-e[t] Dossin RA 66,126b,16

ne-[ni-i]t^{ki} ARM 2,42,7

ni-ni-it-ta^{ki} ARM 2,35,17

Ištar ni-ne$^{!}$-et^{ki} Rimāḥ 200,6

¶ Lesung N. in ARM 1,124 und ARM 2,42 geht zurück auf W. von Soden, OrNS 21,83 und 22,197. A.Finet, ARMT 15,130: zwischen ⟶ Karanā und dem Tigris; G.Dossin, RA 66,114[1]: versehen mit einer "*kirḫum*"; ⟶ Inašimanaḫe.

Ninu(w)a

ni-nu-wa-a^{ki} ARM 1,7,13.17; 10,10'; 60,41; EAK 1,9 II 11; 10 IV 21

ni-nu-a^{ki} BAL II 6: CH IV 60

¶ = heutiges Koyuncuk/Nabī Yūnus. Lage: 43°6' öL/36° 22 nBr = LF 3524. J.Bauer, WdO 7,13[24]; R.Whiting, JCS 28,174: 2 (UR III, früheste Erwähnung von N.)

Nipuru

ni-pu-ru AbB 5,156,5

NIBRU(EN.LÍL)^{ki} AbB 5,170,5; ABPh 7,16.19; 14,4; 27,29; ARN 36, Vs.5. 7.11; BAL II 5: CH I 59; BE 1,18,3; 19,2; 128,13; 6/2,10,14.16; BIN 9,190,4; 216,9; 267,4; 304,7; 331,8; 412,7; 429,18; 502,6; 529,2; CT 21,18,3; 52,118,3; Kisurra 131,10';OECT 1,17 II 3; PBS 1/2,10,2; 13,8; 5,68 II 10'.14'; 73,2; 8/2,146,3.17.30!; 173 Rs.8?!; TCL 10, 166,11; TIM 2,24,22; 109,33; UET 1,102,6; 106,3; 120,6; 121,4; 123, 13; 126,6; 127,7; 134,4; 138,11; 140,20; 141,8; 142,8; 144,10; 295,3; 8,84,14; 85,5; 87,10; VS 1,30,10; 31 I 10; 13,72/72a,5'; YOS 9,22,2; 23,2; 25,5; 26,3; 28,6; 122,6; Falkenstein BagM 3,27,113; Goetze JCS 4,107a,4; 107b,2; Hallo JNES 18,60,3; Stephens JCS 1,268,8; Weidner ZA 43,115,58

^{uru}*NIBRU*^{ki} ARN 37 Vs.3.12?!; TIM 2,46,16!

kār NIBRU^{ki} BE 6/2,15.10; PBS 8/2,125, Umschlag 6. Tafel 7; UET 1, 139,12

KAR.RA NIBRU^{ki} Civil OIC 22 129: 14,10'.13'

DUMU/DUMU.MÍ/PN/LÚ/dajjāne NIBRU^{ki} AbB 2,12,4!; 5,171,8; ARN 20 I 4'?; 59,13'.Rs.3; BE 6/2,62,6; CT 52,143,5'; PBS 1/2,13,2!; 5,100 I 2; 66 II 1; 8/2,169 I 7'; TIM 4,5,29; VS 7,124,4; YOS 12,276,16.18; 13, 245,18

PN: *NIBRU*^{ki}*-gāmil* PBS 8/2,141,11. Umschlag 13; 144,11

PN: *ÌR-*$^{(d)}$*NIN-NIBRU*^{ki} PBS 8/1,15,22; 82,18

Daten: *NIBRU*^{ki} Sîn-iqīšam 4 (UET 5,378, 25; Stol Studies 26)

Erra-imittī (RTA 2,149: 150; PBS 8/1,19,17)

Warad-Sîn 7 (RTA 2,160: 194; Stol Studies 10)

Ḫammurabi 33 (RTA 2,180: 135

^{i_7}*BURANUN ... NIBRU*^{ki} Nūr-Adad e (Edzard ZZB 142;v.Dijk JCS 19,18)

LUGAL NIBRU^{ki} Enlil-bani (BIN 7,215)

DUMU NIBRU^{ki} Ur-Ninurta (ARN 1,6)

DUMU.MÍ NIBRU^{ki} unbekannte Zuordnung (CBT 1,13982)

¶ = Nuffar, vgl. RGTC 2,147; s. zuletzt F.Basmachi, Nuffar (Ancient Nippur); D.O.Oates, Studies S.8 und 53; Lage: 45°14' öL/32°8' nBr = NA 2255 - Zum Datum Haverford-Symposium 224: 10,18 vgl. D.O.Edzard, ZZB 127[670]- zu AbB 4,90,8 vgl. ⟶ Enlilgarra.

Nirda

URU^{ki} *nir-da* UET 5,589,4

nir-da^{ki} UET 5,857,11; 883,2

Nišir, Našer

LÚ ni-ši-ir^{ki} ARM 7,268 I 4'

LÚ ni-ši-ir-ir^{ki} ARM 8,96,1

SI.LÁ ni-še-er^{ki} ARM 8,96,6

LÚ na-še-er^{ki} ARMT 14,50,6

Nitḫum

ni-it-ḫi-im^{ki} ARM 4,87,6

¶ ⟶ Turukkû

Nuʾabu

nu$^{!}$*-a!-bu-ú*^{ki} ARM 8,12,9'

LÚ nu-a$^{!}$*-bi-ju* ARM 8,12 Umschlag 4'

LÚ nu-a?-x$^{[k]i}$ ARM 7,268 III 4'

¶ Die Lesung Nuʾabu statt Nusabu (ARMT 7 und 8 loc.cit.) geht zurück auf J.R.Kupper (mündl.Mitteilung).

Nuḫum

LÚ nu-ḫu-um TIM 3,2,15

¶ Fehler für ⟶ Numḫum?

Nukar

nu-kár^{ki} Birot RA 62,20,16'

ṣābē nu-kár$^{ki.meš}$ YOS 13,171,4

LÚ/ṣābē nu-kár$^{?!ki}$ AbPh 101,11; PBS 1/2,13,5

PN LÚ nú-ká[r^{ki}*]* TLB 1,235,1'(Coll.Stol)

PN SU.ḪA ša nu-kár^{ki} TMHNF 5,32,17.18.19

¶ Vgl. J.R.Kupper RA 52,36 f. zur Lesung.

Numḫa, Numḫûm

nu-um-ḫa-a^{ki} ARM 2,99,7; 6,60,5

nu-um-ḫa-a ARM 6,42,18.20

nu-um-ḫi-um TA 1930-T 575: 7-8 (Stol Studies S.64)

ṣāb nu-ma-ḫa-a ARM 2,130,12

LÚ^{meš} nu-um-ḫa-i ARM 9,48/49,3

LÚ^{meš} nu-um-ḫa-ju^{ki} Dossin RA 66,116b,19

LÚ nu-um-ḫa-a-ji-[im?] ARM 10,5,4

DUMU nu-um-ḫi-a SD 5,24 V 25; 25,37!

nu-um-ḫu-ú ARM 10,157,10

ERIM nu-um-ḫu-um AbB 6,190 Rs.7'

PN: *la-ri-im-nu-ma-ḫa-a* ARM 5,21,6.11; 10,178,5

PN: *la-ri-im-nu-ma-a* ARM 5,72,9

¶ Vgl. H.B.Huffmon, APNMT 239 zum Namen. J.-R.Kupper, Nomades,217: halbnomadischer Stamm und Name eines Landstriches. Ansässig im Land ⟶ Jamutbal (im Norden?), vgl. zuletzt zusammenfassend M.Stol, Studies, S. 7o; ⟶ Ašlakkā, Idamaraz, Kasapā.

NUN⟶Eridu

Nūr-Adad

URU^{ki} nu-úr-^{d}IŠKUR VS 18,72,18; YOS 2,110,10(Coll.Stol)

^{uru}nu-úr-^{d}IŠKUR^{ki} TEBA 69 I 32.IV 16

^{uru}nu-úr-^{d}IŠKUR AbB 2,29,11

KASKAL URU^{ki} nu-úr-^{d}IŠKUR YOS 5,212,32.61; Pinches PSBA 39 pl.8: 22,8

¶ Bei ⟶ Larsa? Zum Namenstyp vgl. D.O.Edzard, ZZB 145.

Nūrija

kār ^{uru}nu-ri-a$^{k[i?]}$ YOS 13,422,7

¶ ⟶ Bīt-nurrija(?).

Nūr-libi(?)

URU^{ki}nu-úr-li-bi TCL 10,133,33!.56.72.90!.124.137.160.174

Nurrugum

nu-úr-ru-gu-um^{ki} ShT 45,10

nu-ur-ru-gi-im^{ki} ARM 4,63,6; ShT 38,4!; Gadd Iraq 7,56: A 983

nu-úr-ru-gi-im^{ki} ShT 45,8; Laessøe AS 16,191,13

nu-ru-gi-im$^{[ki]}$ ARM 5,62,5'

nu-ur-ru-gi^{ki} EAK 1,9 I 17

Nusabu

māt nu-úr-ru-gi-im^{ki} ARM 5,61,6

māt nu-ru-g[i-im$^{k]i}$ ARM 1,22,10

ḫalaṣ nu-úr-ru-gi-im^{ki} ARM 4,31,11

2000 nu-ru-ga-i$^{k[i]}$ ARM 1,90,7

n LÚ nu-úr-ru-ga-jú ARMT 13,30,10

(LÚ) nu-ru-ga-i Birot RA 49,19 VII 34.A 49

¶ G.Dossin RA 35,182[4]: im Tigristal, oberhalb von ⟶ Ekallātum; A.Poebel, JNES 1,288[112]; A.Finet, ARMT 15,131: ⟶ Karanā benachbar; M.Falkner, AfO 18,36: w von Mossul; D.Oates, Studies, 31: zwischen Tall ʿAfar und Tigris, umschloß möglicherweise auch die Stadt ⟶Ninu(w)a. Unweit von ⟶ Apqum und ⟶ Zanipā (ARM 5,43 und 62); ⟶ māt Aḫazim, Arrapḫum, Qabrā.

Nusabu ⟶ Nu'abu

Nušan(nim)

nu-ša-an$^{ki!}$ AOAT 3/1,35,32 (Coll.Renger JNES 32,264)

nu$^{?!}$*-ša-an-nim*^{ki} Gadd Iraq 7,43b,pl.2: 976,12

¶ Die Lesung Nušannim statt **Tilšannim geht zurück auf J.-R.Kupper, Nomades S. 7[2].

Nutum

^{uru}*nu-tum*^{ki} TIM 2,24,17

¶ ⟶ Dūr-Sîn-muballiṭ.

Nuzû

nu-zu-ú^{ki} ARM 1,75,6

nu-zu-ú ARM 1,75,12.24

nu-ze-e ARM 1,75,5.22.30

nu-zé-e ARM 5,17,3

¶ Identifiziert mit Yorġan/Jalḫan Tepe aufgrund von Textfunden; Lage: 44°14' öL/ 35°7' nBr.=MD 3187; vgl. RGTC 1,54 ⟶ Gasur. - Vgl. G.Wilhelm AOAT 9,7 zur Benennung Nuzi; L.Oppenheim, RA 35,136 ff.

P

PA.AGA.UŠ

PA.AGA.UŠ Goetze JCS 7,53 III 13

¶ ⟶ AGA.UŠ; J.M.Sasson, RA 66,177: zwischen Ḫarrān und Tall Ḫalaf.

Pada

BÀD pà-da^{ki} BAL II 47,44

KASKAL pà-da^{ki} VS 7,113,25

ālum ^{uru}*pà-da*^{ki} TIM 4,5,4.11!; 6,4

LÚ pà-da^{ki} VS 18,18,7

ṣābē pà-da^{ki}*(u Dilbat)* VS 7,118,3

¶ D.O.Edzard, ZZB 123[642]: erwähnt zusammen mit der Festung KI.BALA.MAŠ.DÀ;(⟶Elip)

Paḫudar

pa-ḫu-da-ar^{ki} Datum: Jaḫdunlim (St.Mar. 52,1)

Paḫuzi ⟶ Paḫuzum

Paḫuzum

pa-ḫu-zum^{ki} CT 45,20,2

A.GÀR pa-ḫu-zum CT 45,52,18; YOS 2,151,12

A.GÀR pa-ḫu-zi BDHP 12,1

A.GÀR pa-ú-zi^{ki} BDHP 1,2

A.SÀ(...)pa-ḫu-zum CT 52,183,1.9

¶ Bei Sippar? ⟶ *qerbet paḫuzum*

Paktānu

pa-ak-ta-nu Goetze JCS 7,53 III 16

¶ Im Itinerar zwischen ⟶ Kubšum und ⟶ Kulzalānu genannt. W.v. Liere, AAS 7,94: = Tall Aṣāfir oder Tall Barām am ⟶ FN Ḫabur.

Pal[

^{uru}*pa-al*[... AbB 5,169,8

Palag-Enki

n LÚ PA$_5$-^{d}*EN.KI*^{ki} TJAUB t 13: FM 27,1

Palāšu-līrik

^{uru}*pa-la-šu-li-ri-ik* AbB 4,115,7

^{uru}*pa-la-šu-li-ri-ik*^{ki} UCP 9/4,25,6

Pallān

LÚ pa-al-la-an^{ki} ARM 9,149,7

PA.LÚ.KAS$_4$.E.NE

^{uru} *PA.LÚ.KAS*$_4$*.E.N*[*E*] TCL 11,185,23'(Coll.Birot; Lesung Stol)

PA.MAR.TU

^{uru}*PA.MAR.TU*^{ki} A 32093,16

PA.MIR.UŠ ⟶ PA.AGA.UŠ

Panagutê(?)

^{uru}*pa-na-gu-te*$^{!}$*-e* VS 13,104 V 8 (Lesung Stol)

Panaḫzu ⟶ Panazum

Panazum, Panaḫzu, Šapanazum

pa-na-aḫ-zu-ú Hallo JCS 18,60,28

pa-a-na-zi-im^{ki} ARM 4,28,24
[*p*]*a*$^{!}$*-a-na-ši-*[*im*^{ki}*?*] ARM 1,53,10
ša-pa-na-ši-im^{ki} ARM 1,39,11'.12'.13'.16'!
ša-pa-na-zi-im^{ki} ARM 2,10,9.10!.2'!

¶ W.W.Hallo, JCS 18,75b:=Tall Abī Rā'sain?; vgl. M.Falkner, AfO 18, 25. Erwähnt mit ⟶ Heššim, ⟶ Mammagira, ⟶ Talḫajum; vgl. zum Namenstyp E.Laroche, NH 297ff. ("kanisisch").

Paršum

^{uru}*pa-ar-šu-um*^{ki} BRM 4,53,60

¶ Vgl. MSL 11,14: 36: *māt pa-ra-ši-i* = *mat mārḫaši*!

Pasmat

pa-as-ma-at^{ki} TCL 1,168,17

*Pašurum

pa-šu-ri-im ARM 2,107,24

¶ ⟶ Dūr-Jaḫdunlim.

Pa'uzi ⟶ Paḫuzum

Pī-nārātim

KA.I$_{7}$*.DA* Kisurra 129,12''.4'''; 130,5'
KA.I$_{7}$*.DIDLI*^{ki} AbB 2,4,6; TCL 17,37,30
KA.I$_{7}$*.DIDLI* PRAK 2 t 32: D 12,4.13.Rs.10
A.ŠÀ pí-i-na-[*r*]*a-t*[*im*^{ki}] YOS 13,254,4 (Wilcke WdO 8,276: 4)
<u>Daten</u>: *URU*^{ki} *KA.I*$_{7}$*.DA* Sumu'el 8 (RTA 2,157: 139)
BÀD KA-na-ra-tum Variante dazu (Finkel RA 70,47,27)
^{uru}*KA.I*$_{7}$*.*[*DA*] Sīn-iqīšam 2 (RTA 2,159: 186; UET I 266 I 5; Stol Studies 24)
KA.I$_{7}$*.DA*$^{(ki)}$*.ME.EŠ*$^{(ki)}$ Rīm-Sīn 15 (YOS 5,237,8; 238,7; Stol Studies 21)
[*URU*^{ki}] *KA.I*$_{7}$*.*[*DA*] Variante dazu (RTA 2,162: 217)

¶ Vgl. zur Lesung I.J.Gelb, MAD 3,190 f.; AHw. 748b; D.O.Edzard ZZB 110[546] und zuletzt I.Finkel,RA 70,51f.;⟶Nazarum.

*Puḫurum

*Puḫurum

*SI.LÁ ša pu-ḫu-ri*ki ARM 7,180 III 25'

Pulukkum

pu-lu-[kum] Goetze JCS 7,52 I 21

pu-lu-uk-ku-u Hallo JCS 18,59,11

pu-lu?-ki? CT 6,47b,8

Datum: *BULUG*ki unbekannte Zuordnung (Kisurra 7A: 17)

¶ W.W.Hallo, JCS 18,69: nahe(nA) Takritu, nicht identisch mit (nB) Palakkatu am Euphrat, nahe ⟶ Rabiqum. - zwischen den Orten: ⟶ Ḫišatum, ⟶ Jaḫpila.

Pus

*pu-úš*ki AbB 3,36,16.23; BE 6/2,136,6.9; CT 52,3,12

uru*pu-úš*ki CT 52,3,11

pu-úš Goetze JCS 7,37: 28,3

*BÀD pu-úš*ki YOS 12,469,1.6

¶ RGTC 2,154: am Zusammenfluß von ⟶ FN Irnina und ⟶ FN Zubi. R.McGuire-Gibson, Kiš 13[62]; F.R.Kraus, ZA 51,69f.

*Pusullum

*pu-sú-ul-la-am*ki ARM 4,30,5

*PN LÚ pu-sú-ul-le-e-em*ki ARMT 14,41,16

Putra

*pu-ut-ra*ki Datum: Samsuiluna 23 (RlA 2,184: 168; TCL 11,221,6)

Puzurana

pu-zu-ra-n[a?ki] ARM 6,67,22

¶ ⟶ Siḫā.

Q

Qâ

LÚ^{meš} ^{uru}qa-a ARM 2,75,2
LÚ^{meš} ^{uru}qa-a^{ki} ARM 2,75,7
LÚ^{meš} qa-a ARM 2,95,6
PN LÚ qa-a^{ki} ARM 7,201, Rs.2'
^{uru}qé-e-em ARM 2,75,10
qa-e-em ARM 2,75,2.8 (Nisbe pl.)
n ṣābum(...)qa-a-em ARM 2,75,10 (Nisbe pl.)
¶ A.Finet, ARMT 15,131: im Gebiet des ⟶ FN Balīḫ?

Qabrā

qa-ab-ra-a^{ki} ARM 1,27,26!; 69,5; 121,8.10; 135,18; 4,49,10; 6,23,21; 10,166,10'; ShT 49,24; 52,11; de Genouillac RA 7,156 III 14
qa-ba-ra-a^{ki} ARM 2,13,4!; 6,22,18; 9,288,5
qa-ba-ra-e^{ki} Laessøe AS 16,191,9
qá-ab-ra ARM 10,50,15(?)
ālim ša qa-ab-ra-a^{ki} ARM 4,49,6
māt qa-ab-ra-a^{ki} ARM 1,135, 16; 4,25,21; ShT 57,15; de Genouillac RA 7,156 III 2
LUGAL qa-ba-ra-a^{ki} Dossin Syria 20,109
LÚ qa-ab-ra-a^{ki} ARM 1,92,6
(DUMU^{meš}) šiprē qa-ba-ra-ju^{ki} ARM 6,22,17
qa-ba-ra-ji^{ki} ARM 3,81,13
"*2000 qa-ba-ra-i-iu^{ki}*" Jean RA 39,67[2]
Datum: *URU^{ki} qà-ab-ra* Dadusa (Leemans Trade 59,25)
qa-ba-ra^{ki} Variante dazu (Baqir Sumer 5,78: 13a-d; 81,1; UCP 10/1: 4,21)

¶ Am oder n des unteren Zāb: A Goetze, RA 46,155ff.;- J.M.Munn-Rankin, Iraq 18,77 mit Anm.[3].- Zum Datum vgl. W.F.Leemans, Trade, 68f.; ⟶ Jaḫrurum, ⟶ Karanā, ⟶ Turukkû.

*Qarḫadum

*Qarḫadum ⟶ *Karḫatum

Qatanum, Qaṭanum

qa-ta-nu-um^{ki} ARMT 14,65,13

qa-ta-nim^{ki} ARM 1,7,5; 11,12; 20,5'; 23,25; 42,44; 46,32; 49,9; 58,22; 66,5.4'; 69,12'; 77,10.12; 85,14'; 105,5.12; 2,5,8.9.16; 133, 7; 5,26,6; 58,8; 80,5; 6,14,8; 15,6; 19,8; 22,7; 23,23; 7,88,4$^{?!}$; 120,2'; 219,26$^{?!}$; 9,288,4; 10,147,4; ARMT 13,46,10.13.14

qa-ta-nim ARM 2,5,21; 5,58,6

qa-ta-ni-im^{ki} ARM 1,84,20

qa-ta-ni-im ARM 1,84,15

qa-ta-na-im^{ki} ARM 1,54,5

qa-ta-na^{ki} ARM 5,20,20

qa-ṭà-nim^{ki} ARM 1,13,6.26.27; 23,7; Dossin RA 35,117; 36,51

qa-ṭà-nim ARM 2,21,27

qá-ta-na^{ki} AbB 2,177,7

qà-ṭà-na^{ki} AbB 6,30,7

māt qa-ta-nim^{ki} ARM 2,66,16; 5,23,11; Dossin RSO 32,18: A 2730, 33

erṣet qa-ta-na V.Dijk Sumer 13,109 t 21,25'(=AfO 23,66,30)

^{uru}*qa-tu-na* Nougayrol Syria 37,206,1 (Ḫana-Urkunde)

LUGAL qa-ta-nim^{ki} Dossin RA 36,51; Syria 19,115^{3}; 20,109

LÚ qa-ta-nim^{ki} ARM 5,26,5; 6,15,8.10.14; 19,12.29$^{!}$; 78,19.22; Dossin Syria 19,117

LÚ qa-ṭà-nim^{ki} ARM 1,88,5; Dossin RA 36,51

LÚ qa-ta-na-ju^{ki} ARM 1,15,6; 4,10,20; 5,26,11; 6,14,23; 22,12; ARMT 14,69,11

qa-ta-na-ji^{ki} Dossin RA 36,50

qa-ta-na-a-ji^{ki} Dossin Syria 20,111

DUMU$^{(meš)}$*šiprē qa-ta-na-ju*^{ki} ARM 6,19,4.7; 22,15; ARMT 12,10,4

¶ = Mašrafa. Zur Identifizierung aufgrund von Inschriften s.G.Mesnil du Buisson, Syria 7,289ff.und ders. in "Le Site Archéologique de Mišrife-Qatna", vgl. G.Dossin, RA 36,52ff. und J.Bottéro, RA 43,1ff. Lage: 36°51 öL/34°50 nBr = CU 1457.

Trotz der Schreibung qa-tu-na, die eher auf ⟶ Qattunān am ⟶ FN Ḫabur als auf Qatna weist, muß diese Erwähnung in der Ḫana-Urkunde Syria 37,206 wohl Qatnā meinen, während der Beleg *qa-ta-nim*^{ki} aus Šāġar Bāzār (AOAT 3/1,1,5) trotz der Schreibung zu Qattunān gehört (s. die Erwähnung von Ṭabatum ibid. Z.9).

Qattunā(n)

qa-at-tu-na-an^{ki} ARM 1,7,26.27; 21,4'$^{!}$.5'; 37,12$^{!}$.16.31$^{!}$; 62,19 (-[*an*^{ki}]); 98,21$^{?!}$; 2,41,7; 69,12'; 78,33; 79,7; 80,14; 81,9; 99,25; 129,6; 3,14,9$^{!}$.12; 4,70,7; ARMT 13,36,11.16; 37,8'; 14,10,5; 11,7.20; 27,4$^{!}$.8.24.26; 59,9; 60,17 (<na>)$^{!}$; 63,8; 68,2$^{!}$; 105,9; 112,13; Dossin Mél.Duss.994; Jean Sém. 1,66 [4]

ālum qa-at-tu-na-an^{ki} ARM 2,79,5$^{!}$; 80,5$^{!}$; 81,5; 82,4

ḫalaṣ qa-at-tu-na-nim^{ki} ARM 1,82,13

ḫalaṣ qa-at-tu-na-an^{ki} ARMT 14,111,19

qa-tu-na-an^{ki} ARM 7,190,8$^{!}$; 214,10'$^{!}$; 10,70,17(-tu$^{!!}$-)

qa-at-tu-na-a^{ki} ARM 6,37,8'.15'; 10,18,10; Rimāḥ 1,5.8.23$^{!}$.34

qa-at-tu-na-nim^{ki} ARM 1,82,5$^{!}$.12; 62,18$^{!}$; 4,69,11

qa-tu-na-nim ARM 2,57,19

KASKAL qa-at-tu-na-an/nim^{ki} ARM 2,78,30.34

ekal qa-tu-na$^{!}$*-an*^{ki} ARM 7,277,6

É qa-tu-na-[n]im^{ki} ARM 1,12,24

qa-ta-nim^{ki} AOAT 3/1,1,5

LÚ qa-at-tu-na-na-ju^{ki} ARM 1,7,29

LÚ qa-at-tu-na-an^{ki} ARMT 14,112,6

unsichere Belege:

[..*qa-at-tu-na-a*]*n*^{ki} *!?* ARMT 13,10,7

[*qa-at-t*]*u-na-a*[*n*^{ki}] ARMT 13,102,16

É[*qa-tu-n*]*a-an*[^{ki}] ARMT 12,503,3

¶ Wohl identisch mit ⟶ (nA) Qatni, da beide Orte am Ḫābūr erwähnt werden, vgl. schon M.Falkner, AfO 18,17 mit Anm. 19 und A.Goetze, JCS 7,58 [38]. Nach M.Falkner, AfO 18,17 [19] ist Q. mit Tall Šaddāda identisch. Diese Identifizierung ist mit H.Kühne, AfO 25,252f. zugunsten von Tall Fadġamī aufgrund des Keramikbefundes abzulehnen (Keramik ist noch nicht publiziert). An weiteren Lokalisierungsvorschlägen ist die Identifizierung von Q. mit Tall Maǧdal,s.W.v.Liere, AAS 13,120 unwahrscheinlich,wenn v.Liere einen der Kranzhügel unterhalb des Ǧabal Abd al-ᶜAzīz meint. J.-R.Kupper's Vorschlag in Nomades,S.2 [2] ,Q. in einem der Hügel n von Šaddāda zu suchen, widerspricht Kühne's Ansetzung.Q. ⟶ Bit Kappān und ⟶ Saggaratum liegen jeweils eine Tagesreise voneinander entfernt.Q. besitzt zur Zeit Zimrilims einen Hafen für kleinere Schiffe (ARM 2,80) ; ⟶ Naḫur, ⟶ Ṭabatum, ⟶ Zilḫān.

Qutûm, Gutium

gu-ti-um^{ki} UET 1,146 III-IV 2; Poebel AfO 9,246 I 27; Sollberger RA 63,42,27

ṣābē gu-tu-um$^{!ki}$ YOS 13,271,6

LÚ/MAR.TU gu-ti-um VS 13,44,3; Zaccagnini OrAnt.13,18 [75]

LÚ gu-tu-ú Scheil RT 20,65,5

māt^{ki} *qú-ti-im* ARM 2,26,5.15!

māt qú-ti-im^{ki} TIM 2,92,4

qú-ti-im ARM 2,45,3'

māt qú-ti-i^{ki} TIM 2,97,25!

3000 qú-tu-um^{ki} TIM 2,92,11; 97,10!

qú-tu-ú^{ki} OBTI 14 Rs.9'

LÚ$^{(meš)}$ */ṣābē qú-tu-ú* ARM 5,2,11'; 6,27,8'; 7,191,3'; ARMT 14,116,6; ShT 33,8; TEBA 36,12; Laessøe Babylon t 4a,14

GAL.MAR.TU qú-ti Rimāḫ 253,7'!

GAL.MAR.TU qú-ti-i! Rimāḫ 260,2

ÌR^{meš}*/LÚ qú-ti-i* AB 11,4,3.10; Rimāḫ 267,7

qú-ti-i Rimāḫ 267,25; 268,8!

šiprē (ša) qú-ti-i ShT 33,4'

ṣābim qú-ti-i-im Jean RA 42,78,4'

Daten: *gu-ti-um*^{ki} Ḫammurabi 30.32 (RIA 2,180: 132,134)

ṣābē qú-tu-u Ḫammurabi 37 (RIA 2,181: 139!)

Adj.: *immerāte qú-ti-tim* ARM 1,132,22

¶ W.W.Hallo, RlA 3,708ff. insb. S. 719: Nomadenstamm, dessen Territorium beiderseits des unteren Zāb lag; vgl. noch RGTC 1,65f.; 2,71; J.J.Finkelstein,JCS 20,106ff.; J.-R.Kupper,Nomades 92¹.

Qaṭarā

1.

^{uru}*qá-ṭa-ra*^{ki} TCL 1,147,3

2.

^{uru}*qá-ṭa-ra-a*^{ki} Rimāḫ 42,12; 79,4; 130,8!?; 196,4; 197,4; 198,5; 213,3; 215,6; 216,6; 235,4; 263,6; 301,8!?; 319,24

^{uru}*qa-tà-ra-a*^{ki} Rimāḫ 278,6.9; 322 II 22'

qa-ṭà-ra-a^{ki} ARM 4,29,8.12; 5,37,3'.4; 40,17

qa-ṭà-ra-a Rimāḫ 319,18.29; 304,17!

qa-ṭá-ra^{ki} ARM 2,39,63; Rimāḫ 155,20

qa-ṭà-ra^{ki} ARM 2,108,4.6 ; 5,42,17!

qa-ṭà-ra-a-ma^{ki} ARM 5,36,29

Ištar bēlti qa-ṭà-ra-a^{ki} Rimāḫ 154,4

Ištar qà-tà-ra^{ki} Rimāḫ 200,9

LÚ qa-ṭà-[ra?-a?^{ki}*]* ARMT 7,169,9

[*LÚ*] [*q*]*a-ṭà-ra*$^{k[i]}$ ARMT 14,125,13

¶ Q.(1) ist wohl eine Ortschaft bei Larsa. Q.(2) vermutete schon M.Falkner, AfO 18,82f., in einem der Tulūl unterhalb des Tallʿ Afar, sie hält Q. für identisch mit ⟶ (nA) Gidara. - Vor dem Fund der altbabylonischen Texte in Tall ar-Rimāḥ vermutete H.W.Saggs, Iraq 30,162 (mA) Q. in Tall Rimāḥ, welcher jetzt mit ⟶ Karanā identifiziert wird, s.S.Dalley, Rimāḥ, S.1ff.- vgl. an älterer Lit. W.F. Leemans, Trade 89 und K.Veenhoff, AATT 420.

R

Rababî

uru ra-ba-bi-i ki   BIN 2,77,3

...ša ra-ba-bi-i   Legrain RA 10 pl.V: 84 Rs.4'

uru ra-ba-ba-a-i ki   Grant Hav.Symp. 242,4(=YOS 12,434,4)

rabiān ra-ba-bí-ke$_4$ Koldewey MDOG 15,13,3

LÚ uru ra-ba-bi-i ki   BIN 7,182,3

LÚ ra-ba-bi-i ki.meš   YOS 12,126,5

¶ Vgl. zur Diskussion der Belege D.O.Edzard, ZZB 136[716] und M.Stol, Studies S. 86.

Rabān

LÚ ra-ba-an ki   ARM 7,180 III 5'

*Rabbatum

ra-ba-a-tim ki   Rimāḫ 66,11

ra-ba!-tim ki   Rimāḫ 66,15

ra-ba!-tim   Rimāḫ 66,17

PN LÚ ra-ab-ba-tim ki   ARM 5,35,28

¶ A.Finet, ARMT 15,132[1]: im Distrikt von Karanā; zu ARM 2,24 vgl. ARMT 15,132[1].

*Rabbû

LÚ (meš) ra-ab-ba-ju   ARM 1,6,9;24,2' ?!; 4,6,5

2[LÚ]ra-bi-i[!]   ARM 7,211,17

"LÚ ra-ab-bi-i"   Dossin Mél.Duss.985

māt ra-ab-bi-im   Dossin Syria 32,7,9

māt ra-bi-im   Dossin ibid. S.20 (Var.)

PN: (fraglich)

LÚ^meš šiprē ša ra-bi-[i]m   ARM 7,135,5(Stol Studies S.77)

fragl. Beleg :

PN [r]a?-[a]b-bi   ARM 8,11,30

¶ Nomadenstamm, wohnhaft im Lande ⟶ Jamḫad, bei Aleppo: J.-R. Kupper, Nomades S.53; ⟶ Ḫaššum, Karkemiš, Uršum, vgl. besonders ⟶ Abattum.

Rabiqum, Rapiqum

ra-pi-qum^ki   Rowton JCS 21,269,21

ra-bi-qum^ki   AbB 3,58,7; AbPh 127,12?!; TCL 18,149,11!; YOS 2,12,6!.11; UET 1,138,22; 144,[18]; 8,85,11

ra-bi-qí-im^ki   ARM 1,12,15.16; 36,9!.33.47; 83,20!?; 93,16!.18!; 2,34,13?!; Dossin RA 61,20: A 4482

^uru ra-bi-qí-im^ki   CT 52,152 Rs.4'

ra-bi-qí-im^ki-mi   ARM 5,59,14

ra-bi-qí-⟨im^ki⟩   ARM 5,59,16

ra-bi-qa-am-ma^ki   Dossin Syria 19,122

LÚ/DUMU.MÍ ra-bi-qum^ki   AbB 2,158,9?!; CT 52,152 Rs.6'.11; TIM 5,70,15; Friedrich BA 5/4,521: 62,20

LÚ ra-bi-qum^ki   Goetze JCS 4,109a,6; 110a,10

ra-bi-qa-ji^ki   ARM 5,29,7.12?!.21!

LÚ ra-bi-qa-ju^ki   Gadd Iraq 7 t.4: A 998, Rs.20

Daten: *ra-bi-qum^ki*   Ḫammurabi 11 (RlA 2,179 :113; TIM 3,123,17!)

^uru MADA ra-bi-qum^ki   Var. dazu (CT 47,31a,53)

BÀD ra-bi-qum^ki   Ḫammurabi 42 (RlA 2,181 : 144)

UGNIM ra-bi-qum^ki   Rīm-Sîn (RlA 2,162: 216; UET 1,138,22)

ra-bi-qum^ki   Ibal-pi-el II 8/9? (UCP 10/1,8,17: OIP 43,129 Anm.54: Ish.35: T35; Baqir Sumer 5,84,9)

ra-bi-qú-um   Ibal-pi-el II 8/9? (Baqir Sumer 5,83,9)

ra-bi-qum   Ibal-pi-el II 8/9? (UCP 10/1,47,7; 68,18; TIM 3,126,18; Baqir Sumer 5,81: 29) oder Ipīq-Adad:(Simmons JCS 13,79: 69; OIP 43,126ff.: LIH III 239[72])

ra-bi-qí-im   Sîn-abūšu x (UCP 10/1,61,10)

ra-bi-qí^ki   Var. dazu (TIM 3,30,15; AND S.11)

¶ Nicht identifiziert. Vermutlich in der Nähe von ar-Ramādī am ö Ufer des Euphrats: A.Goetze, JCS 4,96 mit Lit. und J.Brinkman, An. Or.43,127 mit Bibl., vgl. RGTC 2,157. Zur wirtschaftlichen Bedeutung von R.s.W.F.Leemans, Trade 180f. - Für einen historischen Überblick der Mari-zeitlichen Texte vgl. M.Anbar, IOS 5,2ff.

Rabûm (?)

Rabûm (?)

^{uru}ra-bu-um x[...] AbB 1,59,14

^{uru}ra-bu-um TLB 1,34,1

URU^{ki} ra-bi-ú TLB 1,23,4$^{?}$.17$^{!}$

ra-bi-im^{ki} YOS 12,8,3

¶ In AHw 837: 8a) *ālum rabûm gelesen*; ⟶ *Rabbû*.

Raḫabum

URU^{ki} ra-ḫa-bu-um BIN 7,164,12; CHJ 126,7; TCL 10,39,5$^{!}$; UET 5,385, 7; VS 13,89,9

KASKAL URU^{ki} ra-ḫa-bu-um YOS 5,172,12

^{uru}ra-ḫa-bu-um^{ki} AbB 4,74,14; 6,145,8

^{uru}ra-ḫa-bu^{ki} AbB 2,30,11; 6,145,15; YOS 2,150,15; VS 13,104 II 27. III 14.V 3; YBC 4370,2

kār^{uru}ra-ḫa-bu^{ki} YBC 6107,5

^{uru}ra-ḫa-bu VS 13,104 I 6.IV 3; YOS 5,217 IV 18

^{uru}ra-ḫa-bi^{ki} AbB 4,28,9; SVJAD 90 I 10; TCL 1,3,9

LÚ^{uru}ra-ḫa-bu-um TCL 11,185,19'

¶ F.Thureau-Dangin, RA 21,25^{2}:bei Larsa; vgl. F.R.Kraus, JCS 3,48 oben; s.W.F.Leemans, JESHO 19,218f. - Zu UET 5,385 vgl. AHw S.933a sub *ra'ābum* (als PN aufgefaßt).

Raḫaṣum

^{uru}ra-ḫa-ṣum^{ki} TCL 11,174,10.31.40.Rs.16

ra-ḫi-ṣí-im^{ki} Dossin Syria 50,278,7.9.10'

URU^{ki} ra-ḫa-ṣú$^{?}$-um A 32094,19

*Raḫatum

ra-ḫa-tim ARM 2,129,11

¶ Bei ⟶ Qattunān.

Rā'isu

ra-i-su^{ki} Rimāḫ 319,12

Rakabat

URU^{ki} *ra-ka-ba-at* TCL 11,167 A 3
^{uru}*ra-ka-bat*^{ki} AbB 4,156 Vs. 13 .Rs.2'.5'; TCL 11,178,2; 18,1 8,13
^{uru}*ra-ka-[bat?]* TCL 18,108,13

Rākibu

ra-ki-bu Dilbat 25: 3,6
A.ŠÀ ra-ki-bu CT 4,1b,3
¶ R. ist begrenzt von ⟶ FN Rākibu und ⟶ FN Araḫtum.

Raknā

ra-ak-na-a^{ki} ARM 2,50,16'
¶ ⟶ Razamā.

Rapiqum ⟶ Rabiqum

Rāpisānum

ra-pi-sa-n[i-i]m$^{?}$ TIM 2,27,8
LÚ URU^{ki} *ra-pi*$_5$*-sà-nu-um* AbB 5,10,4
¶ ⟶ FN Rāpisānītum; vgl. zur Lesung AbB 5,S.4 und 6 zu Anm. 10 b) und AHw 956 b.

*Raqqum

ra-aq-qí-im^{ki} ARM 3,77,7; Dossin Mél.Duss.994
MÍ ra-qí-im^{ki} ARM 9,184,4
4 PN 4 ra-qí-a-tum ARMT 12,265,5
¶ J.-R.Kupper,RA 41,160: im Distrikt von ⟶ Terqa; ⟶ Ilum-Muluk, Qattunān, Samānum; ⟶ Jaminā.

Rasajum

"3 LÚ ra-sa-ju-um^{ki}*"* Dossin Mél.Duss.994,33
¶ ⟶ Ilum-Muluk, ⟶ Jaminā.

Rasêm

ra-sé-e-em^{ki} ARM 7,115,8; 116,7; Dossin Syria 20,107,3
ra-sé-em^{ki} ARM 7,136,1
ra-s[e-em??] ARM 7,122,10; 258,21
ra-ṢI-e-em ARM 10,158,3
¶ ⟶ Andarik.

Rasū(m)

^{uru}*ra-sú-ú*^{ki} TCL 11,156 Vs.20
^{uru}*ra-sú?-um*^{ki} BRM 4,53,59

Ratamān

ra-ta-ma-an^{ki} Rimāḫ 244 II 27'
ra-ta-ma-an Rimāḫ 319,11

*Rataspatum

ra-ta-as-pa-tim^{ki} ARM 2,37,20
¶ ⟶ Ḫurrā, ⟶ Idamaraz.

Razamā

1.
māt ra-za-ma-a^{ki} *ia-mu-ut-ba-lim* ARM 2,18,7
ra-za-ma-a^{ki} ARM 1,109,8; 2,39,34.38; 43,5; 50,10'!.15'; 78,8; 5,67,30; 6,51,9.7'; 52,10.28; 54,17; 65,6; ARMT 14,103,8?!; 104,8; Rimāḫ 44,10; 277,5
KASKAL ^{uru}*ra-za-ma-a*^{ki} ARM 2,50,60
ālum ra-za-ma-a^{ki} ARM 6,51,8'; 52,29?!; 54,15; 65,8
ra-za-a-ma^{ki} ARM 4,68,25
LÚ ra-za-ma-a^{ki} ARM 7,104 III 13'; 167,4; 207,13; 219,11.53; 9,149,10; ARMT 14,106,16'
LÚ ra-za-ma^{ki} AbB 4,118,5
ra-za-ma ARM 7,260,1
LÚ^{meš} *ra-za-ma-i*^{ki} ARMT 14,105,6.10

2.

ra-za-ma! Goetze JCS 7,53 IV 11

URU^ki^*ra-za-ma* TCL 11,250,10

¶ In altbabylonischer Zeit sind zwei R. bekannt. R.(1), durch ARM 2,18 als zum Lande ⟶ Jamutbal ausgewiesen, wird in den Mari-Texten mit ⟶ Andariq, ⟶ Kurdā verknüpft und andererseits mit ⟶ Burullum und ⟶ Ḫaburatum ö des Tigris. Dieses R. könnte das R. sein, in dem Šarrum-kīma-kālima einen Palast baute (Rimāḥ Nr. 277), vgl. S.Dalley, Rimāḥ, S. 34.- R.(2) wird im aB Itinerar drei Stationen nach Babylon und eine Station vor Larsa erwähnt. Dieses R. liegt wohl in den beiden aus Larsa stammenden Texten TCL 11,250 und AbB 4,118 vor.

Resūa

^uru^*re-sú-ú-a*^ki^ AbB 4,148,17

Rib[

ri-ib-x-x^ki^ ARM 7,219,20

¶ J.Bottéro, ARMT 7,219,20 liest *ri-i*[*b-t*]*u-u*[*b*]^ki^.

Rubbēn

ru-ub-bé-en ARM 10,100,5

¶ Vielleicht auch PN.

Ruḫā

ru-ḫa-a^ki^ Rimāḥ 245,9

S

S[a...]

^{uru}*s[a...k]i*   TCL 11,191,7

*Sabbānum

sa-ab-ba-nim^{ki} Gadd Iraq 7 pl.4: A 994 Rs.19.26

Sabum

sa-bu-um   Kisurra 129,11
sa-bu-um^{ki} AbB 4,139,19; TCL 10,66,12; Gordon SCT 71,8;
^{uru}*sa*$^{!}$*-bi-im*^{ki} Rimāḫ 305,7
<u>Daten</u>: *s[a-bu-um*$^{(ki)}$]   Samsuiluna 13 (RlA 2,183: 158)
s[a-b]u   Var. dazu (ibid.)
URU^{ki} *sa-bu-um*   Sumu-el (WL 29: 26,19)
^{uru}*sa-bu-um*^{ki} Var. dazu (vgl. Hallo JCS 23,61^{55}mit YOS 14,284,7)
¶ St.D.Walters, WL S. 30:19 = mB Sabum und am Euphrat gelegen?; vgl. RGTC 2,161.

Saburatā

sa-bu-ra-ta-a^{ki} ARM 2,41,11.14$^{!}$

Sadratum

sà-ad-ra-tum   AbB 3,3,25
¶ ⟶ Bitalal.

Sagarada

LÚ sa-ga-ra-da^{ki} Rimāḫ 14,18
¶ ⟶ Saggaratum? oder ⟶ Sagirratā?

SAG.DA.IN.PÀD

SAG.DA.IN.PÀD YOS 2,140,10.18$^{!}$

Datum: *BÀD SAG.DA.IN.PÀD* Sumu-jamutbal c (Reiner JCS 15,122b; vgl. Charpin RA 72,31)

¶ ⟶ Damru. Vgl. E.Reiner, JCS 15,122b.

SAG.DU

PN LÚ SAG.DU^{ki} TSifr 27,32

¶ Erwähnt in MSL 11,133 VI 33.

Sagirratā

sa-gir-ra-ta-a ARM 2,107,25

¶ ON?; am⟶FN Ḫabur gelegen?

Saggaratum

sa-ga-ra-tim^{ki} ARM 1,7,24.25; 26,23; 43,24$^{!}$; 64,10; 2,1,30$^{!}$; 18,31; 101,5; 120,16.17.24; 136,5; 3,5,17; 17,9; 5,27,9$^{!}$.11$^{!}$; 65,17; 6,37, 16'; 65,8'.10'; 9,280,3'; 10,87,10; 137,7.14; ARMT 13,51,5.17; 113, 12$^{?!}$; 102,12; 14,8,6; 10,10; 11,14$^{?!}$; 12,6$^{!}$; 17,16; 19,9; 20,10'; 28,23$^{?!}$; 31,10; 33,10$^{?!}$; 35,21$^{!}$; 41,17; 42,34.35; 48,30; 51,39; 52,9; 54.11.18; 56,5.7; 61,6; 65,4; 69,5.12; 70,5.6.18'; 76,7; 77,22$^{!}$; 82,6; 96,12; 97,9$^{!}$; 98,14; 99,20; 100,8; 101,7; 102,11$^{!}$.26$^{!}$; 108,12; 109,8; 110,11; 112,15; 114,10; 115,7$^{!}$; 118,10; 119,15; 120,9; 121,5. 30$^{?!}$; 125,8; 126,15; 128,7; Rimāḫ 1,21$^{[ki]}$.22$^{!}$; Dossin RA 35,185^{2}; 185,5$^{!}$; 66,126a,10'; Mél.Duss.984; St.Mar.55,6

sa-ga-ra-tim-m[a$^{ki?}$] Dossin RA 66,127,13'

s[a-g]a-ra-tim^{ki}*TUR* ARM 7,190,6

sa-ga-ra-tim(-ma) ARM 5,65,29$^{!}$; Dossin RA 35,185^{2}; 186 Rs.8

sa-ga-ra-tum^{ki} ARM 7,213,9

ḫalaṣ sa-ga-ra-tim^{ki} ARM 2,140,23$^{?}$; 5,86,11'; 7,196,7'$^{?!}$; ARMT 14, 18,11; 19,18; 81,18

URU^{ki} *sa-ga-ra-tim*^{ki} ARM 5,65,19

ālum sa-ga-ra-tim^{ki} ARM 8,85,46.49$^{!?}$;

BÀD^{ki}*sa-ga-ra-tim*^{ki} ARM 2,101,10.26$^{!}$; ARMT 14,104,11'.17'$^{?}$

ekal sa-ga-ra-tim^{ki} ARM 7,277,4; 196,6'; ARMT 13,51,7

LÚ sa-ga-ra-tim^{ki} ARM 8,75,6

Sagnum

LÚ ŠU.GI^{meš} *sa-ga-ra-tim* $^{k[i]}$ Bottéro RA 52,167: 311,15

SI.LÁ sa-ga-ra-tim^{ki} ARMT 14,47,22

Daten: *BÀD sa-ga-ra-tim*$^{(ki)}$ Sumu-jamum (Dossin RA 64,22: 1,14$^{!}$; 24: 6,14 pp.)Samsuiluna 33 (vgl. zu "nasalierende Schreibungen")

Nasalierende Schreibungen (⟶ mA Sangarite!)

sa-an-ga-ra-tim^{ki} ARM 4,5,8

sag-ga-ra-tim ARM 2,69,13'; 9,258,30

^{uru}*sag*$^{!}$*-ga-[r]a-tum*^{ki} Datum Samsuiluna 33 (RlA 2,185: 178; TCL 1, 146,22)

unsichere Belege:

sa!(NI)-ga-ra-tim^{ki} ARM 10,59,7

[sa-ga-r]a-tim^{ki} ARMT 13,127,25

s[a?-]g[a?]-r[a?-tim^{ki}] Bottéro RA 52,174:316,2'

sa-ga-r[a-tim^{ki}] ARMT 13,105,13; 6,44,3

sa-g[a?]-r[a?-tim^{ki}] ARM 10,152,2'.16'(?!)

¶ Vgl. zusammenfassende Lit. bei M.Falkner, AfO 18,17 und J.-R. Kupper, Nomades S.2[1]. Vorgeschlagen wurden am ⟶ FN Ḫabur die Ruinen: Ṣuwwar s.G.Dossin,RA 35,185[2], J.-R.Kupper, RA 41,161: Tall Fudain s.G.Dossin RA 64,19[3] und:"Seǧer"s.A.Goetze, JCS 7,58 mit Anm. 41, J.-R.Kupper, BiOr. 9,168. Die Lokalisierung S.=Seǧer ist abzulehnen, weil sich dort kein archäologischer Siedlungsplatz nachweisen läßt. S. befindet sich 2 Tagesreisen von ⟶ Qattunān entfernt (ARMT 13,102). Zwischen beiden Orten liegt ⟶ Bīt-Kapān; Dūr-Jaḫdunlim, ⟶ Terqa. S. ist eine Tagesreise von Terqa entfernt (ARMT 14,115). H.Kühne, AfO 25,253, identifiziert S. mit Tall Abū Hā'iṭ (Keramikbefund noch nicht publiziert).

Sagnum

URU$^{ki?!}$*sag-nu-um* Holma ZATH 4,13

¶ ⟶ Zagnā?

Saḫba[

sa-aḫ-ba-[ARM 5,41,7

¶ A.Finet, ARMT 15,133: Ortschaft in der Nähe von Babylon.

Saḫlala ⟶ Zaḫlala

*Saḫrû

sa-aḫ-ri-i^{ki} ARM 3,68,25; ARMT 14,89,4; 90,12

ṣābim awnānāī ša sa-aḫ-ri-i^{ki} ARMT 14,64,11'

LÚ sa-aḫ-ri-i^{ki} ARM 3,68,6.11

¶ A.Finet, ARMT 15,133: im Gebiet von ⟶ Saggaratum.

Saḫulda

sa-ḫul-da Goetze JCS 7,53 III 9

Nach Itinerar zwischen ⟶ Ḫarrān und ⟶ Ḫaziri.

Sakala[

sa-ka-la-a-x[Dossin RA 66,126: A 2432,6

Salipā ⟶ Zanipā

Sama[

^{uru}*sa-ma-x*[...] AbB 4,166,5'

*Samānum

sa-ma-nim^{ki} ARM 3,16,20; Dossin RA 35,179,10

ālim sa-ma-nim^{ki} Dossin Syria 32,7 III 16

"*sa-ma-nim*" Dossin Mél.Duss.994

LUGAL sa-ma-nim^{ki} Dossin Syria 32,7 III 4

Datum: *sa-ma-nim* ^{ki} Zimrilim (St.Mar.55: 5)

¶ Wohl nicht identisch mit mA und "late assyrian" ⟶ nA Samānu. (J.N.Postgate, Iraq 32,135[7]); - vgl. M.Civil, JCS 21,36 und M.B. Rowton, JNES 32,214.- Den aB Quellen zufolge liegt S. im Distrikt von ⟶ Terqa; ⟶ Ilum-Muluk, ⟶ Mišlān, ⟶ Jaminā, ⟶ Ubrabûm. S. wurde von ⟶ Jaḫdunlim und Zimrilim erobert.

Samḫarū

sa-am-ḫa-ri-i AbB 1,2,8

sa[*-a*]*m-ḫa-ru-ú* AbB 1,2,6

ṣābē sa-am-ḫa-ru-ú CT 52,47,6

Samnanubi

URU^{ki} *sà-am-na-nu*$^{!}$*-bi* TLB 1,63,12

*Samnû

*Samnû

sa-am-ni-i^{ki} Stuneck Hamm. 7,23: A 3521

Sāmûm

sa-mu-ú ARM 1,103,14'

sa-mu-e Hallo JCS 18,60,31

sa-[m]i$^{!}$*-im*^{ki} ARM 1,103,21'.[16']

¶ Bei ⟶ Ḫarrān; ⟶ Admu , ⟶ Niḫrija. W.W.Hallo, JCS 18,76a: 46, vielleicht = mA māt Sawit und ⟶ nA Saue.

*Sanduwatum

sa-an-du-wa-tim^{ki} ARM 5,43,16

¶ Vgl. mit zusammenfassender Lit. M.Falkner, AfO 18,24f. S.A.Goetze, JCS 7,65f. = aA Sadduatum und somit nahe am Tigris, eine Station nach Assur; vgl. P.Garelli, Assyriens S.84f. D.Oates, Studies, S.35[3] hält die Identifizierung von S. mit "Tall Sadiya", 44 km nw von Aššur für möglich.

Saqā

sa-qa-a Hallo JCS 18,59,18

¶ S. liegt zwischen den beiden ebenfalls nicht zu lokalisierenden Orten ⟶ Binanaju und ⟶ Zanipā.

Sarbat(um)

sà-ar-ba-at^{ki} ARM 4,46,6; Rimāḫ 15,7; 67,14; 74,5; 77,9$^{!}$; 78,10$^{!}$; 89 Rs.3'; 91,8; 141,8; 160,5; 251,12

URU^{ki} *sar-ba-tum* YOS 12,56,50

^{uru}*sar-ba-tum* YOS 12,56,52.65

Datum: *BÀD sar-ba-tum*^{ki} Sîn-muballiṭ 1 (Dilbat 31r.10; Stol Studies S.28[9])

¶ M.Stol, Studies 28[9].

Sardai

šībūt (...) sà-ar-da-i^{ki} CT 48,2,12

¶ ⟶ Akšak.

Sarrima

sa-ar-ri-ma^{ki} ARM 4,49,5$^{!}$.12; ShT 57: 861,14$^{!}$

ālum sa-ar-ri-ma^{ki} ARM 4,49,8

¶ Im Gebiet von ⟶ Qabrā.

*Sašharšum

sa-aš-ḫa-ar-ši-im^{ki} ShT 30 Anm.57,4

¶ In Šubartu?

SIG$_4$ ⟶ Malgûm

Siḫā

si-ḫa-a ARM 6,67,22

¶ ⟶ Puzurāna.

Siḫarata

si-ḫa-ra-ta^{ki} ARM 2,33,13'

¶ Die Identifizierung von S. mit "Šeḫaräte" 36 km o-no von Mardin, s. H.Lewy, Or NS 25,342[3], entbehrt jeder Grundlage. ⟶ Ašnakkum, ⟶ Ḫurrā, ⟶ Šinaḫ.

*Silānû

si-l[a?]-ni^{ki} VS 9,9,8

A.GÀR si-la-ni-i^{ki} ARN 169,2; CT 8,36b,2; TCL 1,181,2; Anbar RA 69, 110,2; Friedrich BA 5/4,504: 34,2.6; 506: 39,2

A.ŠÀ si-la-ni-tam/tu CT 6,39a,16; Scheil Sippar 113: 75,2

"Silanû" CBT 1,13153

A.GÀR si-l[a?-ni?] CT 45,120,2

¶ Im Gebiet von Sippar?

Siluḫmeni

LÚ si-lu-uḫ-me-ni^{ki} Thureau-Dangin RA 36,8

(DUMU-)Sim'al

DUMU si-im-a-al ARM 2,33,21'; Dossin Mél.Duss.991;ARMT 13,144,29

DUMU si-im-ʾa-al ARM 2,37,25

DUMU^{meš} *si-ma-al* ARM 1,60,9

[*DUMU*^{meš} *si*]*-im*$^{!}$*-a-al* Jean RA 42,71,36

DUMU^{meš} *si-im-a-lu-um* ARM 9,15,7

MÍ.DUMU si-im-a-al ARM 10,59,4'

¶ J.-R.Kupper, Nomades 54f.: Nomadenstamm; M.B.Rowton, JNES 32,212: Nomaden, die in ⟶ Talḫajum ansässig sind.

Simaš

[*s*]*i?-ma?-aš*^{ki} VS 7,67,2(Text aus Elam)

si$^{?}$*-maš*$^{?}$[*ki?*] Edzard Sumer 15 pl.3: IM 58333 II 5

si-maš^{ki}*-im* CT 21,1,14

wāšib BÀD-si-ma-áš(Kopie: -PA)^{ki} OBTI 306, Rs.1; 310 II 5'$^{?}$

¶ J.-R.Kupper, Iraq 31,24ff.: Landschaft im Norden der Susiana, in der Gegend von Ḫorram Ābād; vgl. RGTC 2,182f.; ⟶ Simaš - Zababa - LAGAB.

Simaš-Zababa-LAGAB

^{uru}*si-maš-*^{d}*za-ba*$_{4}$*-ba*$_{4}$*-LAGAB* TCL 17,37,13 (Stol)

Simmugru

BÀD si-im-mu-u[*g-r*]*i* YOS 2,150,18 (Coll.Stol)

Simurrum ⟶ Šimurrum

Sîn-iqīšam

uru ^{d}*Sîn(EN.ZU)-i-qí-ša-am* TCL 1,35,5

Sîn (XXX)-i-qí-ša-am^{ki} Scheil Sippar 133: 316,2

Sîn-išmēni

uru ^{d}*Sîn(EN.ZU)-iš-m*[*e*]*-n*[*i*]$^{[k]i}$ PBS 8/1,68,2 (Stol)

Sîn-muballiṭ

^{uru}*Sîn(XXX)mu-<ba>-lí-iṭ* VS 13,104 II 24

¶ ⟶ FN Nār-Sîn-muballiṭ.

^{d}Sîn-nūr-mātim

URU^{ki} ^{d}*Sîn(EN.ZU)-nu-ur-ma-tim* SVJAD 51,1; 103,2; TCL 10,24 Rs.35; YOS 5,181,7; 182,2; 212,72; 217 II 35 III 23

URU^{ki} ^{d}*Sîn(EN.ZU)-n[u?...]* YOS 5,217 II 2$^{?}$

Sîn-ṣillumma

URU^{ki} ^{d}*Sîn(EN.ZU)-ṣi-lu-ma* Pinches PSBA 39 pl.7: 20,2

uru ^{d}*Sîn(EN.ZU)-ṣi?-lu?-ma?!*^{ki} BRM 4,53,19(Stol)

¶ Im Gebiet von Lagaš?

Sip(p)ir

sí-pí-ir^{ki} ARMT 14,124,8'; TIM 7,129 III 4'; 154 ob.Rd

si-pí-ir^{ki} CT 52,33,5

BÀD^{ki} *sí-ip-pi-ir*^{ki} ARM 7,270,8'$^{?}$

É.MU si-pí-ri-im Kisurra 30,4

DUMU sí-pí-ir Rutten RA 54,35: 38,5

UD.KIB.NUN.^{ki} Ab 11,42,27; 79,5.20; AbB 1,625; 13,20; 18,13; 21,15; 45,10;92,17; 128,5.6.; 136,6; -2,70,12.14; 72,14.[18].23; 77,7.11. 15; 83,29; 84,19; 98,19; 101,11; 111,22; 162,25; 175,5;-3,108,20; -4,11,8; 22,27; 41,10; 107,11; 127,6;-5,161,13.26$^{!}$; 213,10; 218,11'; 220,8; 239,30.31; 269,5'-6,21,6$^{!}$; 64,19; 157,13; 190,8; 202,7'.5; -AbPh 32,9; 49,11; 73,6; 75,12; 79,10; 83,25; 84,7; 102,5.13$^{!}$; 108, 10; 122,14; 115,13.22$^{?!}$; BAL II 5: CH III 25; BDHP 22,10; 59,14 (*ŠÀ UD...*); BE 6/1,72,3; 6/2,91,21$^{!}$; 136,3; CT 2,1,21; 3,1; 6,29; 39,17; 45,29;-4,18c,11; 32b,19; 36a,1; 39b,11; 47a,9;-6,22a,2; 30a, 6;-8,1c,9; 4c,15; 40a,17.20; 46,17;-$^{(\langle ki \rangle)}$ 43,49,18;-45,42,2; 83,1; 109,21;112,6;52,7,12; 46,11.7'; 51,5; 65,6; 73,8; 75,8; 93,10; 95, 7.8'; 108,2'; 109,5; 111,3'$^{?}$; 113,9; 125,4; 145,16'; 146,7'; 153,2. 6.38.52; 163,14; 164,6; 170,13; 173,5; 186,12$^{(\langle ki \rangle)}$; LIH 57 I 12.21 II 31; 58 I 10.17.II 27; Rimāḫ 134,7; Stuneck Hamm. 1,6,11; 10,34; 11.23; TCL 1,45,15; 54,24; 155,18;-17,39,8;-18,91,10; 102,28; 133,7; -TIM 2,66,3'.6'(*UD*[ ]); 83,6; 99,37;-7,146,19; 153,2; 165,5$^{!}$; 186, 2; TJDB 16.146,8.10; VS 8,4,27; 12,11;-9,178,15.16;

YOS 2,117,8.10.26; 144,9; 12,56,2.43.64; 61,5; 13,485,12(*UD.KIB* [*NUN*^{KI}]);Friedrich BA 5/4,523: 66,3; Gelb, INES 7,269 II 13; Goetze JCS 11,78b: 7; Lambert Iraq 38,57,17; Simmons JCS 14,55: 91,11 (*UD.NUN.KIB*^{ki}); Sollberger RA 61,41,8.29; Weidner AfO 15,77,16.7

"*Sippar*^{ki}" CBT 1,13962

^{uru}*UD.KIB.NUN*^{ki} AB 11,32,19; 37,11; 48,17; 49,20$^{!}$; 84,4; 90,23$^{(<ki>)}$; 101,15; AbB 1,30,10; 140,6; AbPh 113,17; BDHP 34,21; 40,17; 44,19; 55,17; 67,12; BE 6/1,11,19; 12,14; 14,19; 20,12; 22,16; 57,19; 58,22; 59b,2; CT 2,36,16;-4,7a,37; 47a,32; 48a,22; 49a,17;-6,7b,20; 42b,13; 45,20;-8,1a,9; 13a,17; 16b,17; 18c,14; 23,16; 24a,19$^{(<ki>)}$; 27b,23; 29b,12$^{?!}$; 31a,15; 35b,18; 50a,16;-48,3 Rs.12; 11 Rs.2; 14 Rs.8; 19 Rs.11; 22 Rs.5; 46 Vs.11; 53,22; PBS 8/2,247 Rs.6; 248,20; TCL 1, 70,15; 135,20; TIM 2,60,6; VS 8,49,6; 58,14; 101,9;-9,19,19; 163,17; 13,10 Rs.6; 32 Rs.5; 34 Rs.6; Goetze JCS 11,34: 20,1; Weidner AfO 15,77,22

āl UD.KIB.NUN^{ki} AbB 6,20,13

UD.KIB.NUN.NA AbB 5,64 Rs.1

UD.KIB.NUN.NA^{ki} AbB 5,239,24.32; ARM 2,24,15'; 122,5; 6,27,13'$^{?!}$; OBTI 3,15; UET 5,685,19.21.25.35.41; Goetze JCS 7,53 IV 6'; Gordon SCT 62,7

URU^{ki} *UD.KIB.NUN*^{ki} AB 11,110,16; BDHP 73,15; BE 6/1,13,28; CT 4,45b, 21; 8,16a,34; TCL 1,130,21; 131,21

"*āl Sippar*^{ki}" SVJAD 22a,17

AN.ZA.GÀR (ša KASKAL/ ina) UD.KIB.NUN^{ki} Scheil Sippar 10,13; 100,7

(ribītum ša) UD.KIB.NUN^{ki} Scheil Sippar 10,20; VS 8,19,11

BÀD.UD.KIB.NUN^{ki} Gelb JNES 7,268,23.41; Sollberger RA 61,41,79

kār UD.KIB.NUN^{ki} AB 11,57,13; AbB 1,101,1; -2,61,2; 62,2; 65,3.23; 67,3; 70,2; 71,2; 72,8; 73,2; 74,2.14; 77,2; 79,2; -5,147,1; 275,3'; -6,125,24; BDHP 7,12; BE 6/1,85,14; 77,10; 104,16; 6/2,80,12; CT 6, 47b,19; -8,7a,9; 8c,11; 10a,17; 17b,13; -33,33,13; -45,43,3; 48,3,16; 5 Rs.2; 9,8; TCL 1,140,10; 148,11; 154,1'; TIM 2,99,24;-7,40,17; VS 8,48,11; 9,40,15; 147,10$^{!}$; YOS 12,203,29; 442,15

kārum UD.KIB.NUN^{ki} Trade 106: IM 49307,3

(^{d}*UTU ù)*^{d}*(INANNA) šarrat UD.KIB.NUN*^{ki} AbB 1,72,10.12$^{!}$; AbPh 106,16

isin/É ^{d}*UTU UD.KIB.NUN*^{ki} CT 8,36c,6; 48,37 Vs.3; 101 Vs.3.10

DUMU$^{(meš)}$*/dajjāne/LÚ*$^{(meš)}$*/rabiān/šāpir/tamkār/PN UD.KIB.NUN*^{ki} AB 11, 40,9; AbB 1,49,18.20; 92,11; 120,8'; -2,61,2; 62,3; 65.3.13$^{?!}$.23$^{!}$; 67, 3; 68,1.5.12; 70,2; 71,2; 72,8.10$^{!}$.21$^{!}$; 73,2; 74,2; 77,2; 38,3.4; 79, 2; 173,8.16; -5,147,1$^{?!}$.4.5.6$^{!}$; 155,1'$^{!}$;-6,32,7; 148,13; BE 6/1,26,4; 60,11; 103,26; 104,17; CT 2,43,5;

-6,47b,18; -8,1a,10; 1c,10; 6b,9; 30c,20; 33c,14; -45,38,9; 51,4; 48,1,14; 3,13.14!; 19,11?!; -52,46,2; 51,1; 88,4.9; 111,5'.9'; 134, 19.28; 145,9'; 153,5.31; OBTI 305,8; TCL 1,148,12; 10,85,3; 86,11; TIM 1,2,6; 2,45,23?; 62(!); VS 13,32,8; YOS 13,118,14; Gelb JNES 7,268, 17.II 23; Friedrich BA 5/4,500: 26,4.12 *(?PN xx UD.K.)*; Meissner BA 2, 579,7; Thureau-Dangin RA 9,22 Rs.1.2

DUMU ālīja UD.KIB.NUN^{ki} AbB 1,34,4

DUMU^{me} *UD.KIB.NUN*^{ki} AB 11,79,35

LÚ UD.KIB.NUN$^{ki.meš}$ CT 52,153,7

tamkār/PN/LÚ^{meš} *kār UD.KIB.NUN*^{ki} BE 6/1,104,17?; CT 45,109,15;-52,46,2

PN: *mār-UD.KIB.NUN*^{ki} AB 11,56,1; 54,15; BDHP 7,14; CT 2,28,31; 4,11b, 5; 17c,26;-6,16 III 10; 37a,17; 12c,26; 32c,9; 48 Vs.4 Rs.2; 52,43,1; PBS 8/2,201,2; 230,26; 251,15; SVJAD 47,8; TCL 1,102,3; 192,4; TLB 1,166,19; VS 8,73,29; 102,21; 111,3; 9,34,5; 70,15; 144,25; 145,28; 157,17; 158,3; Friedrich BA 5/4, 516: 52,19

PN: *mār-UD.KIB.NUN.NA*^{ki} CT 4,46c,3, BDHP 79,3; CT 48,32 Vs.3; VS 7, 138,16;

PN: *UD.KIB.NUN*^{ki}*-liwwer* Friedrich BA 5/4,496: 19,1; CT 45,55,17; 52,42,8

PN: *UD.KIB.NUN*^{ki}*-ṭāb* ed-Der 56 I 6!; CT 48,24 Rs.4; PBS 8/2,204, 3; 247,12

PN: *LÚ.UD.KIB.NUN.NA*^{ki} TCL 10,98B,15

PN: *UD.KIB.NUN*^{ki} TIM 7,93,5 (PN?)

PN: *UD.KIB.NUN*^{ki}*-idinnam* VS 16,207,17

PN: *UD.KIB.NUN*^{ki}*-nāṣir* TCL 1,147,4.5

PN: *UD.KIB.NUN*^{ki}*-šadī* CT 4,20a,24;44b,20; TCL 1,89,21; VS 8,45,7

PN: *UD.KIB.NUN*^{ki}*-[šad]ī?* AB 11,31,23

PN: *UD.KIB.NUN*^{ki}*-šadūni* CT 6,23b,6

PN: *UD.KIB.NUN-*^{ki}*-šemi* BDHP 27,35

PN: *līšer-UD.KIB.NUN*^{ki} BE 6/1,32,4; CT 8,34c,22; 45,15,1

PN: ^{d}*UTU.UD.KIB.NUN*^{ki}*-išme* BE 6/1,87,9 (so?)

PN: *lirbi-UD.KIB.NUN*^{ki} CT 4,49b,6

PN: *UD.KIB.NUN*^{ki}*-lirbi* PBS 8/2,199,18; VS 9,138,2

PN: *UD.KIB.NUN*^{ki}*-abī* VS 9,86,6; 87,6

PN: *UD.KIB.NUN-tum* BDHP 81,7

Daten: *BÀD(.GAL)UD.KIB.NUN*^{ki} Sumu-la-el 29 (RlA 2,176: 43) Ḫammurabi 23 (RlA 2,179: 125), Ḫammurabi 25 (RlA 2,179: 127) *UD.KIB.NUN*^{ki}*(...)BÀD.bi* Ḫammurabi 43 (RlA 2,182:145, Kurzform TIM 3,135,16)

Sip(p)ir-amnānum

BÀD (...)UD.KIB.NUN^{ki} Samsuiluna 16 (RTA 2,183: 161)

É ^{d}*UTU UD.KIB.NUN*^{ki} Samsuiluna 18 (RTA 2,183: 163)

LUGAL sí-pí-ir^{ki} Datum: Jaḫzir-el (Baqir Sumer 5,143: 1; Edzard ZZB 126[666]; Kupper Nomades 203[1])

¶ = Abū Ḫabba; Lage: 44°16' öL/33°4' nBr = MB 3259; RGTC 2,169. D.O.Edzard, ZZB 106-107 hält die Orte ⟶Sip(p)ir-Amnānum und ⟶ Sippir-Jaḫrurum für Vororte von Sippir, in denen sich die Stämme der ⟶ Amnānum und ⟶ Jaḫrurum angesiedelt hatten. L.de Meyer hält aufgrund von Textfunden Tall ad-Dair für Sip(p)ir-jaḫrurum (mündl.Mittl.). Mit der Bezeichnung ⟶ Sippir-GAL(rabû) könnte der Kern des Gebietes von Sippir gemeint sein, mit Sippir-EDIN.NA die zur Stadt gehörenden ländlichen Gebiete (vgl. BE 6/1,72,3: Sippir u nawêšu), an die sich die Festung Sippir-BÀD anschließt, vgl. zusammenfassend D.O.Edzard, Tell ed-Der, 18-22 und s. die Reihenfolge ⟶ Bābilim, ⟶ Sippir-EDIN.NA, ⟶ Sippir.BÀD, ⟶ Dūr-Apil-Sîn im aB Itinerar (A.Goetze, JCS 7,51b). Die Bezeichnung ⟶ Sippir-Annunītum soll für den Wohnbezirk im nw des Tempelbezirkes von Sippir stehen, vgl. dazu W.Andrae /J.Jordan, Iraq 1,55, s.D.O.Edzard, ZZB[527]; vgl. J.-R.Kupper, Nomades 52f. und 76, R.Harris, Sippar 1o-14. Zu M.Rutten, RA 54,33: 38,5 vgl. W.F. Leemans, Trade 112[2]; vgl. ders. in JESHO 21,204.

Sip(p)ir-amnānum

UD.KIB.NUN^{ki}*-am-na-nu-um* CT 45,41,7

UD.KIB.NUN^{ki}*-am-na-nu* AbB 2,67,12; 6,27,11; CT 45,48,32

UD.KIB.NUN^{ki}*-am-na-nim* AbB 2,71,10!; BE 6/1,13,2?! (.. *am*[.]); 88,2; 99,11; 6/2,123,3; CT 4,15b,8; 8,3a,3; 16a,13; 21b,6; 45,48,31; 52, 34,5; 114,17

UD.KIB.NUN^{ki}*-am-AN-nim* CT 8,10c,6!

BÀD ša UD.KIB.NUN^{ki}*-am-na-nu* AbB 2,77,5

kār UD.KIB.NUN^{ki}*-am-na-nim* BE 6/1,74,12!; 99,18; CT 8,7a,23

kār UD.KIB.NUN^{ki}*-am-na-nu* BE 6/1,119 Rs.I 15

šakkannak/malāḫ/dajjāne/LÚ(...) UD.KIB.NUN^{ki}*-am-na-nu(-um)/-nim* AbB 2,66,5.13!; 69,5!.11; 73,9; 75,2; 5,240,1; BE 6/1,69,4.10; 80,6; TCL 1,148,6

DINGIR.DIDLI UD.KIB.NUN^{ki}*-am-na-[nu-um]* AbB 6,16,9

LÚ^{meš} *kār UD.KIB.NUN*^{ki}*-am-na-nu* CT 48,37 Vs.4

¶ ⟶ Sippir.

Sip(p)ir (ša) Annunītum

UD.KIB.NUN^{ki} *ša an-nu-ni-tum* AbPh 100,15

¶ ⟶ Sippir.

Sip(p)ir-BÀD

UD.KIB.NUN.NA.BÀD Goetze JCS 7,51 I 12

¶ ⟶ Sippir.

Sip(p)ir-EDIN.NA

UD.KIB.NUN^{ki}*.EDIN.NA* AbB 2,63,5.10$^{!}$; CT 8,9a,7; 45,8,3; TCL 1,135,2$^{!}$; 136,2

UD.KIB.NUN.NA.EDIN.NA Goetze JCS 7,52 I 11

¶ ⟶ Sippir.

Sip(p)ir-jaḫrurum

UD.KIB.NUN^{ki}*-ia-aḫ-ru-rum* AbB 1,2,9; -2,67,7$^{!}$.15; -6,26,5; 27,4$^{?!}$; 59,4.10; 61,4; 97,4.8; 190,6.12'.19'([*ia-aḫ-ru-rum*]); AbPh 90,15; BE 6/1,95,2; 105,2; 109,3; CT 6,6 Vs.2.Rs.5$^{!}$; -8,27b,9.11.20; 36c,8; -45,46,2(!); 54,17'.20'; 55,7; -52,47,8; 50,1; 153,10; TCL 18,101, 11; Anbar RA 69,118a,5

BÀD UD.KIB.NUN^{ki}*-ia-aḫ-ru-rum* AbB 6,190,15

kār UD.KIB.NUN^{ki}*-ia-aḫ-ru-rum* AbB 6,51,10; 176,5; 191,17; BE 6/1, 110,9; 115,8; CT 6,24a,7; 8,2b,22; 36c,13$^{?!}$.19; 45,55,31; 48,72 Rs. 3; 52,47,7'

erṣet UD.KIB.NUN^{ki}*-ia-aḫ-ru-rum* AbB 1,2,20; CT 52,50,17';49,12';TCL 1,8,5

dajjāne/tamkārū UD.KIB.NUN^{ki}*-ia-aḫ-ru-rum* AbB 2,53,1.6; 65,6; 6,60,4. 3'(dazu?); CT 8,27b,24; 45,54,14'

¶ L.de Meyer identifiziert S.-J. mit Tall ad-Dair, ⟶ Sippir.
Lage: 44°18' öL/33°6' nBr = MB 3563.

Sip(p)ir rabûm

UD.KIB.NUN^{ki}*.GAL* ARN 165,1$^{?}$; BE 6/1,62,8; CT 2,27,2; 4,18a,1; 8,9a, 5,8$^{?}$; 20a,8; 45,8,5; 35,2; TJDB t.2: 15913,14$^{!}$

UD.KIB.NUN^{ki} *ra-bi-im* CT 4,47a,21

DUMU UD.KIB.NUN^{ki}*.GAL* BDHP 65,11

¶ ⟶ Sippir.

SU.(BIR$_4$) ⟶ Šubartum

Suda ⟶ Šudā

Suḫûm

Suḫûm

su-ḫu-um^{ki} SD 5,36 A IV 31/B Rs.I 4'

su-ḫa-i^{ki} ARMT 14,92,6

su-ḫi-i^{ki} CT 52,109,Rs.4

É$^{ḫi.a}$*(ERIM) su-ḫu-um* SD 5,36 A IV 35/B Rs. I 7'

sú-ḫu ARM 2,22,21

su-ḫi-im ARM 2,30,5'

sú-ḫi-im ARM 4,16,11'

su-ḫa-am ARM 2,39,67

su-ḫa^{ki}*šaplîm* ARM 1,20,4'

su-ḫ[i]$^{ki?}$ TCL 17,26,12

ḫalaṣ su-ḫi^{ki} AbB 2,88,3

PN su-ḫu-um^{ki} VS 7,58,9; YOS 13,69,17

ERIM$^{?}$ *su-ḫu-um* PBS 13,56,1

PN šāpir su-ḫi^{ki} AbB 2,88,2.18.19

LÚ^{meš}*su-ḫu-ú*$^{(ki)}$ ARM 7,213,23; Dossin Syria 48,2,8

PN LÚ su-ḫi-im$^{[ki]}$ Habiru 24: 33

PN LÚ su-ḫi-im ARM 2,45,3

PN LÚ su-ḫa-ju ARM 2,30,11'; ARMT 13,83,9

su-ḫa-ji-ma YOS 13,411,13

2 MÍ su-ḫi-ia-tum Dossin RA 65,64 VI 45

30 su-ḫa-ia ARM 2,30,10'

¶ M.Ellis, Taxation, 13-14: Region am Euphrat unterhalb von Mari; vgl. auch H.W.F.Saggs, Iraq 17,136; 28,188. J.A.Brinkman, AnOr.43, 183-84[1127]: von der Grenze Babylons ⟶ Rabiqum bis Ḫindānu am mittleren Euphrat (Belege und Deutungen ab mA/mB Zeit). Nach J.-R. Kupper, Nomades 44, ist die Göttin ʿAnat im Lande Suḫi heimisch; vgl. zuletzt zusammenfassend M.Anbar, IOS 5,13ff.

SUKKAL

^{uru}*SUKKAL*^{ki} RIAA 260,23; TEBA 36,74

¶ ⟶ Ṣupur-Šubula.

Sumlaḫalal

^{uru}*su-um-la-ḫa-la-al* TCL 11,186,3

Summan

URU^{ki} *su-⌈um⌉-ma-an* YOS 12,48,2

XX] *su-ma-AN*^{ki} AbB 4,96,20
URU^{ki} *sú??-um-AN* TIM 4,7,7
PN URU^{ki} *su-um-ma-an* TSifr 81,17

Sumu-alḫadu

su-mu-al-ḫa-du^{ki} YOS 2,117,17.19.23

Sumudara

KASKAL su-mu-da-ra CT 4,10,6
¶ Fraglich, ob ON.

Supānu

wāšib ^{uru}*su-pa-nu*^{ki} OBTI 306,5
wāšib su-pa-nu^{ki} OBTI 307 Rs. II 6'

Sūqāqû

su-qá-qù-ú Goetze JCS 7,52 I 24?; Hallo JCS 18,59,14
PN...sú-qa-qí!^{ki} ARM 8,96,3
LÚ sú-qá-qì-im^{ki} ARM 8,57,15; 68,14
LÚ s[ú-q]a-q[í]-im!^{ki} ARM 7,225,5'
LÚ sú-qa-qé-en^{ki} ARM 7,226,45; 8,57 Umschlag 17
¶ Von W.W.Hallo, JCS 18,70 mit H.Lewy, AIPHOS 13,316f. zwischen w und ö Teil des Ǧabal Hamrīn am Zusammenfluß des Tigris mit dem unteren Zāb angenommen, am w Ufer des Tigris. Gegen diese Lokalisierung am w und unzugänglichen Ufer wendet sich ausführlich J.A.Brinkman, BiOr. 27, 313f., s. auch ibid.S.302.- Nach dem aB Itinerar ist S. eine Tagesreise von Assur entfernt, ⟶ nA Sugagu.

*Suqum ⟶ *Zukum

Susā

su-sa-a^{ki} ARM 2,109,12
LÚ su-sa-a[x?] ARM 7,210,22; 298,2
[LÚ s]u-sa-a^{ki} ARM 7,209,11
PN LUGAL su-sa-a$^{k[i]}$ ARM 7,91,2
su-sa-a^{ki} ARM 9,288,7
¶ Nach A.Finet, ARMT 15,133,s von ⟶ Elaḫut und zu trennen von ⟶ Šušim = Šūš ; vgl. aber ⟶ Šušā; ⟶ Amaz.

Suta[

Suta[

su-ta$^?$-x Goetze JCS 7,52 I 24

¶ ⟶ Šudā.

Sutûm

^{kur}*sú-tu-um*^{ki} UET 5,97,20

^{kur}*su-tu-ú-um* TSifr 13,14

su-ti-um$^{(ki)}$ UET 1,138,23; 8,85,11

(ṣābē/PN/LÚ$^{(meš)}$*su-tu-ú* AbB 6,10,5; 2,83,34; ARM 3,12,10; 6,15,18; 44,5; 51,15'; 57,10.4'.16'; 58,10.11.15; 7,110,4'; 133,3; 165,15; 169,13; 225,[20?]; ARMT 13,106,16$^!$; CT 4,31a,4; 8,10b,8; 14a,7$^?$; 45,59,6; 52,86,22.23; 89,9; TIM 2,101,7; TJAUB t.9: 22,12, UET 5, 496,11; Dossin RA 66,119,17

(ṣābē/LÚ$^{(meš)}$*)su-ti-i* AbB 3,1,7.12; 5,230,7; ARM 1,100,6; 6,44,7'; 51,13'.17'; 57,5; 58,5; 7,19,3; 8,9,1.4; 9,244,11; ARMT 13,44,8; 106,5.9; 14,78,8.3'.5'.6'; 79,17; CT 8,21d,10; 48,78,9; TCL 17,58,9

LÚ su-ti-i^{meš} ARMT 14,79,7

(DUMU/LÚ)su-tu-um ARM 5,23,[8?].15; 8,78,38; TCL 17,52,8; UET 5,108, 3.19; VS 13,41,5

su-ú-tum AbB 6,140,10

su-tu$^{(meš)}$ TEBA 50,4$^?$; YOS 13,395,6; 492,13

su-te-em ARM 5,23,22

su-de-e-em ARM 2,124,16 (Schreiber verwechselt im Brief häufiger t und d)

su-te-i (tadmeraji) ARM 5,23,20

L[Ú]su-ti ARM 8,20,6'

MAR.TU su-ti-um UET 5,564 I 6

PN: *su-tu-ú-um* AbB 6,65,6

PN: *su-ti-tum* TLB 1,96,11; 97,11

PN: *su-te-i-tum* Gadd Iraq 7,43b

Datum: *(ERIM)su-tu/ti-um*^{ki} Rīm-Sîn 14 (RlA 2,162: 216; Var. YOS 8, 23,28)

¶ Nach J.-R.Kupper, Nomades 83ff. sind die S.Nomaden der syrischen Wüste; vgl. H.B.Huffmon, APNMT 142 mit Anm.5.J.Grintz, JNES 21,201a vermutet, daß das ägyptische Sēt-Volk S. meinen könnte. Vgl. zusammenfassend J.A.Brinkman, AnOr. 43,285ff. mit Lit. und einem geschichtlichen Überblick ab der kassitischen Zeit. Mit den Sutäern wird an landschaftlichen Bezeichnungen erwähnt: Purattum elênum (Landbeṣitz!); ⟶ Tadmir, ⟶ Našalā, ⟶ Qatnā sind Städte der syrischen Wüste, die von ihnen geplündert werden (ARM 5, 23; 1,100); sie finden Silber im Ǧabal Bišrī (ARM 6,44). Zur Zeit Ḫammurabis sind die Sutäer befriedet (⟶ Razamā), während Jasmaḫ-Adad und Zimrilim wiederholt über Raubzüge unterrichtet werden. ⟶ Jaḫmutum.

Ṣ

Ṣabijatum

uru ṣa-bi-ia-tum AbB 4,130,14

*Ṣarbu

ᵈBēl-ṣar-bi ki BIN 7,214 Siegel 3 (Wilcke WdO 8,274)

Ṣerdi, Ṣerda

ṣe-er-di! Hallo JCS 18,60,36
ṣé-er-da ki Dossin RA 68,28,5.8

¶ G.Dossin, RA 68,34:="Tall Zeidan";⟶ Tuttul (am Balīḫ); zur Lesung Ṣerdi in JCS 18,60 vgl. G.Dossin, RA 68,27

Ṣerki ⟶ Ṣerdi

*Ṣilbû

ṣi-il-bé-e ki YOS 13,254,5

Ṣillijān

ṣí-lí-ia-an ki ARM 10,143,10
ṣíl-lí-ia [k]i Rimāḫ 244 I 11'.V 3

Ṣil-IŠKUR

<u>Daten</u>: *ṣi!-el-ᵈ[IŠKUR] ki* Bilalama?x (OIP 43,182: 78)
ṣil([gi]š MI)-ᵈ[IŠKUR] Var. dazu (ibid.)
ṣíl(MI)-ᵈIŠKUR Bilalama?x+1(OIP 43,182: 79)

Ṣubatum

Ṣubatum ⟶ Zubatum

Ṣubat-Ištar

ṣú-ba-at-Ištàr^{ki} ARMT 14,106,7

Ṣuprum

ṣú-up-ri-im^{ki} ARM 1,7,6.8; 43,23; 2,44,20!; 5,65,23; 7,114,2; 10, 150,6.13; 152,6.14'; ARMT 13,39,5'; Birot RA 49,19 V 65;

ṣú-up-ri^{ki} ARM 6,36,7; 11,240,3

ṣ[ú-u]p!-ri ARM 11,8,12

Ḫanû(wašbūt) ṣú-up-ri-im$^{!ki}$ ARMT 13,30,5; Birot RA 47,123 V 19(= RA 49,19 V 59)

PN LÚ ṣu-up-[ri-im^{ki}] ARM 7,226,55?

¶ J.-R.Kupper,RA 41,160; G.Dossin Syria 19,115: zwischen Terqa und Mari, zum Distrikt von ⟶ Terqa: vgl. J.Bottero, RA 52,175; ⟶ Karanā, ⟶ Qattunān, ⟶ Saggaratum.

Ṣupur-Šamaš

ṣú-pu-ur-^{d}*UTU*^{ki} LE 18 I 5

Daten: *UMBIN-*^{d}*UTU*^{ki} Ibal-pî-el (Baqir Sumer 5,82: 35a.b); Narām-Sîn (Baqir Sumer 5,143: 5)

¶ Vgl. B.Landsberger, JCS 9,121[1] zur Zusammensetzung von ON mit dem Element Ṣupru statt Supūru; s. St.Dalley, Rimāḫ S.15: 16.

Ṣupur-Šubula

UMBIN-^{d}*šu-bu-la*^{ki} TEBA 36,15; Sollberger JCS 5,86a,2

UMBIN-^{d}*šu-bu-la* YOS 13,241,7

¶ B.Landsberger, JCS 9,121 a-b: nicht weit von Kutha, am ⟶ FN Mē-Enlil.

Ṣupur-Zababa

ṣu-pu-ur-^{d}*za-ba*$_{4}$*-ba*$_{4}$ AbB 1,40,8

^{uru}*UMBIN-*^{d}*za-ba*$_{4}$*-ba*$_{4}$ LFBD 16: 900,14

Š

Šabaḫu

ša-ba-ḫu$^{ki!}$ OBTI 312,7

Ša(-)Baṣim ⟶ Baṣum

ŠÀ.^{bi} gi-ir-rum ⟶ Gerrum

Šadaḫa (?)

PN ^{uru}*ša?-da?-ḫa* VS 13,104 I 28

Šadlaš

URU^{ki} *ša-ad$^{!}$-[la-aš^{ki} ?]* *māt aš-nun[-na^{ki}?]* TJAUB t.26: G 28,2

māt ša-ad-la-áš OBTI 326,9

Datum:*BÀD ša-ad-la-áš*^{ki} Sîn-abūšu 1 (Baqir Sumer 5,79,17; AND S. 3: 1.mu:"-aš")

rabiān am-na-an ša-ad-la-áš CT 48,83 Siegel; Harris Sippar 383: BM 92657,5

DUMU/LÚ ša-ad-la-áš^{ki} CT 48,83 Vs.5; ed-Der 154,8 (Harris RA 70, 148[5]); OBTI 326,30.42

ERIM ša-ad-la-as-si-i VS 18,18,8

¶ R.Harris, JCS 9,50 mit Anm.33, vermutet Š. nicht weit von ⟶ Tutub; F.Reschid, AND S.13[1]: bei Šaǧālī; J.v.Dijk, AfO 23,71 identifiziert es mit Tall aḏ-Ḍibāʾi (⟶ Zaralulu!); vgl. M.Stol, Studies, 86f.; H.Klengel, JCS 23,125[6].

Šaduppûm

URU^{ki} *ša-du-pé-e-em*^{ki} Goetze Sumer 14, pl.3b,6

ša-du-up-pé-e-em$^{(ki)}$ Goetze Sumer 14, pl.1,3

[ša]-du-pé-e^{ki} Goetze Sumer 14, pl.8b,8

Ša-ENSÍ

ša-du-up-pè-e^{ki} Simmons JCS 14,28: 60,9

ša-du-up-pé Goetze Sumer 14, pl.14b,15

ša-du-pé-e Ellis JCS 24,62: 54,11

ša-du$^{!}$*-pu-um* UCP 10/1,43,4 (Coll.Finkelstein bei Goetze Sumer 14, 10: 4)

GÌR.NITA ša ša-du-up-pé-e-em$^{(ki)}$ Goetze Sumer 14,pl.1,6.15

šībūt ša-du-pé-em Simmons JCS 15,81: 138,9

LÚ ša-du-pu-ú^{ki} Goetze Sumer 14,11,18: IM 51458

LÚ ša-du-pe-e^{ki} Simmons JCS 13,71^{5,6}

LUGAL ša-du-pé-e^{ki} Simmons JCS 14,26: 53 Siegel

¶ T.Baqir, Sumer 5,35f.; A.Goetze, Sumer 14,1ff.: = Tall Ḥarmal; vgl. St.D.Simmons, JCS 14,71^{4}. Lage: 44°32' öl/33°14' nBr = MB 5778.

Ša-ENSÍ

URU$^{ki.lum}$*ša-ENSÍ* PBS 1/2,11,7

¶ ON? Oder *ša ālum ša iššakki?*

ŠÀ.GA

ŠÀ.GA^{ki} AbB 1,122,6; 2,54,6.9.13.21.27

^{uru}*ŠÀ.GA*^{ki} BDHP 28,3; CT 2,43,15$^{!}$

DUMU ^{uru}*ŠÀ.GA*^{ki} AbB 1,129,9

¶ F.R.Kraus, AbB 1,122 liest "Kullizum".

Šagri, Šagir

^{uru}*ša-ag-ri* Rimāḫ 226,6

(A.ŠÀ)^{uru}*ša-gi-ir* Rimāḫ 309,10

ša-gi-i[r]$^{[k]i}$ Rimāḫ 319,13

Šāḫānum

^{uru}*ša-a-ḫa-nu-um* TCL 11,153,10

URU^{ki}*ša-ḫa-nu-um* TCL 11,185,40'

Šaḫnā

Datum: *BÀD šà-aḫ-na-a* Samsuiluna 23 (RlA 2,184: 168; CT 8,32a,27)

ša-aḫ-na-a Var.dazu(TCL 11,221)

Šaʾibdi

ša-ib-di-i PBS 8/2,195,6

¶ Wohl Toponym; Lesung?

Šaʾimme-NI.NI

ša-im-me-NI.NI$^{[k]i}$ YOS 13,63,5

¶ Lesung unklar.

Šakkā

LÚ$^{(meš)}$*ša-ak-ka*^{ki} ARM 7,180 II 30'; Dossin RA 42,128,7; 64,24: 9,4

PN LÚ ša-ak-ka-a^{ki} ARM 8,96,7

*Šakinnu

ša-ki-in-ni^{ki} Dossin RA 66,122,12'.14'

¶ ⟶ Kaḫat.

Šakiru

^{uru}*ša-ki-ru* Rimāḫ 226,7

*Šalabatum

ša-la-ba-tim^{ki} ARM 3,30,22

¶ ⟶ Jamḫad.

Šalibi

Datum: *ša-li-bi*^{ki} Ḫammurabi 11 (RTA 2,179: 113)

¶ ⟶ Rabiqum; vgl. D.O.Edzard, ZZB 181[997].

Šallurriju

ša-al-lu-ur-ri$^{!}$*-ju*^{ki} ARM 2,3,9

¶ ⟶ Mašmiānum.

*Šalutānum

ša-lu-ta[n]im CT 6,21c,4

¶ Flurname?

Ša-MANSI

Ša-MANSI

URU[ki] *ša-MA.AN.SÌ* TCL 11,247,4

¶ ON? Oder *ālum Ša (PN) MA.AN.SÌ?*

Šamaš-nūr-mātim

PN *uru* *dŠamaš-nu-ur-ma!*[*-tim?*] VS 13,104 III 8

*Šamdanītum

LÚ ša-am-da-ni-tim[ki] ARM 9,248,10'

Šamḫija

uruša-am-ḫi?-ia?ki CT 4,18c,3

uruša{-ša}-am-ḫi-iaki CT 4,29a,4

LÚ ša!?-am-[*ḫi?*]*-aki* VS 9,145,28

Šamḫum

ša-am-ḫu-um Hashimi 19,4

LÚ.BÀD ša-am-ḫu-[*um*] OBTI 305,25

LÚ.BÀD ša-am-ḫu-umki OBTI 305,30

¶ ⟶ Šamḫija?

*Šamirum

PN ša-mi-ra-ji-tim CT 52,29,3

¶ Vgl. F.R.Kraus, AbB 7: 29.

*Šamizu

URU[ki] *ša-mi-*[*z*]*i* AbB 4,47,6

Šamkānum

ša-am-ka-nim Hashimi 19,2; SVJAD 39,2

Šanasapi

ša-na-sa-pi Goetze JCS 7,53 IV 10'

¶ A.Goetze, JCS 7,64b "Ša(-)nasabi"?

*Šannatum

PN wāšib ša-an-na-tim^{ki} AbB 3,3,6!

Šanuḫu(m)

^{uru}*ša-nu-ḫu-um* UCP 10/1,55,17
URU^{ki}*ša-nu-ḫu-um* UCP 10/1,64,7
^{uru}*ša-nu-ḫu* UCP 10/1,20,16

Šanza, Ša'enzi

ša-an-za^{ki} TIM 2,4,4
ša-en-zi^{ki} TIM 2,89,5

Šapanazum ⟶ Panazum

*Šappašānu (?)

^{uru}*ša-ap-pa-ša*$^{?}$*-ni* YOS 13,111,15

Šarā

u-ga-ri ša-ra-a^{ki} ARM 4,62,5

Šarabtu

LÚ ša-ra[-ab?]-tu$^{![ki?]}$ AOAT 3/1,18,4
¶ Coll. J.Renger, JNES 32,264a.

Šar-Kutêm ⟶ LUGAL-GU.DU$_8$.A

Šarmaḫu/nānum

ša-ar-ma-ḫu/na-nim BE 6/1,106,3 (Harris Sippar S.383 liest: *ša-ar-na-an*$^{?}$*-nim!*)
¶ Vgl. CAD A$_2$ 291b.

Šarmaneḫ

"*ša-ar-ma-ne-eḫ*^{ki}" Dossin Syria 19,117

Šarrum-Sîn

URU^{ki} *LUGAL-*^{d}*Sîn(EN.ZU)*^{ki} UET 5,726,6

Datum: *LUGAL-*^{d}*Sîn(EN.ZU)*^{ki} Sumu-el 5 (UET 1,225; Meek AJSL 33,243: RFH 39,14)

¶ St.D.Walters, RA 67,35: 5.1 zum Datum; ⟶ FN LUGAL-Sîn.

*Šašillānu

ša-ši-il-la-ni Goetze JCS 4,110,8

¶ Sicher am unteren Zāb gelegen: J.Brinkman,BiOr. 27,303[26] mit Lit.; vgl. D.O.Edzard, ZZB 147: zwischen unterem Zāb und Ǧabal Ḥamrīn. - Abzulehnen ist wohl die Lesung sa-sìla-a für ⟶ Saqā und die daraus folgende Verbindung mit Š.: W.W.Hallo, JCS 18,72[12].

Šašrān

LÚ ša-aš-ra-an^{ki} ARM 8,77,7

Šāt-Laz

ERIM^{meš} *ša-at-*^{d}*la-az*^{ki} CT 52,71,10

¶ Die Identität dieses ON mit ⟶ Šadlaš ist wahrscheinlich, welches dann Šāt-Laz etymologisiert werden müßte. Dagegen spricht die -nicht nachprüfbare-Schreibung *-aš* im Datum Sîn-abūšu, AND S.3: 1.mu.

Šāt-Nanâ

^{uru}*ša-at-*^{d}*na-na-a*^{ki} BRM 4,53,52

*Šeḫrum

LÚ (...) še-eḫ-ri-im^{ki} ARM 7,225,6'; 226,46

LÚ še-eḫ-ri^{ki} ARM 7,180 III 19'

MÍ ši-iḫ-ri-tim^{ki} Dossin RA 69,28,4.9

[LÚ]^{meš} *ši-iḫ-ra-ju*^{ki} ARM 8,56.4

Annunītum ša še/ši-iḫ-ri-im Datum:Zimrilim (ARM 8,10,9'; St.Mar.57:22)

¶ G.Dossin, RA 69,30: in der Gegend von Mari.

ŠEN

ŠEN?^{ki} YOS 12,203,29 (Stol)

ŠEŠ.A.NE.NE

URU^{ki}ŠEŠ.A.NE.NE UET 5,441,8

Šezibbu

še-zi-ib-bu^{ki} FAI 86,55

¶ ⟶ Zaslum, ⟶ Zikum.

Šiḫuz

^{uru}ši-ḫu-uz AbB 1,63,2

*Šikšambum, Šikšabbum

ši-ik-ša-ab-bu-um^{ki} ShT 35,5
ši-ik-ša-ab-bu$^{ki!}$ Laessøe Babylon fig.4b up.edge 4
ši-ik-ša-ab-bi-im^{ki} Laessøe Babylon fig.4b,16
ši-ik-ša-am-bi-im^{ki} ShT 33,5.11
ši-ik-ša-am-bi^{ki} ShT 35,5: 917.919
ši-ik-ša-bi-im^{ki} Laessøe Babylon fig.4a,3 le.edge 4

¶ J.Laessøe, People of Assyria, 153: sö von Rāniya.

Šimaš ⟶ Simaš

Šimurrum, Simurrum

^{uru}ši-mu-ru-um^{ki} BIN 2,80,1
ši-mu-ur-ru-um^{ki} Weidner AfO 15,77,2
ši-mu-ru-um^{ki} CT 4,47a,2!
ši-mu-ur-ri-im Rimāḫ 11,4; Laessøe AS 16,192,35
LÚ ši-mu-ur-ri-i^{ki} FAI 86,6.7
ši-mu-ra-ju^{ki} ARM 3,81,12
si-mu-rum^{ki} Finkelstein JCS 9,2 Anm.15,2: University of Ill. 2320
LUGAL si-mu-ur-ru-um BIN 9,421,10.16

¶ Vgl. RGTC 2,168 mit Lit. S. noch J.Laessøe, ShT 15[8]; S.Dalley, Rimāḫ Nr. 24:r.4; E.Weidner, AfO 15,75ff.

Šimūt-abī

^{uru}ši-mu-ut-a-bi A 32093,23

Šinaḫ

uru?še-na-aḫ^ki ARM 10,121,5

ši[-na-a]ḫ^ki ARM 2,38,15

LÚ ši-na-aḫ^ki ARM 2,33,7'; 4,40,15

GEME.SAG ^uru*ši-na-aḫ*^ki *māt birītim* VS 7,53,2

PN kār ši-n[a?]-aḫ CT 4,26c,7

ši-na-ḫa-ju^ki ARM 2,38,5

¶ J.J.Finkelstein, JNES 21,78 und Anm.22; W.F.Leemans, Trade 110; ⟶ Ḫurrā und ⟶ Urgiš.

Šinaḫalim

ši-na-ḫa^?*-li-im* Hashimi 21,1

¶ ⟶ Šinaḫ? (<Šinaḫ-ālim?>)

Šinam, Šinamum

1. ši-nam^ki v.Dijk Sumer 13,109f.5'.7'.15'(=AfO 23,66,10.12.20)

2. māt ši-na-mi-im^ki ⟨ki⟩ Dossin CRRAI 18,63,46: A 49

LUGAL ši-na-mi^ki Finet RA 60,24,[4'].9'

PN ša ši-na-me-e ARM 7,263 III 15'

LÚ^meš *ši-na-ma-ju*^ki ARM 2,9,7!; 4,77,5!(*-ji*)

ši-nu-ma-ḫa(Pl.) ARM 4,77,10

¶ Š.1. wird zusammen erwähnt mit ⟶ Diniktum, ⟶ Huršītum, ⟶ Mankisum und ⟶ Nērebtum (AfO 23,66) und liegt deshalb wohl ö des Tigris; Š.2. kann aufgrund der nachaltbabylonischen Texte von Š.1 getrennt und im nördlichen Mesopotamien am oberen Tigris (sö von Diyarbekir) vermutet werden, s.K.-H.Kessler, Topographie, S. 110ff.

Šinnamungi

URU^ki *ši-in-na-mu-un-gi* UET 5,441,6

¶ Vgl. ⟶ Šunamugi (UR III) RGTC 2,184f.

Šipaḫ

ši-pa-aḫ Jean RA 42,71,38

Širamaḫ ⟶ Iširamaḫ

Širimtum, Šerimdu

URU^{ki} ši-ri-im-tum^{ki} YOS 5,114,7; TEBA 69 II 11!

URU^{ki} ši-ri-imtum TCL 17,1,4; 2,25.33; 8,17(Coll.Birot); 9,4; YOS 5,181,19

[ši]-ri-im-tum^{ki} UCP 9/4,25,11

^{uru}ši-ri-im-tim AbB 4,49,5

URU^{ki} še-ri$^{?}$-im-di^{ki} TCL 18,60,8

^{uru}ši-ri-im-tum ša É.GIBIL^{ki} A 32093,19(Stol)

¶ F.R.Kraus, ZA 51,58: bei Marad; E.Ebeling MAOG 15,1/2,3 Anm.b: bei Larsa. ⟶ FN Šerimtum; ⟶ KA.AN.

Širwun(?)

māt ši-ir-PI-un$^{k[i]}$ Rimāḫ 72,4

LUGAL ši-ir-PI-un$^{?ki}$ Rimāḫ 82,4

GEŠTIN ša ši-ir-[PI-un]^{ki} Rimāḫ 251,11

Šī-šarratum

PN wāšibti ši-i-šar-ra-tum Legrain RA 10 t.V: 53,2'.6'

Šitullum

ši-tu-ul-lum^{ki} AbB 2,23,7; SD 5,32 A III 26

ši-tu-ul-lim^{ki} ARM 2,25,12; 15,19.25; 6,27,17

ši-tu-lim^{ki} ARM 1,71,7'; 2,25,10

ḫalaṣ ši-t[u]-ul-lim^{ki} ARM 2,15,7

URU^{ki} ši-tul-[li-x] AbB 6,84,6

¶ F.R.Kraus, SD 5,80f.: am Westufer des Tigris; J.-R.Kupper, RA 42, 49: im Tigristal, oberhalb von Mankisum; ⟶ Aššur, ⟶ Ešnunna, ⟶ Mankisum. Š. wird als Grenzgebiet *(pattum)* des Reiches des Šamšī-Adad bezeichnet (ARM 2,15).

Šubartum

māt$^{(ki)}$ šu-bar-tim ARM 6,27,17'; ARMT 14,50,14; 112,29; Thureau-Dangin RA 33,172,35

māt šu-ba-ar-tim ARM 1,18,26; ARMT 13,117,3''!; Thureau-Dangin RA 33, 172,30

Šubartum

šu-bar-tim ARM 2,81,25; ARMT 14,112,26

PN šu-ba-ru-um VS 18,3,5.11.13

LÚ/2 šu-ba-ru-ú ARM 3,37,18; VS 7,184 III 3

LUGAL$^{(meš)}$*/UDU*$^{hi-a}$ *šu-ba-ri-i* ARM 3,37,7; ARMT 14,112,24; ShT 71 Anm.57,7

(2...)šu-ba-ri-im AbPh 143,15;

LÚ šu-ba-ri-i AbB 6,19,7

PN šu-ba-ri-a-am SVJAD 46,7.12

šu-ba-ru-ú VAB 6,246,10(PN?)

šu-ba-ri-i-tum ARM 7,275,2

šu-ba-ri-tum/[ti]m? CT 8,46,20; HS 106 Anm.81: YBC 4472,13(= YOS 12,76,13?); SVJAD 46,1$^{?!}$

šu-ba-ri-tam AbB 1,27,36.38

PN: *šu-ba-ru-ú* CBT 1,14890

māt SU.BIR$_4^{ki}$ YOS 13,35,3; 89,7

ālu SU.BIR$_4^{ki}$ YOS 13,117,10

SU.BIR$_4^{ki}$ UET 1,146 III/IV 3'; YOS 13,124,5

KUR SU.⌜BIR⌝$_4^{ki}$ Rimāḫ 133,7

^{kur}*SU*^{ki} Rimāḫ 18,5

PN/SAG.ÌR/LÚ/DUMU^{meš}*/GÉME SU.BIR*$_4^{ki}$ AbB 6,17,6; BE 6/1,95,25$^!$; CT 33,41,2; 48,66 Vs.2("*birīt nāri*"); HS 106 Anm.82: YBC 7612,1; TCL 1, 147,2; TEBA 71 IV 15.III 7; YOS 12,552,2; 13,246,1; 253,2; 382,2; Finkelstein JCS 9,1: MLC 1204; JNES 21,71: VAT 1176,2;

Daten: *ṣāb māt su(!)-bar-tim* Ibāl-pî-el II 10(UCP 10/1,58,20; OIP 43, 129[55])

ṣāb SU.BIR$_4^{ki}$ Var. dazu (Ish 35: T.53; Baqir Sumer 5,81: 30a/b; UCP 10/1,23,18; Taxation 15,7)

ṣāb SU.BAL.BIR$_4^{ki}$ Var. dazu (Simmons JCS 13,75!; 15,81: 136,8)

ṣāb SU.PA$^{?!ki}$ Var. dazu (Baqir Sumer 5,81,30a,4)

ummānāte šu-bar-ti Var. dazu (Baqir Sumer 5,83,10)

SU/SU$_6$*.BIR*$_4$ Nūrāḫum (OIP 43,170:42; 171: 43 mit Add. *BIR*$_4$= *BAPPIR*.)

SU.BIR$_4^{ki}$ Ḫammurabi 30.33 (RTA 2,180a: 132; 180: 135)

ZAG.KUR MA.DA SU.BIR$_4^{ki}$ Ḫammurabi 32 (RTA 2,180: 134)

SU.BIR$_4$*.LA*^{ki} Var. dazu (TEBA 3,17; 4,23; S.22[1].38)

māt SU.BIR$_4^{ki}$ Ḫammurabi 37.39 (RTA 2,181: 139; 181: 141)

LÚ SU.A^{ki} Išbi-Erra 13 (Baqir Sumer 4,112,10; BIN 9,S.9; s.Kienast JCS 19,45ff.)

¶ Vgl. RGTC 2,175; in aB Zeit umfaßt das Gebiet von Š. nach B.Landsberger, RA 48,212 nur die Gegend von Ḫarrān, nach J.J.Finkelstein, loc. cit. das Gebiet von Diyarbekir bis Nuzi. J.J.Finkelstein, JNES

21,77: die Bezeichnung Š. ist geographisch zu begreifen, nicht ethnisch. Š. bezeichnet das Gebiet vom Euphrat bis nach Kirkūk. Vgl.am umfassendsten die Darstellung von W.Ph.Römer, WdO 4,17ff.

Šubat-Enlil

*šu-ba-at-ᵈen-líl*ᵏⁱ AbB 1,29,14; ARM 1,5,47; 7,14.17.22.31.42; 10,10'.25'!; 17,7; 19,7'; 26,10.14; 31,11.15; 35,5.13.25; 37,14; 44,6; 61,14.23!25?; 64,4'!; 67,20!; 74,6!; 75,25!.33!.34!.; 82,20.24!; 87,12!?.7!; 96,10!;2,2,12.18.20; 4,21; 6,8.18!.25; 8,30; 41,5 (*šu-ba-at*[ ]).10.12'; 49,5'; 109,5; 130,9.28.29; 135,15!; 4,2,8.18.22; 5,18; 11,18' (*šu-b*[*a*..]); 64,8.11.14'; 80,3.7; 5,47,14(*šu-ba-a*[*t*]-[ ]ᵏⁱ); 55,13; 75,9!; ARMT 13,140,3!; 14,104,3'; 109,12; ShT 48,16; Rimāḫ 5,7; 136,7; Gadd Iraq 7,A 994 Vs. t.4,2.14; Goetze JCS 7,54,3; Jean ArOr.17/1 t.6,5.16!.19; RA 42,75,4'.8'

šu-ba-at-ᵈEN.LÍL.LA Hallo JCS 18,60,24

*É šu-ba-at-ᵈen-líl*ᵏⁱ AOAT 3/1,40,33; ARMT 13,142,28

*ālum šu-ba-at-ᵈen-líl*ᵏⁱ ARMT 14,101,5'.7'.11'; 104,4'

*šu-bat-ᵈen-líl*ᵏⁱ ARM 10,5,5!.20!.24!.29.30!; Rimāḫ 42,16

šu-pa-at-ᵈen-líl Goetze JCS 7,52 II 5; 53 III 25

*LÚ šu-bat-ᵈen-líl*ᵏⁱ ARMT 14,102,8

¶ Gleichsetzung von Š.-E. mit ⟶ Aššur nur von J.Lewy, OrNS 21,1-11. Als Identifizierungsvorschläge sind mir bekannt: Tall Šāġar Bāzār (40°54' öL/36°52' nBr): A.Goetze, JCS 7,58, G.Dossin, AAS 11/12, 205f., B.Landsberger, Belleten 14,252, A.Finet, ARMT 15,134. Tall Barāk (41°2' öL/36°40' nBr): W.v.Liere und A.Mortgat, AAS 13,120.124 Tall Lailān (41°30' öL/36°57' nBr): M.Falkner, AfO 18,37[53], W.W. Hallo, JCS 18,74 mit Lit. Tall al-Ḥamīdīya: W.v.Liere, AAS 7,93. Vgl. 3,10f. ⟶ Ekallātum, ⟶ Ešnunna, ⟶ Qattunān.

Šubat-Šamaš

*šu-ba-at-ᵈUTU*ᵏⁱ ARM 1,10,15'!.16'!; 25,6; 60,4; 97,14!; 2,131,7!.17; 4,27,5.10.16!.18.27!.31.33.34; 8,43,15!; 10,107,6; ARMT 14,88,9.15; Dossin CRRAI 18,62,9.15

šu-ba-at-ᵈUTU ARM 2,136,8

*māt šu-ba-at-ᵈUTU*ᵏⁱ ARM 4,86,48

ḫalaṣ šu-ba-at-ᵈ"šamaš" Habiru 23: 29

*ekal šu-ba-at-ᵈUTU*ᵏⁱ ARM 1,118,21'

Datum: *šu-ba-at-ᵈUTU*?[*ki*] Šamši-Adad 2(+x?)(ARMT 8,43,18!)

*BÀD šu-ba-at-ᵈ"šamši*ˢⁱ*"* Var. dazu (St.Mar.53: 2)

¶ Š.-Š. wurde lokalisiert von A.Finet, ARMT 15,135 und J.-R. Kupper, Nomades 253 w des ⟶ FN Balīḫ; H.Lewy, OrNS 27,5 vermutet es im "Tall Muṭabb" (Tall unauffindbar); W.W.Hallo, JCS 18,76a: lokalisiert es ö des ⟶ FN Balīḫ. A.Goetze, JCS 18,116b denkt an

Šubiša

eine Lage zwischen dem Ǧullāb-Fluß und dem oberen Euphrat. S.Smith, AnSt.6,36, vermutet Š. im Tall Šāġar Bāzār; vgl. noch M.Anbar,IOS 3,12[37]: =Tall Qauz. Š.-Š. wird in den Texten mit ⟶ Mammagira und ⟶ Heššum im Lande ⟶ Zalmaqum verbunden. In der Nähe liegt der Berg ⟶ Asam.- Š.Š. ist 20 Doppelstunden (bērū) von ⟶ Aššur entfernt (ARM 4,27).

Šubiša

uru šu?-bi?-ša ki SVJAD 137 III 2'

¶ ⟶ Dunnum

Šubula[

rabiān uru šu-bu-la-[CT 45,9,27

Šudā

šu-da-a ki ARM 1,19,5.7!.8?; 39,8'.10'!.15'; 97,20!; 4,28,17

LÚ šu-da[ ] ARM 7,219,57

LÚ šu-da k[i] ARM 7,211,12

LÚ [š]u-da-a ki ARMT 14,119,14

¶ Identisch mit dem im aB Itinerar erwähnten šu-ta[-x]?; A.Goetze, JCS 7,62[76] denkt an eine Lage bei Derek; M.Falkner, AfO 18,29 vermutet Š. ö von Amaz und n der Linie Ḫarrān-Ra's-al-ʿAin; vgl. zusammenfassende Lit. bei M.Falkner, ibid. und M.Anbar, IOS 3,24[74]; s. noch J.-R.Kupper, Nomades S. 48[1]. Identisch mit nA Šudā?; ⟶ Niḫrija, Mammagirā.

Šudamelîm

šu-da-me-li-im ShT 78,19

¶ ⟶ Kusanarum.

*Šuduḫum

[LÚ š]u-du-ḫi-im ki ARMT 14,112,11; 113,10!

¶ Vgl. M.Birot, Syria 50,7[2].

Šū-Enlila

URU ki šu-en-líl-lá YOS 5,202,7

Šugana(?)

uru?šu!-ga-x-na[ki] BRM 4,53,27

¶ Im Gebiet von Lagaš.

ŠU.ḪA

uruLÚ ŠU.ḪA[ki] BRM 4,53,62
uruŠU.ḪA₁₄(GIR)[ki] VS 13,104 II 9

¶ ⟶ ŠU.ḪA.E.NE.

ŠU.ḪA.E.NE

URU[ki]*ŠU.ḪA.E.NE* AbB 4,78,5

Šukanunatim

šu-ka-nu-na-tim[ki] Dossin RA 64,43,24

¶ Lesung uru?!ka-nu-na-tim möglich??

Šulgi-Nanna

d?!šul-gi-d!na-na [ki] OBTI 253,1
LÚ dšul-gi-dNANNA[ki] Goetze JCS 4,108,3
A.ŠÀ dšul-gi-dNANNA UET 5,118,9.19
Daten: *dšul-gi-na-na*[ki] Sîn-abūšu(TIM 3,125,20)
dšul-gi-dNANNA(ŠEŠ)[ki] Var. dazu(TIM 3,36,16)
šul-gi-na-na[ki] unbek.Datum aus Tutub?(Harris JCS 9,56)

¶ Vgl. RGTC 2,184; S. liegt nach den UR III zeitlichen Texten am ⟶ FN Diyālā; vgl. auch F.Reschid, AND S.12,5; vgl. A.Goetze, JCS 4,95: am Nahrawān-Kanal, zwischen Sāmarrā, Tall Asmar und Kūt.

ŠUM-x

LÚ gišŠUM-x[ki] TLB 1,63,17 (x=*is*?)

¶ W.F.Leemans, SLB 1/2,89-91.

Šumaḫānu(?)

šu?-ma?-ḫa-ni VS 7,67,9

¶ ⟶ Šimaš

Šumerum u Akkadum

māt šu-me-ri-im u ak-ka-di-im BAL II 6: CH V 7f.; 42: CH XXIV 50f.; Sollberger RA 61,41,40f. (Var.: *šu-we-ri-im*); RA 63,36,123f.

māt šu-me-ri-im ù a-kà-dì-im Levy Sumer 4,59,33f.

nišē šu-me-rí-im ù ak-ka-di-im LIH 95,10f.20f.29f.

LUGAL māt šu-me-ri-im ù ak-ka-di-im LIH 94,19f.; Levy Sumer 4,59,15f.

KI.EN.GI.KI.URI CT 1,46,3; LIH 61,28; 100 Vs.5; PBS 5,66 I 8. V 10'; TCL 15,72 I 17; II 30; III 53; UET 1,103,12; 106,25; 110,15; 8,86, 19.53; YOS 9,26,18; 36,34; 68,8; Edzard Sumer 15 t.4: 14,11; Steele AJA 52,444 III 3.13; 440 VI 2

LUGAL.KI.EN.GI.KI.URI BE 1,18,11; 19,9; 128,11; CT 1,45,12; LIH 61, 17; 62,15; 100,5; OECT 1,17,7; PBS 5,73 II 7; 15,46,2; 84,6; TLB 2, 17,5; TCL 15,16,72f. III 49!; UET 1,102,13; 103,12; 104,5; 106,11; 110,11; 114,6; 115,6; 118,10; 125,11; 127,13; 128,9; 129,5; 134,7; 138,18; 139,19; 140,26; 141,11; 142,11; 293,15; 295,11(+8,33,11); 8,64,12; 72,12; 80,13; 84,21; 85,9; 86,49; VS 1,30 I 13; 31 I 13; YOS 9,29,9; 26,12; 27,6; 68,6; Arnaud RA 66,35,7; Borger OrNS 27,407; Hallo JCS 18,60a,7; 60b,16; 61,11; Moortgat VR 255; Poebel JAOS 57, 367; Roux RA 52,234,3; Stephens JCS 1,268,16; Weidner AfO 4,133,5

DUMU.MÍ [KI.EN].GI.KI.URI TCL 15,72f. III 63

Daten: *KI.EN.GI.KI.URI* Ḫammurabi 30 (RlA 2,180: 132)
Ḫammurabi 31 (RlA 2,180: 133)
Ḫammurabi 33 (RlA 2,180: 135)
Išme-Dagan b (UET 1,217; RlA 2,148: 66)
Lipit-Ištar c (UET 1,223; RlA 2,148: 87)
Lipit-Ištar e (UET 1,224; RlA 2,148: 89!)
Samsuiluna 2 (RlA 2,182: 147)

KI.EN.GI₆.URI! Var. Samsuiluna 2 (Grant CDSmith 271,20)

¶ F.R.Kraus, Sumerer und Akkader (1970).

Šunā

šu-na-a Goetze JCS 7,52 II 6; 53 III 23; 54: 2370,1; Hallo JCS 18, 60,25

šu-na-a^{ki} ARM 4,47,8.12!; 5,72,12'; 10,121,14; 98,5

LÚ šu-na-a^{ki} ARM 7,113,4'; 212,4!

¶ Als Lokalisierungsvorschläge liegen vor: Tall al-Ḥamīdīya (41°9' öL/36°49' nBr = FA 9375): W.W.Hallo, JCS 18,74; Tall Muʾazzara (40° 20' öL/36°15' nBr?): W.v.Liere, AAS 7,93 und Nusaybin (41°12' öL/37° 3' nBr): W.v.Liere, AAS 14,120; vgl. zuletzt M.Anbar IOS 3,269.

Nach den Itineraren liegt Š. zwischen den Stationen: ⟶ Ašlakkā und ⟶ Šubat-Enlil, bezw. ⟶ Urgiš und ⟶ Ḫarṣi.

*Šunum

šu-ne-em[ki] ARM 2,1,27

¶ ⟶ Gaššum; A.Finet, ARMT 15,135: identisch mit ⟶ Šunā?

*Šunḫum

šu-un-ḫa-am[ki] ARM 1,131,7

¶ ⟶ Ḫurrā.

Šunungi, Šunumugi

PN *[uru]šu-nu-mu-gi* VS 13,104 II 2

PN *[uru]šu-nu-un-gi* VS 13,104 III 5

Šuri(?)

šu-ur[?]-i[ki] Gadd Iraq 7,52: A 955

*Šurušum, *Šuruzum

šu-ru-ši-im[ki] ARM 2,135,18

šu-ru-zi-im[ki] Habiru 19: 20

¶ J.-R.Kupper, Nomades 255: w des ⟶ FN Ḫabur in "Haute Mésopotamie"; ⟶ Ašnakkum, ⟶ Jaḫmumum.

Šušā

šu-ša-a[ki] ARMT 13,144,17

Datum: *šu-ša?-a*[ki] Samsuiluna 23 (RTA 2,184: 168)

¶ Zu ⟶ Šušim oder ⟶ Susā?; ⟶ Naḫur, ⟶ Talḫajum, ⟶ Zalmaqum.

Šušarrā

šu-šar-ra-a[ki] FAI 104,2; ShT 30: 810,7; 34,37; 38,22; 48,6; 57,5.7

ālam šu-šar-ra-a[ki] ShT 57,9

māt šu-šar-ra-a[ki] ARM 4,25,4; FAI 103,14'

URU[ki] *šu-šar-ra-e*[ki] ShT 79f.,50.65; Laessøe AS 16,191,26

šu-šar-ra-e[ki] ShT 79,46

LÚ šu[!]-šar-ra-ju Rimāḥ 267,12

Šušim

¶ J.Laessøe, ShT S. 23 und 30f.: = Tall Šamšāra, am r Ufer des unteren Zāb, 8 km sö von Rāniya; vgl. den Ausgrabungsbericht J.Laessøe/H.Ingholt, Sumer 13,214ff.; 16,12ff. Lage: 44°57' öL/36°12' nBr = MF 9406. - Š. ist eng verbunden mit ⟶ Utêm; ⟶ Turukkû.

Šušim

"*šu-ši-im*^{ki}" Dossin Syria 20,109

šu-ši-im ARM 2,121,5; Trade 59,13

^{uru}*šu-ši*^{ki} TCL 10,98A,9

URU^{ki}*šu-ši* YOS 2,134,15

ma-ri šu-ši-im^{ki} YOS 2,112,16

MÙŠ.EREN^{ki} TCL 10,98B,10; TIM 2,92,7 (v.Dijk AfO 23,71,7); Trade 60,13

URU^{ki} *MÙŠ.EREN*$^{(ki)}$ Trade 62,7; Var.ibid.63

LÚ MÙŠ.EREN^{ki} UET 5,503 IV 4

¶ Vgl. RGTC 2,187ff.; zu Š. in aB Zeit s. noch E.Edel - M.Mayrhofer, OrNS 40,1ff.

T

Ta[

ta[BE 6/2,72,1
¶ ⟶ Taškun-Ištar?

Taba'ima

t[*a-b*]*a-i-ma*^{ki} ARM 5,67,32
¶ ⟶ Burullum, ⟶ Ḫaburatum, ⟶ Karanā, ⟶ Razamā.

Tabiḫatum

ina tawirtim ša ta-bi-ḫa-tum BE 6/1,3,3.11
¶ ON?

Tabiša ⟶ Dabiša

Tabnuk

ta-ab-nu-uk^{ki} TCL 1,29,6
tab-nu-uk^{ki} TEBA 33,5
ta-ab-[*nu-uk?*] SVJAD 137 I 9
šībūt tab-nu-uk^{ki} Figulla MAOG 4,291,15

*Tādum, Tāda

ta-a-di-im^{ki} ARM 7,117,11.13.19.22
ta-a-di-im ARM 7,104 II 4'; 117,15.17
ta-a-da^{ki} ARMT 14,120,15

Tadanne

ÌR... ^{uru}ta-da-an-ne^{ki} Finkelstein JNES 21,75: VAT 819,2

¶ M.Falkner, AfO 18,34 mit Lit.: im Umkreis von Ḫattuša gelegen; A.Goetze, JCS 18,117a: nahe bei aA ⟶ Zalpā, sicher in der w Krümmung des Euphrats anzusetzen; vgl. J.J.Finkelstein, JNES 21,75[31] und S.77ff.:="Totaine/Tat ᶜAin", Lage: 37°13' nBr/37°53' öL (auf modernen Karten unauffindbar) 2 km entfernt vom ö Ufer des Euphrats; zwischen Birecik und Rûm Kale?Vgl. RGTC 6,413 zu ⟶ heth. Tatanija und ⟶ aA Dadania.

Tadmir

ta-ad-mi-ir^{ki} ARM 5,23,16

ina su-te-i ta-ad-m[i-ra-ju^{ki}] ARM 5,23,20

¶ = Palmyra, vgl. zu ⟶ aA, mA, nA Tadmur/Tadmar; s.M.Weippert, WdO 7,65[98].S. zur Identifizierung W.von Soden WdO 1/3,187-204 und A.Falkenstein, ZA 50,266 zu J.Starcky, Palmyre (1952); vgl. D.Oates, Studies S.6, zur Karawanenstraße von Mesopotamien nach Palmyra. Lage: 38°13' öL/34°34' nBr = DU 3323. ⟶ Našalā, ⟶ Sutû.

*Tadnum

ta-ad-ni-im <u>Datum</u> (CBT 1:14049)

MÍ SU.BIR$_4$$^{ki?}$ ^{uru}ta-ad-ni? CT 33,41,2(Wilcke WdO 8,271: 3)

¶ Vgl. zuletzt C.Wilcke, WdO 8,271[29]; I.J.Gelb, HS 106[5] und J.J. Finkelstein, JCS 9,5 lesen in CT 33,21: *ša-at-ni*.

Talḫajum

1.

ta-al-ḫa-ji-im^{ki} ARM 2,4,9; Gadd Iraq 7,51g

ta-al-ḫa-ji^{ki} ARM 1,53,11; Finet RA 60,20,23

ta-al-ḫa-ji-i-im^{ki} ARM 5,51,13

ālim ta-al-ḫa-ji-im ARMT 13,143,6'.19'

ālim t[a-al-ḫ]i-ji-im ARMT 13,145,25

ālīšu/ka ta-al-ḫa-ji-im ARMT 13,144,7.8; 146,16!

ālum ta[-al-ḫ]a-ju-um ARMT 13,143,3

ālam ta-al-ḫa-ia-am ARMT 13,144,28

[ālam ta-a]l-ḫa[-ia]-ia-a[m] ARMT 13,143,17

unsicher: *...t]a-al-ḫa-ji-[im?]* ARMT 13,146,11

LÚ^{meš} ta-al-ḫa-ji^{ki} Habiru 22: 28

DUMU^{meš}ta-al-ḫa-ji-im ARMT 13,146,14; 147,33

2.

in einem Text, der nicht aus Mari stammt:

URU^{ki} [*t*]*a?-al-ḫu-ú* TCL 1,156,2

¶ T.(1) ist nicht sicher zu lokalisieren; an Lokalisierungsversuchen liegen vor: G.Dossin, ARMT 5,135,51 und A.Finet, ARMT 15,135: in der Gegend des oberen ⟶ FN Baliḫ; J.-R.Kupper, Nomades S.5[1] und 8[3], glaubt, daß es nicht weit von Šāġar Bāzār gelegen haben kann; J.J. Finkelstein, JNES 21,78[22] vermutete es ö des Euphratknickes; M.Falkner, AfO 18,35 nimmt es im Ḫābūr-Dreieck an, nö von ⟶ Naḫur. Vgl. zusammenfassend M.Falkner, AfO 18,29; J.-R.Kupper, Syria 41,126 und zuletzt H.Cazelles, Hommages Dupont-Sommer, 19ff. - Zur Gleichsetzung von aB T. mit ⟶ aA Talḫat s. schon E.Bilgic, AfO 15,12[89]. T. liegt im Grenzgebiet des Reiches des Zimrilim; ⟶ Burundum, ⟶ Elaḫut, ⟶ Haḫḫum und ⟶ Naḫur. T. ist Wohngebiet der Hanäer, ⟶ Japṭurum. T.(2) dürfte in der Gegend von Larsa liegen.

Talmuš

ta-al-mu-úš^{ki} ARM 5,43,6; Rimāḫ 251,8

māt [*t*]*a-al-mu-u*[*š*^{ki}] ARM 4,12,18

¶ mA "Rimussu" und nA Tal(a)musi werden von A.Goetze mit Th.Jacobsen, JNES 12,120,25 Meilen n von Mossul angenommen; A.Goetze verweist in JCS 7,62[78], auf die Lesung Talmuš für mA/nA "Ri"muš/s. Nach K.-H. Kessler, ZA 69/2,[ ], ist jüngeres Talmuš/si aber nicht mit älterem Talmuš identisch.

Taluwā

ta-lu-wa-a^{ki} ARM 4,62,4'

Taplirim

ta!*-ap*!*-li*!*-ri-im*^{ki} OBTI 311 Rs.5'

Tappišam

ta-ap-pí-ša-am^{ki} Dossin Syria 19,119

¶ ⟶ Šunā.

Tappu[

wāšib tap-pu-x OBTI 314,19

^{d}TAR-bani ⟶ ^{d}KUD-bani

Tarḫuš

Tarḫuš

ta-ar-ḫu-uš Goetze JCS 7,53 II 4.III 26; Hallo JCS 18,60,23

¶ Im Itinerar zwischen den beiden Stationen: ⟶ Šubat-Enlil und ⟶ Japṭurum genannt. A.Goetze, JCS 7,57, identifiziert T. mit Tall Ḥumeidah (gemeint Tall al-Ḥamīdīya) und W.W.Hallo, JCS 18,73 mit Tall Qauz oder "Tall Hamuka".

Tariš(?)

ta-ri-[UŠ^{ki}?] ARM 5,27,22

¶ Vgl. A.Finet, ARMT 15,135 s.v. zur Lesung, ⟶ Ḫiḫnum.

*Tarmānu

LÚ ta-ar-ma-ni^{ki} ARM 7,210,25!; 169,10

Tarnip

ta-ar-ni-ip^{ki} ARM 2,113,13

Datum: tar-ni?-ip^{ki} Ešnunna, unbekannte Zuordnung (OIP 43,192: 114)

¶ E.Gordon, JCS 21,71[5]: im oberen Mesopotamien gelegen; ⟶ Ašnakkum.

Tarram

ta-ar-ra-am^{ki} ARM 1,131,5

¶ ⟶ Ḫatka, ⟶ Šunḫum.

Tašil

ta-ši-il^{ki} AbB 5,240,5

¶ B.Whiting, JCS 28,180f.: im Diyālā-Gebiet.

Taškun-Ištar

ta-aš-ku-un-Ištár BDHP 6,2; 52,1!; CT 6,35a,2; 8,41d,8 (dazu ?); ed-Dēr 32,2; PBS 8/2,253,1; Scheil Sippar 139: 10,3;

ta-aš-ku-um-Ištár BDHP 4,2

A.GÀR ta-aš-ku-un-Ištár YOS 2 ,151,21

¶ ⟶ Iškun-Ištar.

*Tema

te-ma-ju Dossin RA 64,24: 6,3

¶ G.Dossin, RA 64,39f. identifiziert T. mit der Oase Taimā' als Handelsplatz für Kupfer; vgl. zu → nA Tema. Lage: 38°30' öL/27° 38' nBr.

*Terabān

PN: ^{d}*be-la-at-te-ra-ba-an* OIP 43,143: 6,10; 144: 8,3

¶ Th. Jacobsen, OIP 43,143,6; → Terabnum.

Terabnum

te-er-ab-nu-um TCL 10,117A,3

A.GÀR te-er-ab-ni TCL 10,117B,2

Terqa

1.

ter-qa^{ki} ARM 1,9,19; 65,6; 66,3'; 2,85,2'; 87,8; 88,15; 99,6.37.40; 3,3,13; 5,22.30; 12,11$^{?!}$; 17,10.30; 22,10.23; 27,9$^{?!}$; 37,18; 44,12; 45,13; 46,10; 47,9; 48,12$^{?!}$; 53,14; 54,12; 58,13; 62,9; 71,27; 74,5; 79,5'.13'; 80,12; 81,17; 5,65,6.23; 80,13; 6,31,10$^{?!}$.13; 37,17'; 62,29; 7,114,5; 118,4; 190,5$^{!?}$; 217,11; 230,5'; 9,21,3; 25,2'; 69,5; 70,5; 191,4; 284,13; 10,18,16; 27,7; 66,17; 70,6$^{?!}$; ARMT 11,221,4; 12,503,5; 13,31,18; 51,4.13; 61,10; 103,15.18.21; 111,8.11; 113,11; 123,13.19; 127,9.11; 128,7; 130,15; 132,8.9; 133,8; 14,15,5; 37,6; 42,8.12$^{?!}$[.25]$^{?!}$.39; 61,5; 80,7; 99,9.11; 103,17'; 115,6; Dossin RA 36,48,13; Herzfeld RA 11,136,13

te-er-qa^{ki} ARM 4,4,10'

te-er-qa ARM 4,4,12'

^{uru}*ter-qa*^{ki} TCL 1,237,2; 238,2.9; VS 7,204,10$^{!}$.18

ālum ter-qa^{ki} ARM 2,84,6; 88,6; 87,6; 88,6; 89,6; 90,6; 3,10,6; 12, 6; 13,6; 17,6; 29,6$^{!}$; 30,6.31; 31,6; oft in ARM 3; ARMT 13,108,6$^{?!}$; 109,6; 112,[6]; 113,6; 115,7,117,6; 118,[6]; 119,7$^{?!}$; 121,6; 125,6$^{?!}$; 130,6; 131,[6]; 132,6; 134,5; 135,6$^{?!}$

ḫalaṣ ter-qa^{ki} ARM 2,99,38; 140,23; 3,7,12; 7,196,5'$^{!}$; 9,291 Rd.IV ARMT 14,13,5; 14,25; 71,2'; 19,17; Dossin RA 35,179,15

É.GAL ter-[qa^{k}*]*^{i} ARM 7,277,3

bīt Dagān qereb ter-qa^{ki} Condamin ZA 21,248,9

Tibal

"*Dagān ša ter-qa*^{ki}" Dossin Syria 20,107

Dagān bēl ter-qa^{ki} ARM 10,62,10

bīt tērtim ša ter-qa^{ki} ARM 7,283,3

ḫamqim ša ter-qa^{ki} ARM 3,30,9

bīt Sammetar ša ter-qa^{ki} ARM 9,186/187,3

BÀD ter-qa^{ki} Thureau-Dangin RA 33,51 II 7

DUMU^{meš}*-iaminā ša itāt ter-qa*^{ki} ARM 3,16,6

DUMU$^{(meš)}$*/LÚ*$^{(meš)}$*ter-qa*^{ki} ARM 3,2,9; 3,15; 6,6; 38,8; 39,7; 6,68,8'; 7,280,1; 9,253 I 21; 10,117,4'(!); ARMT 13,106,15; 123,24; 14,29,26

LÚ^{meš} *ter-qa-*^{ki}*-iu* ARM 2,94,6

LÚ^{meš} *ter-qa-i*$^{(ki)}$ ARM 2,99,28.50; ARMT 14,24,2'

2.

^{uru}*ter-qa*^{ki} Bauer MAOG 4,2,1

LÚ te-er-qá^{ki} Goetze JCS 4,110a,6

Daten: *ter-qa*^{ki} Zimrilim (St.Mar.56: 14); Jaḫdunlim (St.Mar.52: 4)

¶ T.(1)=Tall al-ʿAšāra. Erstidentifizierung erfolgte durch E.Herzfeld, RA 11,131ff. durch einen Tafelfund. Vgl. zu diesem Terqa J.-R. Kupper, RA 41,149ff., A.Goetze, AJSL 55,83f. und RGTC 2,192. Ob Terqa (2) tatsächlich zu dieser Zeit von Terqa (1) getrennt werden kann, ist zweifelhaft, vgl. ZZB 147.S. aber zu drei in lex. Listen belegten Terqa A.Goetze, JCS 18,118 und B.Whiting, JCS 28,181[20.21] (vgl. dazu jetzt MSL 11,35,14ff.); vgl. die zwei in aB lexikalischen Listen belegten Terqa in MSL 11,144a,5-6. ⟶ nA Sirqu, ⟶ aA Tarakum(?). Lage: 40°34' öL/34°55' nBr = FU 4366. S. jetzt G.Bucellati und M.Kelly-Buccelati, Syro-Mesopotamien Studies 1/3,4,5,6(1977) und 2/5,6(1978).

Tibal

PN: *su-mu-ti-ba-al* Birot RA 49,17 III 50

*Tigunānum

māt ti-gu-na-nim^{ki} ARM 4,23,17,26; 24,7!.26; 76,40

¶ ⟶ Turukkû.

*Tiḫrān

^{d}*a-mu-ti-iḫ-ra-an*^{ki} ARMT 14,10,14; 11,6.17

¶ Gott, verehrt in ⟶ Qattunān.

Tillā

ti-il-la-a^{ki} AbB 4,89,4; ARM 10,31,3'

til-la-a^{ki} ARM 1,26,15.16; 4,37,6; 56,6!; Gadd Iraq 7,51 g *ālam til-la-a*^{ki} ARM 2,62,16'.21'

til-[la-a ?] ARM 4,56,5

LÚ til-la-a^{ki} ARM 7,219,39; Rimāḫ 127,5??

PN ^{uru}*til-la-a*^{ki} VS 13,104 I 1.III 23

PN ^{uru}*til-la*^{ki} VS 13,104 I 8

¶ T. wird im oberen Ḫābūr-Gebiet oder unterhalb des Ṭūr ᶜAbdīn vermutet. W.v.Liere, AAS 13,120 identifiziert es mit Tall Barāk; M.Falkner, AfO 18,30.37 vermutet es im Tall Rumailan oder im Tall Šīl-aġā; J.Lewy, OrNS 21,1ff. sieht es s von Ǧazīrat ibn ᶜUmar; A.Goetze, JCS 7,58[41] sucht es in der Nähe von al-Ḥasaka; vgl. M.Falkner, AfO 18,26 zur weiteren Literatur. S. ⟶ nA Tille als Hauptstadt des Landes Kutmuḫi; s. dazu C.J.Gadd, Iraq 7,24ff. H.W.F.Saggs, Iraq 28,181. T. ist erwähnt zusammen mit ⟶ Kaḫat und ⟶ Talḫajum. In ARM 1,26("Itinerar des Šamšī-Adad von Šubat-Enlil nach Mari") wird es als erste Station nach ⟶ Šubat-Enlil genannt. Tille in Rimāḫ 116,4 lese ich mit Kh.Nashef, WZKM 67,29f. *bēlī(ki)*.

Tillabnim

ālam ti-il-la-ab-nim^{ki} ARM 1,10,5

¶ M.Anbar, IOS 3,25: ⟶ nA Til-abna (AKA 362,55 u.ö.).

*Tillazibum

til-la-zi-bi-im^{ki} ARMT 14,32,9; 87,10

til-la-zi-bi^{ki} Dossin Syria 35,22[2]

MÍ^{meš}*til-la-zi-bi*^{ki} ARM 9,291 IV 31'

¶ Im Ḫābūr-Gebiet? ⟶ Dūr-Jaḫdunlim.

Tilmun, Telmun

[t]i-il-mu-[un] Dossin Syria 48,2,20

ti-il-mu-ni Millard JCS 25,211,16

te-el-mu-un UET 5,81,26

te-el-mu-un^{ki} ARM 5,14,4

DILMUN(NI.TUK)^{ki}*(-na)* BIN 9,391,22; 403,8; 404,8'!; 405,6; UET 5, 292 I 12?; 367,4; 428,17; 678,21?

DILMUN(MÍ.TUK)^{ki} UET 5,292 IV 1; 286 Rs.5; 526 Rs.4?; 546 Rs.5; 548, 7; 549,5

DILMUN(MÍ.TUK)-na AbB 4,16,5

DILMUN(NI.TUK)-na ŠA 182/Hülle 2.4

LÚ te-el-mu-nu-ú/ni-i^{ki} ARM 1,17,7.19'

LÚ te-el-mu-ni-i-im^{ki} ARM 1,21,5

**Til-šannim

LÚ ti-il-mu-ni-im TLB 1,160,1!.9

LÚ DILMUN(MÍ.TUK)^{ki} UET 5,716,9

PN: *DILMUN(NI.TUK)*^{ki}*-gu-la* UET 5,107,19

PN: *DILMUN(NI.TUK)*^{ki}*-TUR.RA* UET 5,107,8

¶ E.Weidner, AfO 15,169f.: = Baḫrain; R.Borger, ZA 62,136: = Failaka; vgl. zur Diskussion RGTC 2,193; s. noch J.D.Muhly, Copper and Tin, S.220f.

**Til-šannim ⟶ Nušannim

Timaniš

LÚ ti-im-a-ni-iš^{ki} ARM 8,100,17

Tinniḫara

ti-in-ni-ḫa-ra CT 47,65,5

ti-in-ni-a-ra CT 47,64,4'

¶ ON? Hurr. Bildung, vielleicht hurr. Bezeichnung.

Tirukkû ⟶ Turukkû

Tizraḫ

ti-iz-ra-aḫ^{ki} ARM 5,24,21; 9,253 I 3; 10,108,7; Dossin Syria 48,2,12

LÚ/DUMU^{meš} *ti-iz-ra-aḫ*^{ki} ARM 5,24,5.8; 7,35,4; 30,14; 9,256,12; Jean RA 42,69,8

[...]*ti-iz-ra-aḫ* ARM 7,130,2

¶ J.Bottéro, ARMT 7 S.193: im Distrikt von Mari.

Tuḫamu

A.GÀR tu-ḫa-mu^{ki} BE 6/1,112,2

A.GÀR tu-ḫa-mu-um CT 47,65,4; Harris Sippar 378: BM 80842,2

A.ŠÀ tu-ḫa-mi Goetze JCS 5,96c,4

[*A.G*]*ÀR tu-ḫa-mi*^{ki} CT 8,16a,28

¶ Bei Sippar.

Tukriš

tu-uk-ri-iš^{ki} UET 1,146 III 4'

tu-uk-ri-i[*š*] Speleers, Catalog: 571b(Stol, Studies 41[22])

LUGAL^{meš} *ša tu-uk-ri-iš*^{ki} KAH I 2 IV 6

alpū tu-uk-ri-šu-ú ARM 7,239,12'.18'?

¶ M.Stol, Studies 41: Region ö des Tigris, mit J.Bottéro ARMT 7,312[1]: vielleicht = Luristan; vgl. I.J.Gelb, HS 57: n vom Land ⟶ Marhaš.

TÚL-Enlil

URU^{ki} *TÚL-*^{d}*en-líl-lá* WL 114,6

PN ^{uru}*TÚL-*^{d}*en-líl*^{ki} AbB 2,29,28

Tuliš(a)

tu-li-šà$^{ki?!}$ Jacobsen JCS 9,83: 40,6

A.ŠÀ tu-li$^{!}$*-i*[*š*] OBTI 178,4

TÚL.PU.US

kār TÚL.PU.US^{ki} YOS 13,306,9

Tultul ⟶ Tuttul

Tunda

tu-un-da Goetze JCS 7,53 III 14

¶ A.Goetze, JCS 7,62: im oberen Mesopotamien und nördl. Syrien; Station zwischen ⟶ Kubšum und ⟶ PA.AGA.UŠ.

Tupham

LÚ tu-up-ha-am^{ki} ARM 7,176,6$^{!?}$; 210,19; 219,47

LÚ tu-up-ha-am ARM 7,113 Rs.3'

¶ ⟶ Haššum, ⟶ Šunā.

*Tunip

tu-ni-pí-tum/tim ARM 5,63,5.7

tu-ni-pi-tim TIM 1,20,80

Turbala

¶ W.v.Soden, OrNS 22,208 Stadt in Nordsyrien; S.Smith, Idrimi,S.56: w des Orontes, am extremen n Ende von ⟶ heth.Nuḫašši, s. RGTC 6, 291f.; A.az-Zeebari, ABIM S.56; W.Helck, UF 5,286f. Vgl. zuletzt M.Astour, OrNS 38,394ff.: T. = Ḫama.

Turbala

tu-ur-ba-la^{ki} SVJAD 137 III 7'.15'

¶ ⟶ Adurbalu.

Turninû

tu-ri-ne-e^{ki} Jacobsen JCS 9,73: 12,19; 78,25,5$^{!}$

*Turšu

LÚ tu-ur-ši^{ki} CT 52,76,10

Tur-ugulla

tu-ur-^{d}*ù-gul-lá*^{ki} AbB 6,118,12; TCL 17,13,17

^{uru}*tu-ur-*^{d}*ù-gul-lá*$^{!}$*[k]i* TCL 17,13,5

Turukkû, Tirukkû

LÚ^{meš} *tu-ru-uk-ku-ú* ARM 1,90,5; 2,63,29; 4,23,7.20.25; 52,7$^{!}$; 87,5; ARMT 14,235: A 80,7

LÚ tu-ru-uk-ku-ú^{ki} YOS 13,410,3

LÚ^{meš} *tu-ru-ku-ú* ARM 4,24,7.15.24; 76,40; 4,25,9.10

"2QOO tu-ru-ku-ú^{ki}*"* Jean RA 39,67^{2}

LÚ/ERIM tu-ru-kum YOS 12,51,7; 55,8

tu-ru-uk$^{!}$*-[ku?]* VS 18,87,5

tu-ru-uk-kum YOS 13,256,8

tu-ru-uk-ki^{meš} TEBA 34,4

LÚ$^{(meš)}$*tu-ru-uk-ki-i* ARM 1,16,11; 69,2$^{!}$; 4,5,6; 23,5.9$^{!}$.31; 78,18'

LÚ tu-ru-ki-i^{ki} FAI 86,8.9; ShT 35,12

LÚ^{meš}*tu-ru-ki-i* ARM 4,24,5

LÚ tu-ru-uk-ki ARM 2,40,6

tu-ru-ki-i Rimāḫ 12,14'

tu-ru-uk-ki-im ARMT 14,126,14

LÚ tu-ru-ki-im ARM 4,22,5

tu-ru-uk-ka-i-ju-um ARM 2,83,23

tu-ru[xx] ARM 4,21,5

Daten: *tu-ru-(uk-)kum* Ḫammurabi 37 (RlA 2,181: 139; CT 48,82,22)

tu-ru-ku-ú Var. dazu (TCL 11,158,20)

*LÚ ti-ru-ki-i*ki FAI 86,8.9

¶ Nomadenstamm ö des Tigris. Vgl. J.Laessøe, ShT 17 und 31;A.Finet, ARMT 15,136. E.Weidner, AfO 16,21 nimmt das Wohngebiet der T. wohl zu recht nö von ⟶ Arrapḫā, ö von Assyrien an; vgl. auch W.F.Leemans, JESHO 11,208[1]. Einen geschichtlichen Überblick über die Turukkû bei den Auseinandersetzungen von Ešnunna mit Mari und Assyrien gibt S.Dalley, Rimah S.1ff.

*Tušḫum

*tu-uš-ḫi-im*ki ARM 4,51,17

*māt sinām̄im ù tu-úš-ḫi-im*ki Dossin CRRAI 18,63,46

*d[u]-úš-ḫi-im*ki Gadd Iraq 7,t 4: A 994 Rs.32

¶ G.Dossin, CRRAI 18,63: in Verbindung mit ⟶ Sinām̄um und ⟶ Madarā.

Tutub

tu-tu-ub UCP 10/1,75,7

*uru tu-tu-ub*ki OBTI 320 Rs.2'

*tu-tu-ub*ki OBTI 262,8: Jacobsen JCS 9,117: 83;

Datum: Warassa (OIP 43,175: 53.54; Harris JCS 9,53-54)

*tu₂₁(DUL)-tub*ki Jacobsen JCS 9,73: 11,6; 12,5.15.20; 74:13,6; 14,5; 76: 20,8; 77: 22,6; 23,7; 80: 31,7; 81: 34,8; 82: 36,7; 83: 41,5; 84: 42,8!; 85: 45,14; 86: 46,8; 47,7; 88: 54,13; OBTI 253,3

*LÚ/ÌR/wāšib tu-tu-ub*ki OBTI 320 Rs.6'; Harris JCS 9,52b; Taxation 32: 6.14

PN: *tu-tu-ub(ki)-māgir* Taxation 47,17; 55,2.7.13; 61,2; 72, 2,; Goetze Sumer 14,11,18; Simmons JCS 13,106: 6,4; 107: 8,3; 108: 10,4

PN: *tu₂₁(DUL)-tub*ki*-māgir* Goetze Sumer 14,11: 18 (Edzard AfO 20, 152); Simmons JCS 13,79: z

PN: *tu-tu-ub-šēmi* UCP 10/1,86,3

PN: *rēš-tu-tu-ub*ki Taxation S.19; Simmons JCS 13,109: 14,7

túg tu-ut-tu-ba-ḫ[a?]-t[um?] ARM 9,20,18(dazu?)

¶ Vgl. RGTC 2,201: = Ḫafāǧī im Diyālāgebiet; s.R.Harris, JCS 9,45ff. St.D.Walters, WL 28[45],S.91f. Die Lesung DUL=tu geht zurück auf I. J.Gelb, OrNS 39,530. Lage: 44°35' öL/33° 21,5'[21] nBr = MB 5992.

Tuttul, Tultul

tu-ut-tu-ul^{ki} ARM 1,9,10; 18,4$^{!}$.6.17.32; 20,6; 25,5.7.12; 27,14.21.25; 31,12.16$^{!}$; 43,18.5'; 62,11'.13'; 68,5'; 91,6.18'; 102,17; 2,21,20; 136,15; 137,15.39$^{!}$; 4,2,6; 11,5$^{!}$.17'!; 76,10$^{!}$.11$^{!}$.19$^{!}$.25$^{?}$.30$^{!}$; 5,3,16; 9,7.9.17.24$^{?!}$; 29,8; 79,10.19; 6,73,6.5'.10'; 8,98,6; ARMT 13,23,6; 140,10$^{!}$; 14,7,9$^{?}$; 53,21$^{!}$; 55,16$^{!}$; Dossin RA 68,28,3$^{!}$.9$^{!}$.12.27.29; 31,5; 32,3'.4'; Finet AIPHOS 14, pl.1,7;

tu-tu-ul^{ki} ARM 1,34,8.10; 2,136,19; 4,17,14; BAL II 6: CH IV 31

tu-ul-tu-ul BAL II 9 Var. zu CH IV 31

tu-tu<-ul> ibid.Var.

tu-ut-tu-ul-ma^{ki} ARM 1,18,22; Dossin Mél.Duss. 987

tu̇-ul-tu-ul Goetze JCS 7,53 III 4; Hallo JCS 18,60,37

ālum tu-ut-tu-u[l]^{ki} ARM 2,137,28

ekal tu-ut-tu-ul^{ki} ARM 1,118,22'

ḫalaṣ tu-ut-tu-ul^{ki} ARM 1,73,7

LUGAL tu-ut-tu-ul^{ki} Thureau-Dangin RA 33,49,4

LUGAL tu-tu-ul^{ki} Dossin Syria 32,7 III 6

LÚ du₈-du-li^{ki} UCP 9/5,29,5

(LÚ^{meš}*) tu-ut-tu-li-i*^{ki} ARM 2,137,4; Dossin RA 68,30,6

LÚ^{meš} *tu-ut-tu-li-ju*^{ki} Dossin RA 68,30,18

¶ Zusammenfassende Literatur und Lokalisierungsvorschläge vgl. zuletzt bei W.W.Hallo, JCS 18,79. W.W.Hallo unterscheidet: a) Tuttul nahe dem späteren Hīt am mittleren Euphrat, vgl. MSL 11,35,23; ⟶ Idā; b) Tuttul der Mari-Texte nahe der Mündung des ⟶ FN Baliḫ; c) Tuttul oder Dudduli im oberen Tigristal; d) Tultul des Itinerars, das Tall Aḥmar = Til Barsip sein könnte. Mit A.Goetze, JCS 7,60 und JCS 18,118ff. identifizieren wir das T. des Itinerars mit dem T. der Mari-Texte aufgrund des Textes RA 68,27ff.(G.Dossin,ibid.), und vermuten T. mit G.Dossin, RA 68,33 an der Baliḫ-Mündung, vielleicht = "Tall Bīya", Lage: 35°37,5' nBr/39°3' öL = EV 0979 ⟶ Šerdi, ⟶ Zalpaḫ. Zu Tall "Biʿa" s.jetzt E.Strommenger,MDOG 109,1977,5ff.

Ṭ

*Ṭabatum

ṭà-ba-tim^{ki} AOAT 3/1,1,2.9; 39,21; ARM 2,57,12; 6,66,6'; 7,117,8; 214,12''!; ARMT 13,36,11.17

[*ṭà*]*-ba-tim*^{ki} ARM 2,80,6

¶ J.Lewy, OrNS 25,338[3], vermutete Ṭ. in der Nähe von Nuṣaybīn; M. Birot, Syria 41,39, nimmt an, daß es an der Straße liegt, die von ⟶ Nagar bis nach ⟶ Kaḫat führt. Vgl. noch zusammenfassend M.Falkner, AfO 18,17a. Nicht gesichert ist trotz Namensgleichheit und eindeutiger grammatischer Ableitung die Identität von ⟶ aB Ṭabatum und ⟶ nA Ṭabite; Vgl. L.Dillemann, HMO 167,185 und 297; er vermutet, ibid.S.167, daß Ṭabite mit Tall Tartab zu identifizieren sei. S. noch zu ⟶ nA Tabete A.Goetze, JCS 7,58[38].Ṭ. lag nach den altbabylonischen Belegen mit Sicherheit am ⟶ FN Ḫabur zwischen Nagar und Qattunān (ARM 2,57). Ṭ. ist auch Hafen für (Fluß)schiffe zur Zeit von Zimrilim (ARM 2,80).

Ṭābu(m)

A.GÀR ṭà-bu^{ki} Anbar RA 69,110b,2

A.GÀR ṭà-bi-im CT 47,59,2

A.GÀR ṭà-bu-um CT 47,75,1

**Ṭapilat ⟶ Ḫipilat

U

Ubarê

uruú-ba-re-e-e[*ki*] BRM 4,53,37

Ubrabûm

LUGAL māt ub-ra-bi-im Dossin Syria 32,7,5

LÚ ub-ra-bu-u[*m*] ARM 3,50,10

LÚmeš ub-ra-bu-ú? ARMT 14,83,22

LÚ ub-ra-bi-iki? ARM 7,210,18'; ARMT 14,87,9

LÚ uruub-ra-bi-iki AbB 4,28,14

ub-ra-bi-i[ ] Dossin RA 66,126a,3'

ub-ra-bi ARM 2,12,11

LÚmeš ub-ra-bi-i-juki ARMT 13,105,5

[*LÚ ub-r*]*a-bi-ju-um* ARMT 14,85,9

[*LÚ*]*ub-ra?-bi-a-juki* ARM 1,42,30; ARMT 14,86,9

LÚmeš ub-ra-pa-a-jiki ARMT 14,86,20

LÚ madaram LÚ ub-ra-bi-i-imki ARMT 14,88,14

LÚmeš ub-ra-bi-i-jiki Dossin RA 68,30,5.16

¶ Vgl. J.-R.Kupper, Nomades S.49ff.; U. wird parallel genannt zu den Hanäerstämmen: Jaḫrurru, Amnānum und Jariḫu(ARM 1,42). Sie bewohnten wahrscheinlich das Gebiet um ⟶ Samānum (⟶ Terqa); ⟶ Jamḫad.

UDburasa(?)

uruUD-bu-ra-sa? AbB 4, 142,14

UDINIM

UDINIM (EZENxSIG7)ki <u>Datum</u>: Ammiditana 37 (Landsberger MSL 2,97 und JCS 8,68[174c])

¶ Vgl. RGTC 2,49

UD.NUN ⟶ Adab

Ugarit(um)

ú-ga-ri-tim^{ki} Dossin Syria 20,111; RA 64,99,8.31$^{?!}$; Jean RA 36,112
LÚ ú-ga-ri-it$^{[ki]}$ Dossin/Parrot Syria 18,74^{1,5}

¶ Früheste Belege von modernem Ra's Šamra; Lage: 35°36,5' nBr/35°48' öL = JE 5145.

UGULA-Martu ⟶ PA.MAR.TU

Uḫra

úḫ-ra^{ki} TLB 1,98,3'

Ukuja

LÚ ^{uru}*ú-ku-ú-a*^{ki} TCL 11,151,26 (Coll.Birot).32.35

Ulaja

ālam ú-la-a-ia-m[a^{k}*]*^{i} ARMT 13,146,7

¶ A.Finet, Syria 41,138 ⟶ = Luḫaja? (oder Elaḫut?); ⟶ Talḫajum.

Umgarra(?)

um?-gar-ra^{ki} Datum x_4 von Kiš (Charpin RA 72,32)

Umma

^{uru}*UMMA(GIŠ.KÚŠU)*^{ki} AbB 2,122,15; SVJAD 103,3; TLB 1,46,21$^{?!}$; YOS 5,233,11$^{!}$
LÚ UMMA^{ki} YOS 5,166,7

¶ ="Tall Ǧōḫa",Identifizierung aufgrund von Inschriftenfunden, V. Scheil, RT 19,62f.; vgl. RGTC 2,204ff. Lage: 45°53' öL/31°40' nBr = NA 8404; zu UCP 9/4,4,8 Ašdubba s.M.Birot, TEBA 62 .

Umšarḫi

LÚ^{meš}*ú-um-ša-ar-ḫi* ARM 4,86,8.10.12.18$^{?!}$

¶ Stammes- oder Berufsbezeichnung?

U+MUN

U+MUN

A.GÀR U+MUN CT 47,51/51a,2

¶ Nur Flurbezeichnung?

Unum

URU^{ki} *ú-nu-um* YOS 8,88,37.54$^{!}$; [88,14$^{?!}$]

Upî

ú-pí-i^{ki} TIM 2,7,19.25$^{!}$; 8,7; UÇP 10/1,102,2$^{![ki]}$; Feigin JAOS 59, 106: Iščalī 75,9(= OBTI 2,9)

ú-pí^{ki} ARM 4,26,12

ú-pí-i OBTI 136,15'

LÚ ú-pí-i^{ki} Ellis Taxation 19,23; Goetze Sumer 14,39: IM 51269,22

¶ A.Goetze, JCS 7,56[4]: nahe der Diyālā-Mündung;F.R.Kraus, ZA 51, 62f.(mit J.Lewy) U. ="Tall ᶜUmair"= Seleucia. Gegen diese Ansetzung Upī = Tall ᶜUmar vgl. E.Weidner, AfO 18,254 zu Z.46, da U. am ö Ufer des Tigris liege; vgl. zusammenfassend A.Brinkman, AnOr 43,111[608]; U.≠Akšak≠Seleucia, vermutlich aber U. = Opis.

Upin-Ašar

ur[u] *ú*$^{?!}$*-pí-in-a-ša[r*$^{?k}$*]*^{i} TCL 17,73,10 (Coll.Dossin)

Uppila

up-pi-la AbB 4,150,6

Ur[

LÚ ur-n[a]? AOAT 3/1,39,23

¶ ON?

Uraḫ

LÚ ú-ra-aḫ^{ki} ARM 7,180 II 19

ú-ra-aḫ^{ki} ARM 1,56,15$^{!}$; ARMT 13,39,14

¶ M.Birot, Syria 41,49: in der Gegend von ⟶ Ḫanat und ⟶ Jablija?

Urau

*ú-ra-ú*ki FAI 86,57

¶ Zwischen ⟶ Lutpiš und ⟶ Zikum.

Urbat

*ur-ba-at*ki ARM 7,180 III 9'; 268 IV 4'

Urbēl

māt ur-bé-e-el de Genouillac RA 7,155 III 8

Datum: *uru*ki*-bíl* Ešnunna Datum unb.Zuordnung (OIP 43,174: 51)

*uru-bíl*ki Var. dazu (OIP 43,174: 51)

uru-bíl Var. dazu (OIP 43,175: 52)

¶ H.de Genouillac, RA 7,155: = Urbillum; D.O.Edzard, ZZB 165[892]; vgl. RGTC 2,218 = heutiges Irbīl; Lage 36°11' nBr/44°1' öL = MF 1105. Zur Inschrift H.de Genouillac, RA 7,155f., vgl. besonders W.v.Soden, OrNS 22,256f.

Urbia

*úr-bi-a*ki TIM 2,98,11

¶ Vgl. MSL 11,19: 9ff.

Urgiš

*ur-gi-iš*ki ARM 2,38,6.16.18; 4,40,14; 10,121,9!.13?!; Gadd Iraq 7 t.4: A 994 Vs.29! Rs.8

ur-ge-eš Goetze JCS 7,53 III 22

"*LUGAL ur-gi-iš*ki" Jean RÉS 1938,132

¶ Vgl. zusammenfassende Lit. bei M.Falkner, AfO 18,30; W.v.Liere, AAS 7,91ff. identifiziert U. mit Tall ʿAmūda aufgrund des Fundes einer (hurrischen) Gründungsurkunde, vgl. dagegen B.Hrouda, MDOG 98,54; vgl. RGTC 2,224; ⟶ Šinaḫ, s. dazu J.J.Finkelstein, JCS 9,6f.

*Uriḫum

*ú-ri-ḫi-[im]?*ki ARMT 14,51,23 (Coll.Birot)

Urim

*URÍ(ŠEŠ.UNU/AB)*ki*(-ma)* A 26376,7.Rs.7; AbB 2,4 Rs.9'; 9,12.14; 4, 9'; 36,5; 70,15; 80,4.10.16; 6,140,26; BE 1,18,5; 19,4; BIN 9,187, 1; 332,3; 386,9; CHJ 104,5; 266,8; CT 1,45,8; 45,89,27; OECT 1,17 II 4; 2 pl.7 II 3; ŠA 166,4.11.17; SVJAD 69,34!; TCL 1,15,18; 10,

8A,17; 8B,18; 86,3; 11,146,30; 224 Vs.4.13.43.66.84 Rs.10.28; 248, 1.5.15.18; 15,72f. II 42; 17,53.6.12; 58,9; 18,110,27; 119,16; TSifr 25a,18; UET 1,100,10; 102,8; 106,5.17?.27; 111,7.23; 114,9; 117,3; 118,8; 119,3; 120,7; 122,14; 125,7; 127,8; 128,7.24; 129,3.8 (+UET 8,30: 26); 134,11; 136,4; 138,12; 139,13; 140,22; 141,9 (+UET 8,31: 30); 142,9 (+UET 8,32: 31); 293,10; 295,5.20; 300 Rs.30; 5,265,14; 272 Siegel; 449,3; 408,6; 523,20; 586,5; 636,51; 796,8; 8,67,9.26; 72,10.66!; 73,2.6; 80,11; 84,15; 85,7; VS 1,29,4; 30,11; 31 I 11; 13,56,3'; YOS 5,174,12.17; 103,2; 214,3; 8,98,3.38; 9,22,4; 26,6; 12,48,5.8.10; 67,2.5; 141,1; Arnaud RA 66,34b,3; 35,5; Falkenstein BagM 3,26,15.30; 27,113; Gadd Iraq 13 t.14,12; Scheil RA 14,95,1; Stephens JCS 1,268,10; Weidner ZA 43,115,57

kār URÍ^ki (-ma) UET 5,196,9; 229 Rs.9; 230,23; 298,8; 371,7; 381,8; 391,8; 416,9; 419,7; 421,9; 420,11; VS 18,2,1,4

^uru URÍ^ki BAL II 5: CH II 17

BÀD URÍ^ki (-ma) Falkenstein BagM 3,27,96

^d Sîn URÍ^ki UCP 9/4,23,4

(EN) ^d NANNA ŠÀ URÍ^ki (-ma) TCL 10,133,176; UET 1,103,10; 104,3; 8,64,10

^d NIN.EZEN URÍ^ki -ma UET 1,106,17

É EKIŠNUGAL URÍ^ki -ma UET 8,80,7

LUGAL/ENSÍ (...)URÍ^ki (-ma) CT 21,29,5; 33,50a,6; 36,3,3; OIP 43,149: 25,3; UET 1,100,7; 107,3; 109,3; 114,5; 115,5; 117,5; 121,6; 126,7; 8,62,11; 64,7; 65,26'; Thureau-Dangin RA 6,69,6

DUMU^meš/LÚ/tamkārū^meš/dajjāne URÍ^ki (-ma) AbB 4,2,11; 3,8; 136,6; CT 45,118,21; 89 II 27; ŠA 180,5.9; SVJAD 136,21.24; TCL 10,7A,11; 7B, 13; 15,72f. III 59; UET 5,561 II 8; 660,8; 257,5!; YOS 5,174,19; 8,156,26

PN: *ú-ri-tum* TLB 1,90,11

PN: *aḫulap-URÍ^ki* UET 5,124,37

PN: *IGI.URÍ^ki* UET 5,198 Umschlag Rs.19

PN: *LÚ.URÍ^ki (-ma)* ARN 27 Vs.3; 176 Vs.3; TCL 11,232,9; UET 5,561 II 8

PN: *mār(i)-URÍ^ki* SVJAD 20,17; UET 5,459,9; 474,8; 723,36; YOS 5,4 VIII 13; 13,20; 31,5;

PN: *^d NANNA.URÍ^ki.ŠÈ* UET 5,153,19

PN: *ṣillī-URÍ^ki* UET 5,539 III 27; 329,4; 574,9; 583 V 3; 842,13.14; YOS 5,148,49

PN: *Sîn-rā'im-URÍ^ki* BE 6/2,70,9.Siegel.Umschlag: 1; Gordon SCT 43,9; TLB 1,28,5'?!;

PN: *Sîn-rīm-URÍ^ki* CT 8,42b,8.9; SVJAD 20,21; 42,15; TCL 10,2,24;

12,5; 14,19; UET 5,97,10$^{!}$; 639,7; YOS 5,28,6

PN: *sîn-šar-*URÍ^{ki} VS 13,97,4$^{?}$; YOS 5,127,15

PN: *šumrum-*URÍ^{ki} UET 5,672,10

PN: *ṭāb-ṣilli-*URÍ^{ki} Langdon Bab.7,47a,20; YOS 5,148,49

PN: *ṭāb-*URÍ^{ki} CT 4,47a,38

PN: *tarâm-*URÍ^{ki}*-ma* Baqir Sumer 5,143,1: 3(im Datum)

PN: URÍ^{ki}*-abū-šu* UET 5,319,10

PN: URÍ^{ki}-.É.KI.ÁGA UET 5,132,21; 164,18

PN: URÍ^{ki}*-gāmil* UET 5,422,15; TCL 1,74,36; 197,6

PN: URÍ^{ki}*-ḫegal* UET 5,144,4.13.Siegel

PN: URI^{ki}*-lībir* UET 5,163,20

PN: URÍ^{ki}*-līšer* TSifr 7a,19; UET 5,186,14; 209,11; 687,5

PN: URÍ^{ki}-MU.UR UET 5,500,3

<u>Daten</u>: URÍ^{ki} *(-ma)* Gungunum 20 (RlA 2,156: 113)
Ḫammurabi 33 (RlA 2,180: 135)
Rīm-Sîn 23 (RlA 2,162: 225)
Datum Isin K (BIN 9,523 Rs.7; S.21)

BÀD.URÍ^{ki} Samsuilūna 11 (RlA 2,183: 156)

BÀD.GAL URÍ^{ki} *-ma* Warad-Sîn 11 (RlA 2,160: 200; Stol Studies S.17)

NIM ŠÀ URÍ^{ki}*-ma* Išbi-Erra 23 (BIN 9,100,10; S.14; Kienast JCS 19, 45ff.; bes.S.53)

LÚ URÍ^{ki} Samsuilūna 14 (RlA 2,183: 159)

ERIM URÍ^{ki} Sîn-muballiṭ 14 (RlA 2,177: 96)

bīt ^{d}Enki ŠÀ URÍ^{ki} Rīm-Sîn 8 (RlA 2,161: 210)

bīt... ^{d}NANNA ŠÀ URÍ^{ki}*-ma* Gungunum 25 (RlA 2,156: 118)

^{d}NANNA [UR]Í^{ki} Ibbi-Sîn x(Kisurra 132,12; § 13 mit Anm. 73a)

^{d}NIN.EZEN URÍ^{ki}*-ma* Lipit-Ištar (RlA 2,148: 86; UET 1,222; Stephens RA 33,24: 16)

¶ Entspricht Al-Muqaiyar; Lage: 46°6,5' öL/30°57,5' nBr = PV 0726; vgl. RGTC 2,224.

Urkiš ⟶ Urgiš

Urra

úr-ra BIN 9,331,7

LÚ *ùr-ra(-šè)* BIN 9,355,11

¶ PN?

Ursum, Uršum

^{uru}úr-su-um$^{ki!}$ VS 7,50,2

māt ur-si-im^{ki} ARM 2,131,32

LUGAL ur-su-ú^{ki} Dossin Opposition 187,7

"LUGAL māt uršu" Siegelbulle des Jahdunlim aus Acim hüyük (Mitt.T.Özgüc)

LÚ ur-si-im^{ki} ARM 1,1,5; 24,3'!.5'.12'.17'; ARMT 14,31,9

LÚ ur-si-im ARM 7,209,3

SAG.GÈME ur-su! k[i!] YOS 13,39,2

šamnum ur-šum AbB 2,143,19

¶ U. wird von S.Smith, AnSt.6,35ff. und J.-R.Kupper, RA 43,79ff. mit Urfa identifiziert, während. J.Lewy, OrNS 21,288f. es in"ʿArsūz" sucht. N von Birecik vermuten es A.Goetze, JCS 7,70: zwischen Birecik und Samsat; M.Falkner, AfO 18,36: zwischen Birecik und ʿAin-ṭāb, P.Garelli, Assyriens S. 107: zwischen Birecik und Gaziantep. A.Archi, S.Salvini, P.Pecorella, Gaziantep S. 44 und S. 111 suchen U. im"Tall Öylüm"s von Karkemiš oder aber in Gaziantep selbst. Durch die Identifizierung von aB U. mit ⟶ heth. Waršuwa, s. A.Goetze, JCS 16,27b, vermutet Goetze es jetzt nahe bei Samsat, vgl. zusammenfassend mit ausführlicher Literatur RGTC 6,475f., auch M.Falkner, AfO 18,31; J.-R.Kupper, Nomades S. 253; P.Garelli, Assyriens S. 106f. und RGTC 2,225.- In aB Texten wird U. zusammen mit den Ländern ⟶ Karkemiš und ⟶ Ḫaššum erwähnt, in einem Gebiet, welches als *"māt ebertim"* bezeichnet wird, vgl. J.J.Finkelstein, JCS 21,83.

Uršagga

^{uru}ur-šag$_5$-ga AbB 2,29,31; VS 13,104 IV 7!

Uruk

ú-ru-uk BAL II 8 Glosse zu CH II 38

UNU^{ki}(-ga) AbB 2,5,4.15(*ālim ša...*); 6,89,17; BAL II 5: CH II 38; BE 1,18,8; 19,7; CBT 1,13982; CT 36,5,4; Kisurra 173,18; ŠA 172,10; TCL 10,66,15; 80,12; 87,14.19; 100,27.29; 107,16.22; 108,19; 123,9; 127,9.4.12; 15,72f. II 46; UET 1,102,11; 106,9; 140, 25; 144,[15.22]; 295,9; 8,85,10; VS 1,29,7; 18,100,13; YOS 1,35,4; 36,5; 2,51,6; 145,9; 5,172,9; 9,26,10; Falkenstein BagM 2,56f. I 33.II 21.III 20.23.39.IV 3.9; Leemans JCS 20,40,5.6; Lenzen UVB 9, 15,6; Pinches PSBA 39 pl.8: 21,4; Stephens JCS 1,268,13

māt UNU^{ki} AbB 4,144,8(!); UET 8,85,26

kār UNU^{ki} VS 7,43,5.13; YOS 12,437,6

BÀD UNU^{ki}-ga BE 1,26,4

KASKAL UNU^{ki} YOS 5,172,10

DUMU/LÚ/ERIM/šāpir UNU[ki] AbB 2,10,7; CT 45,89,2; SD 5,40 A 5,26.38; SVJAD 54,17; TIM 5,70,11; YOS 5,124, 15,21; 12,501,2; 503,2; 504,2; 506,4; 507,2; 508,2; 510,2; 511,2; 513,4; 529,2; Falkenstein BagM 2,56f. I 29.III 25; Goetze JCS 4,109 a22; Pinches PSBA 39 pl.8: 21,2; pl.10: 23,19!

UGNIM UNU[ki] BE 1,26,3; UET 1,138,19

LUGAL UNU.GA[ki] Pettinato OrAnt.9,106 F. Var. (s.ibid.Anm.72)

LUGAL UNU[ki]*(-ga)* CT 21,12a,3; 12b,3; 15,6; UET 1,138,26; 8,85,12; Biggs Studies Oppenheim 1964,3,6; Edzard Sumer 13,187,5; Falkenstein BagM 2,51,3; Lenzen UVB 8,24,2; Pettinato OrAnt.9, 106E,5; 106F,6; Schroeder WVDOG 51,56: 1.3,3

(bīt)[d]*INANNA UNU*[ki] ARN 77 Vs.7'.Siegel; UET 5,553 I 10; YOS 13,90 Rs.10; 96,19.20; 331,3; 435,3; Fish MCS 2,38: 1,7

PN: *ú-ru-ki-tum* AbB 5,180,4

PN: *ṣillī-UNU*[ki] YOS 5,126,37

PN: *LÚ-UNU*[ki]*-ga* UET 5,703,6

Daten: *UNU*[ki] Ḫammurabi 7 (RlA 2,178: 109)

UNU[ki]*(-ga)* Ḫammurabi 33 (RlA 2,180: 135); Rīm-Sîn 21 (RlA 2,162: 223); Rīm-Sîn 23 (RlA 2,162: 225)

UGNIM UNU[ki]*(-ga)* Rīm-Sîn 14 (RlA 2,162: 216; Stol Studies 8[1]); Samsuiluna 10 (RlA 2,183: 155)

BÀD UNU[ki]*(-ga)* Samsuiluna 11 (RlA 2,183: 156)

EN-[d]*INANNA-UNU*[ki] Ibbi-Sîn 2 (Kisurra 53,7)

¶ = Uruk/Warkā: vgl. RGTC 2,216; A.Parrot Archéologie Mésopotamienne 255. Lage: 45°40' öL/31°19' nBr = NV 6365.

URU.SAG.RIG₇

"*āl ša-ra-ki*" Falkenstein BagM 2,21: W 20474

Daten: *URU*[ki]*SAG.RIG₇(-GA)* Warad-Sîn 12 (RlA 2,160: 201)

[uru]*SAG.PA.KA[B].X.DU.GA* Var.dazu (Stol Studies 3:12)

¶ D.O.Edzard, ZZB 175[962] liest wie oben, Lesung nicht gesichert; nach I.J.Gelb, MAD 2[2],21: *āl-šarrākī* zu lesen, so auch A.Falkenstein, BagM 2,21[76]. - Lokalisierung von C.Wilcke, ZA 62,55ff.: vier Tagesreisen flußaufwärts von Umma in der Nähe von Adab: so auch H.J.Nissen, AS 20,35[144]; vgl. RGTC 2,234.

Ušganna

u[š]-gán-na[ki] AbB 2,107,11

Uta

ālam[ki] *ú-ta*? ARM 4,20,10

ú-ta ARM 4,38,17'

Utaḫi

LÚ^meš DUMU^meš ú-ta-[im?]   ShT 57,9

¶ A.Finet, ARMT 15,137[1]: = Stadt des Landes ⟶ Utêm? Vgl. auch J. Laessøe, ShT 58: 9; AOS 53,121.

Utaḫi

ú-ta-a-ḫi^ki   ARM 9,248,13'

¶ M.Birot, ARMT 9,357 § 143, stellt Utaḫi zu ⟶ Uta und ⟶ Utêm.

Utêm

māt ú-te-em   ARM 1,5,34; ShT 79,50; 83,35; Laessøe AS 16,191,25

ma-at ù-te-em   ShT 79,42

ṣābum ša ú-te-em   FAI 104,16

¶ J.Laessøe, AOS 53,121f.: nicht weit von Tall Šamšāra, am Rand der kurdischen Berge; Teil des Landes U. war nach seiner Meinung die Rama-Ebene. Zu U. gehören die Städte ⟶ Burullum (ARM 1,5) und ⟶ Šušarrā. (ShT S.78ff.)

Uzarbara

ú-za-ar-pa-ra^ki   TLB 1,63,19

LUGAL ú-zar-pa-ra^ki   CT 21,17b,2

<u>Daten</u>: *URU^ki ú-za-ar-pa-ra*   Rīm-Sîn 18 (RIA 2,162: 220; UET 5,378, 16; Stol Studies S.22)

ú-za-ar-bar-ra   Var. dazu (YOS 5,252,3)

ú-za-ar!-ba-ra^ki   Var. dazu (UET 5,341,18)

¶ Vgl. A.Falkenstein, BagM 2,28; D.O.Edzard, ZZB 178[974]; zum gleichlautenden GN s.J.Renger, HSAO 161, ⟶ Bīt-Šū-Sîn; zum Datum vgl. M.Stol, Studies S.22: 18.

Uzarlakib

[ú-za-ar-l]a-ki-ib^ki   Jacobsen JCS 9,79: 28,16

¶ Ergänzt nach MSL 11,59,181.

Uzarlulu ⟶ Zaralulu

Uzarsuḫar

ú-za-ar-su-ḫa-ar   TLB 1,63,18

¶ W.F.Leemans, SLB 1/2,91: U = "Uzarzuḫur" in der geo.Liste S. J.Levy, Sumer 3,69 = MSL 11,103,221?

Uzubum

^{uru}*ú-[z]u-bu-um*^{ki} AbB 2,12,6

Uzusî

^{uru}*ú-zu*$^{?}$*-si-i*^{ki} TLB 1,180,32

W

Wâ

uru$_{wa-a}$^{ki} BRM 4,53,46

¶ ⟶ Ja'e.

Wākil-Martu ⟶ PA.MAR.TU

Wanumbi

PI-nu-um-bi^{ki} ARM 1,40,23

Waqartum

URU^{ki} *wa-qar-tum* TCL 11,247,9; YOS 5,106,7 ?!
uru$_{wa-qar-tum}$^{ki} BRM 4,53,26
uru$_{wa-qar-tum}$ VS 13,104 I 7 II 4

Warûm

MADA wa-ru-um Poebel AfO 9,246 II 3.19
MADA wa-ri-um Sollberger RA 63,41 zu II 19B
LUGAL māt wa-ri-im OIP 3,143: 6,3; 144: 8,6; 145: 12,3; 147: 19,3; 148: 22,3

¶ Th.Jacobsen, OIC 13,43f.: Land, dessen Hauptstadt Ešnunna ist; vgl. W.F.Leemans, Trade 3 und 172 und F.R.Kraus, Sumerer und Akkader (1970) 37ff. s. M.Stol, Studies 68.

*Wer'um

LÚ we-er-i$^{!}$*-im* ARM 7,117,6; 227,16'$^{!?}$
LÚ we-er-i ARM 9,248,15'

*Wīlānum

wi-i-la-nim ARM 1,8,9; 4,33,5; FAI 86,10.11

DUMU^{meš} *wi-i-la-nim* ARM 1,8,5.11; 4,33,15

^{I}*wi-i-la-nim/ni* Laessøe AS 16,192,29.35

¶ J.-R.Kupper, Nomades 53ff. und Anm.2: Nomadenstamm, wohl ö des Tigris, ⟶ Haburatum, ⟶ Turukkû, ⟶ Qabrā; vgl. zum Namen W. und der möglichen Lesung *ia*$_{8}$*-i-la-nim* I.J.Gelb, Lingua degli Amoriti 149 § 2.4.6.

Z

Zabalum

za-b[a]-lu[m]KI.TA ABPh 72,10

LÚ šībūt za-ba-lim^{ki} ARM 9,241,8

bīt ^{d}*INANNA-za-ba-la*^{ki} SVJAD 2,2.8.14

tērētim ZA.MÙŠ.UNU^{ki} BAL II 6: CH III 6

^{d}*INANNA ZA.MÙŠ.UNU*^{ki} YOS 9,38,1

^{d}*INANNA (...) ZA.MÙŠ.UNU*^{ki} BIN 7,162,4; 164,7.11; 165,6.10; LIH 61, 36; SAK 214 e 1; YOS 5,172,11; 207,57

bīt ^{d}*INANNA ZA.MÙŠ.UNU*^{ki} Adams Uruk 217b,9; Pinches PSBA 39 pl.10, 10; Datum Warad-Sîn 5 (Stol Studies 9)

[^{d}*UTU*]*u* ^{d}*INANNA ZA.MÙŠ.UNU*^{ki} TIM 2,32,4

ÌR ^{d}*INANNA.ZA.MÙŠ.UNU*^{ki} Anbar RA 69,122:f

(^{d}*UTU u)*^{d}*INANNA.ZA.UNU*^{ki} TCL 10,39,11; VS 16,145,23

¶ Identifiziert durch Inschriftenfunde mit "Tall Ibzēḫ", vgl. zur Lit. RGTC 2,242. Lage: 31°45' nBr/45°52' öL, NA 8214; - Vgl. besonders M.Powell,OrNS 45,100ff., s. W.F.Leemans, JESHO 19,217ff. M.Anbar, RA 69,124 hält für erwiesen, daß Zugallītum (⟶ Āl-Zugallītum) der akkadische Name für INANNA-Z. war und Zugal akkadische Bezeichnung für Zabalam. Letzterem scheinen die Belege ARM 9,241; ABPh 72 und SVJAD zu widersprechen, die zumindest eine akkadisierte Bezeichnung Z. für sumerisch ZABALAM aB synchron tradieren.

Zaban

za-ba-an^{ki} CT 4,47a,19

za-ab$^{!}$*-ba-an*^{ki} Weidner AfO 15,77,16

¶ Vgl. mit zusammenfassender Lit. D.O.Edzard, AfO 19,1[8]; Z. wird von E.Weidner in der Nähe des ᶜAẓaim-Durchbruchs durch den Ǧabal Ḥamrīn gesucht; I.J.Gelb vermutet es am unteren ⟶ Zāb.— Vgl. J.Brinkman, AnOr. 43,188[1151]; A.K.Grayson, ARI I § 932. Z. ist nach D.O. Edzard, ibid., Hauptstadt des Landes ⟶ Simurrum.

ZABAR.DAB$_5$

^{uru}ZABAR.DAB$_5$^{ki} TCL 11,156 Vs.10[auch 3?]
A.GÀR ZABAR.DAB$_5$ TCL 11,156 Vs.10

Zabirima

]za-bi-ri-ma^{ki} Rimăḫ 246,8'

Zabri(?)

PN ^{uru}za$^{?}$-ab-ri^{ki} Rimāḫ 225,11

ZA.GÍN.NA ⟶ Maruqnu

Zaginum

LÚ za-gi-nu-um^{ki} AbB 2,42,16
¶ ⟶ ZA.GÍN.NA.

ZAG.NÁ.A

LÚ^{meš} šību ZAG.NÁ.A^{ki} YOS 13,499,11
PN ZAG.NÁ.A^{ki}(?) YOS 13,499,3
¶ C.Wilcke WdO 8,270^{25}; ⟶ Sagnum?

*Zaḫatum

ana ālim za-ḫa-t[im^{ki} ARM 2,75,1
za-ḫa-tim^{ki} ARMT 14,116,7
¶ ⟶ Qutû.

Zaḫikima

za-ḫi-ki-ma^{ki} ARM 4,38,5'!.6'!.9'!
¶ ⟶ Izḫizzi.

Zàḫlala

ZA-aḫ-la-la Hallo JCS 18,60,34
¶ A.Goetze, JCS 18,116: identisch mit ⟶ nA Saḫlala. Im aB Itinerar zwischen ⟶ Apqu ša Baliḫā und ⟶ Zalpaḫ genannt; am oberen ⟶ FN Balīḫ gelegen.

Za'idu

^{uru}*za-i-du*^{ki} VS 13,104 I 22

Zakari(?)

za-ka-r[i?]^{ki} Rimāḫ 244 I 15

Zakurum

URU^{ki} *za-ku-rum* YOS 8,98,9$^{!}$.42

¶ Im Gebiet von Ur? S.W.F.Leemans, BiOr. 12,144f. und K.Butz, WZKM 65 - 66,1¹: der Text stammt aus Ur.

Zalaḫum

LÚ Amurrû za-la-ḫu-um UCP 10/1,26,6; 96,14

za-la-ḫu-um UCP 10/1,49,7

Zalluḫān

za-al-lu-ḫa-an^{ki} ARM 2,16,12; 10,79,18

ālam za-al-lu-ḫa-an^{ki} Jean RA 42,71,40

z[a-al]-lu-ḫa-an Jean RA 42,71,35

¶ Ch.Jean, RA 42,7: am oberen Ḫābūr; ⟶ Japṭurum, ⟶ Zalmaqum; vgl. J.-R.Kupper, Nomades 11.

Zallul

ālum za-al-lu-ul^{ki} ARM 2,131,11.22

¶ Im Lande ⟶ Ursum; zu YOS 13,281 vgl. ⟶ Elip.

Zalmaqum

"za-al-ma-qum" Dossin Mél.Duss. 986

za-al-ma-qí-im Habiru 22: 28; Dossin Syria 19,112

za-al-ma-a-qí-im^{ki} ARM 2,35,8

"za-al-ma-qí-im^{ki}*"* Dossin Mél.Duss.986

māt za-al-ma-qí-im ARMT 13,146,21,27$^{!}$

māt za-al-ma-qí-im^{ki} ARM 1,10,19.14'$^{!}$; 53,2'$^{!}$; ARMT 14,76,20' *māt za-al-ma-qí* Jean RA 42,71,12.15

"*LUGAL^mešše^ ša za-al-ma-qí-im-m[a?]*" Dossin Mél.Duss.986

LUGAL^meš^ ša (māt) za-al-ma-qí-im ARM 2,68,3!; ARMT 13,46,15'; Dossin Mél.Duss.986

LUGAL^meš^ ša za-al-ma-qí Finet RA 60,25 Rd.2

*LUGAL za-al-ma-qa-ju-um^ki^* Dossin Mél.Duss.987

10 *limi za-al-ma-qum^ki^* ARM 2,21,20

ṣāb za-al-ma-qí-im ARM 2,68,5'!; Dossin SD 2,117

*LÚ/DUMU^meš^ za-al-ma-qí-im^ki^* ARM 1,29,5; ARMT 14,77,4

*DUMU^meš^ māt za-al-ma-qí-im^ki^* ARM 1,10,11.13

za-al-ma-qa-ju ARM 3,57,9

LÚ^meš^ za-al-ma-qa-ju ARMT 13,144,14.39; 143,11!?; 14,76,22!; 77,25!

[*x*]*za-al-ma-qa-ju^ki^* ARMT 14,77,14; 78,7

*LÚ^meš^*[ ]*za-al-ma-qa-i^ki^* ARMT 14,75,5; 78,4

LÚ[ ]*za-al-ma-*[*q*]*a-ia-am^ki^* ARMT 14,75,10

Datum: *MADA za-al-ma-qum* unb.Zuordnung (VS 9,202,24; Stol Studies S. 39 = Ḫammurabi 39?; vgl. S.35)

¶ Z. wird vermutet von G.Dossin, RA 35,117²: in der Gegend von Ḫarrān; von A.Finet, ARMT 15,138, zwischen dem oberen ⟶ FN Baliḫ und ⟶ Šubat-Enlil; von M.Falkner, AfO 18,33: n von Ḫarrān in der Urfa-Ebene mit den umliegenden Gebieten. Vgl.M.Falkner, AfO 18,33 mit zusammenfassender Literatur und zuletzt M.Anbar, IOS 3,18ff.- Z. ist dem Lande ⟶ Jamḫad verbunden. Bündnisse der Herrscher von Z. werden im Sîn-Tempel in Ḫarrān geschlossen; ⟶ Niḫrija, ⟶ Zalpaḫ. Z. ist dem Lande ⟶ Japṭurum benachbart (RA 42,71).

Zalpaḫ

*za-al-pa-aḫ^ki^* ARM 2,53,13; Dossin RA 68,28: A 4188,13!.28.31!. [33]

za-al-pa-aḫ? Goetze JCS 7,53 III 6

*za-al-ba-aḫ^ki^* Dossin SD 2,117

za-al-ba-aḫ Hallo JCS 18,60,35

Daten: *za-al-pa-aḫ^ki^* Jaḫdunlim (ARM 7,1,5')

*BÀD^ki^ za-al-pa-aḫ^ki^* Jaḫdunlim x(St.Mar. 53: 3)

¶ Durch das aB Itinerar ist die Lage von aB Z. in der Gegend des obere (?) ⟶ FN Baliḫ gesichert, wie schon richtig von W.v.Liere in AAS 7,93 vermutet,da es einerseits zwischen ⟶ Aḫunā und ⟶ Apqum ša Baliḫā,andererseits zwischen ⟶ Zaḫlala und ⟶ Ṣerdi/a angegeben wird; Apqum ša Baliḫā ist aber sicher mit einem der Tulūl an der Balīḫ-Quelle identisch, während Ṣerdi/a durch den Text G.Dossin, RA 68,28 am Balīḫ lokalisiert wird. Damit sind die Rekonstruktionen von A.Goetze, JCS 18,116f. über den Verlauf des aB Itinerars in w Richtung nach Ḫarrān widerlegt ebenso sein Lokalisierungsvorschlag von Z. in der Gegend von modernem Sürüc. Mit K.R.Veenhoff, AATT 292, und J.J.Finkelstein, JNES 21,77, ist wohl eines der in der altassyrischen Handelsrouten erwähten Zalpa mit aB Z. identisch; vgl. zu

*Zamaru

den möglichen zwei aA Zalpa P. Garelli, Assyriens, S.122[1]: aA Z.(1)= aB Z. in Nordsyrien, aA Z.(2) = Ortschaft n von Hattuša; s.zu Z.(2) am schwarzen Meer jetzt RGTC 6,491 und W.Röllig, Festschrift F. Dörner S.762ff.; M.Falkner, AfO 18,33, trennt hingegen aB Z.von aA Z.; s.zuletzt zusammenfassend M.Anbar, IOS 3,13[38]; G.Dossin, RA 68,33ff.- Zu hethitischem Zalpa I und II s. RGTC 6,491.

*Zamaru

KASKAL za-ma$^{?}$*-ri*^{ki} Rimāḫ 308,5

¶ ⟶ Zammarānum? Oder zu ⟶ Zamirû zu stellen?

Zamijān

[*z*]*a*$^{?}$*-mi-ia-a*[*n?*^{k}]^{i} ARM 3,20,27

¶ Im Distrikt von ⟶ Terqa?; ⟶ Damiqān, Dumtān.

Zamijatum

za-mi-ia-tam^{ki} ARM 1,121,6

n immerāte ^{uru}*za-mi-a-tum*^{ki} Rimāḫ 316,4

n immerāte ^{uru}*za-mi-a-ti* Rimāḫ 226,5

SI.LÁ za-mi-ʾa₄-tim^{ki} Rimāḫ 244 ỊI 5; 245 I 33$^{?}$

¶ Zum Gebiet von ⟶ Qabrā, am Ufer des ⟶ FN Zâbum (ARM 1,121), deshalb wohl nicht = Tall Ṭāya (?), wie von N.Postgate, Iraq 35,174f. angenommen.

*Zamirû

za-mi-ri-i^{ki} AbB 1,43,7; 6,82,7

^{uru}*za-mi-ri-i*^{ki} AbB 1,117,5

za-mi-rí-i^{ki} AbB 1,10,15

¶ Vgl. CAD Z 39 zu Gegenständen aus Zamirû: *zamirītu*.

*Zammarānum

^{uru}*za-am-ma-ra-nim*^{ki} AOAT 3/1,39,8

*Zamurum

BÀD za-mu-ri-im^{ki} AOAT 3/1,14,5

¶ Vielleicht sind Zamaru, Zamirû und Z. als éin ON aufzufassen.

Zanipā, Sanipā

za-ni-pa-a^{ki} ARM 5,43,14

za-ni-pa$^{!}$/*pá-a* Goetze JCS 7,54 IV 31; 54,9

sa-ni-pa-a Hallo JCS 18,59,19

¶ A.Goetze, JCS 7,64: im oder am Wādī aṯ-Ṯarṯār; W.W.Hallo, JCS 18,72f., 83: identisch mit ⟶ nA^{kur}Zalipâ ö des Tigris; J.Reade, Iraq 30, 237[5] s von ⟶ Apqum, nicht bei Eski Mossul, wahrscheinlich nö der Hügel. Vgl. ⟶ Apqum(ša IŠKUR) ⟶ Ašal, ⟶ Sanduwātum; Zanipatum?

*Zanipatum

za-ni-pa-tim^{ki} ARM 3,4,8.10; 8,90,3; Birot Syria 35,22[2]!

za-ni-pa-tim[^{ki}] ARM 3,79,14

"*usal*" *za-ni-patim*^{ki} ARMT 14,23,14

¶ W.W.Hallo gleicht Z. mit ⟶ Zanipā des aB Itinerars. Z. aber liegt nach ARMT 14 im Distrikt ⟶ Saggaratum, unweit von ⟶ Dūr-Jaḫdunlim? (ARM 3,79). Vgl. ⟶ Narā, ⟶ Bīt-Lusāja, ⟶ A'idatum, ⟶ Bīt-Akkaka, ⟶ Bīt-Ja'etim.

Zannu[ ] ⟶ Ḫanna

Zaralulu

PN ^{uru}*za-ra-lu-lu*^{ki} Ellis JCS 24,57: 40,5

rabiānu ša/[*GÌR*].*NITA za-ra-lu-lu*^{ki} Ellis JCS 26,125,21; Simmons JCS 14,28: 60,8

za-ra-lu-lu Hashimi H 25,2

LUGAL ša ú-za-a[*r*]*-lu-lu* Abdullah Sumer 23,191

¶ A.K.Abdullah, Sumer 23,189ff. = Tall aḍ-Ḍibā'ī, identifiziert durch Siegelinschriften; vgl. A.Spycket, RA 44,207 ⟶ Šaduppûm. Lage: 44°30' öL/33°20' nBr = MB 5394.

Zarānu[ ]

LÚ za-ra-nu-x OBTI 270,14

Zarbat ⟶ Sarbat

Zarbilum, Zurbilum

zar-bí-lum^{ki} YOS 5,207,33'

Datum: Rīm-Sîn 2 (RlA 2,161: 204)

BÀD zar-bí-lum^{ki} TCL 10,136,5;

Datum: Rīm-Sîn 28 (RlA 2,163: 230)

Zargānum

PN/UGULA DAM.GÀR zar-bí-lum^{ki} TCL 10,54,11; 57,9; 61,4

zur-bi-lum Kisurra 129,5'.9'.2''.6''.10''.3'''; 130,4'

¶ W.F.Leemans, Trade 157[1] nimmt an, daß die Stadt no oder n von Larsa lag; D.O.Edzard, ZZB 177[969] vermutet Z. zwischen Larsa und Dēr (YOS 5,207).

*Zargānum

za-ar-ga-nim^{ki} TIM 4,39,1

Zarḫānum

Daten: *za-ar-ḫa-nu-um* Samsuiluna 23 (RlA 2,184: 168)

[za]r-ḫa-nu^{ki} Var. dazu (TCL 1,142,28)

za-ar-ḫa-nam Var. dazu (BE 6/1,46,13)

¶ Vgl. RGTC 1,194 und A.Westenholz, JNES 34, 289 zu *za-ar-é-num*^{ki}.

Zari[ ]

$^{[uru?]}$*za-ri-x-x* Rimāḥ 322 III 26'

Zarrartum

LÚ za-ar-ra-ar-tum AbB 1,9,15

URU^{ki} *za-ar[t]um* TLB 1,63,5 (Stol) dazu?

*Zarru

za-ar-ri ARM 5,80,19; ARMT 13,123,15

LÚ za-ar-ri^{ki} ARM 9,253 I 11!

¶ Zwischen ⟶ Terqa und ⟶ Saggaratum? ⟶ Zarri-amnān, ⟶ Zarri-rabium. Etymologisch zu *sarru* "Kornstadel", s.AHw 1030a, zu stellen?

Zarri-amnān

za-ar-ri^{ki}*-aw-na-an* ARMT 14,83,8

É ^{d}*Dagān ša za-ar-ri*^{ki}*-aw-na-an* ARMT 14,7,2'

LÚ za-ar-ri^{ki}*-aw-na-an*^{ki} ARM 8,67,5

¶ ⟶ Zarri; ⟶ Dūr-Jaḫdunlim an einem Fluß (⟶ FN Ḫabur?) oder Kanal gelegen.

Zarri rabium

MÍ^{meš}za-ar-ri ra-bi-ju-um^{ki} ARM 9,291 I 19

¶ ⟶ Zarri, ⟶ Zarri-amnān.

Zarwar

"*za-ar-wa-ar^{ki}*" Dossin Syria 20,109

¶ Vgl. zur Diskussion der Lesung Aruar versus Zaruar RGTC 6,41 sub Aruar!

*Zarzarum

za-ar-za-ri-im^{ki} Jacobsen JCS 9,82: 38,7

*Zaskum

za-áš-ki-im BDHP 25,5; CT 4,26b,4

¶ Lokalisierung von Feldern in Z., Flurname?

*Zaslum

za-as-li-im^{ki} ShT 45,16

za-as-li^{ki} FAI 86,54

za-as-li-im Laessøe Babylon fig.4b,3

¶ J.Laessøe, ShT 46f.: beim oder nahe beim unteren Zāb, stromabwärts von ⟶ Šušarrā. Stadt des Landes ⟶ Aḫazim?; ⟶ Nurrugum.

Zaummar

[UR]U^{ki} za-um^{?}-mar^{ki} UCP 10/1,29,12

Zazānum

URU^{ki} za-za-nu-um^{ki} PRAK 2 D4 Rs.7 (Coll.Kupper RA 53,26)

*Zibabu

LÚ zi-ba-bi^{ki} AOAT 3/1,5,11

Zibat

Zibat

ālam zi-ba-at ARM 2,13,3.5

¶ = ⟶ Zibbatum?⟶ Qabrā.

Zibbatum

zi-ib-ba-tum^{ki} YOS 13,342,4; 502,3

LÚ zi-ib-ba-tum^{ki} AbB 6,127,9$^{!}$.13.19$^{?!}$

¶ In der ON-Liste Ch.Jean, RA 32,170 V 5, vor ⟶ Zibnātum aufgeführt.

Zibnātum

zi-ib-na-tim^{ki} ARM 1,18,21.36.41$^{!}$; 3,39 Rd.3; ARMT 14,27,31; 61,4; 81,21$^{?!}$

zi-ib-na-tum^{ki} AbB 4,36,8 (synt.im Genitiv!); BRM 4,53,17

URU^{ki} *zi-ib-na-tum*^{ki} TCL 11,247,7

^{uru}*zi-ib-na-at* AbB 1,67,11 (synt.im Genitiv)

PN URU^{ki} *zi-ib-na-tum*^{ki} UET 5,246,2

PN ^{uru}*zi-ib-na-tum* VS 13,104 III 28.IV 1.14 (<*ib*>)

ERIM zi-[i]b-na-[t]um^{ki} Kisurra 173,17

DUMU URU^{ki} *zi-ib-na-tim* TIM 4,7,3.4

Datum: *URU*^{ki} *zi-ib-na-tum*^{ki} Rīm-Sîn 17 (RlA 2,162: 219; YOS 8,50,26)

¶ D.O.Edzard, ZZB 178[973] trennt Z.(1) der Mari-Texte von Z.(2) der Larsa- und Nippur-Texte. Die Lage von Z.(2) ist unbekannt; Z.(1) sollte w oder n von ⟶ Saggaratum liegen, da einer der Wege von Z. nach ⟶ Terqa über ⟶ Saggaratum führt (ARMT 14,61); ⟶ Tuttul. - Vgl. zum Lemma CAD Z 104a. Fraglich ist, ob der ON auch im Singular in TCL 10,86,13; 92,6.12; 100,54 und YOS 8,157,9 ("*ÌR zibnim*") belegt ist, oder ob hier durchgehend der Monatsname "*zibnum*" gemeint ist.

Zigulā

zi-gu-la-a^{ki} Laessøe-Knudsen ZA 55,133,16

¶ ⟶ Zutlum.

*Ziḫlalum

[xx]al zi-iḫ-la-lam^{ki} ARM 10,178,9

*Zijatum

LÚ zi-ia-tim^{ki} ARM 5,35,30

Zikirî

PN ^{uru}*zi-ki-ri-i* VS 13,104 III 13 (Stol).IV 9

Zikkû

zi-ik-ku-ú^{ki} AOAT 3/1,45 IV 3; 57 I 4$^{?!}$

Zikum

zi-kum^{ki} FAI 86,56
¶ ⟶ Ḫaburatum, Lutpiš, Šezibbu, Uraḫ, Zaslum.

Zilḫān

zi-il-ḫa-an^{ki} ARM 2,27,6; ARMT 13,36,11
¶ ⟶ Naḫur, Qattunān, Ṭabatum; ⟶ Ḫanû.

Zinijān

zi-ni-[i]a-an^{ki} ARM 10,143,10
¶ ⟶ Zubatum.

*Zirānum

zi-ra-nim^{ki} ARM 5,6,5
¶ Im Gebiet von ⟶ Karkemiš; Fundstätte von Kupfer.

Zizibânu

^{uru}*zi-zi-ba-nu*^{ki} SVJAD 125,9

Zubalê

URU^{ki} *[z]u-ba-le-e* YOS 8,109 Umschlag 2/Tafel 2 $^{!}$

*Zubatum,*Zubutum

zu-ba$^?$-a$^?$-tim^{ki}   Rimāḥ 157,14
zu-ba-tim^{ki}   ARM 12,292,4; 293,4; 675,1'
^{uru}*zu-ba-tim^{ki}*   Rimāḥ 300,5
zu-ba-tim   ARM 11,120,4
^{uru}*zu-ba-ti*   Rimāḥ 226,4
^{uru}*zu-ba-tim*   Rimāḥ 316,17
^{uru}*zu-ba-at x x*   Rimāḥ 335,6'
Dagan ša zu-ba-tim$^{(ki)}$ ARM 10,143,13; Dossin Syria 20,107
LÚ zu-ba-tim^{ki}   ARM 5,35,31
LÚ zu-bu-tim^{ki}   Rimāḥ 246,24; 247,3'

¶ Vgl. Rimāḥ 157,14 Komm. zur Zeile. Lage unbekannt.

*Zubutum ⟶ *Zubatum

*Zukum   .

URU^{ki} zu-ki-im   TIM 2,84,26$^!$.37
zu-ki-im^{ki}   AbB 6,181,5.10$^?$.12$^?$.16

¶ ⟶ GÍR.LUM.

Zukku

LÚ (...) zu-uk-ku^{ki}   Rimāḥ 203,14

Zunapî, Zunapê

zu-na-pi-i^{ki}   BRM 4,53,54$^!$; A 32093 unt.Rd.2
LÚ zu-na-pe-e^{ki}   AbB 4,10,7
awīlū zu$^?$-na-pi^{ki}   YOS 2,113,19

*Zunnānum

zu-un-na-nim^{ki}   ARMT 14,109,15

¶ Grenzpunkt zwischen ⟶ Andarik und ⟶ Šubat-Enlil.

Zunullā

zu-nu-ul-la-a   Rimāḥ 10,12$^!$; 11,8$^!$

¶ Am ö Ufer des Tigris? s. zu Rimāḥ Nr. 10.

Zuqiqīp

zu-qí-qí-ip^{ki} ARM 1,76,14
māt zu-qí-<qí>-ip^{ki} ARM 1,76,13
¶ ⟶ Ešnunna.

Zuramma(?)

ālīma zu-ra-a[m?]-ma^{ki} ARM 2,62,12
¶ Lesung umstritten. Ch.Jean, ARM 2,62 liest: *āli Mazuramma*; A.Finet, ARMT 15,130[2] schlägt die Lesung *ālīma* (meine Stadt) *Zuramma* vor.

Zurbilum ⟶ Zarbilum

*Zurmaḫum

zu-úr-ma-ḫi-im^{ki} ARM 2,55,5.7
LÚ zu-ur-ma-ḫi-im^{ki} ARM 8,100,22
8 GIŠ zu-ur-ma-ḫa-[tum] ARM 7,254,3'.[2' dazu??]
¶ Lage nicht bekannt. Vgl. CAD Z 167a zu *Zurmaḫātum*.

Zurrā

zu-ur-ra^{ki} ARM 7,259,5; ARMT 14,109,20
LUGAL ša zu-ur-ra-a^{ki} ARM 3,44,9
LÚ zu-ur-ra^{ki} ARM 6,33,5.27?!
LÚ zu?*-[ur?]-x*^{ki} ARM 7,219,44
¶ ⟶ Andarik, ⟶ Ešnunna, ⟶ Kurdā, ⟶ Šubat-Enlil.

Zurubbān

zu-ru-ub-ba-an^{ki} ARM 3,9,6; 10,21; 19,10; 20,18; 38,11; 75,5.8!
[*-ba-an*] ; ARMT 14,122,3'
zu-ru-ba-an^{ki} ARM 2,104,6; Dossin RA 36,179,6
zu-<ru>-ub-ba-an^{ki} ARMT 13,124,16'
zu-ru-[ub-ba-an^{ki}] ARMT 7,284,17
zu-r[u-ub]-ba-an^{ki} ARM 9,97,28
zu-r[u]-u[b-b]a-an^{ki} ARM 9,102,21
LÚ^{meš} *zu-ru-ub-ba-an*^{ki} ARM 2,84,24'
LÚ^{meš} *beḫrum ša .... zu-ru-ub-ba-an*^{ki} ARMT 13,124,10'
LÚ zu-ru-ba-an^{ki} ARM 8,4,4'!; 9,253 I 6

*Zutlum

^{d}*Dîrītum ša zu-ru-ba-an*^{ki} ARM 9,77,4

¶ Im Distrikt von ⟶ Terqa, einen Tagesmarsch von ⟶ Mari entfernt (RA 35,179); ⟶ Hišamta. Vgl. J.-R.Kupper, RA 41,163.160: s von Terqa.

*Zutlum

zu-ut-li-im ShT 78,16; Laessøe-Knudsen ZA 55,133,8.11

¶ Name eines Stammes?

Zuttab

zu-ut-ta-ab^{ki} UCP 9/4,7,10

FRAGMENTARISCHES

]arriju

ar-ri-ju^{ki} ARM 2,62,13

BÀD-[

BÀD-[X?...] Datum unbek. Zuordnung (OBTI 72,13)

]bim

x-x-bi-im^{ki} Rimāḫ 245,43

]dimānu

]*-di-ma-nu-u(?)*^{ki} ARM 7,180 I 12'

]ḫami

]*-x-ḫa-a-mi*^{ki} Rimāḫ 245,2

]ḫunadānim

[*LU x*]*ḫu-na-da-nim*^{ki} Rimāḫ 246,2'

]mur

[*x*]*mu-ur*^{ki} AbB 6,81,8

[x]-nānu

^{uru}[*x x*]*-na-nu* Pinches PSBA 39 t 10,18
¶ Bei Eridu-liwwir.

]nanum

x x x] *na-nu-um*^{ki} BIN 7,50,22

]rata

x]ra-ta-a^{ki} Rimāḫ 245,35

[ ]sān

LÚ[xx]-sà-an^{ki} ARMT 14,106,18'

¶ ⟶ Azuḫinum und ⟶ Razamā.

Ša[ ]dim

ša-[ ]-di-im^{ki} Jacobsen JCS 9,87: 49,8

]^{d}Šulgi

[ ]-^{d}*šul-gi*^{ki} Goetze JCS 4,104,3

[xt]ān

[..t]a-an^{ki} ARMT 14,92,12.19

x-úr

LÚ x-úr?^{ki} TIM 2,45,23

xx]zani

?xx]-za-ni^{ki} Ahmad 49,9

]-x-zir

]-x- zi-ir^{ki} Rimāḫ 245,6

[..]zuriju

[x x]zu-ri-iu^{ki} ARM 4,24,10

¶ ⟶ Ḫirbazanum.

X

URU^{ki} ... VS 13,104 III 10

G E W Ä S S E R N A M E N

A

A.AB.BA

^{i7}A.AB.BA   UCP 9/4,11,5

GÚ A.AB.BA   KAH 1,2 IV 16

(kišad)a-a-ab-ba   Dossin Syria 32,13f. II 10.12.22

(kišad)a-ia-ba   Dossin Syria 32,19

¶ Vgl. RGTC 2,251; s.CAD A_1 221.

A.AB.BA.ḪÉ.GÁL

^{e}A.AB.BA.ḪÉ.GÁL   Datum: Sabium 13(!) (RlA 2,176: 63; Edzard ZZB 113)

Abarri

^{i7}a-bar-ri   BE 6/2,68,3

¶ Vgl. ⟶ FN Barra?

ÁB.GAL

^{i7}ÁB.GAL   VS 13,3/3a,6; Datum: Ḫalium v.Kiš (Thureau-Dangin RA 8,78, 24 (!); Charpin RA 72,25 "Ḫalium c")

PN: *DUMU.^{i7}ÁB.GAL*   VS 13,90 Rs.6

¶ = Apkallatu und entspricht dem heutigen Šaṭṭ-al-Hindīya, vgl. R.D. Barnett, JHS 83,11f. und ausführlich RGTC 2,253; s.zuletzt C.Wilcke, WdO 5,5,21; 10[48a].

Adab

^{i7}UD.NUN   Scheil RA 12,193,2

¶ Vgl. D.O.Edzard, ZZB 155f.

Adamaraz

aḫi ^{i_7}*a-da-ma-ra-az* VS 13,31,4

¶ Vgl. zum Namenstyp ⟶ Idamaraz und s. M.Stol, Studies, S.50-51.

Agarinnu

^{i_7}*a-ga-ri-in-nu* Pinches PSBA 19,135,4

¶ S.zu *agarinnu* "Bassin" AHw 15f. und CAD A_1,145f.

Ajabubu

aḫima ^{i_7}*a-ia-bu-bu* TCL 1,130/131,6

Aja-ḫegal

i-ta^{d}*a*$^{!}$*-a*$^{!}$*-ḪÉ.GÁL* CT 48,3,2 (PN?); Datum Sîn-muballiṭ 8.9 (RlA 2, 177: 90.91)

Akdadu

^{i_7}*ak-da-du* UET 5,654,4

Akšak

aḫi ^{i_7}*ÚḪ*^{ki} CT 47,49,6

Akšak-gamil

aḫi ^{i_7}*ÚḪ*^{ki}*-ga-mil* CT 47,78,10

Alla

^{pa_5}*al-la* VS 7,2,1

A.GÀR ^{pa_5}*al-la* VS 7,101,2

*Amatum

^{i_7}*a-ma-tim* TIM 2,131 Rs.4'.7'; YOS 12,411,6; 501,2; 507,9; 508,7; 509,7; 511,8; 529,7; 534,1

¶ Zusammenhängend mit *amatum* B "topographische Bezeichnung?", s.CAD A_2 44 (nur Nuzi)?

Ammakum

^{pa_5}*am-ma-kum* TCL 10,77,3.8

^{pa_5}*am-ma*[*-kum?*] YOS 13,373,4

¶ M.Stol, JCS 25,223 liest in YOS 13,373,4 *GÚ.GAL*[analog zu *A.GÀR GÚ.GAL*; ⟶ FN Nappašum.

Ammiṣaduqa(-nuḫuš-nišī)

^{i_7}*am-mi-ṣa-du-qá(-nu-ḫu-uš-ni-ši)* Datum:Ammiṣaduqa 16 (RlA 2,190: 264)

Apil-Sîn-ḫegal

^{i_7}*a-píl-*^{d}*Sîn(EN.ZU)-ḪÉ.GÁL* VS 13,14,4

a-píl-Sîn(EN.ZU)-ḪÉ.GÁL VS 13,33,5

Datum: ^{i_7}*a-pil-Sîn(XXX)-ḪÉ.GÁL* Apil-Sîn 8 (RlA 2,177:72; CT 6,33b, 34)

Arabu

^{i_7}*a-ra-bu* TLB 1,93 Rs.6'

Araḫtum

(GÚ)^{i_7}*a-ra-aḫ-tum* Gautier Dilbat 3,5; TJAUB t.25: G 18,1; VS 9, 218,6; 18,19,2; 23,11

aḫi a-ra-aḫ-tum VS 7,34,2

^{i_7}*a-ra-aḫ-tum AN.TA* YBC 11041,2

KA ^{i_7}*a-ra-aḫ-tum* AbB 1,52,13

KA a-ra-aḫ-tum TIM 5,59,14

Daten: *GÚ* ^{i_7}*a-ra-aḫ-tum* Abī-ešuḫ v (RlA 2,186: 204; Goetze JCS 5, 102); Ammiditana 20 (RlA 2,188: 231)

PN: ^{i_7} *x x a-ra-a*[*ḫ*]*-tum* Sollberger JCS 5,87b,3

PN: *mārat-a-ra-aḫ-tum* Gautier Dilbat 65,1

PN: *mār-*^{i_7}*a-ra-aḫ-tum* TJAUB t 7: FM 16,4

PN: *ummī-*[*a*]*-ra-aḫ-tum* CT 8,12b,1

PN: *ipīq-*$^{(i_7)}$*a-ra-aḫ-tum/tim* BIN 2,94,18; CT 8,22c; PRAK 1,B 16,5; TJAUB t7: 16,5

¶ Der Terminus A. als Bezeichnung für einen Zweig des Euphrats, den Euphrat selbst oder ein Ufer des Euphrats ist umstritten. In der aB

Zeit lag Babylon am A., während Kiš und Nippur am Euphrat (⟶ FN Purattum) lagen. In der nB Zeit jedoch wurde auch der Fluß/Kanal, der durch Babylon lief, Euphrat genannt, vgl. McGuire Gibson, Iraq 34,117; ders., City and Area of Kiš, S.5 mit Anm. 55. Nach R.D.Barnett, JHS 83,11, geht der Kanal A. in der nB Zeit weitgehend von Sippar an in den Euphrat über und fließt so durch Babylon. Die rechte Seite wurde Euphrat genannt und die linke A.- Th.Jacobsen, Iraq 22,176 nimmt an, daß der Kanal A. in früherer Zeit am r Ufer des Euphrat in der Höhe von Sippar abzweigt und bei ⟶ Luḫaja vorbeifließt. -Vgl.zusammenfassend RGTC 2,272 und R.Biggs, OIP 99,55: 160ff. -Im Gegensatz zur Ur-III Zeit bezeichnet aB KA-A. wohl nur den Oberlauf des A.

Aranziḫ

PN: *a-ra-an-zi-iḫ-a-RI* Gadd Iraq 7,36a

PN: *ḫa-zi-ip-a-ra-an-zi-iḫ* ARM 9,298,22

¶ Der hurrische Name des Tigris ist bisher aB nur in PN belegt; vgl. zu A. I.J.Gelb, HS 21; W.von Soden, ZA 43,235.

ÁSAL

i₇giš ÁSAL YOS 8,94,4

¶ ⟶ *A.ŠÀ ÁSAL*(BE 6/2,37,5) und *A.GÀR Ṣe-er-ba-tim*! (BE 6/2,9,2); vielleicht *nār-ṣarbatim* zu lesen.

Aṣītum

i₇a-ṣ[í]-tum CT 8,36c,5

¶ ⟶ Luḫaja.

A.ŠÀ.AN.ZA.GÀR

pa₅A.ŠÀ.AN.ZA.GÀR UET 5,861,19

Ašuḫi

i₇a-šu-hi Datum: Immerum v.Sippar (AB 11,10,9; RlA 2,193:14)

B

Baba-ḫegal

$^{i_7 d}$*ba-ba₆-ḪÉ.GÁL* Datum: Gungunum 27 (RlA 2,156: 120)

¶ Vgl. zu ⟶ FN Babarīšat?

Babalum

[G]Ú? ^{i_7}*ba-b[a?]-lu-um* YOS 8,99 Hülle 7

Baba-rīšat

^{i_7}*ba-ba₆-ri-ša-at* Datum: Gungunum 27? (UET 5,776,12)

¶ Die Zugehörigkeit der Datenformel zu Gungunum (s.A.Ungnad, RlA 2, 156: 120) wurde bestritten von L.Matouš, ArOr 20,304[40], der sie einem lokalen Herrscher von Kiš zuschreibt, vgl. auch D.O.Edzard, ZZB 102[499]. Ist die Lesung der Datenformel in UET 5,776 aber korrekt (vgl. H.H.Figulla Iraq 15,92) und ist in Z.13 richtig ^{i_7} *ŠIR[.BUR.LÁ]* ergänzt, könnte die Zuweisung zum Datum Gungunum 27 richtig sein; ⟶ FN Baba-ḫegal.

Bāb-Šaḫan

^{pa_5}*KÁ-^{d}ša-ḫa-an* YOS 13,377,3

¶ ⟶ ON Bāb-Šaḫan.

BÀD

aḫ ^{i_7}*BÀD*^{ki} AbB 2,5,6

¶ Bei ⟶ ON Uruk?; ⟶ ON BÀD.

Ba'ikum

^{i_7}*ba-i-kum* BE 6/2,68,4

¶ ⟶ FN Abarri.

Balala

^{e}ba-la-la YOS 13,470,3.9.15 Rs.6.13!

¶ ⟶ FN Purattum.

Baliḫ

ba-li-iḫ Dossin Mél.Duss.989

^{i_7}ba-li-iḫ Dossin RA 68,28,3.-4.26!; 32,2'!

(ap[-qú]-ú ša)ba-li-ḫa-a Hallo JCS 18,60,33

([a]p-qum ša) ^{d}KAS.KUR Goetze JCS 7,53 III 7

¶ = Heutiger Balīḫ; ⟶ ON Tuttul, ⟶ Şerdi, ⟶ Zalpaḫ; zur Lesung von ^{d}KASKAL.KUR vgl. E.Gordon, JCS 21,77.

BÁRA.MAḪ

^{i_7}BÁRA?.MAḪ^{ki} AbB 4,120,6

¶ ⟶ FN Purattum.

Barra

^{i_7}bar-ra ARN 44 Vs.5?!.15.26! Rs.6

¶ Vgl. ⟶ FN Abarri?.

Binua

^{i_7}bi-nu$^{?}$-a CT 6,49c,4

¶ Bei ⟶ ON Iškun-Ištar. R.Harris, Sippar 379 liest den FN als *bi-ni(?)-a*.

Bizizana

GÚ ^{i_7}bi-zi-za-na TJDB t.43: 16.353,2.7.8

BURANUN ⟶ Purattum

Buri

^{pa_5}bu!-ri VS 7,51,1

¶ ⟶ ON Burā.

Bušaja

^{i_7}*bu-ša-ia* VS 8,60,6

¶ Vgl. den Flurnamen Bušā bei R.Harris, Sippar, 372; E.Ebeling, RlA 2,83a: in der Nähe von Sippar (Text stammt aus Sippar).

Bušātum

^{i_7}*bu-ša-a-tum* AB 11,42,23

¶ Bei ⟶ ON Amurrum; E.Ebeling RlA 2,75a: "Bugâtu": bei Sippar (Text stammt aus Sippar).

D

*Dakasû

GÚ ^{i_7}*da-ka-si-i* TLB 1,207,2

Damānum

aḫ ^{pa_5}*da-ma-nu-um* AbB 2,55,4.7.9

¶ Vgl. E.Ebeling, RlA 2,103b.

DIDLI

^{i_7}*DIDLI*^{ki}*(KI.TA)* YOS 13,271,2.!5 (Stol JCS 25,223)

Dunnu(m)

GÚ $^{i_7 uru}$*du-un-nu* TCL 11,206,3

^{pa_5}*du-un*!*-nim* SVJAD 137 I 6

¶ ⟶ ON Dunnum (2)?

Durul

(GÚ) ^{i_7}*dur-ùl* OBTI 311,Vs.7; Sollberger RA 63,42 II 27; Weidner AfO 9,246 II 26.III 3

Daten: ^{i_7}*dur-ùl* Samsuiluna 24 (Thureau-Dangin Mém.Ac.Inscr. 1942, 249); Samsuiluna 32 (RlA 2,185/1977); unbek. Zuordnung, Datum aus Tutub (Harris JCS 9,47a: 11)

^{d}*dur-ùl* unbek. Zuordnung, Datum aus Ešnunna (Jacobsen OIP 43,193: 119 mit Anm.)

¶ =heutiger Diyālā, vgl. RGTC 1,210; 2,259. In aB Texten erwähnt zusammen mit ⟶ FN Ṭaban. Zu einem weiteren möglichen Beleg vgl. R.Harris, JCS 9,102: x+1.

E

Ea-nuḫšī

^{pa_5}é-a-nu-uḫ-ši   CT 48,20,2.5

É.DURU$_5$-Ḫizza$^{(sar)}$

^{i_7}É.DURU$_5$-ḫi-iz-za^{sar}   VS 13,67,4

¶ Lesung scheint gesichert zu sein durch den Beleg É.DURU$_5$-*ḫi-za*^{ki} A 32094: 9,22.

É.DURU$_5$-Šulgi

^{i_7}É.DURU -^{d}šul-gi$^{!}$ TCL 11,187,4

¶ ⟶ ON É.DURU$_5$-Šulgi.

Eludu

^{i_7}e-lu-du   CHJ 113,25

¶ Erwähnt bei E.Ebeling RlA 2,358b.

EN

^{i_7}EN   CT 47,65a,10'(Stol); PBS 8/2,247,2

ENSÍ

^{i_7}ENSÍ   LFBD 5: 889,4

¶ Vgl. zu älteren Belegen RGTC 1,213 und RGTC 2,262.

E(n)tena

(GÚ) ^{i_7}EDIN.NA   AbB 1,109,9'; 2,42,7; 4,19,6; Owen Mesopotamia 10/11, 26,4

i₇e-te!-na CT 8,8c,1

Datum: *ⁱ⁷EDIN.NA* Rīm-Sîn 16 (RlA 2,162: 218; Stol Studies S.21: 16)

(*ⁱ⁷*)*en-te-na* Var. dazu (TCL 10,128,25; s. mit Var. Stol Studies S. 21: 16)

¶ Der Kanal fließt an ⟶ ON Binā, ⟶ Gubrum und ⟶ IM vorbei, bis "zum Meer", vgl. dazu J.Renger, AfO 23,79a. S. zu Belegen der voraltbabylonischen Zeit RGTC 1,211f. und 2,61.

ÉŠ.GÀR

(*aḫi*)*ⁱ⁷ÉŠ.GÀR* CT 45,20,7 (= AB 11,48,7); PBS 8/1,91,4

¶ Zwei Kanäle, bei Sippar (CT 45,20) und Nippur (PBS 8/1,91)?

Eššetum

ⁱ⁷e-še-tum SVJAD 44,7

ⁱ⁷GIBIL BDHP 28,7; Pinches PSBA 39 t 6: 19,4; Meek AJSL 33: RFH 38,8

¶ Vgl. zu älteren Belegen von GIBIL RGTC 1,215 und RGTC 2,264, ⟶ ON BÀD.BÚR.RA.

Etellum

pa₅e-te-lum WL 2,7; 9,5; 10,5; 14,5; 15,6!; 16,4

pa₆e-te-lum WL 3,4; 4,5

¶ Vgl. St.D.Walters, WL S.16 zu Länge und Breite des Kanals. Der Verlauf ist nicht bekannt; im Reiche von Larsa.

G

Gabûm

^{i_7}*ga-bu-ú-um* AbB 4,74,10
^{i_7}*ga-bi-i-im* BIN 7,7,7.10.44.18.23
GÚ ^{i_7}*ga-bu-ú* TCL 11,151,36
¶ Fluß oder Kanal im Gebiet von Larsa.

Gakka

^{i_7}*ga-ak-ka* UET 5,117,23

GIBIL ⟶ Eššetum

GÍD

^{e}*GÍD* BIN 7,186,4; TSifr 85,4; 86,4; UET 5,159,5; 161,3; VS 13,14,13
¶ S. zum Flurnamen UŠ.GÍD.DA CAD A_2, 283 *arku* 1 a 1'.

GÌR.SAG.GÁ.

^{pa_5}*GÌR.SAG.GÁ* Datum v. Kiš (Rutten RA 54,20: 25,11)
¶ Palag-gerseqqî zu lesen?

GÌR.TA.BAL.E

^{i_7}*GÌR.TA.BAL.E* OECT 8,17,10[!]; 18,10.31
¶ Feldbegrenzung bei Nippur.

GIŠ.A.TU.GAB.LIŠ ⟶ ÁSAL

GIŠ.AḪ.LA?.x

^{pa_5}*GIŠ.AḪ.LA*$^{?}$.*x*^{ki} SVJAD 137 I 15

GIŠIMMAR

$^{pa_5.giš}$*GIŠIMMAR* OECT 8,3,2

¶ ⟶ ON GIŠIMMAR.

GÚ.EN.NA

^{i_7}*GÚ.EN.NA* TCL 11,250,18$^{?!}$.21; YOS 8,127,3

¶ ⟶ ON GÚ.EN.NA

GÙ.NUN.DI

e ^{i_7}*GÙ.NUN.DI* Datum: Rīm-Sîn 27 (RlA 2,163: 229)

¶ S. zum vollständigen Datum D.O.Edzard, ZZB 115.

Ḫ

Ḫābītum

^{i_7}*ḫa-bi-tum* TJAUB t.20: 63,3; VS 13,1,3
^{i_7uru}*ḫa-bi-tim* VS 18,18,6

¶ Feldbegrenzung bei Sippar.

Ḫabur, Ḫubur

ḫa-bu-ur ARM 2,87,10; 101,6.7; 3,2,5.12; 80,9; 6,8,6.9.12; ARMT 14, 12,4.2'; 13,9.14.15.16.19.26.31.41.51; 18,5.6; 19,15; 22,4.10; 99, 16; Dossin RA 35,185^2

[*ḫa-bu-*]*ur* ARMT 14,15,9.11'; 16,10.17.22

^{i_7}*ḫa-bu-ur* ARM 6,37,6'; ARMT 14,21,7; 14,9

^{i_7}*ḫa-bu-ur*^{ki} ARM 2,113,9

[*ḫ*]*a-bu-ur*$^{ki!}$ ARM 10,76,12

^{i_7}*ḫu-bu-ur GAL* Nougayrol Syria 37,206,5

<u>Datum</u>: *ḫa-bu-ur* Zimrilim (St.Mar.59: 30, s.ARM 8,24,17)

PN: *mu-ut-ḫu-bu-ur* Thureau-Dangin Syria 5,274: AO 9051,7

¶ = Heutiger Ḫābūr. Früheste Erwähnung des Flusses. Die Göttin Ḫaburītum (RGTC 2,266,vgl. D.O.Edzard, RlA 4,29) gehört wohl zum Ort ⟶ Ḫaburatum, der sicherlich ö des Tigris zu suchen ist.

Ḫabur-ibal-bugaš

^{i_7}*ḫa-bur-i-ba-al-bu-ga-áš* BRM 4,52,32

¶ A.Goetze, JCS 11,64af. mit K.Balkan, Kassitenstudien S.102ff. bezweifelt, daß Ḫ. der Name eines Kanales ist. Er nimmt an, daß Ḫ. den Ḫābūr meint, der "von Dūr-Išarlim bis Dūr-Igitlim geöffnet wird", vgl. A.Goetze ibid. besonders Anm.122; s. ausführlich K.Balkan, Kassitenstudien, S.102ff. zur Deutung des FN als "der König ist Herr des Ḫābūr".

Ḫaḫḫarum

ⁱ⁷ḫa-ḫa-ru-um TCL 18,114,19

¶ → ON Larsa(?); → Ḫarḫarītum; *s.* CAD Ḫ 28b "an agricultural implement" und AHw. 325 "Kette".

Ḫalālum

pa₅ḫa-la-lu[m] TJAUB t 44: H 56,3

Ḫammurabi → Ḫammurabiḫegal

Ḫammurabi-ḫegal

ⁱ⁷ḫa-am-mu-ra-bi-(ḫé-gál) Datum: Ḫammurabi 9 (RlA 2,178: 111)

Ḫammurabi-nuḫuš-nišī

ⁱ⁷ḫa-am-mu-ra-bi-nu-ḫu-uš-ni-ši LIH 95,17-18.52; Datum: Ḫammurabi 33 (RlA 2,180:135)

¶ Der Kanal führt vorbei an → ON Eridu, Isin, Larsa, Nippur, Ur, Uruk.

Ḫaqat

naḫlum ḫa-qa-at ARM 6,2,5!; 4,8

¶ Bei → ON Mišlān.

Ḫarḫarītum

[ⁱ⁷]ḫa-ar-ḫa-ri-tum CT 2,16,4

(ⁱ⁷)ḫar-ḫar!-ri-tum BE 6/1,119 "Vs.II 39"; CT 2,7,5.8

¶ Feldbegrenzung bei Nippur? Vgl. auch *ḫarrān ḫa-ar-ḫa-ri-[tim]* TCL 1,63,5 (Feldbegrenzung); s.zu Ḫaḫḫarum.

Ḫarimalik, Ḫarumalik

ⁱ⁷ḫa-ri-ma-lik BE 6/1,46,5

ⁱ⁷ḫa-ru-ma-lik YOS 13,470 Vs.15.Rs.5

¶ Vom Euphrat abzweigend? (BE 6/1,46,4). R.Harris, AS 16,221[37], verbindet den PN! (Harris: ON) *ša-a-ru-ma-lik* mit diesem FN.

Ḫarnabsānum

^{pa_5}ḫar-na-ab-sa-nu-um CT 48,20 Vs.8.14

Ḫetra

^{i_7}ḫé-et-ra Sollberger JCS 5,81: MAH 15993,18

Ḫirītum

GÚ ^{i_7}ḫi-ri-tum UET 5,658,19
(GÚ) ^{i_7}ḫi-rí-tum ARN 23 III 7; PBS 8/2,169 II 11.IV 14; WL 94,3
^{i_7}ḫi-ri-[tum] ARN 20 II 7'
Daten: *^{i_7}ḫi-ri-tum* Abisarē 6 (RlA 2,157: 126; Edzard, ZZB 113)
^{i_7}ḫi-ri-tum Jawium v.Kiš (Johns PSBA 33,100 E)

¶ Ḫ. von Abisarē 6 befindet sich in Larsa, Ḫ. des Jawium in Kiš. Die Belege von Ḫ., die nicht aus Daten stammen und in Texten unterschiedlicher Provenienz auftreten, stützen die Interpretation von R.Harris, Sippar, 20[57], in Ḫ. keinen FN, sondern den Terminus "Flußgraben" zu sehen. Vgl. auch F.R.Kraus, ZA 51,59[1]; CAD Ḫ 198f.; AHw. 348a.

Ḫišir(?)

$^{i_7?}$ḫi$^?$-ši$^?$-ir$^?$ Scheil Sippar 62,15

Ḫubur ⟶ Ḫabur

Ḫuruṣ-Erra

^{pa_5}ḫu-ru!$^?$-uṣ-èr-ra TCL 11,218,12
^{pa_5}ḫu-ru-iṣ-èr-ra TCL 10,33,8

¶ Bei ⟶ ON Larsa?

I

Ibua(?)

^{i_7}i-bu-a$^?$ ARN 22,2

ÍD.DA.Ì.GAR.RA

Daten: *ÍD.DA.Ì.GAR.RA* Manabalti'el h,g von Kisurra (Kisurra 90A,24)
ÍD.DA.Ì.GAR.RA Var. dazu (Kisurra 187,15)
¶ Vgl. B.Kienast, Kisurra, Einleitung § 19A und Anm.99.

IDIGINA ⟶ Idiglat

Idiglat

^{i_7}i-di-ig-la-at ARM 2,42,5; Birot Syria 50,4[4]: A 72-2,37
awīlē ^{i_7}i-di-ig-la-i AbB 5,166 Rs.9
Datum: *BÀD Ka-ar-^{d}UTU ša a-aḫ i-di-ig-la-at* Apil-Sîn (unbek. Zuordnung: CT 45,11,44)
(GÚ)^{i_7}IDIGNA AbB 1,2,11; 2,30,7'; 3,11,7; 4,65,18; BDHP 15,3$^!$; CT 47,58,9; 48,78 Rs.2; KAH 1,2 I 7; LE I 6; OECT 2 t.7 I 28.II 4.16. 32; TCL 10,30,13$^!$; 11,174 Vs.7.23$^!$; 18,78,24; TLB 1,145,2; TIM 2,3, 21; UET 8,86,9.13$^!$.46; VS 9,19,5$^{?!}$; YOS 13,41,7$^!$; Dossin Syria 20, 98,7; Harris Sippar 380: YOS 12,469,4
LÚ ^{i_7}IDIGNA ia-aḫ-ru-ru-[u]m AbB 6,221,7
PN: *^{i_7}IDIGNA* AbB 2,29,39
PN: *ummī-$^{d.i_7}$IDIGNA* CT 8,5a,3$^!$
PN: *DUMU ^{i_7}IDIGNA* Simmons JCS 13,112: 21,4
PN: *^{i_7}IDIGNA-ummī* UET 5,92,1.15.26
Daten: *MADA GÚ ^{i_7}IDIGNA* Ḫammurabi 32 (RlA 2,180: 134)
BAD.GAL GU ^{i_7}IDIGNA Ḫammurabi 42 (RlA 2,181: 144)
KA.GAL ^{i_7}IDIGNA Abī-ešuḫ m (RlA 2,186: 195);Abī-ešuḫ o (RlA 2,186:

197); Rīm-Sîn 19 (RlA 2,162: 221; UET 5,777,37?); Sîn-idinnam 2 (Goetze JCS 4,84,13; UET 5,777,73)

¶ In altbabylonischer Zeit graphisch kaum vom ⟶ FN Zubi zu unterscheiden.=heutiger Tigris. Der Verlauf des Flusses zur aB Zeit ist ungewiß, vgl.zu einem Versuch der Rekonstruierung Th.Jacobsen, Sumer 25,106. Zum Kanal IDIGINA s.RGTC 2,269; ⟶ Kār-Šamaš.

ÍD.SIKIL

ÍD.SIKIL Datum: Rīm-Sîn 22 (RlA 2,162: 224; BE 6/2,5,30)

Igarra ⟶ ÍD.DA.Ì.GAR.RA

IGI.ḪUR.SAGA

ᵉIGI.ḪUR.SAG.GÁ Datum: Sumu-la-el 32 (Simmons JCS 15,53: 122,26; Edzard ZZB 113[573])

¶ Vgl. Badigiḫursaga, RGTC 2,23f. und C.Wilcke, WdO 5,9ff. zu *ḫur.sag* als "arabische Tafel".

IGI.KUR

ᵈIGI.KUR ARM 6,4,6.16.19; 5,5; ARMT 14,13,8.17 ("*ÍD ša IGI.KUR*").37; 27,24.27

¶ I. ist als Kanal mit dem ⟶ FN Ḫabur verbunden. Er wird wie der ⟶ FN Išim-Jaḫdunlim als Bewässerungskanal im Gebiet ö des Ḫābūr (bis Mari?) verwendet (ARM 5,5 und ARMT 14,13,37).

Iku-Šarrukīn

E-ᵈšar-ru-ki-in YOS 8,127,4

Iku-Šulgi

E-ᵈšul-gi CT 2,24,14!; Simmons JCS 14,122: 101,2; Langdon PSBA 33, t.35: 9,5

¶ Vgl. RGTC 2,290.

Ilī-balāṭī

ⁱ⁷ì-lí-T[I?] YOS 13,452,7

Ilī-imittī

^{i_7}ì-lí-i-mi-it-ti LFBD 16: 900,35

Ilī-šiLUM-manni

^{pa_5}ì-lí-ši-LUM!-ma-an-ni TJDB t.57: 16510,4

Illānum

^{i_7}il-la-nu-um CT 48,29 Vs.4

Imgur-Ištar

^{i_7}im-gur-Ištár CT 36,4 II 9; SVJAD 137 I 20.II 28; TCL 1,5,2.11; 6, 7?! (s.VAB 6,150,7)

¶ In TCL 1,5 zusammen erwähnt mit ⟶ ON Kunnum.

Imgur-Ištar-zabalam

Datum: *^{i_7}im-gur-^{d}INANNA-zábalam^{ki}* Abisarē 2 (RlA 2,156: 122; TCL 1, 235,11f.)

^{i_7}ŠE.GA-^{d}INANNA-zábalam^{ki}(INANNA.ZA.UNUG) Var. dazu (UET 5,736,11-12)

¶ S. zum Datum F.Thureau-Dangin, RA 16,35; ⟶ Zabalam.

Imgur-Nininsina

^{i_7}im-gur-^{d}nin-in-si-na Datum: Urdukuga v.Isin (RlA 2,149: 189; PBS 8/1,10,10)

¶ Vgl. zum Datum D.O.Edzard, ZZB 113 und G.Pettinato, OrNS 38,148 ("Urdukuga 1+x"). Zur Göttin Nininsina s.W.Ph.Römer, AOAT 1,279.

Imgur-Ninurta

^{i_7}<<A>>im-gur-^{d}nin-urta TIM 5,26,6

Imgur-Sîn

GÚ ^{i_7}im-gur-^{d}Sîn(EN.ZU) TCL 11,145,12

GÚ ^{e}im-gur-^{d}Sîn(EN.ZU) UET 5,223 IV 5

Datum: *^{e}im-gur-^{d}Sîn(EN.ZU)* Gungunum 17 (RlA 2,156: 110)

Imḫur-dān

^{i7}*im-ḫ[u-u]r-da-an*   AbB 1,37,5

IM.MUŠ

GÚ ^{i7}*IM.*^{d}*MUŠ*   Grant Hav. Symp. 228: 2,2;
^{i7}*(?) IM.*$^{d!}$*MUŠ*   RIAA 253,2

¶ Bei ⟶ ON Marad? (Beide Texte aus Marad?).

Ingakrumaḫismi[x

GÚ ^{i7}*in-ga-ak-ru-ma-ḫi-is-mi-[x x*   UET 5,117 Rs.4

¶ Lesung fraglich.

IN.LID.ŠI.A

^{i7}*IN.LID.ŠI.A*   TCL 18,114,26

¶ Lesung zweifelhaft trotz Coll. G.Dossin.

Īnsuqim

^{i7}*i-in-sú-qí-im*   CT 8,3b,9!

Irnina

(GÚ)^{i7}*ir-ni-na*   AbB 2,70,10; ARM 2,24,13'.22'! (*ir-«na»-ni-na*); CT 2,32,4; 8,11b,3; 33,30,2; 45,29,5; 111,14 Rs.10.17.22; 113,17.39!.47.52$^{\langle i7\rangle}$; 47,80,16'; 24,6; 33,6; YOS 13,452,7

kār ^{i7}*ir-ni-na*   AbB 2,70,6.16; BE 6/2,89,20

Datum: *ÍD.DA ir-ni-na*   Zuordnung ungewiß (VS 7,35,16)

PN: *ipīq-*^{i7}*ir-ni-na*   CT 4,14a,5

¶ Th. Jacobsen, Iraq 22,176 mit Anm.4: Kanal, der am linken Ufer des Euphrats ungefähr in der Höhe von ⟶ Sip(p)ir abzweigt (s. AbB 2,70) und ö von Ǧamdat Naṣr mit dem ⟶ FN Zubi zusammentrifft; McGuire Gibson (Iraq 34 t.47) dagegen läßt den ⟶ ZUBI-Kanal parallel zum I.-Kanal verlaufen mit einer Einmündung in den Euphrat oberhalb von ⟶ Sip(p)ir s. auch City and Area of Kiš, 5-6. W.W.Hallo, JCS 18,67a glaubt, daß auch ⟶ ON Dūr-Apil-Sîn am I. gelegen habe. Aus dem Brief AbB 2,70 geht hervor, daß in einer Länge von 144 UŠ(= 51 km) und 840 m der Kai des I.Kanals instandgesetzt werden mußte. H.Waetzold, ZA 65,278 schließt daraus auf eine Länge des Kanals von 51 km. Es ist aber nicht auszuschließen, daß beide Seiten des Kanals befestigt wurden und sich somit die vermutliche Länge auf die Hälfte reduziert. Vgl. auch RGTC 2,269f.

Irritum

^{i_7}*ir-ri-tum* YOS 8,121,4 mit Hülle

¶ Kanalname nach CAD I 180b. Ohne Determinativ aB *irritum/erretum* "dam (of reed)" CAD I 180 bzw. "Uferverbauung" AHw. 244a.

Isin

KA ^{i_7}*ì-si-in*^{ki} WL 99,15; 100,22; 101,17; 102,20; 103,4'; 104,10; 105,8

¶ Verlauf und Einmündung des Kanals nach D.O.Edzard, ZZB 110, unbekannt. St.D.Walters, WL 162, nimmt dagegen an, daß I. mit späterem ⟶ FN Isinnītum identisch sei, der mit Th.Jacobsen, Iraq 22, 178f. von ⟶ ON Isin bis Badra (⟶ ON BÀD) verlaufen sein soll und nach St.Walters, ibid. oberhalb von ⟶ ON Nipuru in Richtung auf Marad hin vom Euphrat ausgeht ("*KA*"). Dagegen hält W.F.Leemans, JESHO 19,220f. den Beginn des Kanals in der Höhe von Nippur aus historischen Gründen für ausgeschlossen. Im Süden vermutet er eine Einmündung des Kanals in den Euphrat oberhalb von Fara.

Išartum

^{i_7}*i-šar-tum* Civil OIC 22,127: 10,3

^{i_7}*SI.SÁ* TEBA 11,37 (*ša GÚ* ^{i_7}*LAGAŠ*^{ki})

Datum: *GÚ* ^{i} *i-ša-ar-tum* Gungunum 22 (RlA 2,156: 115)

¶ Im Datum erwähnt zusammen mit ⟶ ON Dunnum (bei Larsa). Zu trennen von I. am Lagaš-Kanal und I. bei Nippur (OIC 22,127; Text aus Nippur)? Vgl. zum Datum noch D.O.Edzard, ZZB 102 und 112.

Išdugigi(?)

^{i_7}*iš-du-gi-gi*$^{!?}$ UET 5,151,4

¶ In *iš-du-gi-in!* zu emendieren? Vgl. CAD I 238 2 e zum PN *Išdukēn*.

Išīm-Jaḫdunlim

ÍD.DA i-ši-im-ia-aḫ-du-un-li-im ARM 3,1,6; 76,12$^{?!}$; 79,7$^{!}$

^{i_7}*i-ši-im-ia-aḫ-du-li-im* ARMT 13,123,23; 14,13,11.16; 14,28-29; Thureau-Dangin RA 33,52 II 22

¶ Der Kanal fließt durch den Distrikt ⟶ ON Terqa und versorgt ⟶ ON Dūr-Jaḫdunlim mit Wasser. J.-R.Kupper, BiOr. 9,168f und RlA 5,179a gleicht I. mit dem Nahr Dawrīn. ⟶ ON Bīt-Japtaḫarna, ⟶ Bīt-Zarḫān , ⟶ Jâ'il und ⟶ Zanipatum liegen am Kanal, vgl. auch ⟶ FN Ḫabur, ⟶ FN ^{d}IGI.KUR.

Iškun-Sîn

Iškun-Sîn

^{i_7}*iš-ku-un-*^{d}*Sîn(EN.ZU)* UCP 10,11,4

¶ Vgl. ⟶ ON Iškun-Sîn.

Išme-Enlil

GÚ ^{i_7}*iš-me-*^{d}*en-líl* TCL 11,218,1.4.8!.11.15; VS 13,67,3

GÚ ^{i_7}*iš-me-*^{d}*en-líl?* TCL 11,174 Vs.9.24!.[38].Rs.15

¶ In VS 13,67 steht eindeutig *Išme-Enlil*, ebenso in TCL 11,218. Bei TCL 11,174 bleibt unsicher, ob *Išme-Sîn* oder *-Enlil* zu lesen ist.

Išmellum

^{i_7}*iš-me-el-li-im* Goetze JCS 4,112a: YBC 4485,9

GÚ ^{i_7}*iš₇-mé-el-lum* TCL 10,32,3

GÚ ^{i_7}*iš₇-me-el-lum* TCL 10,35,4

GÚ ^{i_7}*iš₇-me-lum* TCL 10,33,6

PN: *da-di-iš₇-me-el* UCP 10/3: 4,22

Ištar-zabalam

GÚ $^{i_7 d}$*INANNA-zábalam (ZA.MÙŠ.UNUG)*^{ki} TCL 11,145,7

¶ ⟶ ON Zabalum, ⟶ FN Imgur-Ištar-zabalam .

K

Ka[ ]

GÚ ^{i_7}*KA*-[ ] YOS 12,360,1

Kaba

^{i_7}*ka-ba* BIN 7,77,9$^{!}$; TCL 11,149,20

Kār-Enki

$^{i_7 !}$*kar-*^{d}*en-ki* YOS 8,122,3; Hülle 4

Kaspanītum

GÚ ^{i_7}*ka-áš-pa-ni-tum* TCL 11,191,6
^{i_7}*kàs-pa-ni-tum* TCL 11,174 Vs.8
¶ Vgl. M.Stol, RA 65,96 zu den Belegen und zu ⟶ ON Kaspānum.

KI.È

$^{pa\ ?}$*KI.È* ARN 136 Vs.11'

*Kilum

aḫ $^{i_7 pa_5}$*ki-li-im* Simmons JCS 14,24: 48,2
aḫ $^{i_7 pa_5}$*ki-lim* Simmons JCS 14,52: 79,2; S.25 zu Hülle 2
^{pa_5}*ki-lim* Simmons JCS 14,24: 49,2; 26: 54,4

*Kimṣum

^{i_7}*k[i]-im-ṣí-im*$^{!}$ CT 47,11/11a,4

*Kisirtum

*Kisirtum

GÚ ^{i_7}*ki-sí$^{?}$-ir$^{?}$-tim* YOS 12,397,1

KÙ.ENLILA

<u>Datum</u>: *KÙ-^{d}EN.LÍL.LÁ* Kisurra x (Kisurra 22A,21f; 23,4'; 8A,18)
^{i_7}*KÙ-^{d}E[N]-[LÍL]-[LÁ]* Kisurra x (Kisurra 4A,17)

¶ Vgl. zur Einordnung des Datums B.Kienast, Kisurra § 21B.

Kurra

^{i_7}*kur-ra* <u>Datum</u>: Gungunum 19 (RlA 2,156: 112)

Kurt[a?

^{i_7}*ku-ur-t[a$^{?}$*] YOS 13,509,6

Kuruttum

^{pa_5}*ku-ru-ut-tum* Sollberger JCS 5,80: MAH 15970,11.6; JCS 5,82: MAH 16010,2

¶ ⟶ FN Mē-Enlil; vgl. den Flurnamen *Kuruttum* in E.Sollberger, JCS 5,82: MAH 16413,3.

L

Lagaš, Lagašītum

^{i_7}*ŠIR.BUR.LA^{ki}* BRM 4,53,43; TCL 10,79,9; TEBA 5,14,6,16; 7,15; 8,14; 9,29; 10,26; 11,37; TIM 2,3,24; YOS 12,35,4
^{i_7}*la-ga-ši-tum* AbB 4,114,12
^{i_7}*ŠIR.GAR!.LA* AbB 4,65,20((*GAR*) Fehler für *BUR*)
<u>Daten</u>: ^{i_7}*ŠIR.BUR.LA^{ki}* Rīm-Sîn 9 (RlA 2,161: 211; YOS 5,208 I 3)
ÍD.DA la-ga-a[š^{ki}!] Var. dazu (Stol Studies S.20; TLB 1,25,32'Coll.!)
^{i_7}*ŠIR.[BUR.LÁ?]* Gungunum 27? (UET 5,776,13)

¶ Kanal, der an ⟶ ON Girsu, ⟶ Irra-qarradu, ⟶ Lagaš und ⟶ NINA vorbeifließt (TIM 2,3 und YOS 12,35) und, dem Jahresnamen Rīm-Sîn's folgend, in das ⟶ FN A.AB.BA mündet. Zum Datum vgl. D.O. Edzard, ZZB 114.

*Lalatītum

^{i_7}*la-la-ti-tim* AbB 4,13,7

¶ ⟶ ON Lalatum.

Lapīnum

Datum: ^{i_7}*la-pi-nu-um* Zikru'u a (Kisurra 103,11'; 68A,14)

^{i_7}*la-pi-nu* Var. dazu (Kisurra 10A,11)

¶ Zur Einordnung des Datums vgl. B.Kienast, Kisurra § 19E.

*Lijānum

^{i_7}*li-ia-a-nim* CT 4,47b,2

LÚ.BAPPIR.A.ŠÀ.NIN?

^{i_7}*LÚ.BAPPIR.A.ŠÀ.NIN*$^{?!}$ PBS 8/1,58,8

¶ Lesung ganz zweifelhaft, vgl. A.Ungnad, HG 6,1971.

LUGAL ⟶ Šarrum

LÚ.GI$_6$.LAḪ$_5$

^{pa_5}*LÚ.GI$_6$.LAḪ$_5$* VS 13,66/66a,4; YOS 8,65 Hülle 9

¶ Vielleicht *Palag-ḫā'iṭim* zu lesen, vgl. CAD Ḫ 32 und AHw. 308b.

M

MAḪ

^{i_7}*MAḪ* CT 47,65,11$^{?!}$; 65a,10'

Daten: ^{i_7}*MAḪ* Abisarē 7 (RlA 2,157: 127; WL 1,19; Mitt.Stol)

KA ^{i_7}*MAḪ* $^{ki?!}$ nicht zugeordnetes Datum Kiš x_5 (Charpin RA 72,32)

¶ Lesung des Datums Abisarē 7 mit M.Stol, loc. cit. gegen J.-M. Durand, RA 71,23. D.Charpin, RA 72,32 vermutet in der Datenformel Kiš x_5 einen ON des Typs *KA-i₇-DA* und keinen FN. In CT 47,65 ist vielleicht ⟶ FN EN zu lesen.

Mami-dannat

GÚ ÍD(.DA) ^{d}*ma-mi-dan-at* TCL 10,31.2.6; 174 Rs.20

^{i_7}*ma!-mi-d[a?]-[n]a$^{!}$-at* TCL 10,37,2

^{i_7}*ma-am-mi-da̤-na-at* TCL 11,141,12$^{!}$

(GÚ)ma-mi-dan$^{!}$-na-at TCL 11,174 Vs.13.Rs.7

^{i_7}*ma-mi-da-an-na-at* TCL 11,198,2$^{!}$

^{i_7d}*ma-mi-da-an-na$^{!}$-at* VS 18,101,6

GÚ ^{i_7d}*ma-[* TCL 10,55,23$^{!}$

¶ Kanal oder Fluß im Gebiet von ⟶ ON Larsa.

Mami-šarrat

^{i_7d}*ma-mi-šar-ra-at* UET 8,86,12.33

¶ Kanal, der Euphrat und Tigris mit dem Meer verbindet (UET 8,86), vgl. E.Sollberger, UET 8 S.19.

Maṣḫat-Irra

^{i_7}*m[a]-aṣ-ḫa-at-ìr-ra* YOS 2,127,7 (Coll.Stol); A 3528,9; 3530,9̀.11; 3543,2; YOS 14,157,3; 162,2

Maṣiam-Erra

^{i_7}*ma-ṣi-[a]m!-èr-ra* TIM 5,49,3

MAŠ.GAR

^{i_7}*MAŠ.GAR* TCL 18,114,26

¶ Lesung zweifelhaft, ⟶ FN Ḫabḫarum, ⟶ FN IN.LID.ŠI.A.

Maškan-šarrim

^{pa_5}*MAŠ.[GÁ]N.LUGAL* PRAK 2,pl.30: D 6,4

MAŠ.TAB.BA

^{i_7}*MAŠ.TAB.BA* Datum: Rīm-Sîn 24 (RlA 162:226)

¶ Kanal, der bis zum ⟶ FN A.AB.BA geht. Vgl. ⟶ ON Māšum zum Namenstyp.

M[a]surgula(?)

^{i_7}*m[á]$^?$-sur-gu-la* Datum: Sîn-magir (Stephens RA 33,25: 19)

¶ Vgl. zum Datum D.O.Edzard, ZZB 157[837].

Mē-Enlil

(GÚ)^{i_7}*me-^{d}en-líl* AbB 6,129,7; Sollberger JCS 5,80: MAH 15970,12.16

(GÚ)^{i_7}*me-^{d}en-líl-lá* YOS 2,83,13; Simmons JCS 15,55: 127,3; 128,6

Daten: ^{i_7}*me-^{d}en-líl [-lá]* Ḫalium c (Charpin, RA 72,25)

^{i_7}*me-^{d}en-líl* Ammiditana 35 (RlA 2,189: 246; CT 8,8e,17)

^{i_7}*me-e-^{d}en-líl* Var. dazu (Ungnad, BA 6/3,10)

$^{i_7 d}$*en-líl-lá* Var. dazu (VS 7,63,27)

¶ F. R.Kraus, ZA 51,57: M.fließt vom Bezirk⟶ ON Kiš in den Bezírk von ⟶ ON Marad; Th.Jacobsen, Iraq 22,117 mit Anm.8: M. verlässt den Euphrat am rechten Ufer bei Kiš und geht nach Adams/Crawford, (s.Th.Jacobsen, Iraq 22 ibid.) bis Marad (Waʾannat-as-Saʿdun); R.D. Barnett, JHS 83,20ff., identifiziert den M.-Kanal mit dem heutigen "Ǧalu-Kanal", der von ʿAqarqūf bis zum Tigris fließt. Die letzte Identifizierung ist abzulehnen, weil der Kanal dann nicht bis Marad führen kann, dieses aber in der aB Abschrift eines UR III zeitlichen Textes belegt ist, vgl. RGTC 2,277ff.; ⟶ FN ÁB.GAL, ⟶ ON Dūr-Ammiditana und auch C.Wilcke, WdO 5,10[40a].

Mē-Kūbi

Mē-Kūbi

aḫi ^{i_7}*me-e-ku-bi* VS 13,87/87a,5

¶ Feldbegrenzung, ⟶ ON Mē-Kūbi.

Mē-Sîn

(GÚ)^{i_7}*me-*^{d}*Sîn(EN.Z[U!])* YOS 13,254,3; 297,1

^{i_7}*[m]e-*$^{d?}$*-S[în](E[N.ZU])* YOS 13,352,5

^{i_7}*me-e*$^{!!}$*-*^{d}*Sîn(EN.ZU)* TJDB t.57: 16510,3 (Lesung Stol)

¶ Vgl. den Flurnamen A.GÀR *me-e-*^{d}*Sîn*(EN.ZU) VS 7,140,2.

*Muškēnum

^{i_7}*mu-uš-ke-ni-im* Harris Sippar 334[13]: BM 92650,5

Mušta[lxxx]

^{i_7}*mu-uš-ta-a[l x x x]* YOS 8,143,5

¶ S. zu *muštālu* "umsichtig" AHw. 685b, CAD M₂ 283f.; zu ergänzen ist ein GN (^{d}EN.ZU?).

N

Nabi-Tišpak

"^{i_7}*na-bi-[*^{d}*Tišpak]*" Datum: Bilalama (?) (OIP 43,193: 118)

¶ ⟶ ON Nabi-Tišpak.

Nabium-ḫegal

(GÚ)^{i_7}*na-bi-um-Ḫ[É.GÁ]L* BE 6/1,50 Hülle/Tafel 4; CT 8,3b,8?

Nagab-nuḫši ⟶ Samsuiluna-nagab-nuḫši

NANNA.AŠ-tum

^{i_7d}NANNA.AŠ-tum AbB 4,120,5; TCL 1,231,2!

NANNA.GÚ.GAL

(GÚ) ^{i_7d}NANNA.GÚ.GAL YOS 8,156,4

¶ Vgl. RGTC 2,279f. mit Belegen und Literatur. ⟶ ON NANNA.GÚ.GAL.

NANNA.ḪÚL

^{i_7d}NANNA.ḪÚL UET 1,136,12

¶ Von Warad-Sîn bei Ur(?) instandgesetzter älterer Kanal, vgl. IRSA IV B 13c.

Nappašum

^{i_7}na-pa-šum YOS 13,528,4.5

^{i_7}na-ap-pa-šum AbB 6,115,8

¶ Vgl. den Flurnamen: ***A.GÀR** na-ap-pa-šu* TCL 1,171,2 (Text aus Dilbat). Etymologisch zu nappašu "Luftloch"?, s.AHw. 740a.

Nār-Abiešuḫ

ÍD-a-bi-e-šu-uḫ YOS 13,321,6; <u>Datum</u>: Abī-ešuḫ r (RlA 2,186: 200)

Nār-Abisarē

ÍD-a-bi-sa-[re]-e Kraus JCS 3,57: Adab 558 Rs.3

Nār-Ammiditana

ÍD-am-mi-di-ta-na <u>Datum</u>:Ammiditana 22 (RlA 2,188: 233)

Nār-Annepada

(GÚ/aḫi)ÍD-an-ne-pa-da TCL 10,40B,5; 11,149,21; <u>Daten</u>: Abisarē 4 (RlA 2,157: 124; UET 5,738,11); Gungunum 15 (RlA 2,156: 108)

Nār-Damiqilīšu

ÍD-^{d}da-mi-iq-i-li-šu <u>Datum</u>: Damiq-ilīšu (BIN 7,65,29)

¶ D.O.Edzard, ZZB 115[581] hält diese Formulierung des Datums für eine Variante des Datums ⟶ FN LUGAL.

Nār-IŠKUR

Nār-IŠKUR

ÍD-^{d}IŠKUR   YOS 2,130,3

Nār-Lagamal

ÍD-^{d}la-ga-ma-al   AbB 5,131,5'

¶ Bei ⟶ ON Kiš?

Nār-Mātim

ÍD-ma-tim   BIN 7,182,7

Nār-Nabium

ÍD-^{d}na-bi-um   YOS 13,492,2

¶ Feldbegrenzung.

Nār-NANNA

ÍD-^{d}NANNA$^{!}$ UET 5,118,18; 666,36$^{?!}$

Nār-Narām-Sîn

ÍD-na-ra-am-^{d}Sîn(EN.ZU)   Harris Sippar: BM 78254 I 12

Nār-Ninki

ÍD-^{d}nin-ki   Datum: Lipit-Ištar (UET 5,778,22)

¶ Zuordnung des Datums mit D.O.Edzard, ZZB 94 aufgrund der Siegelinschrift; die Zuordnung "Abisarē 2 oder 4-7" bei H.H.Figulla, Iraq 15,108f., ist abzulehnen.

Nār-nuḫšim ⟶ Ūbil-nuḫšam

Nār-Sîn

ÍD-^{d}Sîn(EN.ZU)   CT 47,77,5; Harris Sippar 380: BM 78254 III 4; TJDB t.7: 15.944,2'*(labirtim)*

¶ ⟶ FN Palag-Sîn.

Nār-Sîn-muballiṭ

ÍD-^{d}Sîn(EN.ZU)-mu-ba-al-li-iṭ   CT 47,30,5

Datum: *ÍD-^{d}Sîn(EN.ZU)-mu-ba-li-iṭ* Sîn-muballiṭ 2 (RlA 2,177: 84)

Nār-Sumulael

ÍD-su-mu-la-èl Datum: Sumu-la-el 12 (RlA 2,175: 26)

¶ ⟶ FN Sumulael-ḫegal.

Nār-Zababa

ÍD-za-ba$_4$-ba$_4$ VS 7,100,3; YOS 13,271,3

Našparum(?)

^{i_7}na-áš-pa-ru(?)-um BIN 7,63,8

¶ Bei Isin?

Nata(?)

(GÚ)^{i_7}na-ta$^?$ UET 5,223 IV 4

*Nidudimmu

^{i_7}ni-du-dim-mi CHJ 113,25 (s.Kopie Scheil RA 15,187)

¶ ⟶ FN Eludu.

Ningirsu-ḫegal

(GU)$^{i_7 d}$nin-gír-su- HÉ.GÁL AbB 2,147,3.7.8.13

¶ Vgl. UR III zeitlichen ⟶ FN Ningirsu(?), RGTC 2,281.

Ninmu[

^{i_7}nin-mu[ARN 20 II 8'; PBS 8/2,169 III 4'

¶ Vielleicht zu NIN.MU.UN.GIM zu ergänzen, s.MSL 11,26,26' (M.Stol).

Nubitar

^{i_7}nu-bi-tár BIN 7,30,5

¶ St.D.Walters, WL Nr.30 Anm.zu 5, vermutet, daß N. dem Namen *UNÚ.BI.TAR.RA* für *Uruttu*(= der Euphrat) gleichzusetzen ist; so auch M.Stol, BiOr. 28,367a.

NUN.BI.Ì.DU$_{10}$

NUN.BI.Ì.DU$_{10}$

^{i_7}*NUN.BI.Ì.DU*$_{10}$ ARN 24 Vs.4
GU ^{i_7}*NUN.BI.Ì*$^?$*.DU* PBS 8/2,167,2

NUN.DI

^{i_7}*NUN.DI* CT 36,4 II 17

¶ Mit E.Sollberger, IRSA S.253 Anm.K vielleicht verschrieben für ⟶ i_7<GÚ>NUN.DI. Vgl. noch D.O.Edzard, ZZB 131[693] und I.J. Gelb, JNES 20,270b.

Nūratum

^{i_7}*nu-ra-tum* CT 47,63,12

P

Palag-adurû(?)

(aḫi) PA$_5$*.É.DURU*$_5$ TCL 10,77,4.9; SVJAD 137 I 8
¶ In der Umgebung von Larsa(?). *Palag-Ea* zu lesen?

Palag-Marduk

PA$_5$*-*^{d}*Marduk(AMAR.UTU)* SVJAD 137 I 6

Palag-Ningal

PA$_5$*-*^{d}*nin-[ga]l* Grant Hav.Symp.244,4; RIAA 254,4$^{?!}$

Palag-Sîn

PA$_5$*-*^{d}*Sîn(EN.ZU)*^{ki} TJAUB t.13: FM 27,1
¶ ⟶ Nār-Sîn.

Palag-Uraš

pa-la-ag-^{d}Uraš VS 7,27,2
PA₅-^{d}Uraš Gautier Dilbat 5,2; 19,4; YOS 13,30,3; 257,7$^{?!}$.15.26$^{?!}$.31; 353,2
^{i_7} PA₅-^{d}Uraš Gautier Dilbat 37,2
PA₅(NU.<PAP>)-^{d}Uraš Gautier Dilbat 39,2

Pariktum

aḫi ^{i_7}pa-ri-ik-tum CT 8,17b,3
^{pa_5}pa-ri-ik-tim Sollberger JCS 5,82b: MAH 16413,4
¶ FN oder einfach "Querkanal"?, vgl. AHw. 833b.

$PA_5.ŠA_6$

PA₅.ŠA₆$^{um!}$ Thureau-Dangin RA 8,78: AO 4670,3
¶ *Palgum damqum* zu lesen?

PIRIG.GIM.DU

^{i_7}PIRIG.GIM.DU AbB 2,29,18.35.38; 4,35,17; 39,8.12.16.19.23; SVJAD 118,23$^{!}$; TCL 11,156 Vs.2.Rs.20; 185,4'; UET 5,468,26; 654,4
^{i_7}PIRIG.GIM.DU₁₀ TCL 11,154,7
^{i_7}PIRIG.GI[M.DU] TCL 11,154,2
¶ Vgl. RGTC 2,284 zu UR III zeitlichem P. bei Lagaš und Girsu.

*Purattum

pu-ra-tim ARM 3,12,10
aḫ/kišad pu-ra-tim ARM 5,27,7; 9,248,14'$^{?}$; Dossin Syria 32,8 IV 4
aḫ pu-ra-at-tim ARM 5,81,6; Dossin Syria 19,122
aḫ ^{i_7}pu-ra-tim ARM 2,99,12
n ṣa-ab aḫ pu-ra-an-tim ARM 2,25,4.13 *("ḫanû u aḫ p.")*.10'
n ṣāb GÚ ^{i_7}pu-ra-an-tim ARM 2,22,21
"nār purattim" Dossin Mél.Duss.984.989; Syria 20,98
"aḫ purattim" Dossin MAM 2/3,253 I 5
„^{i_7}purattim" SVJAD 22a,6
aḫ/GÚ ^{i_7}UD.KIB.NUN.NA^{ki} ARM 1,3,13'$^{?}$.17$^{?}$; 4,6,23; 10,155,16$^{?}$ (" *^{i_7}K[IB.NU]N.N[A?^{k}]^{i}*); Friedrich BA 5/4,487: 7,1

ah/GÚ ^{i_7}*UD.KIB.NUN.NA* AbB 4,150,38; 6,186,13; ARM 1,6,23.27.31.35. 42; 83,34; 2,28,11.12.13; 130,33; ARMT 14,84,12'; BE 6/1,46,1.4.14. 16; CT 47,30,9; 60,6; 48,98 VS.2; KB 4,44 III 3; Rimāh 9,9'; Scheil Sippar 67,4!; TJAUB t.41: H41,3; UET 5,181,5!; 8,86,9.46; YOS 13, 236,1; 299,6?; 470 Vs.1.2.13.14 Rs.4.10.11.17; 510,3!; 528,2; Goetze JCS 2,111: 23,6; Thureau-Dangin RA 33,50 I 8.22

(ah/GÚ) ^{i_7}*UD.KIB.NUN*^{ki} ARM 1,23,27!; 2,90,8; BE 6/1,23 Tafel/Hülle 2; 83,6; CT 4,1a,11!; 10,41; 8,18c,3; 45,54,3 Rs.15; 47,56,5; 52,47,2'. 6'; KAH 1,2 I 8; LIH 1,4 Rs.8; TCL 1,74,4; TIM 2,64,4; UET 5,855,15; VS 9,116,2.5; 18,100,13; Goetze JCS 11,78: HSM 109 Vs.5; Hallo JCS 18,60,38; Herzfeld RA 11,135 Rs.3'??

E.GÚ ^{i_7}*UD.KIB.NUN*^{ki} AbB 1,33,32

kār ^{i_7}*UD.KIB.NUN*^{ki} CT 47,80,27

^{i_7}*UD.KIB.NUN* LIH 57 I 20 (Var.^{ki}).58 I 16

^{i_7}*UD*!.*KIB*!.*NUN* BDHP 28,4 (Coll. Walker)

ah ^{i_7}*UD.KIB.NUN.NA* ARM 2,131,11.37; Goetze JCS 7,53 III 2

dadmī ^{i_7}*UD.KIB.NUN.NA* BAL II 6: CH IV 26

ṣābam ša ah ^{i_7}*UD.KIB.NUN.NA* ARM 10,178,12

n ṣābim ša ah ^{i_7}*UD.KIB.NUN*^{ki} ARM 1,23,5!.10!.27!

ṣābum ša ah ^{i_7}*UD.KIB.NUN* ARM 2,1,29

ṣāb ah ^{i_7}*KIB.NUN.NA* ARM 1,62,17

ṣābē ^{i_7}*UD.KIB.NUN*^{ki} AbB 4,120,6

PN ^{i_7}*UD.KIB.NUN.NA* UET 5,856,36

^{i_7}*UD.KIB.NUN*[ ] UET 8,86,13

ah ^{i_7}*UD.KI*[*B*] ARM 4,73,22

Elitetruppen ša ah ^{i_7}*UD*[ARM 5,1,5'

Daten: ^{i_7}*UD.KIB.NUN* Ammiditana 9 (RlA 2,187: 220); Ammiditana 11 (RlA 2,187: 222); Ammiṣaduqa 11 (RlA 2,190:259)

^{i_7}*UD.KIB.NUN.NA* Nūr-Adad e (v.Dijk JCS 19,18: vermutete Rekonstruktion des Datums aus lit.Text VAT 8515 (S.2f.: 209)); Sumu-el 19 (RlA 2,158: 150; Thureau-Dangin RA 15,53,64; Kisurra 31,10); Rīm-Sîn 23 (RlA 2,162: 225; YOS 5,149,9)

ah ^{i_7}*UD.KIB.NUN.NA* Samsuiluna 24 (RlA 2,184: 169; PBS 5,99,5); unbek. Zuordnung (Schollmeyer MAOG 4,196: 5 Rs.11 Text aus Marad; Edzard ZZB 127[670])

i₇!*UD.KIB.NUN*[Apil-Sîn 12 (RlA 2,177:76)

^{i_7}*UD.KIB.NUN*^{ki} Hammurabi 24 (RlA 2,179: 126; VS 13,28 Rs.13)

"GÚ ^{i_7}*BURANUN"* Hammurabi 42 (nur unv. Urkunden, nach RlA 2,181: 144)

PN: *mār-*^{i_7}*UD.KIB.NUN.NA* Friedrich BA 5/4,508: 43,4$^?$; 525: 70 Siegel$^?$; TCL 1,134,26; Sollberger JCS 5,95a,12$^{?!}$

PN: *mār-*^{i_7}*UD.KIB.NUN.NA*[CT 2,27,4

PN: *mār-*^{i_7}*UD.KIB.NUN*^{ki} CT 4,17c,7

PN: *mār-*^{i_7}*KIB.NUN* CT 4,17c,6; Goetze JCS 11,29: 15 Rs.7; 17 Rs.4

PN: ^{i_7}*UD.KIB.NUN.NA-ummī* UET 5,719,3

¶ Name des Euphrats, dessen Lauf sich in moderner Zeit verlagert hat, vgl. die ausführliche Diskussion in RGTC 2,257-258, s.besonders R.D.Barnett, JHS 83,1ff. Vgl. jetzt noch R.Paepe in L.de Meyer, Tall ed-Dēr I S.20ff., W.F.Leemans, JESHO 19,216 und H.Nissen, AS 20,25ff. R.Harris, Sippar 266 und 380 mit Anm. hält den ⟶ FN Sippirītum für einen der Hauptzweige des Euphrats, s.dazu auch die z.T. überholte Arbeit von R.Adams-H.Nissen, Uruk Countryside S.44ff.

Q

Qurdum

^{pa_5}*qú-úr-du-um* VS 13,77/77a,5

¶ ⟶ FN Siānum. Feldbegrenzung.

R

Raḫtum

PN: *ipiq-*^{i_7}*ra-aḫ-tum* TEBA 72 I 6'.VII 11

¶ M.Birot, TEBA 132⁶: = ⟶ FN Araḫtum.

Rākibu

GÚ ^{pa_5}*ra-ki-bu* VS 7,90,3; 99,2

¶ Vgl. den Flurnamen *AGAR/SA!KU Rakibu* in VS 7,103,3; Gautier Dilbat 3,6. Feldbegrenzung wie ⟶ FN Araḫtum.

*Rāpisanītum

^{i_7}*ra-pí-sa-ni-tim* AbB 1,109,2'.3'.5'.6'.7'.10'!.21'!

¶ ⟶ ON Rāpisānum.

S

Samsuiluna-ḫegal

<u>Datum</u>: ^{i_7}*sa-am-su-i-lu-na-ḪÉ.GÁL* Samuiluna 4 (RlA 2,182: 149; VS 7, 19,18f.)

^{i_7}*sa-am-su-i-lu-na-ḪÉ.ÍG.GAL* Var. dazu (BIN 2,94,20)

^{i_7}*ḪÉ.GÁL* Var. dazu (BE 6/2,54,11)

¶ Vgl. zum Datum mit Var. B.Morgan, MCS 3,57f.

Samsuiluna-nagab-nuḫuš-nišī

<u>Daten</u>: ^{i_7}*sa-am-su-i-lu-na-na-ga-ab-nu-ḫu-uš-ni-ši* Samsuiluna 3 (RlA 2,182: 148)

^{i_7}*na-ga-ab-nu-uḫ-ši-im* Var. dazu (TLB 1,96,17 o.ö.)

^{i_7}*sa-am-su-i-lu[-na-nagab-]nu-uḫ-ši* Var. dazu (LIH 102 II 2)

ÍD.DA sa-am-su-i-lu-na-nagab(IDIM)-nu-úḫ-ši Var. dazu (VS 13,105 Vs.5f.)

^{i_7}*sa-am-su-i-lu-na-na-ga-ab-nu-úḫ-ši* Samsuiluna 26 (RlA 2,184: 171; PBS 5,100 IV 33-34)

Siānum

^{pa_5}*si-a-nu-um* VS 13,77/77a,4; YOS 8,143,2

¶ ⟶ FN Qurdum.

Sibatanītum

^{i_7}*si*$^{!}$*-ba-ta-ni-tum* AbB 2,149,11

¶ ⟶ ON Gubrum.

Silakum

^{i_7}*sí-la-ku*^{ki} Scheil Sippar 287,3
^{i_7}*sí-la-ku* CT 45,121,5
^{i_7}*sí-la-kum* YOS 13,121,2 (Stol JCS 25,224)
^{i_7}*sí-lá-ku AN.TA* CT 45,121,2
^{i_7}*sí-lá-kum KI!.TA!* YOS 13,28,6 (Stol JCS 25,224^{6})
rabiān ^{i_7}*s[í-lá-ku?]* LIH I 66 II 5 (Stol Studies 83)
Daten: *GÚ* ^{i_7}*sí-lá-kum* Ammiditana 16 (RlA 2,188: 227)
GÚ ÍD.DA sí-lá-ku Ammiditana 32 (RlA 2,189: 243)
PN: *mār-*^{i_7}*sí-lá-ku* TCL 1,142,19
PN: *mār-*^{i_7}*sí-la-ku* TCL 1,142 Siegel
PN: *mār-*^{i_7}*si-la-ku* TEBA 72 V 19'.23'
PN: *mār-sí-la-ak-ku* Langdon JRAS 1934,557
PN: *si-la-ak-ku-um-mi* YOS 13,200,11

¶ Vgl. M.Stol, Studies 83[52]. Am Fluß liegen ⟶ ON Dūr-Ammiditana und ⟶ ON Iškun-Marduk.

Sîn-abūšu

^{i_7}*Sîn(xxx)-a-bu-šu* Datum: Sîn-abūšu f (Reschid AND S.8: 23; UCP 10/1,2,21)

Sippirītum

^{i_7}*si!-ip-pi-ri-tum* CT 4,23b,2
^{i_7}*UD.KIB.NUN*^{ki}*-ri-tum* BE 6/1,70,8
^{i_7}*UD.KIB.N[UN]*$^{k[i]}$*-tim* LIH 2,88 Rs.5
^{i_7}*UD.KIB.NUN*^{ki}*-tu[m]* Scheil Sippar 10,4.14
^{i_7}*UD.KIB.NUN*^{ki}*-tim* AbB 5,155,6'; TIM 2,59,9'.13'; 88,6'
PN: *mār-*^{i_7}*UD.KIB.NUN*^{ki}*-ri-tim* Scheil Sippar 87,25

SI.SI

¶ R.Harris, Sippar S.266 und 380 mit Anm * hält S. für einen Hauptzweig des Euphrats. Sie vermutet, daß das Ideogramm *UD.KIB.NUN(NA)* in Sippar-Texten in jedem Fall Sippirītum zu lesen sei. Vgl. zu ⟶ FN Purattum.

SI.SI

^{i_7}*SI.SI* UET 5,167,4

Sumulael-ḫegal

^{i_7}*su-mu-la-èl-ḪÉ.GAL* <u>Datum</u>: Sumu-la-el 32 (RlA 2,176:46; ZZB 113[573])

¶ Zum Datum s.F.R.Kraus, AfO 16,321[11].

Ṣ

^{i_7}Ṣarbatu ⟶ ÁSAL

Š

Šab[

^{i_7}*ša-a[b??-* ARN 128,5

Šaduppûm

^{i_7}*ša-du-up-pu^{ki}* Ellis Taxation 68,5

¶ ⟶ ON Šaduppûm.

Šarkum

GÚ ^{i_7}ša-ar-kum AbB 2,82,14

¶ ⟶ ON Dūr-Ammiṣaduqa liegt am Ufer von Š.

Šarrum

^{i_7}šar-ru-um CT 48,29 Umschlag 3

^{i_7}šar-ri-im CT 47,64,4; 48,29 Vs.3

^{e} šar-ri YOS 13,470,20

^{i_7}LUGAL CT 47,18,3; Jean RA 26,112: AO 11151,5; Langdon PSBA 33 t. 47: 29,9$^?$; Datum Damiq-ilīšu (Sollberger RA 45,107: MAH 15881,30)

¶ Nach D.O.Edzard, ZZB 115[581] ist ^{i_7}LUGAL des Datums Damiq-ilīšu identisch mit ⟶ FN Nār-Damiqilīšu

Šarrum-Sîn

Datum: *^{i_7}LUGAL-^{d}Sîn(ZU.EN)(-na)* Sumu-el 5 (RlA 2,157b: 136; UET 5, 751,9-10).

¶ ⟶ ON LUGAL-Sîn.

Šarrum-Šimut

^{i_7}LUGAL-^{d}ši-mu-ut UCP 9/4,11,4

*Še/urdutum

^{e}še-er-du-tim Gautier Dilbat 19,5; 37,3

^{e}šu-ur-di-tim Gautier Dilbat 22,5

¶ Flurbegrenzung in Dilbat.

Šerimtum

^{i_7}še-ri-im-tum(-ma) VS 13,7,4; YOS 13,247,2; 368,1

^{pa_5}še-ri-im-tum BIN 2,78,2

^{i_7}še-ri-im-tim TJAUB t.41,H 2

¶ F.R.Kraus, ZA 51,58: bei ⟶ ON Marad gelegen; ⟶ ON Ḫabuz.

Šerum

$^{i_7d?!}$š[e?]-rum TCL 1,231,4

¶ ⟶ FN NANNA.AŠ-tum!

Šimat-Erra

í₇šè-ma-at-ᵈèr-ra UET 8,86,44 (v.Soden apud Renger, ZA 61,43: 291)

¶ Vgl. E.Sollberger, UET 8, S.19 "Tuqmat-Irra"; s.zum Flußnamen in UR III RGTC 2,290 mit F.R.Kraus, ZA 51,59: mündet vielleicht in den ⟶ FN Irnina.

Šimat-Sîn

í₇ši-ma-at-ᵈSîn(EN.ZU) Simmons JCS 15,54: 126,4

Šimat-Šū-Sîn

í₇ši-ma-at-šu-ᵈSîn(EN.ZU) YOS 13,236,2

¶ Feldbegrenzung wie ⟶ FN Purattum.

*Šulakbum

í₇šu-la-ak-bi-im CT 4,45a,4

Šulpae-banītum

GÚ í₇ᵈšul-pa-è-ba-ni-tum TCL 11,156 Vs.5

¶ Im Gebiet von ⟶ ON Larsa? ⟶ FN PIRIG.GIM.DU.

Šumu(n)dar

Daten: *í₇šu-mu-da-ri* Ḫammurabi 8 (RlA 2,178: 110; VS 8,59,17f.)

šu-mu-dar Var. dazu (CT 48,46 lk.Rd.)

í₇šu-mu-dar Apil-Sîn 4 (RlA 2,177: 68; TCL 1,60,25)

[*í₇šu-mu-un-da*]*r(??)*. Var. dazu (LIH 101 II 13)

¶ Vgl. zum Datum Apil-Sîn 4 D.O.Edzard, ZZB 114[574], zum Datum Ḫammurabi 8 M.Stol, Studies, 65.

Šuppatum

pa₅šu-up-pa!-t[*um*] YOS 13,333,3 (Stol JCS 25,223)

Šuruppak

Datum: *í₇* [*šur*]*uppak([SU.]KUR.RU)* Kisurra 210,13

¶ B.Kienast, Kisurra,Einleitung § 22e.f.

T

Tabbi-Mami

^{i_7}*tab-bi-*^{d}*ma-mi* SVJAD 137 I 5

Takkīrum

^{i_7}*ta-ki-ru-um* UET 5,855,14

¶ Vgl. J.-R.Kupper, ARMT 6 S.116: 7 zu mB und nB FN Takkīru; W.von Soden, AHw.1307a notiert diesen Beleg als Bezeichnung "Ableitungskanal" und nicht als FN.

**Tibi-nuḫši ⟶ Ūbil-nuḫšam

TI.IGI.DA

^{i_7}*TI.IGI.DA(*^{d}*Sîn(EN.ZU))* Datum: Ḫammurabi 24 (RlA 2,179: 126; B.Morgan MCS 3,36-41,78; 4,56 ("^{d}*EN.LÍL*"); AbB 6,221,12

¶ Nach Kollation ist die Lesung *Sîn* wahrscheinlicher als *Enlil*, vgl. R.Frankena Anm. in AbB 6,221 z.Zeile; die Varianten des Datums lassen nicht ausschließen, daß der Göttername noch zum Flußnamen gehört. A.Ungnad, RlA 2,179: 126 übersetzt"den T. für Enlil".

Tutu-ḫegal

$^{i_7 d}$*tu-tu-ḫe-gal* Datum: Sîn-muballiṭ 13 (RlA 2,177: 95, LIH I 101,41)
^{i_7}*tu-tu* Var. dazu (VS 8,43,17)

TUL.PU.ÚS

^{i_7}*TUL.PU.ÚS* YOS 13,536,2
¶ ⟶ ON TÚL.PU.US.

Ṭ

Ṭabān

(GÚ) ^i7^ṭa-ba-an Poebel AfO 9,246 II 27; Sollberger RA 63,42 II 27

wāšib GÚ ^i7^ṭà-ba-an OBTI 314,15

<u>Daten</u>: *^i7^ṭà-ba-an* Samsuiluna 32 (RlA 2,185: 177)

^i7^ṭa-ba-an Bilalama? (OIP 43,181: 77)

PN: *ṭà-ba-an-a-bu-šu* Simmons JCS 13,109: 13,16

¶ A.Falkenstein, ZA 45,70: in der Nähe von Ḫafāǧī; Th.Jacobsen, OIP 43,181: parallel und ö des gegenwärtigen Balad ar-Rūz-Kanals. Häufig, aber nicht ausschließlich zusammen mit ⟶ FN Durul erwähnt.

Ṭupšarrītum,* Ṭupšarrum

aḫi ^i7^ṭup-šar-ri-im CT 4,7b,5

aḫi ṭup-šar-ri-im CT 4,17b,6

aḫi ^i7^ṭup-šar-ri-tum CT 8,15a,6

¶ Flurbegrenzung, bei ⟶ ON Iškun-Ištar.

U

Ubar-x

^{i_7}*u-bar-*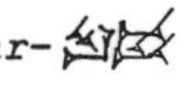   UET 5,666,18

Ūbil-nuḫšam

GÚ ^{i_7}*ú-bi-il-nu-uḫ-ši-im*   Langdon RA 27,83,2
pa$_5$*ú-bi-il-nu-uḫ-ša*   BIN 7,182,6
^{i_7}*ú-bi-i*[*il!-nuḫšam?*]   Grant Hav.Symp. 232,2
ÍD-nu-uḫ-ši   Langdon JRAS 1934,557,3
^{i_7}*ti-bi-nu-uḫ-ši!*   Grant Hav.Symp. 242,5 (hierzu?)

^{i_7}UD.KIB.(NUN.NA$^{(ki)}$) ⟶ Purattum

Ugār-mitra

^{i_7}*A.GÀR-mi-it-ra*   YOS 13,255,8

URÍ

^{i_7}*URÍ*^{ki} YOS 12,352,12

¶ Vgl. Th.Jacobsen, Iraq 22,182: a "Kanal, der vom r Ufer des Euphrat ausgeht"; RGTC 2,294 mit H.J.Nissen, Uruk Countryside, 44:Name für den Unterlauf des Euphrat.

Urnija

(*aḫi*) ^{i_7}*ur-ni-ia*   CT 8,18c,4; VS 9,116,3
¶ Flurbegrenzung wie ⟶ Purattum.

UR.SAG.GAL.ZU

UR.SAG.GAL.ZU

i₇ur-sag-gal-zu Datum unbek. Zuordnung (Stephens RA 33,25: 35)

¶ Vgl. D.O.Edzard, ZZB 116[583].

USAR

i₇USAR(LÁL.SAR) BIN 7,171,9; 172,6

Datum: *i₇Usar(LÁL.SAR)* Kisurra 64,17; 77,22?; 195,12

¶ Zum Datum vgl. B.Kienast, Kisurra, Einleitung § 21B; zu BIN 7,171 und 172 s.I.J.Gelb, MAD 2²,213: 278a; vgl. MSL 11,98,39.

UŠ[

pa₅UŠ[YOS 13,257,2

UTU.HÉ.GAL

i₇dUTU.HÉ.GÁL Datum: Sumu-la-el 1 (RlA 2,175:15)

W

Wēdûm[

i₇we-du-u[m...] SVJAD 137 II 20

Z

*Zabalum

^{i_7}*za-ba-lim* ARM 2,30,12

¶ ⟶ FN Ḫirītum

Zabûm

(aḫi) ^{i_7}*za-bu-um* AB 11,36: 3,4; CT 4,16a,4; 47,63,15

^{i_7}*za-bi-um* BE 6/1,83,2; CT 2,5,6; 8,49b,3

¶ Kanal bei ⟶ ON Sippar.

*Zaibum

^{i_7}*za-i-bi-im* ARM 1,121,7; FAI 86,21($^{\langle i_7\rangle}$)

^{i_7}*za-i-ba-am* de Genouillac RA 7,155 II 14

¶ Gemeint ist vermutlich der untere Zāb zwischen der Tigris-Ebene und "Bekme Gorge", vgl. D.Oates, Studies 2.65; W.D.Wrigth, JNES 2, 175[12]. ⟶ ON Ajinnum und ⟶ ON Zamijatum im Territorium von ⟶ Qabrā liegen am Z. (ARM 1,121). Besteht die Identifizierung von Zamijatum mit Tall Ṭāya aber zurecht, kann Z. nur einen der Wasserläufe unterhalb des Ǧabal Sinǧār meinen, vielleicht das Wādī aṯ-Ṯarṯar.

*Zaiztum

na-ar za-iz-tim TIM 1,7,7

Zašia

^{e}*za-ši-a*$^{?!}$ Langdon PSBA 33 t 43: 17,3

Zīmu

^{pa_5}*zi-mu* YOS 13,324,2

^{i_7}*zi-mu* YOS 13,336,2

ZUBI

(GÚ) *^{i_7}ZUBI* SVJAD 15,3; TCL 10,79,13; 11,154,2; TLB 1,195,4

¶ Die Lesung Z. anstatt *IDIGINA* in diesen drei Fällen ist unsicher. In der Kursive der aB Zeit können beide Ideogramme nur selten genau unterschieden werden, s.dazu W.W.Hallo, JCS 18,68: 19, und es fragt sich, ob zu dieser Zeit der Zubi, mit R.D.Barnett, JHS 83,25 eine Verkürzung des Tigris zwischen Baġdād und Sāmarrā', (vgl. auch W.W.Hallo, ibid. mit Lit.) nach McGuire Gibson, Kiš, 13[63] ein Kanal parallel zum Tigris, überhaupt namentlich von *IDIGINA* getrennt wurde. S. die ausführliche Diskussion in RGTC 2,296. - Th.Jacobsen, Iraq 22,176, hält einen von R.Mc Adams und V.E.Crawford entdeckten ehemaligen Kanalverlauf, der bei "Abū Ǧubar" am Euphrat ausgeht und über Ǧamdat Naṣr bei Abū Ṣalābīḫ wieder in den Euphrat mündet, für den Z.-Kanal.

ZUBI-Abiešuḫ

^{i_7}ZUBI-a-bi-e-šu-uḫ <u>Datum:</u> Abī-ešuḫ i (RlA 2,186: 192; A.Goetze, JCS 5,102b)

¶ ⟶ FN Zubi.

Zuklum

^{i_7}zu-uk-lu-um UCP 9/4,22,31

<u>Lesung fraglich</u>:

Palag-^{d}SAG

PA$_5$-^{d}SAG/KA ? [YOS 13,529,2

¶ Lesung fraglich.

WORTZEICHENLISTE

FN A.AB.BA → dort
FN A.AB.BA.ḪÉ.GÁL → dort
A.AMBAR.MAŠ.DAK → dort
FN ÁB.GAL → dort
ABxḪA → NINA
ÁB.NUN.ME.DU
A.GAR/GÀR → Ugār-
AGA.UŠ → dort
A.ḪA → ḪA.A
A$_{12}$.KÚŠU → Akšak
AN.É.BA.NA → dort
AN.KAL.LUM.KAL.AN → dort
AN.ZA.GÀR → dort oder Dimat-
AN.ZA.GÀR.UR.ZÍR → dort
ARARMA → Larsa
FN ÁSAL → dort
A.SUK.MAŠ.DAK → A.AMBAR.MAŠ.DAK
A.(ŠÀ).ŠIR → AŠAŠIR
BÀD... → dort oder Dūr... →
BÀD.A → BÀD
BÀD.AN → BÀD
BÀD.BAR → dort
BÀD.BÚR.RA → dort
BÀD.GIBIL → dort
BÀD.IŠKUR → dort
BÀD.ÌR.AN → dort
BAD.KÁ.IŠKUR → dort
BAD.KI.BAL.MAŠ.DÀ.KI → Elip
BÀD.KI.GUL → dort
BÀD.LUGAL → dort
BÀD.MÀ → dort
BÀD.ŠUBUR.RA → dort
BÀD.UGU.KIN.ZI(.DA) → dort
BÀD.URUDU.NAGAR → BÀD.TIBIRA
BÀD.UTU → dort
BÀD.ZI.AB.BA → Barsipa
BAḪÁR → dort
FN BARA.MAḪ → dort
BA.ŠAG$_5$.GA → dort
BULUG → Pulukkum
FN "BURANUN" → Purattum
DILMUN (MÍ.TUK) → Tilmun
DU$_6$... → DU$_6$...
DUB.BAR → dort
DU$_{10}$.GAR → Damru
DUMU-MÍ.LUGAL → dort
É... → dort oder Bīt...
É.AN.NA → dort
É.DANÑA → dort
EDIN.NA → Sip(p)ir-EDIN.NA
FN EDIN.NA → E(n)tena
É.DUMU.MÍ → dort
É.DURU$_5$ → dort oder Adurû...
É.DURU$_5$.Ì.SA → dort
E.DURU$_5$NANNA.Ì.SA → E.DURU$_5$.Ì.SA
E.DURU$_5$.NÌG.GI.NA → dort
É.GIBIL → dort
É.GIŠ.GIGIR → dort
É.LUGALA → dort

É.MAḪ → dort
É.MU.DI/KI → dort
É.NIM.MA → dort
É.NIN.MAR → dort
(FN) ENSÍ → dort, ON Ša-ENSÍ
ENZEN+SIG$_7$ → UDINIM
ERÉŠ → NAGA
FN/ON ÉŠ.GÀR → dort
É.UTU → dort
GÁ.NUN.EDIN.NA → dort
GAR.RA → Kiš-GARRA
ĜAR.ŠA.NA → dort
FN GIBIL → Eššetum
FN GÍD → dort
GÍR.KAL → dort
GÍR.LUM → dort
GÍR.NI.GÁL → dort
FN GÌR.SAG.GÁ → dort
FN GÌR.TA.BAL.E dort
GIR$_{13}$.TAB → dort
FN GIŠ.A.TU.GAB.LIŠ → ÁSAL
FN/ON GIŠIMMAR → dort
GIŠ.KÚŠU → Umma
GÚ → GÚ oder aḫ(i)
GÚ.DU.A → dort
FN GÚ.EN.NA → dort
FN GÙ.NUN.DI → dort
GU.ZA.LÁ → dort
ḪA.A → dort
ḪA.NA → dort
ḪAR → dort
ÍD... → dort oder Nār...
FN ÍD.DA.Ì.GAR.RA → dort
FN IDIGINA → Idiglat
FN IGI.ḪUR.SAGA → dort
FN IGI.KUR → dort
IGI.RA.MAḪ → Iširamaḫ
IM → dort
INANNA.ZA.UNUG → Zabalum,
FN Imgur-Ištar-zabalam
KA → dort
KA.AN → dort
KÁ.DINGIR.RA → Bābilim
KÁ.EDIN.NA → dort
KÁ.ENLILA → dort
KÁ.GEŠTIN.AN.NA → dort
KA.GÍR → dort
KA.I$_7$.DA → Pī-nārātim
KA.I$_7$.DA.ME.EŠ → Pī-nārātim
KA.I$_7$.DIDLI → Pī-nārātim
KA.IŠKUR → dort
KÁ.MUŠ → Bāb-Šaḫan
KAR.RA → Kār...
KÁ.UTU → dort
KEŠ → Keš(i)
KEŠ.DU → Keš(i)
KI.ÁBRIG → ÁB.NUN.ME.DU
**KI.BALA.BAR.RU → Elip
KI.BALA.MAŠ.DÀ → Elip
FN KIB.NUN.NA → Purattum
FN KI.È → dort
KI.EN.GI → dort
KI.EN.GI.URI → Šumerum u Akkadum
KI.EN.GI.SAG$_6$ → Jamutbalum
KIRI$_x$.TAB → GIR$_{13}$.TAB
KIŠ → Kiš(um)
KI.URI → dort
KUD... → KUD-bani
FN KÙ.ENLILA → dort
KÙ.NANNA → dort
KUN.ÍD.DA → dort
LÀL.AN.NA.NA → dort
LÚ.ERIM...LÚ.ERIM-rabi
LUGAL... → dort oder Šarrum...
LUGAL.GUDU$_8$-A → GU.DU$_8$.A

FN LÚ.GI$_6$.LAH$_5$ → dort
FN MAḪ → dort
MÁ.LAḪ$_4$;MÁ.LAḪ$_5$ → MA.LAḪ
MANSI → Ša-MANSI
MAR.TU → Amurrû
MAŠ.EN.KAK → dort
FN MAŠ.GAR → dort
MAŠ.MAŠ.E.NE → dort
MAS.ŠU.GÍD.GÍD → dort
FN MAŠ.TAB.BA → dort
MÁŠ.ZI → dort
MI.TÛK;NI.TUK → Tilmun
MUŠ.EREN → Šušim
NAGA → ERÉŠ
NAM.DUMU.NA → dort
NANNA → dort
NANNA.GÚ.GAL → dort
FN NANNA.ḪÚL → dort
NANNA.MA.AN.SÌ → dort
NÌ.BA → dort
NIBRU (EN.LÍL) → Nipuru
NIM(.MA) → Elam, Ḫaltamma-
tum
NINA → dort
NI.TUK → Tilmun
NUN → Eridu
FN NUN.BI.Ì.DU$_{10}$ → dort
FN NUN.DI → dort
FN PA$_5$... → Palag-...
PA.AGA.UŠ → dort
PA.LÚ.KAS$_4$.E.NE → dort
PA.MAR.TU → dort
FN PIRIG.GIM.DU → dort
SAG.DA.IN.PÀD → dort
SAG.DU → dort
SAG.PA.KA[B].X.DU.GA →
URU.SAG.RIG$_7$
SAG.RIG$_7$(-GA) → URU.SAG.RIG$_7$

SIG$_4$ → Malgûm
FN SI.SI → dort
SU(.A) → Šubartum
SU.(BAL).BIR$_4$ → Šubartum
SU$_6$.BIR$_4$ → Šubartum
SU.BIR$_4$.LA → Šubartum
SUKKAL → dort
SU.PA → Šubartum
ŠÀ^{bi} → Gerrum
ŠÀ.GA → dort
ŠA.ŠIR → AŠAŠIR
ŠEN → dort
ŠEŠ.AB → Urim
ŠEŠ.UNU → Urim
ŠIR.BUR.LA → Lagaš
ŠU.ḪA → dort
ŠU.ḪA.E.NE → dort
TAR... → KUD-bani
FN TI.IGI.DA → dort
TIN.TIR → Bābilim
TÚL... → TÚL.Enlil
ON TÚL.PU.US → dort
FN TUL.PU.ÚS → dort
UDINIM → dort
UD.KIB.NUN → Sip(p)ir,
FN Purattum, FN Sippirītum
UD.KIB.NUN.GAL → Sip(p)ir
rabûm
UD.NUN → Adab
UD.UNU → Larsa
UGULA.MAR.TU → PA.MAR.TU
ÚḪ → Akšak
U+MUN → dort
UNU → Uruk
URÍ → Urim
UR.SAG.GAL.ZU → dort
USAR(LÁL.SAR) → USAR
UŠ → dort
FN UTU.ḪÉ.GAL → dort

ZABAR.DAB$_5$ ⟶ dort
ZAG.NÁ.A ⟶ dort
ZA.MÙŠ.UNU ⟶ Zabalum
FN ZUBI⟶dort.

VERZEICHNIS

DER ORTS- UND GEWÄSSERNAMEN, DIE IN DATENFORMELN BELEGT SIND

FN A.AB.BÀ.ḪÉ.GAL
FN ÁB.GAL
FN Aja-ḪÉ.GAL
Akuṣum
FN Ammiṣaduqa(-nuḫuš-nišī)
Amurrûm
Anšan
FN Apil-Sîn-ḫegal
FN Araḫtum
Ašlakkā
Ašnakkum
Aštabala
FN Ašuḫi
FN Baba-ḫegal
Bābilim
BÀD(A.AN)
BÀD.MÀ
BÀD-MedurAN
BÀD-Rutumme
Barsipa
Bašimi
FN Babarīšat
Baṣum
Bidaḫ
Biškira
Bīt-Šū-Sîn
Burramānum
Burundum
Dilbat
Diniktum
*Dîr
Dunnum
Dūr-Ammiditana
Dūr-Ammiṣaduqa
Dūr-Daduša
Dūr-Dimat-Dada
Dūr-Igitlim
Dūr-Imgurlim
Dūr-Išarlim
Dur-Ištar-tarām-Išbi-Erra
Dūr-Jaḫdunlim
Dūr-Lībur-Išbi-Erra
Dūr-Muti
Dūr-Rīm-Enlil
Dūr-Rimuš
Dūr-Samsuiluna
Dūr-Sîn-abūšu
Dūr-Sîn-muballiṭ
Dūr-Ṣillī-Ninurta
FN Durul
E.DURU$_5$.(NANNA.)Ì.SA
Ekallātum
Elaḫut(tum), Eluḫtum
Elam
Elip
É.NIN.MAR
FN E(n)tena
Eridu
Ešnunna, Ašnunna, Išnunna
GIBIL

Gipar

FN GÌR.SAG.GÁ

GIR$_{13}$.TAB

GU.DU$_8$.A

FN GÙ.NUN.DI

Ḫabuz

FN Ḫabur

Ḫalabit

FN Ḫammurabi -ḫegal

FN Ḫammurabi-nuḫuš-nišī

ḪA.NA, ḫanû

FN Ḫirītum

Ḫuribšum

Ibrat

Idamaraz, Edamaraz, Adamaraz

FN ÍD.DA.Ì.GAR.RA

FN Idiglat

FN ÍD.SIKIL

FN IGI.ḪUR.SAGA

IM

Imār, Emār

Imgur-GIBIL

Imgur-Ištar-zabalam

FN Imgur-Nininsina

FN/ON Imgur-Sîn

Imgur-Šulgi

FN Irnina

FN Išartum

Išin, Isin(na)

Iširamah

Iškun-Marduk

Iškun-Nergal

Iškun-Šamaš

Išur

Itil-pāšunu

Jakunum

Jamḫad(um)

Jamutbalum, Emutbalum

KÁ.GEŠTIN.AN.NA

Kaḫat

KÁ-Ibaum

Kakkulātum

Kakmum

Kar(a)ḫar

Kār(KAR.RA)Šamaš

Kaššû

Kazallu

Keš(i)

Kikurrum

Kisurra

Kiš

FN KÙ.ENLILA

FN Kurra

FN Lagaš, Lagašītum

FN Lapinum

Larsa

Luḫaja

FN MAḪ

Maḫānum

Māḫāzum

Malgûm

Mankisum

Manunum

Marad

Marḫašu

Mār(ē) -Jaminā

Mari

Maškan[

Maškan-Ammiditana

Maškan-šāpir

FN MAŠ.TAB.BA

FN Masurgula (?)

FN Mē-Enlil

Meluḫḫa

Mišlān

Mutiabal

FN Nabi-Tišpak

Nagar
FN Nār-Abiešuḫ
FN Nār-Ammiditana
FN Nār-Annepada
FN Nār-Damiqilīšu
FN Nār-Ninki
FN Nār-Sumulael
Nazarum
Nērebtum
Nipuru
Paḫudar
Pī-nārātim
Pulukkum
FN Purattum
Putra
Qabrā
Qutûm, Gutium
Rabiqum
Sabum
SAG.DA.IN.PÀD
Saggaratum
Samānum
FN Samsuiluna-ḫegal
FN Samusiluna-nagab-nuḫuš-
niši
Sarbat(um)
FN Silakum
FN Sîn-abūšu
Sip(p)ir
FN Sumulael-ḫegal
Sutûm
Ṣil-IŠKUR
Ṣupur-Šamaš
Šadlaš
Šaḫnā
Šalibi
FN/ON Šarrum-Sîn
Šeḫrum
Šubartum
Šubat-Šamaš
Šulgi-NANNA
Šumerum u Akkadum
FN Šumu(n)dar
FN Šuruppak
Šušā
Tadnum
Tarnip
Terqa
FN TI.IGI.DA
Turukkû
FN Tutu-ḫegal
FN Ṭabān
UDINIM
Umgarra
Urbel
Urim
Uruk
URU.SAG.RIG$_7$
FN USAR
FN UTU.ḪEGAL
Uzarbara
Zabalum
Zalmaqum
Zalpaḫ
Zarbilum, Zurbilum
Zarḫānum
Zibnātum
FN ZUBI-Abiešuḫ

VERZEICHNIS

DER ORTS- UND GEWÄSSERNAMEN, DIE ALS BESTANDTEIL VON PERSONENNAMEN BELEGT SIND

FN ÁB.GAL
Abiḫ
Aḫa(m)nuta
Akkadum
Akšak
Amnānum
Amurrûm
FN Araḫtum
FN Aranziḫ
Arri
Ašlakkā
Aš(š)ur
Bābilim
BÀD
Bisir
Dîr
Elam
É.LUGALA
É.NIM.MA
Eridu
Ešnunna
ḪA.A
FN Ḫabur
Ḫalab
Ḫalḫalla
Ḫanat
Ḫasam
Ḫisnānum
FN Idiglat
Idi-ilum
IM
FN Irnina
Išin
Iškilla
Iškun-Marduk
Jaḫpila
Jamutbalum
Kaniš
Keš(i)
Kiš(um)
Kiš-GARRA
Laba-Igigi
Larsa
Merrigat
NINA
Nipuru
Nukar
Numḫâ
FN Purattum
Rabbû
FN Raḫtum
FN Silaku
Sip(p)ir
FN Sip(p)irītum
Sutûm
FN Ṭaban
Tibal
Tilmun
Tutub
Urim
Uruk

V E R Z E I C H N I S

Der Orts- und Gewässernamen, die als Bestandteil von Götternamen belegt sind

Dîr
Hišamta
Išin
Jablija
Kiti
Lagaba
Marad

VERZEICHNIS

MODERNER ORTS- UND GEWÄSSERNAMEN

"Abū Ǧubar" → FN ZUBI
Abū Ḥabba → Sip(p)ir
Abū Ḥatab → Kisurra
Abū Šahrain → Eridu
"Açma" → Admi
Aleppo → Jamḫad(um)
ʿAna → Ḫanat
ʿAqarqūf → FN Mē-Enlil
ʿArbān → Tall Āǧāǧa
"ʿArsūz" → Ursum
Aš-Šamšānīya → Ijatum
"ʿAzech" → Ašiḫum
Aẓaim → Zabān
Babylon → Bābilim
Badra → BÀD
Baġdād → FN ZUBI
al Baḫrain → Tilmun
Balīḫ → FN Baliḫ, Zalmaqum, Zalpaḫ
Bekme Gorge → FN Zâbum
Beled Rūz Kanal → FN Ṭabān
Birecik → Haššum, Tadanne, Ursum
Birs Nimrud → Barsipa
Bismāya → Adab
Boğazköy → Hattuša
Derek → Elaḫut(um), Šudā
aḍ-Ḍibā'ī → Šadlaš
Diyālā → FN Durul
Diyarbekir → Sinām(um)-Šubartum
Dura-Europos → Damarā
Elbistan → Haḫḫum
Euphrat → FN Araḫtum, FN Irnina, FN Mē-Enlil, FN Purattum, FN Sippirītum
Failaka → Tilmun
al-Fatḥa → Adum, Mār(ē)-Jaminā
Gaziantep → Burundum, Ursum
Gerger → Elaḫut(tum)
Ǧabal Bišri → Bisir
Ǧabal Ḥamrīn → Abiḫ, Sūqāqû, Zabān
Ǧabal Sinǧār → Jamutbalum
Ǧaġǧaġ → Idamaraz
"Ǧalu"-Kanal → FN Mē-Enlil
Ǧarablūs → Karkemiš
Ǧazīrat ibn ʿUmar → Tillā
Ǧubail → Gublā
Ḫābūr → FN Ḫabur; - Bidaḫ, Bīt-Akkaka, Bīt-Kapān, Bīt-Jaetim, Dūr-Jaḫdunlim, Idamaraz, Kurdā, Zalluḫān
Ḫafāǧī → Dūr-Samsuiluna, Tutub, FN Ṭabān
al-Hānūqa → Amaz

al-Ḥasaka → Tillā

Ḥātūnīya(See) → Gerrum

Horram Ābād → Simaš

Ḥalab → Ḫalab

Ḥama → Tunip

Ḥarrān → Abum, Ḫarrānum, PA.AGA.UŠ, Zalmaqum

al-Ḥibā → Lagaš

Hīt → Ḫarbē, Idā, Tuttul

Inġara → Kiš(um)

Irbīl → Urbēl

Īšān Mizyad → Akkadum

Jadā'i → Ijatum

Jalḫan Tepe → Nuzû

Karacali Dağ → Ḫasam

Karkamiš (heute Barak) → Ḫeššum, Elaḫut(tum), Ḫaššum

Kirkūk → Arrapḫum, Šubartum

Koyuncuk → Ninu(w)a

Kreta → *Kaptarû

Kūt al'Amāra → Ibrat, Jamutbalum, Maškan-šāpir

Luristān → Tukriš

al Madā'in → BÀD.TIBIRA

"Mahrut"-Kanal → Idamaraz

Malatya → Ḫaḫḫum

Mardin → Elaḫut(tum), Mardaman

Maśkana → Imār

al-Mašrafa → Qatānum

Midyat → Ijatum

al-Muqaiyar → Urim

Nabī Yūnus → Ninu(w)a

"Nahr Dawrīn" → FN Išīm-Jaḫdunlim

Nuffar → Nipuru

Nusaybīn → Amaz, Ḫarsi, Lakušir, Mammagira, Ṭabatum, Šunā

Palmyra → Tadmir

Qalʿat Ǧaʿbar → Abattum

Qalʿat an-Naǧm → Abattum

Qalʿat aš-Šarqāṭ → Aššur

Qaryatain → Našalā

Ra'ʾs al-ʿAin → Burundum, Mammagira, Šuda

Ra'ʾs Šamrā → Ugarit

Rūm Kale → Tadanne

Rāma(-Ebene) → Burullum, Utêm

Rānīya → Šušarrā

Raqqa → Ganibatum

"Salah" → Elaḫut(tum)

Sāmarrā' → Jaḫ(ap)pila, Šulgi-Nanna

Samsat → Elaḫut(tum), Ursum

Sinkara → Larsa

Sirrīn → Aḫunā

Sultan Tepe → Ḫaziri

"Sumaika"-Stadtion → Kakkulātum

"Seǧer" → Saggaratum

Sürüc → Zalpaḫ

Surġul → NINA

Ṣuwwar → Saggaratum

Šaǧālī → Nērebtum, Šadlaš

Šaṭṭ aḍ-Ḍaġāra → Dilbat

Šatt al-Hindīya → FN ÁB.GAL

Tall Abī Ǧawan → Akšak

Tall Abī Hā'iṭ → Saggaratum

Tall Abī Māriya → Apqum (ša IŠKUR)

Tall Abī Raʾsain → Panazum

Tall Abyad → Apqum ša Baliḫā

Tall Addāya → Adum

Tall ʿAḏīma-West → Imār

Tall 'Afar ⟶ Nurrugum, Qaṭarā
Tall ᶜAǧāǧa ⟶ Ašiḫum, Bīt Akkaka, Ḫaburatum
Tall Aḫmar ⟶ Tuttul
Tall ᶜAilūn ⟶ Alān
Tall ᶜĀmūda ⟶ Urgiš
Tall 'Aqar ⟶ BÀD
Tall Asmar ⟶ Ešnunna, Šulgi-NANNA
Tall ᶜAṣāfīr ⟶ Kulzalānu, Paktānu
Tall al-ᶜAšāra ⟶ Terqa
Tall Barak ⟶ Šubat-Enlil, Tillā
Tall Baram ⟶ Kulzalānu, Paktānu
Tall Barrī ⟶ Kaḫat
"Tall al-Biya" ⟶ Tuttul
Tall ad-Dair ⟶ Sip(p)ir-jaḫrurum
Tall aḍ-Ḍibāʾī ⟶ Zaralulu
Tall Dulaihim ⟶ Dilbat
Tall Fadġāmi ⟶ Qattunā(n)
Tall Faḫḫārīya ⟶ Dunnum, Mammagira, Naḫur
Tall Fudain ⟶ Saggaratum
Tall Ǧadla ⟶ Apqum ša Baliḫā
Tall Ǧidre ⟶ Keš(i)
"Tall Ǧōḫa" ⟶ Umma
Tall Ḥāǧib ⟶ Aḫunā
Tall Haikal ⟶ Ekallātum
Tall Ḥalaf ⟶ Buzānum, PA.AGA.UŠ
Tall al-Ḥamīdīya ⟶ Tarḫuš, Šubat-Enlil, Šunā
Tall Ḥanwa ⟶ Alān
Tall Ḥarīrī ⟶ Mari
Tall Ḥarmal ⟶ Diniktum, Šaduppum
Tall "Ḫuera" ⟶ Admi
Tall Ḥusain ⟶ Lakušir
Tall Ibrāhīm ⟶ GU.DU$_8$.A
"Tall Ibzēḫ" ⟶ Zabalum
Tall Inġāra ⟶ ḪUR.SAG.KALAM.MA Kiš(um)
Tall Kaukab ⟶ Ḫaburatum
Tall al-Laḥm ⟶ BÀD
Tall Lailān ⟶ Šubat-Enlil
Tall al-Lauḫ ⟶ Girsu
Tall al-Madīna ⟶ BÀD-TIBIRA
Tall Maǧdal ⟶ Qattunā(n)
Tall-e Māliyān ⟶ Anšan
Tall al-Manāhir ⟶ Amaz
Tall Maraq ⟶ Muzunnum
Tall Muʾazzara ⟶ Ḫarsi, Šunā
Tall Muḥammad ⟶ Diniktum
Tall Muḫaṭṭaṭ ⟶ Dilbat
"Tall Muṭabb" ⟶ Šubat-Šamaš
Tall Öylüm ⟶ Ursum
Tall al-Qadaḥ ⟶ Ḫaṣurā
Tall al-Qāḍī ⟶ Lajišum
Tall Qauz ⟶ Japṭurum, Šubat-Šamaš, Tarḫuš
Tall ar-Rimāḥ ⟶ Karanā, Qaṭarā
Tall Rumailan ⟶ Tillā
"Tall Sadiya" ⟶ Sanduwatum
Tall Ṣifīr ⟶ Kutalla
Tall Šaddada ⟶ Qattunā(n)
Tall Šāġar Bāzār ⟶ Ašnakkum, Kirdaḫat, Qatānum, Šubat-Enlil, Šubat-Šamaš
Tall Šamšāra ⟶ Šusarrā
Tall Šīl Aġā ⟶ Tillā
Tall Ṭaya ⟶ Zamijatum
Tall Tartab ⟶ Ṭabatum

Tall ʿUmar → Upî

Tall al-Wilāya → Keš(i)

"Tāǧī-Station" → Ḫibarītum

(Oase)Taimāʾ → Tema

Tigris → FN Idiglat, Mē-Enlil, FN ZUBI

Ṭāwūq → Lubdum

Ṭūr ʿAbdīn → Ijatum, Tillā

al-Uḥaimir → Kiš(um)

Umm al-Wāwīya → BÀD

Urfa → Ursum, Zalmaqum

Urmia-See → Kalizit

Viranşehir → Burundum, Elaḫut(tum)

Wādī aṯ-Ṯarṯar → FN Zâbum, Zanipā

"Wannat as-Saʿdūn" → Marad

Warkāʾ → Uruk

Yorġan Tepe → Nuzû

Zāb → Qutûm, Sūqāqû, Zabān, (FN) Zâbum, Zamijatum

Zypern → Alašum

Richtigstellung zu „Répertoire Géographique des Textes Cuneiformes“ Bd. 6,402.

In RGTC 6 „Die Orts- und Gewässernamen der hethitischen Texte“ ist auf S. 402 die Identifizierung von Tapika mit Maşat Hüyük aufgeführt. Diese Bestimmung der Ortslage stammt nicht von G. F. del Monte, sondern geht auf Prof. Dr. Sedat Alp, Ankara, zurück, der sie anläßlich eines Vortrages im Februar 1978 in Tübingen begründete. Sie ist inzwischen auch mit Belegen publiziert: Sedat Alp, Maşat-Höyük'te keşfedilen hitit tabletlerinin işiği altında yukarı Yeşil-Irmak bölgesinin coğrafyası hakkında. Belleten XLI, Nr. 164 (1977) 637ff. und: Sedat Alp, Remarques sur la géographie de la région du haut Yeşil-Irmak d'après les tablettes hittites de Maşat-Höyük. Florilegium Anatolicum. Mélanges offerts à Emmanuel Laroche (1979) 29ff.

Der Herausgeber, der allein die kurz vor dem Druck erfolgte Einsetzung der Identifizierung zu verantworten hat, weist mit Nachdruck auf diese Urheberschaft hin.

Wolfgang Röllig

NACHTRÄGE

Hrouda Isin = Hrouda B., Isin-Išān Baḫriyāt I. Die Ergebnisse der Ausgrabungen 1973-1974. Bayerische Akademie der Wissenschaften. Philosophisch-historische Klasse. Abh. NF 79. München 1977.

Soldt JEOL = Soldt, W.H. van, JEOL 25 (1977-78) 45ff.: The Old Babylonian texts in the Allard Pierson Museum. I. A litigation.

Dalley Edinburgh = Dalley S., A catalogue of the Akkadian cuneiform tablets in the collections of the Royal Scottish Museum Edinburgh, with copies of the texts.

Ortsnamen:

Akusum

¶ D. Charpin, RA 72,20 unterscheidet zwei A., A.(1) in Šubartum und A.(2) bei Babylon.

Apišal

"Tor des Nergal (von) *a-pi₅-šal*^{ki}" Hrouda Isin 88: D 10

Dunnum

4. *BÀD du-un! -nim!* Ellis JCS 24,50:22,14

Ḫarḫarrî

URU^{ki} *ḫar-ḫar-ri-i* Soldt JEOL 25,46,6
n LÚ ... URU^{ki} *ḫar-ḫar-ri-i* Soldt JEOL 25,26,23

Maruqni

ma-ru-uq-ni^{ki} AbB 1,52,17 (Stol)

Nipuru

PN: *LÚ*-^{d}*NIN-NIBRU*^{ki} (statt *ÌR*-$^{(d)}$...) PBS 8/1,15,22;82,18

Nutum

erṣet ^{uru}*nu-DI-im*^{ki} 1909-405-30 (Dalley, **schriftl. Mitt. jetzt:**) Edinburgh (1979) 24,2

¶ Am ⟶ FN ŠABRA.

Razamā

URU^{ki} *ra-za-ma*^{ki} Soldt JEOL 25,46,11

Tutub

PN: *tu-tu-ub*^{ki}*-ma-gir* Ellis JCS 24,52:27,11 und p.
PN: *IR-tu-tu-ub*^{ki} Ellis JCS 24,54:32,6.14.27 und p.

Gewässernamen:

Agammum

^{pa_5}*a-ga-am-mi-im* Ellis JCS 24,67:68,13

¶ ⟶ FN Waklum. Vgl. *a-ga-mu-um* (im Gen.!) pp. in UCP 10/3,1.2.9.17; 4,4; 6,2; 7,1 .Flurname??

KUR.RA ist gross zu schreiben.

Palag-ŠABRA

GÚ ^{i_7} *PA₅-ŠABRA* ^{d}*UTU.È* 1909-405,30 (Dalley, **schriftl. Mitt. jetzt:**) Edinburgh (1979) 24,3

Waklum

^{pa_5} *wa-ak-lim* Ellis JCS 24,67:68,14

Versehentlich wurde z.T. nach (Ellis) Taxation statt nach Ellis JCS 24, 43ff. zitiert (⟶Nērebtum, Zaralulu). Die Nummerierung der Kopien ist in beiden Publikationen identisch.